Rechtsstaat durch Verwaltungsgerichtsbarkeit: Deutschland, Ukraine, Kasachstan

Studien des Instituts für Ostrecht München

Begründet von Professor Dr. Reinhart Maurach
Herausgegeben von
Professor Dr. Friedrich-Christian Schroeder,
Dres. h. c., Regensburg

Band 85

PETER LANG

Antje Himmelreich / Herbert Küpper (Hrsg.)
Redakteur: Axel Bormann

Rechtsstaat durch Verwaltungsgerichtsbarkeit: Deutschland, Ukraine, Kasachstan

PETER LANG

Bibliografische Information der Deutschen Nationalbibliothek
Die Deutsche Nationalbibliothek verzeichnet diese Publikation in der Deutschen Nationalbibliografie; detaillierte bibliografische Daten sind im Internet über http://dnb.d-nb.de abrufbar.

Diese Publikation wurde gefördert vom DAAD aus Mitteln des Auswärtiges Amtes (AA).

DAAD Deutscher Akademischer Austauschdienst
German Academic Exchange Service

ISSN 0073-8492
ISBN 978-3-631-81466-6 (Print)
E-ISBN 978-3-631-87849-1 (E-PDF)
E-ISBN 978-3-631-88002-9 (EPUB)
DOI 10.3726/b19877

Peter Lang – Berlin · Bern · Bruxelles · New York · Oxford · Warszawa · Wien

Diese Publikation wurde begutachtet.

www.peterlang.com

Vorwort

Der Schutz von subjektiven Rechten des Bürgers gegen den Staat durch eine unabhängige Verwaltungsgerichtsbarkeit ist ein zentrales Element moderner Rechtsstaatlichkeit. Die Beiträge, die in dem vorliegenden Sammelband abgedruckt sind, befassen sich mit den ideengeschichtlichen, historischen, rechtsvergleichenden und rechtspolitischen Fragen des Verwaltungsrechtsschutzes am Beispiel von drei Staaten: Deutschland, Ukraine und Kasachstan.

Die im Jahr 2019 vom Institut für Ostrecht München e.V. in Zusammenarbeit mit der Fakultät für Rechtswissenschaft der Universität Regensburg (Lehrstuhl für Verwaltungsrecht – *Prof. Dr. Gerrit Manssen*) sowie der Nationalen Taras-Ševčenko-Universität (Lehrstuhl für Verwaltungsrecht – *Prof. Dr. Roman Melnyk*) und der M. Narikbayev KAZGUU Universität (federführend: *Prof. Dr. Sergej Pen*) mit finanzieller Unterstützung durch den Deutschen Akademischen Austauschdienst e.V. (DAAD) in Kyïv und Regensburg durchgeführten Veranstaltungen zum Thema „Rechtsstaat durch Verwaltungsgerichtsbarkeit" verbanden eine wissenschaftliche Fachtagung mit einem studentischen Seminar.[1] Sie standen in der Tradition von seit 2009 vom Institut für Ostrecht München im Rahmen von DAAD-Programmen durchgeführten Tagungen mit dem Ziel der Unterstützung von rechtsstaatlich-demokratischen Entwicklungen in der Ukraine.

Die deutsche Verwaltungsgerichtsbarkeit hat im internationalen Vergleich Modellcharakter. Die Beiträge der deutschen Hochschullehrer *Stefan Korioth*, *Robert Uerpmann-Wittzack* und *Gerrit Manssen* zeigen die wesentlichen verfassungsrechtlichen und völkerrechtlichen Grundlagen sowie ihre Umsetzung im deutschen Verwaltungsprozessrecht auf. Deutsche Expertise war daher in den letzten Jahrzehnten gefragt, wenn es um den Aufbau der Verwaltungsgerichtsbarkeit in Mittelost- und Osteuropa ging. Nachgezeichnet werden die dabei gewonnenen Erfahrungen in den Beiträgen zweier Praktiker des Verwaltungsprozesses und des Beratungsgeschehens, *Dagmar Wünsch* und *Christian Reitemeier.*

Der konkrete Ausbauzustand der Verwaltungsgerichtsbarkeit in den früheren Ostblockstaaten ist sehr unterschiedlich, was insbesondere die ausführliche rechtsvergleichende Analyse von *Herbert Küpper* nachweist. Die bis 2019 eingetretenen Entwicklungen in Kasachstan zeigt der Beitrag von *Vitaly Kim*

1 Siehe den Tagungsbericht von *Filipp Ruzin*, OER 2019, S. 467–477.

auf. Mehrere Beiträge befassen sich mit dem Aufbau der Verwaltungsgerichtsbarkeit in der Ukraine: *Oleksandr Pasenjuk* zeigt, dass der Aufbau einer eigenständigen Gerichtsbarkeit kein Selbstläufer ist und war, es vielmehr vielfältiger Anstrengungen und Unterstützung bedurfte, um diesen Gerichtszweig in der Ukraine zu etablieren. Der Beitrag von *Roman Melnyk* befasst sich zunächst mit einem Spezialproblem (individuelle Steuerberatung), zeigt dann jedoch zusammen mit dem Beitrag von *Andrij Školyk* die grundsätzlichen Verfahrensgrundsätze des ukrainischen Verwaltungsprozesses auf, die erhebliche Ähnlichkeiten mit dem deutschen System haben, welches erkennbar als Vorbild gedient hat. Unabdingbar für einen effektiven Schutz von Bürgerrechten ist schließlich die persönliche Integrität der Richterinnen und Richter. Die allgegenwärtige Korruptionsproblematik in der Ukraine macht vor der Frage der personellen Besetzung der Richterstellen nicht halt und verlangt nach einer Mitwirkung zivilgesellschaftlicher Institutionen, was der Beitrag von *Mychajlo Žernakov* aufzeigt.

Der Anhang enthält eine auszugsweise Übersetzung des Verwaltungsverfahrens- und Verwaltungsprozessgesetzbuchs der Republik Kasachstan, das am 1. Juli 2021 in Kraft getreten ist. Übersetzt wurden in erster Linie die Vorschriften betreffend das Verwaltungsgerichtsverfahren.

Zu danken haben alle beteiligten Institutionen und Personen insbesondere *Antje Himmelreich* (wissenschaftliche Referentin am Institut für Ostrecht München) für die Planung und Organisation der Veranstaltung sowie die redaktionelle Betreuung des vorliegenden Sammelbands.

Regensburg, im April 2021 Gerrit Manssen

Inhaltsverzeichnis

Anhang

Stefan Korioth (München)

Rechtsstaat und Verwaltungsgerichtsbarkeit*

Das Thema verbindet eine voraussetzungsvolle und höchstrangige Legitimationsformel für staatliches Handeln – den Rechtsstaat – mit der Institution Verwaltungsgerichtsbarkeit. Es liegt auf der Hand, dass die Verwaltungsgerichtsbarkeit eine Konsequenz aus normativen Postulaten und einer Entfaltung der Rechtsstaatlichkeit ist. Mir geht es im Folgenden darum, auf welche Weise genau beide zusammenhängen. Dazu behandele ich zunächst die Idee und den normativen Gehalt des Rechtsstaats (I.), sodann die Verwaltungsgerichtsbarkeit (II.). Den dritten Schritt bilden einige Anmerkungen zum Zusammenhang beider (III.). Ich stütze mich bei allen drei Schritten vorrangig auf die deutsche Tradition und aktuelle Diskussion.

I. Rechtsstaatlichkeit

Der Rechtsstaatsbegriff lässt sich – in Europa – in den Verfassungen fast aller Staaten der Europäischen Union und seit 1990 der osteuropäischen Staaten finden. Art. 2 EUV nennt die Rechtsstaatlichkeit ausdrücklich als einen der Werte, auf die sich die Europäische Union gründet. Das Grundgesetz verwendet das Wort in Art. 23 Abs. 1 S. 1 und Art. 28 Abs. 1 S. 1 im Zusammenhang der Anforderungen an die Gestalt der Europäischen Union und an die Verfassungen der Länder. Wichtige Ausprägungen nennt Art. 20 Abs. 2 S. 2 und Abs. 3 GG. International herrscht Einigkeit darüber, dass zu einem Rechtsstaat heute bestimmte Elemente gehören: Es muss Gewaltenteilung geben, um durch die Trennung, die wechselseitige Kontrolle, aber auch Kooperationserfordernisse der drei Gewalten Machtballung und Machtmissbrauch zu verhindern. Alle staatliche Gewalt muss an das Recht gebunden sein und es muss

* Der Vortragsstil wurde im Wesentlichen beibehalten.

unabhängige Gerichte geben. Gesetzgebung und Verwaltung müssen inhaltlich bestimmten Mindestanforderungen genügen, vor allem mit den Grundrechten und dem Verhältnismäßigkeitsprinzip vereinbar sein. In Staaten mit geschriebenen Verfassungen geht dies in der Verfassungsbindung und dem Vorrang der Verfassung vor allen anderen Rechtsakten auf. Auch Rechte des Einzelnen mit Blick auf die Justiz, so das Gebot des gesetzlichen Richters (im Grundgesetz Art. 101), das rechtliche Gehör (Art. 103 GG) und das allgemeine Gebot der Verfahrensgleichheit (Art. 3 Abs. 1 GG), zählen zur Rechtsstaatlichkeit. Häufig – nicht immer – wird auch eine Verfassungsgerichtsbarkeit, die mehr oder weniger umfassend den Vorrang der Verfassung und die Grundrechte schützt, als Teil der Rechtsstaatlichkeit angesehen.

Diese Elemente gehen allesamt auf den Beginn des modernen Verfassungsdenkens im 18. Jahrhundert zurück. Mit *Montesquieu* verbinden wir die gedankliche Ausformung der Gewaltenteilung, mit *Rousseaus* „Gesellschaftsvertrag" (1762) die Betonung der Bedeutung des Gesetzes als Ausdruck und Grenze des demokratischen und auf das Gemeinwohl gerichteten Willens. *Immanuel Kant* verstand unter einer Republik die „Vereinigung von Menschen unter Rechtsgesetzen". Dabei sind die nationalen Traditionen durchaus unterschiedlich. In England setzte sich Ende des 17. Jahrhunderts das Parlament als unbeschränkte rechtsetzende Instanz durch, bis heute gibt es keine geschriebene Verfassung. Die „rule of law" bedeutet die Gesetzesbindung der Verwaltung und die Freiheit und Gleichheit der Bürger. In Frankreich ist bis heute die Betonung der Gewaltenteilung prägend. In den USA denkt man bei der „rule of law" an das Konzept des „limited government", das von den Bürgern nur mit den im Recht ausdrücklich genannten Befugnissen ausgestattet ist.

In Deutschland war der Weg etwas komplizierter. Hier wurde der monarchische Absolutismus mit geschriebenen Verfassungen zu Beginn des 19. Jahrhunderts überwunden. Diese Verfassungen folgten dem „monarchischem Prinzip": Alle Staatsgewalt lag beim Monarchen, bei der Ausübung der Staatsgewalt war er aber in einzelnen Bereichen an die Mitwirkung der Volksvertretungen gebunden. Dies betraf vor allem Eingriffe in Freiheit und Eigentum der Bürger, die nur auf gesetzlicher Grundlage erfolgen durften. Solche Gesetze konnten nur durch die Übereinstimmung von Monarch und Kammern, den Volksvertretungen, erlassen werden.[1] Das schützte gesellschaftliche und individuelle Freiheit, führte aber zu einer Unterbetonung politischer Partizipation im Staat. Demokratie und Rechtsförmigkeit des Staatshandelns wurden getrennt – mit einigen Nachwirkungen bis heute.

---

1 Dazu *Dieter Grimm*, Deutsche Verfassungsgeschichte 1776–1866, 1988, S. 59 ff.

Das Wort Rechtsstaat kam um 1830 auf. *Robert von Mohl*, ein liberaler Staatsrechtler, beschrieb den Rechtsstaat 1840 als Staat der Vernunft im Interesse der Bürger. Die Verfassung habe die individuelle Freiheit und die Aufrechterhaltung der Rechtsordnung zu sichern. *Mohl* rechnete zum Rechtsstaat das, was zu seiner Zeit zumeist bereits verwirklicht war: Den Gesetzesvorbehalt bei Eingriffen in Freiheit und Eigentum der Bürger, Rechtsgleichheit im Verhältnis zum Staat, eine unabhängige Justiz in Zivil- und Strafsachen sowie Haftung für staatliches Unrecht, angemessene Entschädigung bei Enteignungen. Dieses überwiegend instrumentelle Verständnis wird schon von den Zeitgenossen als „formaler Rechtsstaat" bezeichnet. Es beherrschte die Diskussion bis zum Ende der Monarchien im Jahr 1918. *Otto Mayer*, der Begründer des modernen Verwaltungsrechts am Ende des 19. Jahrhunderts, definierte den Rechtsstaat als „Staat des wohlgeordneten Verwaltungsrechts" bei „tunlichster Justizförmigkeit der Verwaltung".

Die demokratische Republik von Weimar, der nur die viel zu kurze Zeit von 1919 bis 1933 beschieden war, verstärkte alle Elemente des instrumentellen Rechtsstaats und baute die unabhängige Justiz in die Verwaltungsgerichtsbarkeit und durch Etablierung einer Verfassungsgerichtsbarkeit aus, wenngleich letztere ohne abstrakte Normenkontrolle und Verfassungsbeschwerde auskommen musste. Die Entgegensetzung des politischen Machtzentrums des Staates, jetzt demokratisch bestimmt, und des unpolitisch verstandenen Rechtsstaats verstärkte sich jedoch. *Carl Schmitt* führte in seiner „Verfassungslehre" (1928) zum Verhältnis von Staat und Bürger das „rechtsstaatliche Verteilungsprinzip" ein, wonach die Freiheit des Bürgers grundsätzlich unbegrenzt, die Eingriffsbefugnis des Staates begrenzt sei.[2]

Das formelle Rechtsstaatsverständnis hat der grundgesetzliche Rechtsstaat seit 1949 hinter sich gelassen. Im Zentrum steht jetzt der inhaltlich definierte Bereich des Schutzes des Einzelnen gegen den Staat, bestehend aus den Menschenrechten, an der Spitze der Schutz der Menschenwürde nach Art. 1 GG. Der Rechtsstaat, neben anderen grundlegenden Strukturprinzipien des Staates, ist der Verfassungsänderung entzogen (Art. 79 Abs. 3 GG). Im Übrigen haben Rechtsprechung und Rechtslehre umfassende Kataloge der einzelnen verfassungsrechtlich verbürgten Ausprägungen des Rechtsstaatsprinzips aufgestellt.[3]

---

2 *Carl Schmitt*, Verfassungslehre, 1928, S. 158: „Fundamentales Verteilungsprinzip", „auf welchem der konsequent durchgeführte bürgerlich-freiheitliche Rechtsstaat beruht".

3 Kurzer Überblick bei *Andreas Voßkuhle/Ann-Katrin Kaufhold*, Jus 2010, S. 116 ff.

Dazu rechnen klassische Elemente der Gewaltenteilung und der Rechtsbindung aller öffentlicher Gewalt, insbesondere Vorrang und Vorbehalt des Gesetzes, ferner der heute ausdrücklich verbürgte Vorrang der Verfassung (Art. 1 Abs. 3, Art. 20 Abs. 3 GG) und das Verbot, durch Gesetz den Wesensgehalt der Grundrechte anzutasten (Art. 19 Abs. 2 GG). Daneben seien die Elemente genannt, die für die verfassungsrechtlichen Anforderungen an die Verwaltungsgerichtsbarkeit besonders wichtig sind. Der Gesetzgeber steuert Verwaltung und Justiz in den Formen des Rechts. Er bestimmt im Voraus das Maß zulässiger Eingriffe und möglicher Gestaltung durch die Verwaltung. Die einschlägigen Normen müssen hinreichend klar und eindeutig sein (Bestimmtheitsgebot) und dürfen grundsätzlich nicht zurückwirken (ein absolutes Rückwirkungsverbot gilt im Strafrecht). Der im Verwaltungsrecht entwickelte Verhältnismäßigkeitsgrundsatz ist eine zentrale weitere rechtsstaatliche Forderung. Der Justizgewährleistungsanspruch sichert den Rechtsschutz des Bürgers. Art. 19 Abs. 4 GG gewährleistet das Recht, mit der Behauptung der Rechtsverletzung durch die öffentliche Gewalt ein Gericht anrufen zu können. Die Gerichte müssen persönlich und sachlich unabhängig sein (Art. 97 Abs. 1 GG), ihre Tätigkeit ist nur dem Gesetz unterworfen und keiner Einwirkung der beiden anderen Gewalten ausgesetzt. Nach Art. 34 GG haftet der Staat für rechtswidrige Eingriffe der Verwaltung (Amtshaftung).

Mit einer Kurzformel lässt sich die heutige Bedeutung der Rechtsstaatlichkeit damit umschreiben, dass sie das Ausmaß der Kanalisierung und Lenkung staatlicher und gesellschaftlicher Macht durch Recht, eingeschlossen die Kontrolle der Durchsetzung des Rechts, beschreibt. Gefährdungen liegen in einer übertriebenen Verrechtlichung auf der einen Seite, einem Rückzug des Rechts auf der anderen Seite. Schließlich kann Rechtsstaatlichkeit gleichsam von Innen ausgehöhlt werden, wenn das Verfassungsrecht Wünschen der Politik angepasst wird. Das einfache Gesetz ist, im Rahmen der Verfassung, das Gestaltungsmedium der Politik. Die Verfassung ist Maßstab, nicht Medium der Politik.

II. Verwaltungsgerichtsbarkeit

Die Verwaltungsgerichtsbarkeit hat die Aufgabe, die Rechtmäßigkeit der Verwaltung zu kontrollieren. Historisch ist es auffallend, dass – in Deutschland, aber nicht nur dort – unabhängige Verwaltungsgerichte sich erst deutlich später als unabhängige Zivil- und Strafgerichte durchsetzten. Diese wurden in Deutschland durchgehend in der ersten Hälfte des 19. Jahrhunderts etabliert und erhielten wegen ihrer Unabhängigkeit den bis heute beibehaltenen Namen

„ordentliche Gerichte“. Die vollständige Durchsetzung einer unabhängigen und institutionell komplett von der Verwaltung getrennten Verwaltungsgerichtsbarkeit dauerte dagegen mindestens bis zum Beginn der Weimarer Republik. Mit guten Gründen lässt sie sich aber auch erst auf die Zeit nach dem zweiten Weltkrieg datieren. Für diese Verspätung der Verwaltungsgerichtsbarkeit gibt es Gründe. Die Gewährung staatlichen Rechtsschutzes zwischen Privaten ist die Kehrseite des staatlichen Gewaltmonopols und seit der frühen Neuzeit im Interesse funktionierender Staatlichkeit etabliert. Sie ist von der rechtlichen Durchdringung und Zähmung des Staates selbst, aber auch von demokratischer Partizipation der Bürger grundsätzlich nicht abhängig. Sie stellt die Autorität des Staates nicht in Frage, sondern festigt sie. Insofern tat sich auch der monarchische Staat mit der ordentlichen Gerichtsbarkeit nicht schwer. Unabhängige Strafgerichte, auch als Schwurgerichte unter Beteiligung der Bürger, waren eine der ersten Forderungen der bürgerlichen Gesellschaft des frühen 19. Jahrhunderts im Zusammenhang mit der dem Gesetz vorbehaltenen Grundlage für Eingriffe in die Freiheit der Bürger.

Die Verwaltung gehörte demgegenüber in den monarchischen Zeiten, bis 1918, zu den Vorbehaltsbereichen des Monarchen. Sie galt, neben der Regierung, als Herz des Staates. Gerichtliche Kontrolle der Verwaltung bedeutete damit – zumindest indirekt und beschränkt auf die Rechtskontrolle – Einflussnahme auf den Staat. Zugleich wurden aber Forderungen immer lauter, Rechtsschutz des Bürgers auch im Bereich der Verwaltung zu etablieren. Daraus entstand, bereits im ausgehenden 18. Jahrhundert, eine erste und begrenzte Lösung: Bei der Staatstätigkeit wurde zwischen hoheitlichem Handeln einerseits und fiskal- und wirtschaftlicher Tätigkeit andererseits unterschieden. Betätigte sich der Staat als „Fiskus“ wirtschaftlich oder ging es um finanzielle oder geldwerte Interessen des Einzelnen (Abgaben, Erstattungen und Ersatzleistungen aller Art), wurde der Staat als Finanz- und Wirtschaftssubjekt den Zivilgerichten unterstellt. Hoheitliche Tätigkeit erschien dagegen einer gerichtsförmigen Kontrolle nicht zugänglich. Dass der Staat ein Gericht bestellt, indem er selbst dann als Prozesspartei in hoheitlichen Angelegenheiten mit dem Bürger streitet und unter Umständen unterliegt – das schien lange unmöglich. Im 19. Jahrhundert lag der nächste Schritt darin, halb unabhängige Ausschüsse und Spruchgremien innerhalb der Verwaltung zu schaffen, an die Beschwerden gegen hoheitliche Maßnahmen gerichtet werden konnten. Noch immer hielt man aber aus Gründen der Gewaltenteilung, aus Gründen der Trennung und Selbstständigkeit von Justiz und Verwaltung, die Abgrenzung der Zuständigkeitsbereiche beider für notwendig. In Verwaltungsangelegenheiten sei allein oder vorrangig nach dem Maßstab der Notwendigkeit oder Zweckmäßigkeit für das Gemeinwohl zu entscheiden, die Justiz habe dagegen Rechtsgrundsätze anzuwenden. Der Rechtsprechung dürfe daher keine Zuständigkeit in Verwaltungssachen übertragen werden. Die Selbstständigkeit von Justiz und Verwaltung verbiete es, die Verwaltung der Justiz durch gerichtliche Kontrollzuständigkeiten unterzuordnen.

Die gescheiterte Paulskirchenverfassung von 1848/49 zielte auf einen grundsätzlichen Kurswechsel und wollte in § 182 Abs. 1 die damals so bezeichnete „Verwaltungsrechtspflege" („Administrativjustiz") durch Beschwerdeausschüsse beenden und den Verwaltungsrechtsschutz den unabhängigen ordentlichen Gerichten übertragen.[4] Tatsächlich blieben aber die Beschwerdeausschüsse auch in der zweiten Hälfte des 19. Jahrhunderts erhalten.[5] Es wurden ihnen aber – als zweite und Berufungsinstanz – weitgehend unabhängige Verwaltungsgerichte übergeordnet. Das erste dieser Gerichte entstand 1863 im liberalen Baden als Badischer Verwaltungsgerichtshof. 1875 wurde das Preußische Oberverwaltungsgericht errichtet, das in der Folgezeit vor allem mit Urteilen zum Polizeirecht und zum Baurecht wegweisend für die Entwicklung des verwaltungsrechtlichen Rechtsschutzes wurde.[6] Dem alten Argument der Unvereinbarkeit von gerichtlicher Rechtskontrolle und zweckbezogener Gemeinwohlorientierung der Verwaltung begegnete man mit einer Eingrenzung der Kontrollintensität. Es entstand eine differenzierte und bis heute nachwirkende Ermessenslehre, nach der Zweckmäßigkeitserwägungen der Verwaltung nicht der Kontrolle der Gerichte unterliegen, wohl aber rechtliche Fehler bei der Ausübung des Ermessens.

Die nächste Entwicklungsstufe der Verwaltungsgerichte wurde in den kurzen Jahren der Weimarer Republik (1919 bis 1933) bis zum Beginn der NS-Herrschaft betreten. Art. 107 WRV bestimmte: „Im Reiche und in den Ländern müssen nach Maßgabe der Gesetze Verwaltungsgerichte zum Schutze der Einzelnen gegen Anordnungen und Verfügungen der Verwaltungsbehörden

4 *Gernot Sydow*, Die Revolution von 1848/49: Ursprung der modernen Verwaltungsgerichtsbarkeit, in: VerwArch 2001, S. 389 ff.

5 *Louis Pahlow*, Administrativjustiz versus Justizstaat, in: ZNR 2000, S. 11 ff.

6 Berühmt wurde etwa das Kreuzberg-Urteil vom 14. Juni 1882 (PrOVGE 9, 353 ff.), das die polizeilichen Befugnisse auf Belange der öffentlichen Sicherheit und Ordnung und die Gefahrenabwehr begrenzte. Seit 1907 hatte das Preußische OVG seinen Sitz in der Berliner Hardenbergstraße am Bahnhof Zoo. Das Gebäude wurde 1953 der Sitz des neu gegründeten Bundesverwaltungsgerichts. Seit 2004, nach dem Umzug des Bundesverwaltungsgerichts nach Leipzig, residiert hier das heutige OVG Berlin-Brandenburg.

bestehen." Die Umsetzung dieser Forderung gelang bis 1933 nicht vollständig. Die Verwaltungsgerichte der ersten Instanz wurden mit Blick auf ihre sachliche und persönliche Unabhängigkeit nur in einigen Ländern den ordentlichen Gerichten gleichgestellt. Immerhin gab es jetzt erstmals einen ausgebauten zweitinstanzlichen Rechtsschutz in Verwaltungssachen. Die früheren Beschwerdeausschüsse wurden zu echten verwaltungsinternen Kontrollinstanzen. Ein Reichsverwaltungsgericht als Revisionsinstanz war geplant (vgl. Art. 107 i.V.m. Art. 31 Abs. 2, 166 WRV), wurde aber erst in der NS-Zeit geschaffen, als von echtem Rechtsschutz durch Verwaltungsgerichte nicht mehr die Rede sein konnte.

Der Rechtszustand der früheren Bundesrepublik knüpfte an die Weimarer Zeit an, das 1953 geschaffene Bundesverwaltungsgericht (vgl. Art. 96 GG) vervollständigte den Instanzenzug. Allerdings gab es zwei noch auf das 19. Jahrhundert zurückgehende Besonderheiten, die erst im für den verwaltungsgerichtlichen Rechtsschutz bedeutsamen Epochenjahr 1960, dem Jahr des Inkrafttretens der Verwaltungsgerichtsordnung (VwGO), endgültig überwunden wurden. Zum einen war der Rechtsweg zu den Verwaltungsgerichten grundsätzlich[7] nach dem Enumerationsprinzip eröffnet, d.h. nur in den ausdrücklich genannten Fällen. Typischerweise hing der Zugang zu verwaltungsgerichtlichem Rechtsschutz vom Vorliegen eines an den Kläger gerichteten Verwaltungsakts ab. Daneben gab es Feststellungs- und Vornahmeklagen, teils auch Normenkontrollen. Das hat seit 1960 die verwaltungsgerichtliche Generalklausel des § 40 Abs. 1 S. 1 VwGO erweitert. Seither ist der Verwaltungsrechtsweg in allen öffentlich-rechtlichen Streitigkeiten nichtverfassungsrechtlicher Art (über verfassungsrechtliche Streitigkeiten entscheiden die Verfassungsgerichte) eröffnet, sofern nicht, wie aus Traditionsgründen in Teilen des Staatshaftungsrechts, das Gesetz die Zuständigkeit eines anderen Rechtswegs begründet. Ist der Rechtsweg eröffnet, gibt es auch die passende Klageart. Zum zweiten galt vor Inkrafttreten der VwGO und gilt noch heute: Eine Klage ist nur zulässig, wenn der Kläger die Verletzung eigener Rechte behaupten kann. Popularklagen, bei denen der Antrag eines Einzelnen oder eines Verbands den Anstoß zur objektiven gerichtlichen Verwaltungskontrolle gibt, sind nur ausnahmsweise zulässig.

7 Eine Ausnahme statuierte etwa § 22 des Verwaltungsgerichtsgesetzes für die amerikanisch besetzte Zone aus dem Jahr 1946. Nach § 22 Abs. 1 VGG entschieden die Verwaltungsgerichte, „soweit nicht die bürgerlichen Gerichte zu entscheiden haben".

III. Zusammenhang

Die Aufgabe der Verwaltungsgerichte ist die Kontrolle der Verwaltung. Die gerichtliche Kontrolle ist nicht die einzige Form der Verwaltungskontrolle. Es gibt verschiedene Mechanismen der Selbstkontrolle der Verwaltung, eine Fremdkontrolle findet auch durch die Parlamente und die Öffentlichkeit statt. Die gerichtliche Kontrolle ist indes die wirkungsvollste und bedeutendste Kontrolle der zweiten Gewalt, die als professionelles Herz des Staates zur Ausdehnung und Abschottung neigt.

Die gerichtliche Kontrolle der Verwaltung ist heute, anders als unter den Bedingungen des Übergangs vom spätabsolutistischen zum konstitutionellen Staat im beginnenden 19. Jahrhundert, kein Problem, sondern eine Forderung der Gewaltenteilung. Die demokratische Gesetzgebung hat die Verwaltung umfassend verrechtlicht und liefert damit den Kontrollmaßstab. Schon kurz nach Inkrafttreten des Grundgesetzes wurde die umfassende Kontrolle der Verwaltung und die Rechtsweggarantie bei Rechtsverletzungen durch die öffentliche Gewalt in Art. 19 Abs. 4 GG als „Schlussstein im Gewölbe des Rechtsstaats“ (*Richard Thoma*) gefeiert.

Der Weg zur Kontrolle der Verwaltung durch die Gerichte führt über den Individualrechtsschutz. Nach der Logik der Rechtsordnung dient „der Egoismus des Betroffenen als Hebel für die Ingangsetzung der Rechtskontrolle der Verwaltung“.[8] In den Worten einer Kammerentscheidung des Bundesverfassungsgerichts: „Art. 19 Abs. 4 GG garantiert dem Bürger keine allgemeine Rechtmäßigkeitskontrolle der Verwaltung, sondern trifft eine Systementscheidung für den Individualrechtsschutz“.[9] Ausnahmen in Gestalt von altruistischen Verbandsklagen gibt es im Umweltrecht (vgl. § 64 BNatSchG, § 2 Abs. 1 UmwRbG) – hier nimmt der Gesetzgeber an, dass der Egoismus der Subjektivierung nicht greife, weil die Natur keinen Rechtsträger mit der Möglichkeit subjektiver Rechtsverletzung hat. Die prinzipielle Subjektivierung ist verfassungsgefordert – schon früh stellte das Bundesverfassungsgericht fest: „Die Bedeutung des Art. 19 Abs. 4 GG liegt vornehmlich darin, dass er die ‚Selbstherrlichkeit‘ der vollziehenden Gewalt im Verhältnis zum Bürger beseitigt; kein Akt der Exekutive, der in Rechte des Bürgers eingreift, kann richterlicher Nachprüfung entzogen werden.“[10]

---

8 *Ernst Forsthoff*, Lehrbuch des Verwaltungsrechts, 3. Aufl. 1953, S. 412.

9 BVerfG (K), BayVBl. 2009, 690.

10 BVerfGE 10, 243 (246).

Die grundsätzliche Subjektivierung der Kontrolle wirft indes auch Probleme auf. Gerade unter rechtsstaatlichen Aspekten dient die Kontrolle der Verwaltung nicht nur dem Schutz des Einzelnen, sondern der objektiven Rechtmäßigkeit und damit letztlich dem Verwaltungsinteresse. Die Subjektivierung zwingt dazu, immer mehr subjektive Rechtspositionen zu formulieren. Umgekehrt kann der Einzelne, trotz vermuteter Rechtsverletzung, ein Interesse daran haben, nicht den Rechtsschutz, sondern das Arrangement mit der Verwaltung zu suchen. Dann entstehen zwangsläufig Kontrolldefizite.

Auf der anderen Seite muss es auch bei gelungener Mobilisierung des Einzelnen Grenzen der gerichtlichen Kontrolle der Verwaltung geben. Der klassische Bereich betrifft die zurückgenommene Kontrolldichte bei Ermessensentscheidungen. Während es lange nur um das klassische Eingriffs- und Auswahlermessen im zweipoligen Verhältnis von Staat und Bürger ging, ist seit den 1970er Jahren das Planungsermessen[11] hinzugekommen und neuestens, als eine Folge von Privatisierungsentscheidungen, das Regulierungsermessen[12] – hier haben die Gerichte noch keine abschließenden Lösungen gefunden. Zudem gibt es in besonderen Bereichen administrative Letztentscheidungsbefugnisse, die nur einer begrenzten gerichtlichen Kontrolle unterliegen, so etwa bei der Bewertung von Prüfungsleistungen, die in einer unwiederholbaren Situation erbracht wurden.[13] Diese Entwicklung zur Rücknahme der inhaltlichen Kontrolle ist eine richterrechtliche (zum Teil sogar gesetzgeberische) Reaktion auf die zunehmende technische, soziale und politische Komplexität von zu beurteilenden Sachverhalten.[14] Weiterhin muss sich die Kontrolle auch wirklich auf Kontrolle

---

11 Hier gilt als Grundsatz: Bei einer fachplanerischen Abwägungsentscheidung haben die Gerichte „nicht selbst abzuwägen, sondern nachzuprüfen, ob die behördliche Abwägung sich in dem maßgeblichen Rahmen hält", BVerwGE 128, 76 (83 Rn. 20).

12 BVerwGE 131, 41 (62 Rn. 47) will eine Regulierungsverfügung im Bereich des Telekommunikationsrechts grundsätzlich wie eine Planungsentscheidung behandeln. Bei der Definition des „relevanten Markts" (§ 10 Abs. 2 S. 2 TKG) sieht das Gericht einen Beurteilungsspielraum der Behörde, den es auf die Marktanalyse nach § 11 TKG erstrecken will.

13 BVerfGE 84, 34 (53); BVerwG, NVwZ 2004, 1375 (1376 f.).

14 *Friedhelm Hufen*, Verwaltungsprozessrecht, 10. Aufl. 2016, Rn. 8, nennt Beispiele. So entscheiden die Verwaltungsgerichte darüber, ob genehmigungsbedürftige Anlagen oder Atomanlagen dem Stand der Technik entsprechen (§ 5 Abs. 1 S. 1 Nr. 2 BImschG, § 7 Abs. 2 Nr. 3 AtomG) und müssen technische Risikoprognosen beurteilen. Sie müssen zwischen dem Schutz von Fledermäusen und der Bewahrung eines UNESCO-Welterbes und dem Wunsch nach einer neuen Elbbrücke abwägen, vgl. OVG Sachsen, DÖV 2007, S. 564 – Waldschlößchenbrücke Dresden.

beschränken. Das Gewaltenteilungsprinzip schließt nicht nur Weisungen der Verwaltung an die Justiz aus, auch Eingriffe der Justiz in das Verwaltungshandeln müssen Grenzen kennen und dürfen nicht zu Übergriffen werden. Das Gericht darf nicht eigene Verwaltungstätigkeit an die Stelle derjenigen der Exekutive setzen. Das Prozessrecht trägt dem Rechnung: Bei der Anfechtungsklage kann das Gericht den angefochtenen Verwaltungsakt aufheben, aber nicht bei der Verpflichtungs- oder Leistungsklage die Leistung unmittelbar vornehmen, sondern nur die Verwaltung dazu verurteilen (vgl. § 42 Abs. 1 VwGO).

Insgesamt ist damit das deutsche Modell der Verwaltungskontrolle stark gerichtsgeprägt. Zusammen mit der Zivil- und Strafjustiz bildet die Verwaltungsgerichtsbarkeit – einschließlich der Sozial- und Finanzgerichte als besonderen Verwaltungsgerichten – die einheitliche „rechtsprechende Gewalt", von der Art. 92 GG spricht und die dort ausschließlich der unabhängigen Justiz anvertraut wird. Allerdings: Abgesehen von Fragen der Kontrolldichte stellen sich derzeit zwei Probleme, die unter Aspekten der Rechtsstaatlichkeit relevant sind. Das eine Problem beginnt im Tatsächlichen, bei den Funktionsvoraussetzungen der Justiz. In den letzten zwei Jahrzehnten hat sich im Zeichen von Einsparungen und der Ökonomisierung aller Bereiche der Staatstätigkeit die personelle und finanzielle Ausstattung der Gerichte verschlechtert. Lange Verfahrensdauer und Überlastung der Gerichte sind die Folge. Derzeit werden die Verwaltungsgerichte der Klageflut im Bereich des Ausländer- und Asylrechts kaum mehr Herr. Der Gesetzgeber reagiert mit Maßgaben zur Beschleunigung der Verfahren und – dies schon seit geraumer Zeit – mit Einschränkungen der Rechtsmittel. Darunter leidet die Qualität der Rechtsprechung, die Rechtsstaatlichkeit muss Einbußen hinnehmen.[15] Das zweite Problem ist die traditionelle und lange Zeit auch adäquate Ausrichtung der gerichtlichen Kontrolle auf rechtsförmiges Handeln der Verwaltung. Diesem tritt zunehmend informelles Handeln, das um die exekutivische Beschaffung, Verwendung und Verbreitung von Informationen und Wissensbeständen kreist, zur Seite. Außer Zweifel steht, dass die Rechtsschutzgarantie des Art. 19 Abs. 4 GG nicht an bestimmte (Rechts)Formen des Verwaltungshandelns gebunden ist und dass Informationshandeln rechts- oder grundrechtsbeeinträchtigenden Charakter haben kann – der frühere Irrweg, behördlichen Informationsmaßnahmen fehle die rechtliche Verbindlichkeit, sodass gesetzliche Grundlagen nicht erforderlich

---

15 *Wilfried Erbguth*, Abbau des Verwaltungsrechtsschutzes, DÖV 2009, S. 921 ff.; *Wolfgang Durner*, Reformbedarf in der Verwaltungsgerichtsordnung, NVwZ 2015, S. 841 ff.

seien,[16] ist nach einigem Schwanken überwunden.[17] Ein durchdachtes Konzept zur Überprüfung solchen Staatshandelns steht jedoch noch aus.

IV. Fazit

Die Existenz und Ausgestaltung der Verwaltungsgerichtsbarkeit und des Verwaltungsprozessrechts sind vom grundgesetzlichen Rechtsstaatsprinzip geprägt. Auch hier zeigt sich die Eigenschaft des einfachen Rechts als verfassungsgeprägtes Recht. Das gilt für alle Charakteristika der verwaltungsgerichtlichen Kontrolle der Behördentätigkeiten.[18] Sie ist (1) Fremdkontrolle durch unabhängige Richter (Art. 92, 97 GG) und vollzieht sich (2) im Einzelfall nach einem entsprechenden Antrag; es handelt sich nicht um eine flächendeckende oder von Amts wegen einzuleitende Kontrolle. Sie wird (3) als nachträgliche Kontrolle durch die Rechtsschutzgarantie des Art. 19 Abs. 4 GG dirigiert. Gerichtliche Verwaltungskontrolle ist schließlich (4) Rechtskontrolle, kein korrigierender Ersatz der Verwaltungstätigkeit.

---

16 BVerwGE 100, 262 (266 ff.) – Eine verwaltungsgerichtliche Kontrolle kommunaler Mietspiegel nach § 2 Abs. 5 MHG.

17 BVerfGE 113, 63 (78 ff.) – Erwähnung eines Presseverlags mit dem Verdacht verfassungsfeindlicher Bestrebungen im Verfassungsschutzbericht als Eingriff in die Pressefreiheit nach Art. 5 Abs. 1 S. 2 GG; Nds. OVG, NJW 2006, 391 (393 f.) – „Gefährderansprache" und polizeiliche Generalklausel.

18 Das Folgende im Anschluss an *Friedrich Schoch*, Gerichtliche Verwaltungskontrolle, in: Wolfgang Hoffmann-Riem/Eberhard Schmidt-Aßmann/Andreas Voßkuhle (Hrsg.), Grundlagen des Verwaltungsrechts, Bd. III, 2. Aufl. 2013, § 50 Rn. 127.

Robert Uerpmann-Wittzack (Regensburg)

Vorgaben der Europäischen Menschenrechtskonvention für die staatliche Verwaltungsgerichtsbarkeit*

I. Einleitung

1. Die Europäische Menschenrechtskonvention als Instrument des Europarats

Mein Beitrag hat die Vorgaben der Europäischen Menschenrechtskonvention für den Verwaltungsprozess zum Gegenstand. Dieser völkerrechtliche Vertrag ist Teil der Friedensordnung, mit der nach dem zweiten Weltkrieg zunächst Westeuropa neu geordnet wurde. Er wurde im Rahmen des Europarats ausgearbeitet und am 4. November 1950 als Konvention zum Schutze der Menschenrechte und Grundfreiheiten in Rom unterzeichnet. Mittlerweile hat sich die griffige Bezeichnung „Europäische Menschenrechtskonvention“ eingebürgert, kurz: EMRK.

---

* Der Vortragsstil wurde im Wesentlichen beibehalten.

Die EMRK ist nicht Teil der Europäischen Union, sondern des Europarats.[1] Der Europarat wurde 1949 noch vor den Europäischen Gemeinschaften gegründet. Er umfasste schon früh ganz Westeuropa. Nach dem Ende des kalten Kriegs traten ihm nahezu alle Staaten Mittel-, Ost- und Südosteuropas bei, sodass er nunmehr zur gesamteuropäischen Organisation geworden ist. Während die Europäische Union ohne das Vereinigte Königreich nur 27 Staaten umfasst, kommt der Europarat auf 47 Mitgliedstaaten.[2] Die Türkei und Russland sind ebenso Mitglieder des Europarats wie Armenien, Aserbaidschan und Georgien. Die Ukraine trat ihm am 9. November 1995 bei. Lediglich Weißrussland wurde aus politischen Gründen noch nicht aufgenommen. Da der Europarat nach Art. 4 Satz 1 seiner Satzung[3] nur europäischen Staaten offen steht, scheint die Aufnahme weiterer Nachfolgestaaten der Sowjetunion wie Kasachstan ausgeschlossen.

Inhaltlich steht der Europarat für die großen gemeineuropäischen Werte der Menschenrechte, der Demokratie und der Rechtsstaatlichkeit bzw. Herrschaft des Rechts (*rule of law*).[4] Werden diese Werte innerhalb Europas grundsätzlich in Frage gestellt, führt dies auch den Europarat in eine Krise. Die Europäische Menschenrechtskonvention ist das wichtigste Werk des Europarats. Über ihre Einhaltung wacht der Europäische Gerichtshof für Menschenrechte, der seinen Sitz ebenso wie der Europarat in Straßburg hat. Man kann also auch vom Straßburger Gerichtshof sprechen oder kurz vom EGMR.

2. Einschlägige Vorgaben für die Verwaltungsgerichtsbarkeit

Die EMRK enthält in ihren Artikeln 2 bis 18 einen Grundrechtskatalog, wie er aus nationalen Verfassungen bekannt ist. Zu den Grundrechten der EMRK gehören auch Justiz- und weitere Verfahrensgarantien. In meinem Beitrag werde ich mich auf zwei Garantien konzentrieren, nämlich auf die Artikel 6 und 13. Art. 6 EMRK trägt die Überschrift „Recht auf ein faires Verfahren“. Tatsächlich handelt es sich um einen Justizgewährleistungsanspruch, der den

---

1 Zum Europarat *Robert Uerpmann-Wittzack*, Europarat, in: Armin Hatje/Peter-Christian Müller-Graff (Hrsg.), Europäisches Organisations- und Verfahrensrecht (Enzyklopädie Europarecht, Bd. 1), 2014, § 25.

2 Siehe die Mitgliederliste in der Vertragssammlung des Europarats unter: https://www.coe.int/en/web/conventions/full-list/-/conventions/treaty/001/signatures.

3 European Treaty Series No. 1; abrufbar unter: https://www.coe.int/en/web/conventions/full-list.

4 *Uerpmann-Wittzack* (Fn. 1), Rn. 1, 6–8, 38–40, 75, 83.

Zugang zum Gericht ebenso verbürgt wie ein Verfahren, das hohen rechtsstaatlichen Standards genügt, sowie eine effektive Urteilsvollstreckung. Allerdings ist sein Anwendungsbereich beschränkt auf Verfahren, die entweder einen zivilrechtlichen Bezug aufweisen oder aber strafrechtlicher Natur sind. Damit scheint die Verwaltungsgerichtsbarkeit zunächst ausgeschlossen. Der EGMR hat die Begriffe der Konvention jedoch autonom ausgelegt[5] und dabei insbesondere den Zivilrechtsbezug soweit ausgedehnt, dass auch der verwaltungsrechtliche Individualrechtsschutz zum größten Teil von Art. 6 EMRK erfasst wird. Zum Strafrecht im Sinne von Art. 6 EMRK gehört insbesondere auch das Ordnungswidrigkeitenrecht, also die Ahndung von so genanntem Verwaltungsunrecht,[6] doch soll dies im Folgenden nicht weiterverfolgt werden. Nur wenige Rechtsbereiche wie das Ausländer- und Asylrecht sind dem Anwendungsbereich des Justizgewährleistungsanspruchs nach wie vor verschlossen.

Damit nähert sich Art. 6 Abs. 1 EMRK dem allgemeinen Justizgewährleistungsanspruch des Art. 47 der Grundrechtecharta der Europäischen Union (EuGRC) an. Art. 47 EuGRC ist in seinem Anwendungsbereich nicht auf Zivil- und Strafverfahren beschränkt, gilt allerdings seinerseits gemäß Art. 51 Abs. 1 EuGRC nur für die Organe der Europäischen Union sowie für EU-Mitgliedstaaten im Anwendungsbereich des Unionsrechts.[7] Da Art. 47 EuGRC für Nicht-EU-Staaten wie die Ukraine und Kasachstan nicht gilt, wird er nicht weiter behandelt. Hier soll es um den gemeineuropäischen Standard der EMRK gehen, so wie er vom EGMR herausgearbeitet worden ist.

Im Folgenden werde ich zunächst auf den Anwendungsbereich von Art. 6 EMRK eingehen (II.), bevor ich seine inhaltliche Tragweite ausleuchten werde (III.). Dabei werde ich mich auf Art. 6 Abs. 1 EMRK beschränken. In seinen Absätzen 2 und 3 enthält Art. 6 EMRK spezielle Garantien für den Strafprozess, die im Verwaltungsprozess mit Ausnahme des eben erwähnten

---

5 So ausdrücklich EGMR (Große Kammer), Urteil vom 5.10.2000, Beschwerdenr. 39652/98, Rn. 34 – Maaouia/Frankreich m.w.N. Alle Urteile des EGMR sind in der Entscheidungsdatenbank des EGMR unter: https://hudoc.echr.coe.int/, im englischen und / oder französischen Original abrufbar. Bisweilen sind dort auch ukrainische oder deutsche Übersetzungen verfügbar. Die Fundstellen aller deutschen Übersetzungen von EGMR-Entscheidungen sind unter http://egmr.org/ nachgewiesen.

6 Siehe EGMR, Urteil vom 21.2.1984, Beschwerdenr. 8544/79, Rn. 46–56 – Öztürk/Deutschland.

7 Zum Umfang der Bindung der Mitgliedstaaten siehe nur EuGH, Urteil vom 26.2.2013, Rs. C-617/10, ECLI: EU: C:2013:105, Rn. 19–22 – Åkerberg Fransson.

Ordnungswidrigkeitenrechts grundsätzlich nicht relevant werden. Da ein kleiner Teil der verwaltungsrechtlichen Streitigkeiten nach wie vor nicht von Art. 6 EMRK erfasst wird, werde ich abschließend der Frage nachgehen, welche Verfahrensgarantien Art. 13 EMRK in diesen Fällen aufstellt (IV.). Art. 13 EMRK garantiert kein gerichtliches Verfahren aber immerhin ein Recht auf eine wirksame Beschwerde für den Fall, dass möglicherweise ein anderes Konventionsrecht verletzt wurde.

II. Verwaltungsprozesse als zivilrechtliche Streitigkeiten im Sinne von Art. 6 EMRK

Der Anwendungsbereich von Art. 6 EMRK ist schon deshalb schwer zu bestimmen, weil die unterschiedlichen Sprachfassungen der Konvention voneinander abweichen. Völkerrechtlich maßgeblich sind ausweislich der Schlussklausel der EMRK allein der englische und der französische Originaltext. Beide weichen erheblich voneinander ab. Während sich die englische Fassung auf „civil rights and obligations“ bezieht, werden im französischen Text „droits et obligations de caractère civil“ angesprochen. Das französische Original ist der deutschen Übersetzung nahe. Es lässt an die Unterscheidung von Zivilrecht und Verwaltungsrecht denken, die die kontinentaleuropäischen Rechtsordnungen prägt. Mit England umfasst der Europarat aber auch ein Common-law-System, dem die Trennung von Zivil- und Verwaltungsrecht weitgehend fremd ist. Dementsprechend lässt der englische Begriff der „civil rights“ eher an Bürgerrechte denken. Erfasst würden damit vor allem Streitigkeiten über Freiheit und Eigentum, auch wenn sie prozessual dem Verwaltungsrecht zugeordnet sind.

1. Grundsätzliches

Der EGMR nutzt diese sprachliche Offenheit für eine weite Auslegung. Man hätte die Begriffe des Art. 6 EMRK als Verweisungen auf das jeweilige nationale Recht verstehen können. Zivilrecht wäre dann das, was das nationale Recht als Zivilrecht einordnet. Damit würde sich der Anwendungsbereich des Art. 6 EMRK von Mitgliedstaat zu Mitgliedstaat unterscheiden. Beispielsweise hinge die Geltung von Art. 6 EMRK für sozialversicherungsrechtliche Streitigkeiten davon ab, ob das jeweilige nationale Recht die Sozialversicherung öffentlich-rechtlich oder zivilrechtlich ausgestaltet. Das erscheint unbefriedigend. Daher hat der EGMR den Begriff des Zivilrechts von den nationalen Rechtsordnungen gelöst. Es handelt sich damit um einen gemeineuropäischen Begriff, der autonom auszulegen ist.[8] Man spricht von einer so genannten autonomen Auslegung. Dabei wird natürlich auch rechtsvergleichend geschaut, was die unterschiedlichen europäischen Rechtsordnungen als Zivilrecht ansehen. Wird ein Bereich übereinstimmend dem Zivilrecht zugeordnet, spricht alles dafür, dass er auch Art. 6 EMRK unterfällt. Der rechtsvergleichende Ansatz bildet aber nur den Anfang bei der Suche nach einem gemeineuropäischen, konventionsrechtlichen Begriff.

Dabei ist der EGMR von den zu entscheidenden Einzelfällen ausgegangen und hat im Laufe der Zeit Fallgruppen herausgebildet. Eine Definition des Zivilrechts sucht man in dieser Kasuistik vergebens. Zu beobachten ist vielmehr ein einzelfallbasiertes Tasten. Die neuere Forschung charakterisiert dies als inkrementellen Ansatz: Der EGMR tastet sich in seiner Rechtsprechung von Fall zu Fall fort.[9] Da es, anders als im anglo-amerikanischen Recht, keine förmliche Präjudizienbindung gibt, kann der EGMR seine Linie relativ leicht korrigieren. Freilich sucht er einen grundsätzlichen Bruch mit früheren Urteilen zu vermeiden.

2. Vorliegen eines Individualrechtsstreits

Erste Voraussetzung für eine rechtliche Streitigkeit im Sinne von Art. 6 EMRK ist, dass die nationale Rechtsordnung dem Einzelnen überhaupt ein materielles prima-facie-Recht einräumt. Das Recht muss sich aus der nationalen Rechtsordnung begründen lassen. Art. 6 Abs. 1 EMRK hat also den Individualrechtsschutz im Sinne von Art. 19 Abs. 4 GG im Blick, bei dem der Kläger eigene Rechte geltend macht. Die Vorschrift gilt für die so genannte Verletztenklage[10], nicht für bloße Interessenten und Popularklagen. Damit erfasst Art. 6 EMRK auch nicht die so genannte Verbandsklage. Klagt beispielsweise die Deutsche Umwelthilfe gegen die Feinstaubbelastung in deutschen Städten und erstreitet sie Fahrverbote für ältere Dieselfahrzeuge,[11] macht sie keine eigene materielle

8 Oben Fn. 5.

9 Siehe dazu nur *Janneke Gerards*, Margin of Appreciation and Incrementalism in the Case Law of the European Court of Human Rights, Human Rights Law Review 18 (2018), 495 (507–512).

10 Zur Begrifflichkeit aus der Sicht des deutschen Verwaltungsprozessrechts *Friedhelm Hufen*, Verwaltungsprozessrecht, 10. Aufl. 2016, Rn. 54.

11 Zu dieser Problematik im Überblick *Martin Will*, Neues zu den sog. Diesel-Fahrverboten, Neue Zeitschrift für Verkehrsrecht 2019, 17 ff.

Rechtsposition geltend.[12] Es handelt sich von vornherein nicht um eine Streitigkeit im Sinne von Art. 6 Abs. 1 EMRK.

Ob das geltend gemachte Recht tatsächlich besteht, ist eine Frage der Begründetheit. Darauf kommt es für die Verfahrensgarantien des Art. 6 EMRK nicht an. Es kommt auch nicht darauf an, ob das nationale Recht selbst Durchsetzungsmechanismen bereitstellt. Dass es eine Klagemöglichkeit geben muss, ist nicht Voraussetzung für die Anwendung von Art. 6 EMRK, sondern dessen Rechtsfolge.[13]

3. Zivilrechtsbezug

Geht es um den Zivilrechtsbezug, verlangt der EGMR nicht, dass die Streitigkeit selbst zivilrechtlicher Natur sein muss. Vielmehr stellt er maßgeblich auf die Auswirkungen eines Rechtsstreits ab: Zivilrechtlichen Charakter haben danach solche Streitigkeiten, die sich auf zivilrechtliche Rechtspositionen auswirken.

Zu den klassischen zivilrechtlichen Rechtspositionen gehört das Eigentum. Stellt man auf die Auswirkungen ab, sind verwaltungsrechtliche Streitigkeiten dann als zivilrechtlich zu qualifizieren, wenn sie sich auf die Nutzung des eigenen Eigentums auswirken. Damit fällt zunächst das öffentliche Baurecht weitgehend in den Anwendungsbereich des Art. 6 EMRK. Regelt das öffentliche Recht, wie ein privates Grundstück bebaut und genutzt werden darf, regelt es den Umgang des Eigentümers mit seinem Privateigentum. Ein Streit um die bauliche Nutzung und Nutzbarkeit ist damit zivilrechtlicher Natur. Der Streit um eine Baugenehmigung wird also regelmäßig ebenso in den Anwendungsbereich von Art. 6 EMRK fallen wie der Streit über eine baurechtliche Nutzungsuntersagung oder eine Abrissverfügung. Auch bauplanungsrechtliche Streitigkeiten können Art. 6 EMRK unterfallen, soweit es um die Bebaubarkeit

---

12 BVerwG, Urteil vom 5.9.2013 – 7 C 21/12, BVerwGE 147, 312, Rn. 43–50, geht zwar davon aus, dass der zugrundeliegende § 47 Abs. 1 Bundesimmissionsschutzgesetz in unionsrechtskonformer Auslegung auch Umweltverbänden ein Klagerecht einräumt. Dabei handelt es sich aber um eine Rechtsposition, die nur aus prozessualen Gründen zugewiesen wird und nicht zum Schutz individueller Interessen des Verbands. So spricht auch das BVerwG, a.a.O., Rn. 18 f., von einer Verbandsklage. *Sabine Schlacke*, Zur fortschreitenden Europäisierung des (Umwelt-)Rechtsschutzes – Schutznormdoktrin und Verfahrensfehlerlehre erneut unter Anpassungsdruck, NVwZ 2014, 11 (13 f.), charakterisiert diese Klage als Interessentenklage.

13 Siehe im Einzelnen *Christoph Grabenwarter/Katharina Pabel*, Europäische Menschenrechtskonvention, 6. Aufl. 2016, § 24 Rn. 5–7.

eines konkreten privaten Grundstücks geht. So hat das deutsche Bundesverwaltungsgericht die verwaltungsgerichtliche Normenkontrolle nach § 47 VwGO vollkommen zurecht an Art. 6 EMRK gemessen, weil der private Grundstückseigentümer damit eine Verletzung in eigenen Rechten geltend machte.[14]

Zum klassischen Zivilrecht gehört aber neben dem Eigentum auch das private Vertragsrecht. Das private Vertragsrecht bildet die rechtliche Grundlage der beruflichen und gewerblichen Tätigkeit von Arbeitnehmern und Unternehmern. Arbeitnehmer werden aufgrund zivilrechtlicher Verträge beschäftigt. Auch Selbständige schließen für ihre Tätigkeit Verträge: Wer eine Tankstelle betreiben will, muss ein passendes Grundstück pachten und Benzin einkaufen, das er dann weiterverkauft. Alles vollzieht sich auf der Grundlage des privaten Vertragsrechts. Macht das Öffentliche Recht den Betrieb der Tankstelle von einer Genehmigung abhängig, und kommt es über diese Genehmigung zum Streit, wirkt sich das auf die zivilrechtliche unternehmerische Tätigkeit aus. Der Streit um die öffentlich-rechtliche Genehmigung ist mithin zivilrechtlicher Natur.[15] Dasselbe gilt, wenn einem Arzt wegen berufsrechtlicher Verfehlungen die Approbation entzogen wird, sodass er nicht mehr als Arzt praktizieren darf.

Da das Privatvermögen ebenfalls dem Zivilrecht zuzuordnen ist, begründet auch der vermögensrechtliche Charakter einer Streitigkeit dessen zivilrechtliche Natur. Damit wird das Staatshaftungsrecht, soweit es auf Geldersatz gerichtet ist, ebenfalls von Art. 6 EMRK erfasst. Dasselbe gilt für vermögensrechtliche Ansprüche der Beamten, mag auch das Beamtenverhältnis im Öffentlichen Recht wurzeln.[16] Streitigkeiten über die Beamtenbesoldung oder Altersbezüge werden damit von Art. 6 EMRK erfasst.

Mittlerweile ist der EGMR noch weiter gegangen und sieht beamtenrechtliche Streitigkeiten regelmäßig im Anwendungsbereich von Art. 6 EMRK,

---

14 BVerwGE 110, 203= NVwZ 2000, 810; dazu auch *Robert Uerpmann-Wittzack*, Die Bedeutung der EMRK für den deutschen und den unionalen Grundrechtsschutz, JURA 2014, 916 (922).

15 Siehe auch EGMR, Urteil vom 19.3.1997, Beschwerdenr. 18357/91, Rn. 39 – Hornsby/Griechenland, zum Streit über die Genehmigung für die Eröffnung einer privaten Sprachschule; ferner EGMR, Urteil vom 21.12.2017, Beschwerdenr. 42758/05, Rn. 40 – Feldman and Slovyanskyy Bank/Ukraine zur Anordnung der Liquidation einer Bank durch die Nationalbank.

16 Siehe nur EGMR, Urteil vom 15.10.2009, Beschwerdenr. 40450/04, Rn. 45 – Yuriy Nikolayevich Ivanov/Ukraine zur finanziellen Entschädigung für eine Soldatenuniform.

soweit um Beschäftigungsbedingungen oder Vergütung gestritten wird und es sich damit um „gewöhnliche Arbeitsstreitigkeiten"[17] handele. Der EGMR stellt Beamte damit zivilrechtlich beschäftigten Staatsbediensteten gleich, solange es nicht besondere Gründe dafür gibt, beamteten Staatsdienern den gerichtlichen Rechtsschutz nach Art. 6 EMRK zu verweigern. Eine Ausnahme soll nur noch dann gelten, wenn kumulativ zwei Voraussetzungen erfüllt sind: Zum einen muss das nationale Recht den gerichtlichen Rechtsschutz für die entsprechenden Streitigkeiten ausdrücklich ausschließen und zum anderen muss dieser Ausschluss durch vernünftige Gründe des Staatsinteresses gerechtfertigt sein.[18] Dies hat der EGMR erst jüngst im Fall Denisov/Ukraine erneut bestätigt.[19] Dort ging es um die Absetzung eines Gerichtspräsidenten. Für den EGMR handelte es sich schon deshalb um eine zivilrechtliche Streitigkeit, weil das ukrainische Recht einen Rechtsweg für die dienstrechtliche Streitigkeit eröffnete. Dasselbe würde für Deutschland gelten, wo schon wegen der Rechtsweggarantie des Art. 19 Abs. 4 GG jede beamtenrechtliche Streitigkeit vor Gericht gebracht werden kann.

Auch das Sozialrecht wird zumindest in großen Teilen vom weiten Zivilrechtsbegriff der EMRK erfasst. So zählte der EGMR die gesetzliche Krankenversicherung bereits im Jahr 1986 trotz ihres öffentlich-rechtlichen Charakters zum Zivilrecht. Ausschlaggebend waren der persönliche und wirtschaftliche Charakter der erworbenen Ansprüche, die Verbindung mit dem Arbeitsverhältnis und die Parallelen zum privaten Versicherungsrecht.[20] Mittlerweile geht der EGMR so weit, dass er einen Einfluss des Rechtsstreits auf das durch Art. 8 EMRK geschützte, sehr weit verstandene Privatleben ausreichen lässt.[21] So hat er beispielsweise auch umweltrechtliche

17 EGMR (Große Kammer), Urteil vom 19.4.2007, Beschwerdenr. 63235/00, Rn. 62 – Vilho Eskelinen u.a./Finnland; Urteil vom 25.9.2018, Beschwerdenr. 76639/11, Rn. 52 f. – Denisov/Ukraine: „ordinary labour disputes".

18 EGMR (Große Kammer), Urteil vom 19.4.2007, Beschwerdenr. 63235/00, Rn. 62 – Vilho Eskelinen u.a./Finnland.

19 EGMR (Große Kammer), Urteil vom 25.9.2018, Beschwerdenr. 76639/11, Rn. 53–55 – Denisov/Ukraine; zuvor schon EGMR, Urteil vom 9.1.2013, Beschwerdenr. 21722/11, Rn. 87 – Oleksandr Volkov/Ukraine.

20 EGMR, Urteil vom 29.5.1986, Beschwerdenr. 8562/79, Rn. 26–40 – Feldbrugge/Niederlande; ebenso Urteil vom 29.5.1986, Beschwerdenr. 9384/81, Rn. 60–74 – Deumeland/Deutschland zur gesetzlichen Unfallversicherung.

21 EGMR, Urteil vom 26.7.2012, Beschwerdenr. 38773/05, Rn. 144 – Savitskyy/Ukraine.

Streitigkeiten dem Anwendungsbereich des Art. 6 EMRK unterstellt.[22] Wehren sich beispielsweise Anwohner einer stark befahrenen Straße gegen die gesundheitsschädliche Feinstaubbelastung, die vom Straßenverkehr ausgeht, können sie sich auf den Schutz ihres Privatlebens und ihrer Wohnung gemäß Art. 8 EMRK berufen. Klagen sie Fahrverbote ein, die die Feinstaubbelastung reduzieren sollen, hat der Rechtsstreit also Auswirkungen auf ein Zivilrecht im Sinne von Art. 6 EMRK, sodass der Justizgewährleistungsanspruch eingreift, obwohl der Rechtsstreit nach § 40 Abs. 1 Satz 1 der deutschen Verwaltungsgerichtsordnung klar den Verwaltungsgerichten zugewiesen ist. Selbst einen presserechtlichen Auskunftsanspruch gegenüber einer staatlichen Wahlkommission hat der EGMR wegen des Bezugs zur journalistischen Berufsausübung bereits als zivilrechtlich eingestuft.[23]

Damit bleibt die Frage, ob es überhaupt verwaltungsrechtliche Individualrechtsstreitigkeiten gibt, die nicht vom Justizgewährleistungsanspruch des Art. 6 EMRK erfasst werden. Tatsächlich ist dies zur seltenen Ausnahme geworden. Im Beamtenrecht bleibt den Staaten, wie gesehen,[24] die Möglichkeit, gerichtlichen Rechtsschutz in begründeten Ausnahmefällen gänzlich auszuschließen mit der Folge, dass Art. 6 EMRK keine Anwendung findet. Darüber hinaus hat sich der EGMR stets geweigert, das Ausländer-, Asyl- und Staatsangehörigkeitsrecht in den Anwendungsbereich des Art. 6 EMRK aufzunehmen.[25] In der Tat ist die Entscheidung, welche Ausländer sich im Staat aufhalten dürfen, eine klassische hoheitliche Entscheidung. Fragt man nach den Auswirkungen, zeigt sich allerdings, dass eine Entscheidung über das Aufenthaltsrecht massive Auswirkungen auf private Rechte haben kann: Wird ein Vater abgeschoben, hindert ihn dies daran, das Familienleben mit seinen Kindern im abschiebenden Staat fortzusetzen. Ebenso kann die Entscheidung über einen Aufenthaltstitel beispielsweise entscheidende Bedeutung für die Aufnahme oder die Weiterführung eines Arbeitsverhältnisses haben. Dennoch stellt der EGMR hier den hoheitlichen Charakter der Entscheidung über das Aufenthaltsrecht in den Vordergrund, sodass

---

22 EGMR, Urteil vom 10.11.2004, Beschwerdenr. 46117/99, Rn. 133 – Taşkin/Türkei; einen Überblick über die Breite des Anwendungsfeldes gibt EGMR (Große Kammer), Urteil vom 25.9.2018, Beschwerdenr. 76639/11, Rn. 51 – Denisov/Ukraine.

23 EGMR, Urteil vom 31.7.2012, Beschwerdenr. 45835/05, Rn. 49 – Shapovalov/Ukraine.

24 Oben Fn. 18 f.

25 EGMR (Große Kammer), Urteil vom 5.10.2000, Beschwerdenr. 39652/98, Rn. 35–40 – Maaouia/Frankreich.

die Garantien des Art. 6 EMRK nicht eingreifen. Ebenso dürften Fragen des Steuerrechts[26] und der Wahlkampffinanzierung[27] aufgrund ihrer starken öffentlich-rechtlichen Prägung nach wie vor dem konventionsrechtlichen Justizgewährleistungsanspruch entzogen sein.[28]

III. Die Garantie eines rechtsstaatlichen Verfahrens nach Art. 6 Abs. 1 EMRK

Handelt es sich um eine zivilrechtliche Streitigkeit im Sinne von Art. 6 Abs. 1 EMRK, sind die Garantien zu beachten, die die Vorschrift auflistet. Diese Garantien betreffen sowohl die Gerichtsorganisation (sogleich zu 2.) als auch das gerichtliche Verfahren (zu 3.). Hinzu kommen implizite Rechte auf Zugang zum Gericht (zu 1.) sowie auf effektive Umsetzung einer gefällten Entscheidung (zu 4.), die der EGMR ebenfalls aus Art. 6 Abs. 1 EMRK abgeleitet hat.

1. Zugang zum Gericht

Der EGMR hat schon 1975 im Fall Golder entschieden, dass Art. 6 EMRK nicht nur Rechte im Verfahren garantiert, sondern auch das Recht auf ein Verfahren. Der Staat muss also für Streitigkeiten im Sinne von Art. 6 EMRK den Rechtsweg eröffnen. Es handelt sich um einen echten Justizgewährleistungsanspruch. Vom Wortlaut her ist diese Auslegung nicht zwingend. Der EGMR sah den Zugang zum Gericht jedoch als Ausdruck des elementaren Prinzips der Herrschaft des Rechts, das die Konvention beherrscht.[29] Freilich sind Fristen, Formerfordernisse, Gebührenregelungen und andere Zugangshürden zulässig, solange sie ein berechtigtes Ziel verfolgen und den Zugang zum Gericht nicht unverhältnismäßig erschweren.[30]

---

26 EGMR (Große Kammer), Urteil vom 12.7.2001, Beschwerdenr. 44759/98, Rn. 24–30 – Ferrazzini/Italien.

27 EGMR, Urteil vom 21.10.1997, Beschwerdenr. 24194/94, Rn. 50 f. – Pierre-Bloch/Frankreich.

28 Die Ausnahmen bestätigend EGMR (Große Kammer), Urteil vom 19.4.2007, Beschwerdenr. 63235/00, Rn. 61 – Vilho Eskelinen u.a./Finnland.

29 EGMR, Urteil vom 21.2.1975, Beschwerdenr. 4451/70, Rn. 28–36 – Golder/Vereinigtes Königreich.

30 Dazu *Grabenwarter/Pabel* (Fn. 13), § 24 Rn. 53 ff.; siehe auch EGMR, Urteil vom 30.5.2013, Beschwerdenr. 49069/11, Rn. 31 – Nataliya Mikhaylenko/Ukraine; Urteil vom 8.12.2016, Beschwerdenr. 24003/07, Rn. 32 f. – Frida, LLC/Ukraine.

Welcher Rechtsweg eröffnet wird, bleibt freilich dem nationalen Recht überlassen. Die EMRK stellt es den einzelnen Staaten frei, ob sie eine eigene Verwaltungsgerichtsbarkeit einrichten und wie sie gegebenenfalls den Verwaltungs- vom Zivilrechtsweg abgrenzen wollen.

2. Anforderungen an die Gerichtsorganisation

Art. 6 Abs. 1 EMRK stellt ausdrücklich verschiedene Anforderungen an die Gerichtsorganisation. Dazu gehört zunächst die Unabhängigkeit des Gerichts. Hier untersucht der EGMR insbesondere das Besetzungsverfahren und die Amtszeit der Richter, bestehende Vorkehrungen für den Schutz gegen äußeren Druck sowie das Erscheinungsbild des Gerichts. Besonders wichtig ist die Unabhängigkeit gegenüber den politischen Organen der ersten und zweiten Gewalt.[31]

Darüber hinaus muss das Gericht unparteilich sein. Es darf also nicht vorurteilsbehaftet oder befangen sein. Dabei kommt es sowohl auf die subjektive Einstellung der einzelnen Richterinnen und Richter an als auch darauf, ob das Gericht durch seine Zusammensetzung objektiv den Schein der Parteilichkeit ausschließt.[32] Der EGMR betont, dass es darauf ankomme, schon den bloßen Anschein einer Befangenheit zu verhindern, da das Vertrauen der Öffentlichkeit in die Justiz auf dem Spiel stehe.[33] Zudem greifen Unabhängigkeit und Unparteilichkeit ineinander: Ist ein Gericht von der Exekutive abhängig, begünstigt dies den Schein der Befangenheit und umgekehrt. Der EGMR neigt daher dazu, Unabhängigkeit und Unparteilichkeit zusammen zu prüfen.[34]

---

31 EGMR, Urteil vom 9.1.2013, Beschwerdenr. 21722/11, Rn. 103 – Oleksandr Volkov/Ukraine; (Große Kammer), Urteil vom 25.9.2018, Beschwerdenr. 76639/11, Rn. 60 – Denisov/Ukraine; als Beispiel unzulässiger Einflussnahme siehe EGMR, Urteil vom 25.7.2002, Beschwerdenr. 48553/99, Rn. 80 – Sovtransavto Holding/Ukraine.

32 EGMR, Urteil vom 9.1.2013, Beschwerdenr. 21722/11, Rn. 104 – Oleksandr Volkov/Ukraine; (Große Kammer), Urteil vom 25.9.2018, Beschwerdenr. 76639/11, Rn. 61 – Denisov/Ukraine.

33 EGMR, Urteil vom 9.1.2013, Beschwerdenr. 21722/11, Rn. 106 – Oleksandr Volkov/Ukraine; (Große Kammer), Urteil vom 25.9.2018, Beschwerdenr. 76639/11, Rn. 63 – Denisov/Ukraine.

34 EGMR, Urteil vom 9.1.2013, Beschwerdenr. 21722/11, Rn. 107 – Oleksandr Volkov/Ukraine; Urteil vom 26.6.2018, Beschwerdenr. 10640/05, Rn. 150 – Industrial Financial Consortium Investment Metallurgical Union/Ukraine; siehe auch *Grabenwarter/Pabel* (Fn. 13), § 24 Rn. 41.

Überdies muss das Gericht auf Gesetz beruhen. Diese Garantie bezieht sich nicht nur auf die Errichtung des Gerichts an sich, sondern auch auf seine konkrete Besetzung.[35] Auf diese Weise wird das Gericht insbesondere vor willkürlichen Besetzungsentscheidungen der Exekutive geschützt.[36] Wird beispielsweise ein Richter unter Missachtung nationaler Verfahrensvorschriften seines Amts enthoben, begründet schon die bloße Verletzung nationalen Rechts einen Verstoß gegen Art. 6 EMRK. Die Notwendigkeit einer gesetzlichen Grundlage für die Gerichtsorganisation sichert letztlich auch die Unabhängigkeit und Unparteilichkeit des Gerichts.[37]

3. Anforderungen an das Verfahren

Das Verfahren muss nach Art. 6 Abs. 1 EMRK zunächst „fair" sein. Diese elementare Anforderung stellt die amtliche Überschrift zu Art. 6 Abs. 1 EMRK als Oberbegriff in den Vordergrund, auch wenn sie nach dem Text der Vorschrift nur eine von mehreren Anforderungen ist.

Fairness im Verfahren hat viele Facetten. Ein wichtiges Element ist der Grundsatz der Waffengleichheit.[38] Im Verwaltungsprozess müssen sich Bürger und Verwaltung auf Augenhöhe als gleichberechtigte Prozessparteien begegnen. Jede Seite muss also ihre Sache gleichermaßen einschließlich möglicher Beweise präsentieren können. Zur Gleichberechtigung gehört zudem, dass ein etwaiger Informationsvorsprung der Verwaltung abgebaut werden muss. Damit umfasst das faire Verfahren grundsätzlich ein Recht auf Akteneinsicht. Ist das Gericht verpflichtet, den Sachverhalt auch unabhängig vom Vorbringen der Parteien und von deren Beweisanträgen von Amts wegen aufzuklären, hilft dies zusätzlich, einen Informationsvorsprung der Verwaltung auszugleichen und damit Waffengleichheit herzustellen. Allerdings gebietet Art. 6 EMRK keine Amtsermittlung.

Zum fairen Verfahren gehört auch der Anspruch auf Gewährung rechtlichen Gehörs, der in Deutschland in Art. 103 Abs. 1 GG verankert ist.[39] Dafür muss

---

35 EGMR, Urteil vom 9.1.2013, Beschwerdenr. 21722/11, Rn. 151 – Oleksandr Volkov/Ukraine.

36 Siehe EGMR, Urteil vom 9.1.2013, Beschwerdenr. 21722/11, Rn. 150 – Oleksandr Volkov/Ukraine.

37 Siehe auch *Grabenwarter/Pabel* (Fn. 13), § 24 Rn. 42.

38 Dazu EGMR, Urteil vom 27.6.2017, Beschwerdenr. 70329/12 u.a., Rn. 36 f. – Lazarenko u.a./Ukraine; Urteil vom 3.10.2017, Beschwerdenr. 18656/13, Rn. 36 – Viktor Nazarenko/Ukraine; *Grabenwarter/Pabel* (Fn. 13), § 24 Rn. 67.

39 Dazu *Grabenwarter/Pabel* (Fn. 13), § 24 Rn. 72.

der Betroffene die Informationen erhalten, die für eine sachgemäße Rechtsverfolgung erforderlich sind, und das Gericht muss ihm Gelegenheit geben, seinen Standpunkt selbst oder durch einen Rechtsvertreter darzulegen. Während der Grundsatz der Waffengleichheit die Rechte der Bürger im Verhältnis zu den rechtlichen Möglichkeiten der Verwaltung bestimmt, verlangt der Grundsatz des rechtlichen Gehörs, dass dem Bürger unabhängig von der rechtlichen Stellung der Verwaltung die Möglichkeit gegeben wird, seine Sache zu vertreten. Das kann je nach den Umständen des Einzelfalls die persönliche Anwesenheit des Klägers erforderlich machen. Überdies gehört zu einem fairen Verfahren, dass das Gericht seine Entscheidung grundsätzlich begründen muss, damit diese nachvollziehbar wird.[40] Aus dem Recht auf ein faires Verfahren folgt freilich kein Anspruch auf eine inhaltlich richtige Entscheidung. Unfair ist das Verfahren nur, wenn die Entscheidung als willkürlich oder offensichtlich unangemessen erscheint.[41] Es ist auch nicht erforderlich, dass das Gericht in seiner Begründung jedes klägerische Argument im Detail analysiert; es darf aber einen wesentlichen Aspekt nicht vollkommen ignorieren, wenn sich die Kläger darauf berufen haben.[42]

Der EGMR sieht die Garantie eines fairen Verfahrens im Lichte des Grundprinzips der Herrschaft des Rechts und leitet daraus auch ein Gebot der Rechtssicherheit ab. Das bedeutet, dass rechtskräftige Entscheidungen grundsätzlich Bestand haben müssen. Ein Wiederaufnahmeverfahren zulasten des Bürgers ist deshalb nur unter engen Voraussetzungen zulässig, wenn die rechtskräftige Entscheidung fundamentale Fehler aufweist. Allein die Möglichkeit, dass das Gericht falsch entschieden hat, rechtfertigt noch keine Durchbrechung der Rechtskraft.[43] Auch widerspricht es dem Grundsatz der Rechtssicherheit, wenn der Staatsanwaltschaft oder einem anderen Vertreter des öffentlichen Interesses die Befugnis verliehen wird, nach eigenem Ermessen unbefristet Einspruch

---

40 Siehe *Grabenwarter/Pabel* (Fn. 13), § 24 Rn. 76.

41 EGMR (Große Kammer), Urteil vom 5.2.2015, Beschwerdenr. 22251/08, Rn. 61–65 – Bochan/Ukraine (Nr. 2).

42 EGMR, Urteil vom 18.7.2006, Beschwerdenr. 63566/00, Rn. 23–25 – Pronina/Ukraine; Urteil vom 26.1.2017, Beschwerdenr. 42788/06, Rn. 101–103 – Surikov/Ukraine.

43 Grundlegend EGMR (Große Kammer), Urteil vom 28.10.1999, Beschwerdenr. 28342/95, Rn. 61 f. – Brumărescu/Rumänien; siehe auch EGMR, Urteil vom 26.6.2018, Beschwerdenr. 10640/05, Rn. 146 f. – Industrial Financial Consortium Investment Metallurgical Union/Ukraine.

gegen eine letztinstanzliche Entscheidung einzulegen, und die Rechtskraft auf diese Weise dauerhaft in der Schwebe bleibt.[44]

Darüber hinaus muss grundsätzlich öffentlich verhandelt werden. Das setzt eine mündliche Verhandlung voraus, weil eine öffentliche Anhörung im schriftlichen Verfahren nicht möglich ist. Art. 6 Abs. 1 EMRK gibt dem Kläger also einen Anspruch auf eine mündliche Verhandlung. Freilich reicht eine einzige mündliche Verhandlung im Instanzenzug unter Umständen aus. Wurde in erster Instanz mündlich verhandelt, kann in der Rechtsmittelinstanz gegebenenfalls auf eine mündliche Verhandlung verzichtet werden. Umgekehrt kann in erster Instanz auf eine mündliche Verhandlung verzichtet werden, wenn der Kläger die Möglichkeit hat, in der Berufungsinstanz eine mündliche Verhandlung zu erzwingen.[45] Zudem dient die mündliche Verhandlung vor allem dem Schutz der Parteien, die die Möglichkeit erhalten sollen, ihre Sache dem Gericht persönlich vorzutragen oder vortragen zu lassen. Daher könnten die Parteien auf ihr Recht auf eine mündliche Verhandlung grundsätzlich im konkreten Fall verzichten.

Das grundsätzliche Gebot, mündlich zu verhandeln, spricht dafür, die nationale Gerichtsbarkeit so zu organisieren, dass der Weg zum zuständigen Gericht für die Bürger nicht allzu weit ist. Im Übrigen liegt die mündliche und öffentliche Verhandlung auch im öffentlichen Interesse. Die Öffentlichkeit ermöglicht Transparenz und stärkt damit das Vertrauen in die Justiz: *Justice must not only be done but must be seen to be done.*[46]

Schließlich muss die Sache innerhalb angemessener Frist behandelt und rechtskräftig entschieden werden. Dabei stellt der EGMR auf die gesamte Zeitspanne von der Klage bis zur rechtskräftigen gerichtlichen Entscheidung ab.[47] Verfolgt ein Kläger in Deutschland einen Anspruch im Sinne von Art. 6 EMRK mit der Verfassungsbeschwerde vor dem Bundesverfassungsgericht weiter, muss auch hier in angemessener Frist entschieden werden.[48] Welche Frist angemessen ist, hängt von den Umständen des Einzelfalls ab.

---

44 EGMR, Urteil vom 25.7.2002, Beschwerdenr. 48553/99, Rn. 74 – Sovtransavto Holding/Ukraine.

45 Siehe im Einzelnen *Grabenwarter/Pabel* (Fn. 13), § 24 Rn. 107–110.

46 So im Rahmen von Art. 6 Abs. 1 EMRK, wenngleich in etwas anderem Zusammenhang auch EGMR, Urteil vom 17.1.1970, Beschwerdenr. 2689/65, Rn. 31 – Delcourt/Belgien.

47 Siehe im Überblick *Grabenwarter/Pabel* (Fn. 13), § 24 Rn. 81.

48 Siehe EGMR (Große Kammer), Urteil vom 16.9.1996, Beschwerdenr. 20024/92, Rn. 39–41 – Süßmann/Deutschland.

Zu berücksichtigen sind das Verhalten des Klägers, das Verhalten der staatlichen Instanzen sowie die Bedeutung der Sache für den Kläger und ihre Komplexität.[49] Ist ein Gericht kurzfristig überlastet, kann dies eine längere Verfahrensdauer rechtfertigen. Sind Gerichte jedoch strukturell überlastet, verletzt der Staat seine Verantwortung, für ein ordnungsgemäßes Funktionieren seiner Gerichtsbarkeit zu sorgen.[50] Die lange Verfahrensdauer kann dann nicht gerechtfertigt werden.

4. Erfordernis einer effektiven Urteilsumsetzung

Schließlich reicht es nicht aus, dass der Kläger gegebenenfalls ein für ihn günstiges Urteil bekommt, das schließlich rechtskräftig wird. Vielmehr muss er auch tatsächlich das erhalten, was ihm zugesprochen wird. Spricht ihm das Gericht eine Entschädigung zu, muss ihm diese ausgezahlt werden. Verurteilt das Gericht den Staat, die Hauptverkehrsstraße vor der Haustür des Klägers für ältere Dieselfahrzeuge zu sperren, um Feinstaubemissionen zu drosseln, muss der Staat tatsächlich die entsprechenden Verkehrszeichen aufstellen. Das Recht auf effektive Urteilsumsetzung wird zwar in Art. 6 EMRK nicht ausdrücklich genannt. Das Recht auf ein ordnungsgemäßes Gerichtsverfahren wäre aber illusorisch, wenn ergangene Urteile nicht umgesetzt werden müssten. Dies hat der EGMR 1997 in der Sache Hornsby/Griechenland erstmals herausgearbeitet,[51] und er hat dabei ähnlich argumentiert wie 1975 im Fall Golder, als es um den Zugang zum Gericht ging.[52] Wie im Fall Golder bezog er sich auch im Fall Hornsby auf das tragende Konventionsprinzip der Herrschaft des Rechts.

Derzeit scheint die mangelnde Umsetzung ergangener Urteile in der Ukraine ein strukturelles Problem darzustellen. Der EGMR hat sie deshalb wiederholt verurteilt. Die größte Berühmtheit haben die Urteile in der Sache Ivanov[53] aus dem Jahr 2009 sowie in der Sache Burmych u.a.[54] aus dem Jahr 2017 erlangt.

---

49 Im Überblick *Grabenwarter/Pabel* (Fn. 13), § 24 Rn. 82.

50 Dazu *Grabenwarter/Pabel* (Fn. 13), § 24 Rn. 84 f.

51 EGMR, Urteil vom 19.3.1997, Beschwerdenr. 18357/91, Rn. 40 f. – Hornsby/Griechenland.

52 Oben Fn. 29.

53 EGMR, Urteil vom 15.10.2009, Beschwerdenr. 40450/04, Rn. 51–57 – Yuriy Nikolayevich Ivanov/Ukraine.

54 EGMR (Große Kammer), Urteil vom 12.10.2017, Beschwerdenr. 46852/1 u.a., Rn. 143 ff. – Burmych u.a./Ukraine.

IV. Die Rechtsbehelfsgarantie des Art. 13 EMRK

Auch dort, wo Art. 6 Abs. 1 EMRK unanwendbar ist,[55] kann Art. 13 EMRK einen Rechtsbehelf garantieren.[56] Das gilt insbesondere im Ausländerrecht. Dabei ist zu beachten, dass Art. 13 EMRK ein akzessorisches Verfahrensrecht ist. Die Garantie greift nur dann ein, wenn die Verletzung eines anderen Konventionsrechts gerügt wird und zumindest möglich erscheint. Bei Ausweisung und Abschiebung ist das durchaus realistisch: Eine aufenthaltsbeendende Maßnahme kann dem Recht auf Achtung des Familienlebens aus Art. 8 EMRK widersprechen, wenn der Betroffene im Aufenthaltsstaat starke familiäre Bindungen besitzt.[57] Zudem verstößt eine Abschiebung gegen Art. 3 EMRK, wenn dem betroffenen Ausländer im anderen Staat Folter, unmenschliche oder erniedrigende Behandlung droht.[58] Macht der Ausländer ein entsprechendes konventionsrechtliches Abschiebungshindernis geltend, muss ihm nach Art. 13 EMRK eine wirksame Beschwerde offenstehen.[59]

Allerdings finden die organisations- und verfahrensrechtlichen Vorgaben des Art. 6 Abs. 1 EMRK bei Art. 13 EMRK keine Anwendung. Insbesondere ist kein gerichtlicher Rechtsschutz geboten. Vielmehr reicht es aus, wenn der Betroffene die Gelegenheit erhält, den Konventionsverstoß vor einer Verwaltungsbehörde geltend zu machen. Freilich muss die Beschwerde effektiv sein. Die angerufene Stelle muss also tatsächlich und rechtlich in der Lage sein, die Konventionsverletzung abzustellen oder wiedergutzumachen.[60] Droht dem Betroffenen ein irreparabler Schaden, weil er etwa nach einer Abschiebung im anderen Staat gefoltert werden könnte, ist der Rechtsbehelf nur effektiv, wenn

---

55 Siehe oben zu II.3. a.E.

56 Dazu umfassend *Dagmar Richter*, Das Recht auf wirksame Beschwerde, in: Oliver Dörr/Rainer Grote/Thilo Marauhn (Hrsg.), EMRK/GG, Konkordanzkommentar, 2. Aufl. 2013, Bd. 2, Kap. 20.

57 Grundlegend EGMR, Urteil vom 2.8.2001, Beschwerdenr. 54273/00, Rn. 48 – Boultif/Schweiz; (Große Kammer), Urteil vom 18.10.2006, Beschwerdenr. 46410/99, Rn. 57 f. – Üner/Niederlande.

58 Siehe nur EGMR (Große Kammer), Urteil vom 21.1.2011, Beschwerdenr. 30696/09, Rn. 365 – M.S.S./Belgien und Griechenland.

59 EGMR (Große Kammer), Urteil vom 15.12.2016, Beschwerdenr. 16483/12, Rn. 268–271 – Khlaifia u.a./Italien.

60 Siehe EGMR (Große Kammer), Urteil vom 26.10.2000, Beschwerdenr. 30210/96, Rn. 157 f. – Kudła/Polen; Urteil vom 15.1.2009, Beschwerdenr. 33509/04, Rn. 97–99 – Burdov/Russland (Nr. 2).

er aufschiebende Wirkung entfaltet.[61] Vor der Abschiebung muss also mindestens eine vorläufige Prüfung durch ein Gericht abgewartet werden. Macht der Ausländer, der abgeschoben werden soll, hingegen eine Verletzung seines Familienlebens gelten, gebietet Art. 13 EMRK regelmäßig keine aufschiebende Wirkung, weil sich die Trennung von der Familie rückgängig machen lässt, wenn seine Beschwerde Erfolg hat.[62]

Art. 13 EMRK findet im Übrigen auch innerhalb des gerichtlichen Verfahrens Anwendung: Verstößt ein Gericht gegen die Vorgaben des Art. 6 EMRK, muss das nationale Recht eine Beschwerde vor einer nationalen Instanz vorsehen. So hat der EGMR 2006 Deutschland verurteilt, weil das deutsche Recht bis dahin keinen effektiven Rechtsbehelf bei überlanger Verfahrensdauer vorsah.[63] Die deutsche Gesetzgebung hat darauf schließlich mit der Einführung eines Entschädigungsanspruchs und einer so genannten Verzögerungsrüge in § 198 Gerichtsverfassungsgesetz reagiert.

Ähnliche Probleme stellen sich bei der mangelhaften Urteilsumsetzung in der Ukraine. Die Nichtbeachtung ergangener Gerichtsentscheidungen verstößt nicht nur, wie gesehen, gegen Art. 6 EMRK. Vielmehr wird auch Art. 13 EMRK missachtet, weil das ukrainische Recht derzeit keinen effektiven Rechtsbehelf gegen die Verletzung von Art. 6 EMRK bereitstellt.[64]

---

61 EGMR, Urteil vom 3.10.2017, Beschwerdenr. 8675/15 u.a., Rn. 115 – N.D. und N.T./Spanien.

62 Allerdings haben Ausländer, die sich rechtmäßig im Inland aufhalten, gemäß Art. 1 des 7. Zusatzprotokolls zur EMRK vom 22.11.1984 im Fall der Ausweisung grundsätzlich Anspruch auf einen Rechtsbehelf mit aufschiebender Wirkung. Diese zusätzliche Verfahrensgarantie gilt für die Ukraine, nicht aber für Deutschland, das das 7. Zusatzprotokoll nicht ratifiziert hat. Siehe die Nachweise in der Vertragssammlung des Europarats (Fn. 3), wo das Protokoll unter der Nr. 117 geführt wird.

63 EGMR (Große Kammer), Urteil vom 8.6.2006, Beschwerdenr. 75529/01, Rn. 98–116 – Sürmeli/Deutschland.

64 EGMR, Urteil vom 15.10.2009, Beschwerdenr. 40450/04, Rn. 64–70 – Yuriy Nikolayevich Ivanov/Ukraine.

Gerrit Manssen (Regensburg)

Institutionelle Rahmenbedingungen eines unabhängigen Verwaltungsrechtsschutzes

Nach dem Zusammenbruch des Sozialismus Ende der 1980er und Anfang der 1990er Jahre stehen die Transformationsstaaten aus dem ehemaligen sozialistischen Machtbereich wie die Ukraine oder Kasachstan vor der Aufgabe, einen rechtsstaatlichen Anforderungen entsprechenden Schutz gegen das Handeln der öffentlichen Hand sicherzustellen, also eine Form des Rechtsschutzes gegen die Verwaltung zu etablieren. Dabei können Erfahrungen aus anderen Staaten helfen. Der folgende Beitrag betrachtet einige grundsätzliche Strukturentscheidungen des deutschen Verwaltungsrechtsschutzes.

I. Spezialisierte Gerichtsbarkeiten als deutsches Erfolgsmodell

Eine erste Problemstellung beim Aufbau einer Verwaltungsgerichtsbarkeit ergibt sich dahingehend, ob der in einem Rechtsstaat notwendige gerichtliche Schutz von subjektiv-öffentlichen Rechten (also von Rechten des Bürgers gegen den Staat) durch eine besondere Verwaltungsgerichtsbarkeit zu gewährleisten ist, oder ob auf eine besondere Gerichtsbarkeit verzichtet werden kann und das Modell einer Einheitsgerichtsbarkeit verfolgt wird. In Deutschland ist eine eigenständige Verwaltungsgerichtsbarkeit bereits im 19. Jahrhundert in einzelnen Ländern errichtet worden.[1] Insbesondere das 1875 errichtete Preußische Oberverwaltungsgericht hat maßgeblich zur Entstehung eines rechtsstaatlichen Verwaltungsrechtsschutzes beigetragen.[2] Heute bestimmt Art. 95 des deutschen Grundgesetzes (GG), dass für die Gebiete der ordentlichen, der Verwaltungs-, der Finanz-, der Arbeits- und der Sozialgerichtsbarkeit oberste Gerichtshöfe des Bundes zu errichten sind.[3] Dieser Vorgabe folgend sind auch für die unteren Instanzen durch Bundesgesetz eigene Gerichtsbarkeiten geschaffen worden. Maßgeblich für die Verwaltungsgerichtsbarkeit ist die 1960 in Kraft getretene Verwaltungsgerichtsordnung (VwGO).[4]

Ernsthafte Versuche, eine Einheitsgerichtsbarkeit einzuführen, also den gesamten Rechtsschutz einer Gerichtsbarkeit zu übertragen (entsprechend dem angloamerikanischen Modell), gibt es in Deutschland nicht mehr. Das bestehende System getrennter Gerichtsbarkeiten hat sich bewährt. Es ermöglicht einen Rechtsschutz auf hohem Niveau durch entsprechend spezialisierte Gerichtszweige und Spruchkammern. Selbständige Verwaltungsgerichte können fachlich auf Augenhöhe mit der Verwaltung agieren. Die institutionelle Trennung der Gerichtszweige fördert zudem die problemangemessene Ausgestaltung der Verfahrens- und Prozessordnungen. Die Verwaltungsgerichte kontrollieren staatliches Handeln. Ihre Tätigkeit ist oft politisch in hohem Maße „heikel". Sie untersuchen von Amts wegen den Sachverhalt (so genannter Untersuchungsgrundsatz, anders als im Zivilprozessrecht) und begrenzen den Staat in seiner Machtausübung. Die Tätigkeit von Verwaltungsrichtern erfolgt damit unter anderen Vorzeichen und nach anderen Grundsätzen als die eines Zivil- und Strafrichters, was organisatorisch in einer eigenständigen Gerichtsbarkeit angemessen zum Ausdruck kommt.

---

1 Vor allem 1863 in Baden, siehe *Sommermann*, Die deutsche Verwaltungsgerichtsbarkeit, 2. Aufl. 1991, S. 1.

2 Vgl. *Sommermann*, oben Fn. 1, S. 1 f.

3 Ursprünglich war in Art. 95 GG vorgesehen, dass ein einheitliches oberstes Bundesgericht geschaffen werden sollte. Dazu kam es jedoch nie, in der Folge wurde Art. 95 GG entsprechend der heutigen Rechtslage geändert. Siehe ausführlicher *Voßkuhle*, in: von Mangoldt/Klein/Starck, Grundgesetz, 7. Aufl. 2018, Art. 95 Rn. 14 ff.

4 Gesetz vom 21.1.1960, BGBl. I S. 17.

Zwar hat ein System mit spezialisierten Gerichtszweigen auch Nachteile. So führen unterschiedliche Rechtswege gegebenenfalls in der praktischen Rechtsanwendung zu Schwierigkeiten für die Rechtsschutzsuchenden. In den ersten Jahrzehnten seit Inkrafttreten des Grundgesetzes 1949 kam es vereinzelt zu zeitlich ausufernden Streitigkeiten über die Frage des richtigen Rechtswegs. Sie betrafen oft die Abgrenzung des Zivilrechtswegs vom Verwaltungsrechtsweg (Beispiele: Hausverbote in Behörden, Rückforderung von Geldzahlungen, möglicherweise wettbewerbswidriges Verhalten der öffentlichen Hand, Ausgleichs- und Entschädigungsansprüche für Eigentumseingriffe durch die öffentliche Hand). 1990 fand der Gesetzgeber aber eine praktisch vernünftige Regelung, um zu verhindern, dass jahrelang nur über die Frage des richtigen Rechtswegs gestritten wird. Nach § 17b des Gerichtsverfassungsgesetzes (GVG) wird über die Zulässigkeit des Rechtswegs in erster Instanz verbindlich entschieden.[5] Hält sich das angerufene Gericht nicht für zuständig, verweist es den Rechtsstreit an das zuständige Gericht (§ 17b Abs. 2 S. 1 GVG). Diese Zuweisung ist bindend (§ 17b Abs. 2 S. 3 GVG). Damit ist das Risiko einer zeitlichen Verzögerung des Prozesses wegen Ungewissheiten über den richtigen Rechtsweg auf ein vertretbares Maß reduziert.

Diskutiert worden ist in der Vergangenheit gelegentlich über die Frage, ob es nötig ist, innerhalb der Verwaltungsgerichtsbarkeit noch weitere besondere Verwaltungsgerichtsbarkeiten zu unterhalten.[6] So sind für Fragen des Steuerrechts nicht die allgemeinen Verwaltungsgerichte zuständig, sondern die Finanzgerichte, für Fragen des Sozialversicherungsrechts die Sozialgerichte. Art. 95 GG würde es jedenfalls erlauben, unterhalb der Ebene der Bundesgerichte eine einheitliche erste bzw. zweite Instanz der Verwaltungsgerichtsbarkeit einzuführen, die über alle öffentlich-rechtlichen Streitigkeiten, also auch im Steuer- und Sozialrecht entscheidet.[7] Auch insoweit ist aber eine organisatorische Trennung der Gerichtsbarkeiten interessengerecht. Sie ermöglicht vor allem eine fachliche Spezialisierung der Richter und Spruchkörper. Jedenfalls in der hochkomplexen deutschen Rechtsordnung ist es kaum mehr möglich, den Rechtsstoff des klassischen Verwaltungsrechts, des Sozialrechts und des Steuerrechts zu überblicken. Eine fachliche Spezialisierung ist unabdingbar. Die Trennung der Gerichtsbarkeiten fördert zudem die wissenschaftliche Aufarbeitung und akademische Vermittlung des Rechtsstoffs.

---

5 Siehe Gesetz vom 17.12.1990, BGBl. I S. 2809 (2817).

6 Zum damaligen Meinungsstand *Kühling*, SozSich 2004, 170 f. (m.w.N.).

7 Vgl. *Meyer*, in: von Münch/Kunig, Grundgesetz, 6. Aufl. 2012, Art. 95 Rn. 19; *Schulze-Fielitz*, in: Dreier, Grundgesetz, 3. Aufl. 2018, Art. 95 Rn. 20.

Richter in Deutschland sind grundsätzlich unabhängig. Ihre Ernennung und Beförderung erfolgen allerdings durch das zuständige Ministerium, ebenso die Entscheidung, welche Stellen welchen Gerichten zugewiesen werden. Die Gerichtsbarkeiten müssen daher einem Ministerium zugeordnet werden. Auf der Ebene der Länder gibt es dafür zwei Modelle: In Bayern unterstehen die ordentlichen Gerichte (zuständig für Zivil- und Strafsachen) dem Justizministerium, die Fachgerichte hingegen dem jeweils zuständigen Fachministerium (die Verwaltungsgerichte also dem Innenministerium). In anderen Bundesländern unterstehen alle Gerichtszweige einheitlich dem Justizministerium. Beide Modelle haben ihre Vor- und Nachteile. Das bayerische Modell erlaubt es, dass die Richter vor einer Berufung als Richter auf Lebenszeit praktische Erfahrungen in den Behörden sammeln müssen. Das Modell einer einheitlichen Zuständigkeit der Justizministerien erleichtert hingegen den flexiblen Personaleinsatz und den Wechsel von einer Gerichtsbarkeit in die andere.

II. Die Aufgabenabgrenzung gegenüber anderen Gerichtsbarkeiten

1. Verwaltungsgerichte und Verfassungsgerichte

Die Verwaltungsgerichte eröffnen dem Bürger die Möglichkeit, sich gegen rechtswidrige Eingriffe in seine Rechte zur Wehr zu setzen. Dabei steht die Kontrolle der richtigen Rechtsanwendung im Vordergrund. Sollte sich eine mögliche Rechtsverletzung allerdings daraus ergeben, dass die dem Verwaltungshandeln zu Grunde liegende Rechtsnorm (möglicherweise) verfassungswidrig ist, stellt sich die Frage, inwieweit die Verwaltungsgerichte die Normen prüfen und gegebenenfalls verwerfen dürfen.

Vorab: Dieses Problem stellt sich nicht nur für die Verwaltungsgerichte, sondern für alle Gerichtszweige und jedes Gericht. Existiert neben der Verwaltungsgerichtsbarkeit wie in Deutschland auch eine Verfassungsgerichtsbarkeit, ist es nötig, die Kompetenzen beider Gerichtsbarkeiten sinnvoll voneinander abzugrenzen. Die Lösung auf Bundesebene in Deutschland ist Folgende: Alle Gerichte haben eine Prüfpflicht hinsichtlich der Rechts- und insbesondere Verfassungsmäßigkeit von anzuwendenden Normen.[8] Ein Verwerfungsrecht, also die Befugnis, die Norm nicht anzuwenden und den Rechtsstreit auf dieser Grundlage zu entscheiden, besteht jedoch nur bei untergesetzlichen Normen,

8 BVerfG, Beschluss vom 15.7.1953, E 2, 406, 410 f.; BVerfG, Beschluss vom 27.2.1973, E 34, 320, 322 f.

also bei von der Verwaltung selbst erlassenen Regelungen, nicht hingegen bei Parlamentsgesetzen.[9] Sollten die Verwaltungsgerichte (oder ein anderes Gericht) ein vom Parlament erlassenes Gesetz für verfassungswidrig halten, erfolgt eine Vorlage an das Verfassungsgericht (siehe Art. 100 Abs. 1 GG). Ein solches Verfahren führt zwar zu einer zeitlichen Verzögerung der Entscheidung. Es dient jedoch der Rechtssicherheit, weil eine Entscheidung des Verfassungsgerichts mit inter-omnes-Wirkung ergeht, sodass für alle Rechtsunterworfenen und Rechtsanwender feststeht, ob eine Norm gültig ist oder nicht.

2. Verwaltungsgerichte und die „ordentliche Gerichtsbarkeit"

Die Entscheidung für eine selbständige Verwaltungsgerichtsbarkeit führt zur Frage, wie die Zuständigkeiten der ordentlichen Gerichte von denen der Verwaltungsgerichte abzugrenzen sind. Nach der Generalklausel des § 40 VwGO ist – abgesehen von so genannten Sonderzuweisungen – bei „öffentlich-rechtlichen" Streitigkeiten der Verwaltungsrechtsweg eröffnet. Eine einfache Lösung bestände darin, immer dann, wenn der „Staat" an einer Streitigkeit beteiligt ist, von der Zuständigkeit der Verwaltungsgerichte auszugehen.

Eine solche „einfache" Lösung ist nach deutschem Verfassungs- und Verwaltungsrecht jedoch nicht möglich. Das Grundgesetz verweist bestimmte Streitigkeiten an die ordentlichen Gerichte. So kann nach Art. 14 Abs. 3 S. 4 GG wegen der Höhe einer Enteignungsentschädigung vor den ordentlichen Gerichten geklagt werden. Wäre der Verwaltungsrechtsweg gegen eine Rechtsverletzung durch die öffentliche Gewalt nicht eröffnet, wären nach Art. 19 Abs. 4 S. 2 GG die ordentlichen Gerichte subsidiär zuständig (wegen der Generalklausel zur Eröffnung des Verwaltungsrechtswegs nach § 40 VwGO ist dies allerdings nach derzeitiger Rechtslage nicht praxisrelevant). Schließlich ist für Klagen des Bürgers auf Schadensersatz wegen Amtspflichtverletzungen von Hoheitsträgern sowie für Klagen des Dienstherrn gegen den Beamten wegen zu ersetzender Schäden der ordentliche Rechtsweg gegeben (Art. 34 S. 3 GG).

Rechtspolitisch sind diese verfassungsrechtlichen Verweisungen von verwaltungsrechtlichen Streitigkeiten an die ordentlichen Gerichte kritisch zu sehen. In ihnen zeigt sich ein gewisses Misstrauen der Verfassung gegen die Unabhängigkeit der Verwaltungsgerichtsbarkeit, was historisch erklärbar ist (noch bis ins 20. Jahrhundert wurde Verwaltungsrechtsschutz nicht durch Gerichte,

---

9 Eine Ausnahme dazu sind so genannte vorkonstitutionelle Gesetze, siehe *Sieckmann/Kessal-Wulf*, in: von Mangoldt/Klein/Starck, Grundgesetz, 7. Aufl. 2018, Art. 100 Rn. 25 ff.

sondern durch der Verwaltung angegliederte Spruchkörper gewährt), nach den Erfahrungen der letzten 70 Jahre in Deutschland aber unbegründet ist. Daher wäre es in Deutschland heute angezeigt, die verfassungsrechtlichen Verweisungen von verwaltungsrechtlichen Streitigkeiten an die ordentlichen Gerichte aufzuheben. Die ordentlichen Gerichte verunklaren in ihren Judikaten die Dogmatik des Verwaltungsrechts etwa im Bereich des Amtshaftungsrechts eher, als dass sie diese bereichern. Versuche, die Verweisungen von Streitigkeiten an die ordentlichen Gerichte einzuschränken oder abzuschaffen, führen aber regelmäßig zu heftigen Protesten von Lobbyisten etwa aus der Anwaltschaft, die – wegen des Anwaltszwangs vor den Landgerichten – eine Beibehaltung des bisherigen Systems aus eigenen Erwerbsinteressen befürworten.

Verkompliziert wird die Zuständigkeitsaufteilung zwischen ordentlichen und Verwaltungsgerichten schließlich noch dadurch, dass der Staat „zivilrechtsfähig" ist. Bund, Länder und Kommunen sowie alle rechtsfähigen Körperschaften, Anstalten und Stiftungen des öffentlichen Rechts können sich zivilrechtlich betätigen, also Privateigentum erwerben, private Verträge schließen oder privatrechtliche Gesellschaften gründen oder sich an solchen Gesellschaften beteiligen.[10] Dies geschieht in großem Umfang, Beschaffungsgeschäfte der öffentlichen Hand werden beispielsweise regelmäßig zivilrechtlich abgewickelt. Der Staat beschäftigt zudem nicht nur Beamte (Beschäftigte in einem öffentlich-rechtlichen Dienst- und Treueverhältnis), sondern auch Arbeiter und Angestellte auf privater arbeitsvertraglicher Grundlage. Es würde wenig Sinn ergeben, eine daraus entstehende zivilrechtliche oder arbeitsrechtliche Streitigkeit an die Verwaltungsgerichte zu verweisen, nur weil auf einer Seite der Staat an dem Rechtsstreit beteiligt ist.

Die Abgrenzungsformel, die mittlerweile entwickelt wurde, um den ordentlichen Rechtsweg vom Verwaltungsrechtsweg abzugrenzen, bezeichnet man als „modifizierte Subjektstheorie" (auch „Zuordnungstheorie" oder „Sonderrechtstheorie" genannt).[11] Der Verwaltungsrechtsweg ist immer dann eröffnet, wenn der Staat Befugnisse in Anspruch nimmt, die ihm als Hoheitsträger spezifisch zustehen. Vor allem in Fällen, in denen Behörden in einem Über-/Unterordnungsverhältnis mit Befehl oder Zwang gegen den Bürger vorgehen, liegt eine „öffentlich-rechtliche" Streitigkeit vor, für die der Rechtsweg zu den Verwaltungsgerichten eröffnet ist. Bedient sich hingegen der Staat der Instrumente des Zivilrechts, dann unterliegt er auch zivilrechtlichen Regelungen.

---

10 Vgl. etwa *Detterbeck*, Allgemeines Verwaltungsrecht, 17. Aufl. 2019, Rn. 903.

11 Vgl. etwa *Detterbeck*, oben Fn. 10, Rn. 1324.

Damit besteht für die meisten Fälle eine eindeutige Zuweisung zum richtigen Rechtsweg.

III. Befugnisse der Verwaltungsgerichte im Hinblick auf die Gewaltenteilung

1. Keine allgemeine Rechtmäßigkeitskontrolle durch die Verwaltungsgerichtsbarkeit

Jede Verwaltungsgerichts- oder Verwaltungsprozessordnung muss eine Entscheidung über die Frage treffen, wie intensiv die Verwaltungsgerichte das Handeln der Verwaltungsbehörden kontrollieren und gegebenenfalls auch bestimmen sollen. Dabei ist es nicht die Aufgabe der Verwaltungsgerichtsbarkeit, eine umfassende Prüfung der Rechtmäßigkeit des Verwaltungshandelns herzustellen. Die Verwaltungsgerichtsbarkeit dient dem Schutz subjektiver Rechte. Von Ausnahmen (wie etwa aufgrund unionsrechtlicher Vorgaben im Umweltrecht[12]) abgesehen, ist deshalb regelmäßig eine individuelle Betroffenheit eines Rechtsschutzsuchenden als „Klagebefugnis" erforderlich (§ 42 Abs. 2 VwGO). Das deutsche Recht verlangt insoweit eine Betroffenheit in einer „Schutznorm", also eine rechtliche Betroffenheit, wobei auch die in der Verfassung enthaltenen Grundrechte eine solche Schutznorm darstellen. Andere Lösungen sind denkbar, etwa ein Abstellen auf eine individuelle faktische Betroffenheit, wie sie in der französischen Rechtstradition oder bei Nichtigkeitsklagen zum EuGH gefordert wird (so genannte Plaumann-Formel).[13]

2. Kassations- und Feststellungsbefugnisse

Die typische Handlungsform der Verwaltung ist der „Verwaltungsakt", der unabhängig von seiner Rechtmäßigkeit zunächst wirksam ist und vom Bürger zu beachten ist. Ein effektiver Rechtsschutz setzt deshalb voraus, dass die Verwaltungsgerichte solche Verwaltungsakte aufheben können („Kassation"). In der deutschen Verwaltungsgerichtsordnung kommt diese Befugnis in § 113 Abs. 1 S. 1 VwGO zum Ausdruck. „Soweit der Verwaltungsakt rechtswidrig und der Kläger dadurch in seinen Rechten verletzt ist, *hebt das Gericht den Verwaltungsakt … auf.*" Damit kommt es zu einem erheblichen Eingriff in den Kompetenzbereich der dritten Gewalt, also der Exekutive. Daher sind

12 Vgl. dazu das Umweltrechtsbehelfsgesetz vom 7.12.2006, BGBl. I 2006 S. 2816.

13 Siehe dazu etwa *Classen*, Die Europäisierung der Verwaltungsgerichtsbarkeit, 1996, S. 82 f.

entsprechende Klagemöglichkeiten unbedingt zeitlich zu befristen (nach § 74 VwGO muss eine Klage innerhalb eines Monats nach Bekanntgabe des Verwaltungsakts erhoben werden).

Ein effektiver Rechtsschutz kann sich jedoch nicht auf diese Kassationsbefugnis beschränken. Soweit der Staat durch andere Handlungsformen als durch den Verwaltungsakt Rechte des Bürgers beeinträchtigt, muss in einem Rechtsstaat ebenfalls effektiver Rechtsschutz gewährleistet sein. Zum Repertoire eines modernen Verwaltungsprozessrechts gehört daher auch die Feststellungsklage (siehe § 43 VwGO), mit der das Gericht feststellen kann, dass ein bestimmtes Rechtsverhältnis besteht oder nicht besteht.

Ein gut ausgebauter Verwaltungsrechtsschutz entsteht schließlich dadurch, dass die Verwaltungsgerichtsbarkeit die Verwaltung auch verpflichten kann, bestimmte Handlungen vorzunehmen. Dazu dienen vor allem die so genannte Verpflichtungsklage (Klage auf Verpflichtung zum Erlass eines Verwaltungsakts) und die allgemeine Leistungsklage (Klage auf Verpflichtung zur Vornahme oder auch Unterlassung von sonstigen Handlungen).

Eine sehr gut ausgebaute Verwaltungsgerichts- oder Verwaltungsprozessordnung wird schließlich die Möglichkeit vorsehen, untergesetzliche Normen anzugreifen (so genannte Normenkontrolle, siehe § 47 VwGO). Damit wird die Möglichkeit geschaffen, Normen, die keine Parlamentsgesetze sind, mit inter-omnes-Wirkung für unwirksam zu erklären.

3. Die zeitliche Dimension des Rechtsschutzes

a) Vorläufiger Rechtsschutz

Die Gewährleistung von Rechtsschutz benötigt Zeit. Das Verwaltungsgericht muss den Sachverhalt von Amts wegen aufklären, es muss die Rechtslage umfassend würdigen und dem Anspruch der Beteiligten auf rechtliches Gehör gerecht werden. Der Zeitraum zwischen Klageerhebung und (erstinstanzlichem) Urteil wird deshalb auch bei einer sachlich und personell gut ausgestatteten Verwaltungsgerichtsbarkeit einige Monate in Anspruch nehmen.

Während dieser Zeit herrscht ein Schwebezustand, für den zwei grundsätzliche Modelle denkbar sind. Entweder kann das Gesetz vorsehen, dass Verwaltungsentscheidungen suspendiert sind, solange sie vor Gericht angefochten werden. Dies entspräche der Grundannahme der deutschen Verwaltungsgerichtsordnung (siehe § 80 Abs. 1 VwGO). Umgekehrt wäre es denkbar, eine Verwaltungsentscheidung solange für wirksam anzusehen, bis sie vom Verwaltungsgericht aufgehoben worden ist. Dies ist wiederum eher das Verständnis des Unions- und des französischen Rechts.[14] Beide „Modelle“ treffen sich jedoch regelmäßig in ihren praktischen Auswirkungen. So kennt das deutsche Recht eine Fülle von Ausnahmen zur grundsätzlichen Anordnung des Suspensiveffekts von Anfechtungsklagen. Vielfach ist der Suspensiveffekt gesetzlich ausgeschlossen (etwa bei der Genehmigung von Bauvorhaben, siehe § 212a BauGB), oder die Verwaltung kann von sich aus eine Entscheidung für sofort vollziehbar erklären, deren Umsetzung sie für besonders dringlich hält (§ 80 Abs. 2 Nr. 4 VwGO). Gegebenenfalls müssen die Verwaltungsgerichte im Beschlussverfahren entscheiden, ob eine Verwaltungsentscheidung sofort vollzogen werden darf oder nicht (siehe § 80 Abs. 5 VwGO).

b) Nachträglicher Rechtsschutz?

Das rechtsstaatlich gut ausgebaute deutsche Verwaltungsrechtssystem sieht schließlich noch die Möglichkeit vor, auch bei erledigten Maßnahmen Rechtsschutz zu gewähren, etwa indem festgestellt wird, dass ein Verwaltungsakt, der sich erledigt hat, rechtswidrig war und den Kläger in seinen Rechten verletzt hat (siehe etwa die so genannte Fortsetzungsfeststellungsklage nach § 113 Abs. 1 S. 4 VwGO). Solche Klagemöglichkeiten sind in gewissem Maße ein „Luxus“. Die Gerichte beschäftigen sich nachträglich mit der Rechtmäßigkeit von behördlichen Maßnahmen, die den Kläger aktuell nicht mehr belasten (während gleichzeitig Verfahren auf eine Erledigung warten, die erhebliche aktuelle Bedeutung haben). Daher sollten solche nachträglichen Klagemöglichkeiten wegen der erheblichen Ressourcenbindung, die damit verbunden ist, nur in eingeschränkter Weise eröffnet werden. Im deutschen Verwaltungsprozessrecht wird daher ein besonderes Feststellungsinteresse für die Zulässigkeit einer solchen Klage verlangt (etwa eine diskriminierende Wirkung der Maßnahme oder das Vorliegen eines schweren Grundrechtseingriffs).[15]

4. Das Problem der Kontrolldichte

Das am meisten diskutierte Problem des Verhältnisses von Exekutive und Judikative ist die richtige Kontrolldichte. Das deutsche Verwaltungsprozessrecht ist stark von der verfassungsrechtlichen Garantie des Art. 19 Abs. 4 GG dominiert. Danach steht jedem, der durch die öffentliche Gewalt in einem seiner Rechte verletzt wird, der Rechtsweg offen. Hieraus leitet das Bundesverfassungsgericht

---

14 Hierzu *Classen*, oben Fn. 13, S. 100.

15 Vgl. dazu näher *Schenke*, in: Kopp/Schenke, VwGO, 25. Aufl. 2019, § 43 Rn. 23 ff.

einen umfassenden Anspruch auf Überprüfung von behördlichen Maßnahmen in tatsächlicher und rechtlicher Hinsicht ab.[16] Dies bedeutet, dass Behördenentscheidungen vollständig überprüft werden müssen. Selbst dann, wenn die Gesetze unbestimmte Rechtsbegriffe verwenden („Geeignetheit", „öffentliches Interesse", „öffentliche Sicherheit", „gute Sitten", „Verunstaltung"), wird kein behördlicher Entscheidungsvorrang eingeräumt. Es muss eine vollständige Überprüfung der richtigen Anwendung der Norm durch die Gerichte stattfinden.[17] Auch hier zeigt sich wieder ein deutlicher Unterschied etwa zur französischen Rechtstradition. Während dort vor allem auf die Einhaltung von Verfahrensvorschriften geachtet wird, konzentriert sich der Verwaltungsrechtsschutz in Deutschland auf die materielle Richtigkeit der Entscheidung.[18] Eine Aufhebung von Verwaltungsentscheidungen nur wegen formeller Mängel ist eher selten und findet vor allem dann statt, wenn sich eine hinreichend deutliche Vermutung ergibt, dass der Verfahrensfehler die Entscheidung in der Sache beeinflusst hat.

Ausnahmen vom Grundsatz der vollständigen gerichtlichen Kontrolle werden nur dann anerkannt, wenn sie gesetzlich vorgesehen sind, etwa wenn den Behörden ausdrücklich ein Ermessen eingeräumt wird (meist durch den Begriff „kann" ausgedrückt). Die Behörden können dann autonom entscheiden, ob sie eine bestimmte Maßnahme durchführen oder nicht oder welche von mehreren möglichen Maßnahmen sie ergreifen wollen. Ermessen findet sich im deutschen Verwaltungsrecht vor allem im Bereich der Eingriffsverwaltung. Die gerichtliche Kontrolle ist dadurch nicht völlig aufgehoben. Geprüft wird, ob die Entscheidung an einem Ermessensfehler leidet, das Ermessen also nicht in der vom Gesetz vorgesehenen Weise ausgeübt wird (§ 114 VwGO).

Die gerichtliche Kontrolle ist weiterhin dann eingeschränkt, wenn ein so genannter Beurteilungsspielraum vorliegt. Ein solcher muss ebenfalls gesetzlich verankert sein. Da der Gesetzgeber die Beurteilungsspielräume nur in seltenen Fällen ausdrücklich normiert, müssen regelmäßig die Verwaltungsgerichte im Wege der Auslegung der Gesetze darüber entscheiden, ob ein Beurteilungsspielraum vorliegt. Anerkannt werden solche Beurteilungsspielräume üblicherweise im Prüfungsrecht, bei beamtenrechtlichen Beurteilungen, bei

---

16 BVerfG, Urteil vom 18.7.2005, E 113, 273, 310 (m.w.N.).

17 Vgl. etwa *Huber*, in: von Mangoldt/Klein/Starck, Grundgesetz, 7. Aufl. 2018, Art. 19 Rn. 511 f.

18 Hierzu *Classen*, oben Fn. 13, S. 175 ff.

Planungsentscheidungen und bei Risikoprognosen im Umweltrecht.[19] Im Einzelnen ist vieles umstritten und unklar.

IV. Organisatorische Grundbedingungen des Verwaltungsrechtsschutzes

1. Zahl und Aufbau der Verwaltungsgerichte

Der geeignete organisatorische Aufbau einer Verwaltungsgerichtsbarkeit hängt zunächst maßgeblich von der Größe und vor allem der Einwohnerzahl ab. Nimmt man als Beispiel das deutsche Bundesland Bayern (13 Millionen Einwohner), so gibt es dort sechs Gerichte erster Instanz,[20] auf gut zwei Millionen Einwohner kommt also ein Verwaltungsgericht, was eine angemessene Versorgung sicherstellt.

Der deutschen Tradition im Gerichtsaufbau entspricht es, dass es innerhalb der Verwaltungsgerichtsbarkeit drei Instanzen gibt. Grundsätzlich verfügt jedes Bundesland über ein Gericht der zweiten Instanz (in Bayern den „Bayerischen Verwaltungsgerichtshof", in anderen Bundesländern „Oberverwaltungsgericht" genannt). Hinzu kommt das Bundesverwaltungsgericht mit Sitz in Leipzig. Die erste und zweite Instanz fungiert regelmäßig als Rechts- und Tatsachengericht, das Bundesverwaltungsgericht ist überwiegend ein Revisionsgericht, prüft also nur die richtige Anwendung in der Regel von Bundesrecht.

Aus diesem Aufbau ergeben sich die grundsätzlichen Rechtsmittel. Gegen Entscheidungen der ersten Instanz ist grundsätzlich eine Berufung möglich, was zur Überprüfung der Entscheidung in rechtlicher und tatsächlicher Hinsicht führt. Entscheidungen der zweiten Instanz unterliegen regelmäßig nur der Revision, also der Überprüfung in rechtlicher Hinsicht. Im Regelfall bedürfen Berufung und Revision einer Zulassung, um einer Überlastung der zweiten und dritten Instanz entgegenzuwirken. Bei bestimmten Entscheidungen ist erstinstanzlich nicht das Verwaltungsgericht, sondern das Oberverwaltungsgericht (siehe § 48 VwGO, z.B. bei Planfeststellungsverfahren für bestimmte große Infrastrukturmaßnahmen wie Straßenbau, Flughäfen, Schienenwege etc.) oder sogar das Bundesverwaltungsgericht zuständig (siehe § 50 VwGO, z.B. Entscheidungen gegen bundesweite Vereinsverbote durch das Bundesministerium des Inneren). Der Gesetzgeber passt die entsprechenden Regelungen in der Verwaltungsgerichtsordnung regelmäßig den praktischen und politischen

---

19 Vgl. *Maurer/Waldhoff*, Allgemeines Verwaltungsrecht, 19. Aufl. 2017, § 7 Rn. 37 ff.

20 Vgl. Art. 1 Abs. 2 BayAGVwGO.

Bedürfnissen an. Insgesamt ist eine Tendenz zu erkennen, die Rechtsbehelfe und Rechtsmittel zur Beschleunigung der Verfahren zu beschneiden.[21]

Durchaus bewährt hat es sich, dass in Deutschland in der ersten Instanz kein Anwaltszwang herrscht. Bürger können sich also mit einem überschaubaren Kostenrisiko an die Verwaltungsgerichte wenden, denn auch die Behörden lassen sich regelmäßig nicht von Anwälten vertreten, sodass im Fall einer Prozessniederlage nur die Gerichtskosten zu tragen sind. Vor den Oberverwaltungsgerichten und dem Bundesverwaltungsgericht herrscht hingegen Vertretungszwang (zu den Einzelheiten siehe § 67 VwGO). Auch dies ist aus vielen Gründen sachgerecht, einem juristischen Laien ist es regelmäßig nicht möglich, die Risiken, Chancen und möglichen Kosten auf dieser Entscheidungsebene richtig abzuschätzen und einen angemessenen juristischen Vortrag zu gewährleisten.

2. Besetzung der Spruchkammern

Im deutschen Verwaltungsprozessrecht regiert auch bei der Besetzung der Spruchkammern das Prinzip: Gründlichkeit vor Schnelligkeit. Grundsätzlich entscheiden die Verwaltungsgerichte in der Besetzung von drei Berufs- und zwei Laienrichtern (§ 5 Abs. 3 VwGO), wobei die Übertragung auf einen Einzelrichter möglich (§ 6 VwGO) und in bestimmten Bereichen sogar die Regel ist (vor allem im Ausländer- und Asylrecht).[22] In der zweiten Instanz entscheiden drei Berufsrichter (unter Umständen aufgrund von Landesrecht zusätzlich zwei Laienrichter, siehe § 9 Abs. 3 VwGO), beim Bundesverwaltungsgericht je nach Verfahren drei oder fünf Berufsrichter.

Ob die Mitwirkung von Laienrichtern heute noch zeitgemäß ist, wird unterschiedlich beurteilt.[23] Einerseits wird dadurch eine gewisse Bürgernähe hergestellt, bei manchen Verfahren können die Laienrichter auch ihre beruflichen oder lebenspraktischen Erfahrungen einbringen. Zudem verstärken Laienrichter die demokratische Kontrolle der Gerichte, sie wirken dem Eindruck entgegen, Entscheidungen seien vorher abgesprochen oder

---

21 Vgl. *Erbguth*, DÖV 2009, 921, 921 ff.

22 Nach § 76 Abs. 4 S. 1 AsylG etwa ist grundsätzlich ein Einzelrichter für den Eilrechtsschutz zuständig. Siehe dazu etwa *Ruthig*, in: Kopp/Schenke, VwGO, 25. Aufl. 2019, § 6 Rn. 1.

23 Dafür: u.a. *Schiffmann*, Die Bedeutung der ehrenamtlichen Richter, Berlin 1974, S. 226 (zu einzelnen Ansätzen: *ders.*, S. 84 ff.); dagegen: u.a. *Presting*, DÖV 1975, 155, 155 ff.; *Schmidt*, VBlBW 2000, 53, 55.

es sei von einer staatlichen Stelle eine Entscheidung in einem bestimmten Sinne angewiesen worden. Andererseits: Die Einbindung von Laienrichtern erfordert einen erheblichen organisatorischen Aufwand. Wegen der Garantie des gesetzlichen Richters (Art. 101 Abs. 1 S. 2 GG) muss wie bei den Berufsrichtern vorab bestimmt sein, wer an welchem Verfahren mitwirkt. Regelmäßig sind die Fragestellungen, über die die Verwaltungsgerichte zu entscheiden haben, zudem derart komplex, dass bezweifelt werden muss, ob Laienrichter einen sinnvollen Beitrag zur richtigen Entscheidungsfindung leisten können.

3. Vorverfahren

Die deutsche Verwaltungsgerichtsordnung sieht grundsätzlich vor, dass vor der Erhebung einer Anfechtungs- oder Verpflichtungsklage die Recht- und Zweckmäßigkeit der Entscheidung von der Verwaltung noch einmal zu überprüfen ist (so genanntes Widerspruchsverfahren, siehe § 68 VwGO). Teilweise ist hierfür die Ausgangsbehörde, teilweise eine übergeordnete Behörde zuständig. Der Vorteil des Widerspruchsverfahrens besteht zunächst darin, dass die Verwaltung die Gelegenheit bekommt, die eigene Entscheidung noch einmal zu überdenken. Für den Bürger handelt es sich um eine kostengünstige und „niedrigschwellige" Möglichkeit, sich gegen eine Behördenentscheidung zur Wehr zu setzen.

Die Bundesländer haben das Widerspruchsverfahren in den letzten 15 Jahren gleichwohl vielfach als Regelverfahren abgeschafft (was sie aufgrund einer entsprechenden Ermächtigung in der Verwaltungsgerichtsordnung dürfen, siehe § 68 Abs. 1 S. 2 VwGO). Ein wesentlicher Grund hierfür war, dass Widersprüche nur in seltenen Fällen erfolgreich waren. Zudem konnte durch die Abschaffung in gewissem Rahmen Personal bei den Behörden abgebaut werden, allerdings um den Preis einer höheren Belastung der Verwaltungsgerichte. In der Sozialgerichtsbarkeit ist hingegen die Durchführung eines Widerspruchsverfahrens vor Klageerhebung nach wie vor die Regel (siehe § 78 Sozialgerichtsgesetz – SGG), ebenso im Steuerrecht. In Steuersachen besteht die Besonderheit, dass der Rechtsschutz nur zweistufig aufgebaut ist (Finanzgericht – Bundesfinanzhof). Dies macht ein effektives innerbehördliches Überprüfungsverfahren letztlich zwingend, zumal im Steuerrecht (wie auch im Sozialrecht) fehlerhafte Bescheide öfter entstehen als im „normalen" Verwaltungsverfahren. Sozial- und Steuerrecht sind Massenverfahren, viele Probleme entstehen aufgrund unrichtiger Angaben von Beteiligten, in starkem Maße ergehen Entscheidungen zudem automatisiert. Daher ist es sinnvoll, in diesen

Bereichen vor einer gerichtlichen Befassung eine behördeninterne Kontrolle zwingend vorzuschreiben.

4. Beteiligte am Verwaltungsprozess

Beteiligt am Verwaltungsprozess ist der Kläger, dies ist regelmäßig eine natürliche Person, die sich gegen eine behördliche Maßnahme wendet. Eine eher technische Frage besteht darin, wer Klagegegner ist. Das deutsche Recht kennt zwei Modelle, das in Süddeutschland vorherrschende Rechtsträgermodell und das Behördenmodell (zu den Einzelheiten siehe § 78 VwGO). Beim Rechtsträgermodell wird der Staat, die Kommune oder der sonstige Rechtsträger verklagt und durch seine Behörden vertreten, beim Behördenmodell treten die Behörden in einer so genannten passiven Prozessführungsbefugnis für ihre Rechtsträger auf.[24] Soweit Dritte an dem Rechtsstreit beteiligt sind, ist es geboten, sie zum Prozess hinzuzuziehen und ihnen die Möglichkeit zu geben, Anträge zu stellen (Beiladung, siehe § 65 VwGO).

Das deutsche Verwaltungsprozessrecht sieht vor, dass auf der Ebene der Oberverwaltungsgerichte Vertreter des öffentlichen Interesses bestellt werden können, die am Prozess teilnehmen können (§ 36 VwGO). Für das Bundesverwaltungsgericht ist dies zwingend vorgesehen (§ 35 VwGO). Diese Vertreter des öffentlichen Interesses haben eine beratende Funktion. Die Frage, ob sie unbedingt gebraucht werden, wird unterschiedlich gesehen.

V. Zur „Exportfähigkeit" des deutschen Verwaltungsprozessrechts

Das deutsche Verwaltungsprozessrecht hat sich in den letzten 150 Jahren zu einem integralen Bestandteil des demokratischen Rechtsstaats entwickelt. Es garantiert auf im internationalen Vergleich hohem Niveau den Schutz von subjektiven Rechten des Bürgers gegenüber dem Staat. Dabei wird man folgende Elemente als besonders prägend bezeichnen können:

1. Ein leistungsfähiger und bürgernaher Schutz gegenüber dem Staat verlangt die Schaffung einer eigenständigen Verwaltungsgerichtsbarkeit.
2. Verwaltungsgerichte sind vor allem dazu da, den Schutz subjektiver Rechte zu gewährleisten. Von besonderer Wichtigkeit ist ein zeitnaher und gegebenenfalls vorläufiger Rechtsschutz.

---

24 *Desens*, NVwZ 2013, 471, 471.

3. Der Zugang zur Verwaltungsgerichtsbarkeit sollte auf der ersten Entscheidungsebene niedrigschwellig sein (kein Anwaltszwang, niedrige Kosten).
4. Je höher die Qualität der Entscheidungen der Verwaltung einzuschätzen ist, desto eher kann auf ein zwingendes „Vorverfahren" verzichtet werden.
5. Das richtige Maß im Hinblick auf die Kontrolldichte ergibt sich im Rahmen der Rechtsentwicklung und kann abstrakt nur schwer bestimmt werden.

Herbert Küpper (Regensburg/München)

Nach dem Ende des Sozialismus: Wie baut man eine Verwaltungsgerichtsbarkeit auf?

I. Einleitung

Ausweislich ihrer Verfassungstexte wollen alle ehemals sozialistischen Staaten Europas Rechtsstaaten sein. Die Verfassungen aller betroffenen Staaten von Estland bis Albanien und von Tschechien bis Kasachstan definieren ihre neue Ordnung als Rechtsstaat.[1] Die meisten dieser Verfassungen treffen auch Aussagen zur gerichtlichen Überprüfung von Handlungen der Exekutive, und nicht

1 In der Folge werden nur die in Europa belegenen ehemals sozialistischen Staaten berücksichtigt. Ausgewertet werden die folgenden Verfassungen:
- Gesetz Nr. 8417 über die Verfassung der Republik Albanien vom 22.11.1998, zuletzt geändert am 22.7.2016 (Verf. ALB);
- Verfassung der Republik Belarus vom 15.3.1994, zuletzt geändert am 17.10.2004 (Verf. BEL);
- Verfassung von Bosnien-Herzegowina, Anhang 4 des Friedensabkommens von Dayton vom 21.11./14.12.1995, zuletzt geändert durch Amendement Nr. I vom 26.3.2009 (Verf. BiH);
- Verfassung der Föderation Bosnien-Herzegowina vom 30.3.1994, zuletzt geändert durch Amendement Nr. CIX vom 30.12.2008 (Verf. BiH-FBiH);

wenige von ihnen gewähren dem Bürger ein subjektives Recht auf gerichtliche Überprüfung des ihn treffenden Staatshandelns.

- Verfassung der Republika Srpska vom 28.2.1992, zuletzt geändert durch Amendement Nr. CXXII vom 27.4.2011 (Verf. BiH-RS);
- Statut des Bezirks Brčko vom 8.3./6.5.2008, zuletzt geändert am 21.12.2009 (Verf. BiH-Br);
- Verfassung der Republik Bulgarien vom 12.7.1991, zuletzt geändert am 18.12.2015 (Verf. BUL);
- Grundgesetz der Republik Estland vom 28.6.1992, zuletzt geändert am 13.8.2015 (Verf. EST);
- Verfassung der Republik Kasachstan vom 30.8.1995, zuletzt geändert am 10.3.2017 (Verf. KAS);
- Verfassung der Republik Kosovo vom 15.6.2008, zuletzt geändert durch Amendement Nr. XXV vom 24.2.2016 (Verf. KOS);
- Verfassung der Republik Kroatien vom 22.12.1990, zuletzt geändert am 1.12.2013/14.1.2014 (Verf. KRO);
- Verfassung der Republik Lettland vom 15.2.1922 (*Satversme*), zuletzt geändert am 4.10.2018 (Verf. LETT);
- Verfassung der Republik Litauen vom 25.10.1992, zuletzt geändert durch Gesetz Nr. IX-2344 vom 13.7.2004 (letzte gültige Verfassungsänderung) und durch Gesetz Nr. X-572 vom 25.4.2006, für verfassungswidrig erklärt durch Verfassungsgerichtsentscheidung Nr. 2014-00478 vom 24.1.2014 (Verf. LIT);
- Verfassung der Republik Moldova vom 29.7.1994, zuletzt geändert durch Gesetz Nr. 70 vom 13.4.2017 (Verf. MOL);
- Verfassung von Montenegro vom 19.10.2007, zuletzt geändert durch Amendement Nr. XVI vom 31.7.2013 (Verf. MON);
- Verfassung der Republik Nordmazedonien (ursprünglich: Mazedonien) vom 17.11.1991, zuletzt geändert durch Amendement Nr. XXXVI vom 11.1.2019 (Verf. NMAZ);
- Verfassung der Republik Polen vom 2.4.1997, zuletzt geändert am 7.5.2009 (Verf. POL);
- Verfassung von Rumänien vom 21.11.1991, zuletzt geändert und neu verkündet am 18.9.2003 (Verf. RUM);
- Verfassung der Russländischen Föderation vom 12.12.1993, zuletzt geändert am 21.6.2016 (Verf. RUS);
- Verfassung der Republik Serbien vom 10.11.2006, seitdem unverändert (Verf. SER);
- Gesetz 460/1992. Zb. Verfassung der Slowakischen Republik vom 16.9.1992, zuletzt geändert durch Verfassungsgesetz 137/2017. Zb. vom 16.5.2017 (Verf. SWK);
- Verfassung der Republik Slowenien vom 23.12.1991, zuletzt geändert am 25.11.2016 (Verf. SWN);

Diese neue Ordnung unterscheidet sich grundlegend von der vorangegangenen. Die sozialistischen Systeme taten sich schwer, individuelle Rechte des Einzelnen gegen den Staat anzuerkennen, da der Staat als Mittel zur Verkörperung des historisch Richtigen, nämlich des Aufbaus des Sozialismus, galt. Folglich war es widersinnig, dem Einzelnen Rechte an die Hand zu geben, die sich gegen den – definitionsgemäß im Interesse jedes Einzelnen liegenden – Aufbau des Sozialismus wenden konnten. Aus der Ablehnung individueller Rechte gegen den Staat sowie aus der im Sozialismus geltenden Gewalteneinheit à la *Rousseau* heraus hatten die sozialistischen Systeme grundsätzliche Bedenken gegen die gerichtliche Überprüfung von Staatshandeln. Das betraf die verfassungsgerichtliche Überprüfung der Legislative (Normenkontrolle) ebenso wie die verwaltungsgerichtliche Überprüfung der Exekutive. Lediglich der jugoslawische Selbstverwaltungssozialismus machte die verfassungs- und verwaltungsgerichtliche Kontrolle zu einem Teil seines Systems. Allerdings dienten die Verfassungs- und Verwaltungsgerichte im sozialistischen Jugoslawien lange Zeit vor allem dem Schutz der Selbstverwaltungsrechte und der Koordination der Selbstverwaltungseinheiten und erst in zweiter Linie dem individuellen Rechtsschutz des Bürgers.

Die Ausgangslage am Ende des Sozialismus war für den Aufbau einer funktionierenden Verwaltungsgerichtsbarkeit mithin denkbar schlecht. Was also war/ist zu tun, wenn man nach dem Sozialismus eine rechtsstaatlichen Anforderungen gerecht werdende Verwaltungsgerichtsbarkeit aufbauen will? Zunächst muss man den Ist-Zustand (d.h. die Lage am Ende des Sozialismus) mit dem Soll-Zustand (d.h. mit der gewünschten rechtsstaatlichen Verwaltungsgerichtsbarkeit) vergleichen. Aus diesem Vergleich ergeben sich dann die Aufgabenfelder, die bearbeitet werden müssen.

- Verfassungsgesetz 1/1993. Sb. Verfassung der Tschechischen Republik vom 16.12.1992, zuletzt geändert durch Verfassungsgesetz 98/2013. Sb. vom 20.3.2013 (Verf. TSCH); einen integralen Teil der Verfassungsordnung bildet gemäß Art. 3 Verf. TSCH die Charta der Grundrechte und -freiheiten: Verfassungsgesetz Nr. 21/1991. Sb. der Tschechischen und Slowakischen Föderativen Republik vom 9.1.1991 i.V.m. Beschluss des Präsidiums des Tschechischen Nationalrats 2/1993. Sb. über die Verabschiedung der Charta der Grundrechte und -freiheiten als Bestandteil der Verfassungsordnung der Tschechischen Republik vom 16.12.1992, zuletzt geändert durch Verfassungsgesetz 162/1998. Sb. vom 12.6.1998 (Verf. Charta TSCH);
- Verfassung der Ukraine vom 28.6.1996, zuletzt geändert durch Gesetz Nr. 2680-VIII vom 7.2.2019 (Verf. UKR);
- Ungarns Grundgesetz vom 25.4.2011, zuletzt geändert durch die siebte Änderung von Ungarns Grundgesetz vom 28.6.2018 (Verf. UNG).

Mit Verwaltungsgerichtsbarkeit wird im Folgenden die Überprüfung von Individualakten öffentlicher Behörden durch ein Gericht bezeichnet. Auf die Art des Individualakts und das Erlassorgan kommt es hierbei ebenso wenig an wie auf die Benennung oder organisatorische Stellung des Gerichts, solange das Entscheidungsorgan als Gericht (d.h. reine Rechtskontrolle durch persönlich und sachlich unabhängige, fachlich qualifizierte Entscheider) angesehen werden kann. Die Kontrolle einer Verwaltungsentscheidung durch eine Verwaltungsbehörde soll hingegen begrifflich nicht mehr zur Verwaltungsgerichtsbarkeit gezählt werden, auch wenn ein derartiges Widerspruchsverfahren in manchen Staaten den ersten Schritt zur gerichtlichen Prüfung der Verwaltungsentscheidung darstellt. Auch die Überprüfung von Normativakten, die die Verwaltung erlassen hat, soll außer Betracht bleiben, da dies in manchen Staaten keine verwaltungs-, sondern eine verfassungsgerichtliche Aufgabe darstellt (Normenkontrolle). Schließlich scheidet auch der Rechtsschutz einer Behörde gegen eine andere z.B. in Kompetenzstreitigkeiten aus der Betrachtung aus, da hier der Individualrechtsschutz im Mittelpunkt stehen soll.

In der Folge wird mit „Verwaltungsgericht" ein Gericht bezeichnet, das die genannte Verwaltungsgerichtsbarkeit im materiellen Sinne ausübt, und zwar unabhängig von seiner institutionellen Einbettung. Wo speziell von organisatorisch verselbstständigten Verwaltungsgerichten die Rede ist, wird dies durch Adjektive wie „besondere", „ausgegliedert" oder Ähnliches deutlich gemacht. Mit „ordentlichen Gerichten" oder „ordentlicher Justiz" wird der Gerichtsstrang bezeichnet, in dem vor allem die Zivil- und Strafgerichtsbarkeit angesiedelt sind. Die Gerichte, die sowohl die ordentliche wie auch die Verwaltungsgerichtsbarkeit umfassen, werden mit „Einheitsgericht(sbarkeit)" bezeichnet.

Schließlich ist mit „Verwaltungsverfahren" das Procedere vor Behörden und mit „Verwaltungsprozess" dessen Überprüfung vor Gericht gemeint. Die verfahrensrechtlichen Rechtsgrundlagen sind dementsprechend das „Verwaltungsverfahrensgesetz" und das „Verwaltungsprozessgesetz".

II. Der Ist-Zustand: das spätsozialistische System

Wie waren die Zustände am Ende des Sozialismus, d.h. wie war die Basis, auf der der Aufbau einer Verwaltungsgerichtsbarkeit erfolgte?

1. Ideologische Grundlagen

An dieser Stelle soll nicht im Detail auf die ideologischen Aspekte der sozialistischen Ablehnung von Verwaltungsgerichtsbarkeit eingegangen werden.[2] Festzuhalten sind nur die folgenden ideologischen Dogmen, ohne die die Besonderheiten der sozialistischen Entwicklung der Verwaltungsgerichtsbarkeit nicht verständlich sind:

- Sozialistische Systeme verstanden sich nicht als Rechtsstaaten. Aus ihrer Sicht war der Rechtsstaat eine Augenwischerei, mit der die Mächtigen die tatsächlichen Machtverhältnisse verschleiern wollten: Er war ein ‚bourgeoises Irrlicht'.[3] Der Sozialismus hatte eine solche Verschleierung nicht nötig, er konnte offen zur Herrschaft der Proletarier stehen, und zwar auch dann, wenn diese die Form der Diktatur (des Proletariats) annahm. Erst unter *Gorbačëv* wurde es möglich, vom ‚sozialistischen Rechtsstaat' zu sprechen; dieser und insbesondere die Bedeutung des Adjektivs ‚sozialistisch' blieben aber in ihren Konturen bis zum Ende unklar.[4]
- Der sozialistische Staat war ein Instrument zur Schaffung des historisch Notwendigen und zugleich Gerechten: des Sozialismus und später des Kommunismus. Die Schaffung des als ideal imaginierten kommunistischen Endsystems liegt in jedermanns Interesse, eben weil dieses zukünftige System ideal ist. Dies nicht zu verwirklichen kann niemand ernsthaft wollen. Da subjektive Rechte, die der Einzelne gegen den Staat ausüben kann, den Aufbau dieses idealen Systems verzögern oder gar verhindern könnten, sind sie inakzeptabel und liegen letztlich auch nicht im Interesse des Einzelnen selbst. Folglich stehen in sozialistischen Systemen subjektive Positionen des Einzelnen wie ‚Grundrechte' oder durch das einfache Recht gewährleistete ‚Rechte' stets unter dem Vorbehalt des Politischen und müssen zurücktreten,

---

2 Hierzu siehe *Küpper, Herbert*: Einführung in die Rechtsgeschichte Osteuropas, Studien des Instituts für Ostrecht München Bd. 54, Peter Lang, Frankfurt/M. 2005, S. 440–447; *Kuss, Klaus-Jürgen*: Staatstheoretische Grundlagen und historische Entwicklung des gerichtlichen Verwaltungsrechtsschutzes in den sozialistischen Staaten, Berlin 1984.

3 Statt vieler siehe *Reich, Norbert / Reichel, Hans-Christian*: Einführung in das sozialistische Recht, C.H. Beck, München 1975, S. 63–64.

4 *Blankenagel, Alexander*: Rechtsstaat UdSSR, JOR 1990, S. 9–31; *Brunner, Georg*: Idee und Wirklichkeit des „sozialistischen Rechtsstaats", in: Karin Schmid (Hrsg.): Gesetzgebung als Mittel der Perestrojka. Wunsch und Wirklichkeit, Nomos, Baden-Baden 1991, S. 285–301.

wenn der Aufbau des Sozialismus dies gebietet. Wann dies der Fall ist, entscheidet naturgemäß die politische Führung, die das fortgeschrittenste historische Bewusstsein und somit das beste Verständnis von den Notwendigkeiten beim Aufbau des Sozialismus hat. Wo der Einzelne aber gar nicht erst stets durchsetzbare subjektive Rechte hat, gibt es auch nichts, was eine Gerichtsbarkeit schützen könnte.

- Bereits sehr früh entschied sich das sozialistische Dogma gegen die Gewaltenteilung und für eine an *Rousseau* angelehnte Gewalteneinheit mit der Volksvertretung an der Spitze der Staatsorganisation. Da der Staat ein Mittel zum Erreichen der gewünschten politischen Ziele war, kam es vor allem auf effizientes Staatshandeln und nicht auf gegenseitige Kontrollen an. Folglich waren verfassungsrechtliche Kompetenzzuweisungen nach der reinen Lehre keine unverrückbaren und unentziehbaren, rechtlich geschützten Eigenrechte der damit ausgestatteten Organe, sondern pragmatischer Ausdruck der so genannten ‚sozialistischen Arbeitsteilung'. Daher konnten sich die Staatsorgane im Einzelfall über die Kompetenzordnung hinwegsetzen, wenn dies aus politischer Sicht dem Aufbau des Sozialismus diente. Unvereinbar mit einer solchen Gewalteneinheit und der sozialistischen Arbeitsteilung war der Gedanke, dass ein Staatsorgan ein anderes im Hinblick auf die Rechtmäßigkeit von dessen Handeln überprüft.

2. Die Justiz in sozialistischen Systemen

Auch wenn die sozialistische Doktrin die Gewaltenteilung ablehnte und stattdessen die Gewalteneinheit befürwortete,[5] bestand auch die sozialistische Staatsordnung aus den Staatsgewalten, die sich im 18. und 19. Jahrhundert in Europa herausgebildet hatten: Legislative, Exekutive und Judikative. Vermutlich hatte man nach der Russischen Revolution zu wenig Zeit und vielleicht auch zu wenig Phantasie, um sich für den zu schaffenden sozialistischen Staat etwas grundlegend Neues auszudenken. Hinzukommen mag, dass man unmittelbar nach der Revolution noch von der Absterbenstheorie ausging, d.h. die Voraussage von *Marx* ernst nahm, dass nach der Revolution Staat und Recht mangels Bedürfnisses absterben werden. Wenn aber der Staat ohnehin bald abstirbt, macht es wenig Sinn, viele Kapazitäten auf seine Umgestaltung zu verwenden; diese Kräfte werden anderswo dringender benötigt. Als es dann mit *Stalins* konservativer Revolution zum faktischen Abschied von der Absterbenstheorie

5 Dazu zuvor Punkt II.1.

kam, hatten sich die Strukturen des neuen Sowjetstaats bereits so weit verfestigt, dass es bei den überkommenen drei ‚bourgeoisen' Kategorien Legislative, Exekutive und Judikative blieb.

In dieser Trias dominierte naturgemäß die Exekutive, die zudem in Personalunion zugleich die politische Führung der Partei bildete.[6] Dabei waren sozialistische Regierungen und Ministerien sehr viel stärker Verwaltungsbehörden, als dies in Westeuropa der Fall ist, denn die politischen Grundentscheidungen wurden nicht in der Sphäre des Staates getroffen, sondern durch die Partei, vor allem die Parteiführung. Die Volksvertretung (Legislative) war bereits dadurch entwertet, dass sie nur wenige Tage im Jahr zusammentrat und somit zur Bildung eines eigenen Willens jenseits der Akklamation der Vorlagen von Staats- und Parteispitze gar nicht fähig war.

Die Gerichte erfüllten die klassischen Aufgaben der ordentlichen Justiz, wie sie sich im 19. Jahrhundert in Westeuropa herausgebildet hatten: die Entscheidung von Streitigkeiten zwischen Privatpersonen (Zivilgerichtsbarkeit) und die Sanktionierung von Straftaten (Strafgerichtsbarkeit); mit der letzteren Aufgabe waren die Gerichte bisweilen auch Teil des Repressionsapparats. Allerdings dominierte in der Strafrechtspflege die Staatsanwaltschaft, und in den meisten sozialistischen Staaten war es üblich, dass das Strafgericht die Anklage des Staatsanwalts weder ernsthaft prüfte noch im Urteilsspruch von seinen Forderungen signifikant abwich. In manchen Staaten wurden aus ideologischen Gründen eine gesonderte Arbeitsgerichtsbarkeit aufgebaut oder überkommene, an die Arbeit anknüpfende Gerichtszweige wie die Sozialversicherungsgerichte beibehalten; sie erfuhren bisweilen sogar wegen ihrer größeren Nähe zur offiziellen Ideologie höhere offizielle Wertschätzung.

Dennoch war die geschilderte Justiz die schwächste der drei Staatsgewalten und stand am Rand des staatlichen Geschehens. Immerhin waren rechtsstaatliche Strukturen so weit erhalten geblieben, dass zur Übernahme eines Richteramts ein abgeschlossenes Rechtsstudium vonnöten war; Ausnahmen hiervon kamen vor allem unmittelbar nach der Machtübernahme der Kommunisten und in politisch motivierten Sondergerichten vor. Allerdings war innerhalb der juristischen Berufe der Richterberuf der mit dem niedrigsten Sozialprestige: Wer als Jurist gut war, machte in der Staatsanwaltschaft, im Ministerialdienst, in der Geheimpolizei oder in Außenhandelsunternehmen und anderen privilegierten Bereichen der Wirtschaft Karriere. Typisch für die sozialistische Richterschaft

6 *Brunner, Georg*: Die soziologische Struktur der politischen Elite, in: Meissner, Boris / Brunner, Georg / Löwenthal, Richard (Hrsg.): Einparteisystem und bürokratische Herrschaft in der Sowjetunion, Markus Verlag, Köln 1977, S. 109–136.

war ihr hoher Frauenanteil, denn für Frauen waren das niedrige Einkommen und das niedrige Sozialprestige oft zweitrangig; sie schätzten die gute soziale Absicherung, welche im Vergleich zu den Karriereberufen die Vereinbarkeit von Beruf und Familie sehr erleichterte. Angesichts der real vergleichsweise niedrigen sozialen Stellung der Frau in fast allen sozialistischen Staaten – die aus vorsozialistischer Zeit überkommen war und durch die sozial konservative Politik spätestens ab dem Stalinismus und der nachfolgenden Verbürokratisierung des Sozialismus unter *Chruščëv* versteinerte – bedingten sich das niedrige Sozialprestige und der hohe Frauenanteil gegenseitig. Da sich auch in vielen postsozialistischen Staaten die reale Stellung der Frau noch nicht entscheidend gebessert hat, ist in diesen Ländern bis heute der Frauenanteil an der Richterschaft ein guter erster Indikator für deren soziale Stellung und Autorität.[7]

Soziale und politische Marginalisierung der Gerichtsbarkeit, niedriges Sozialprestige und niedrige Einkommen, eine vor allem funktionalistische Auffassung von Gerichtsbarkeit, die deren Eigenwert sowie den Eigenwert des Rechts gegenüber der Politik weit gehend negierte, verbunden mit einer Juristenausbildung, die Wert auf das Auswendiglernen von Gesetzestexten, aber nicht auf das Verstehen von Recht legte, führten zu einer überaus positivistischen Rechtsprechung, die am Buchstaben des Gesetzes klebte, auch wenn das Ergebnis im Einzelfall unsinnig war. Die teleologische Auslegung war im Kanon sozialistischer Auslegungsmethoden verpönt, und kritische Fragen wurden von den Richtern weder gestellt noch im Prozess zugelassen. All dies führte zu einem unkritisch obrigkeitshörigen, in seiner Unselbstständigkeit eher verwaltungsbehördlichen als richterlichen Rechtsanwendungsstil.[8] Hinzu kam, dass in politisch heiklen Fragen die Richterin ohnehin ihre Anweisungen im Wege des so genannten Telefonrechts von übergeordneten Partei- oder Staatsorganen erhielt; diese Anweisungen hatte sie ungeachtet der Rechtslage durchzusetzen. Allerdings muss man für die 1980er Jahre konstatieren, dass dieses Telefonrecht, d.h. die unmittelbare Steuerung der Rechtsprechung im Einzelfall durch Partei und Exekutive, in den meisten sozialistischen Staaten abnahm und durch eine eher indirekte Steuerung durch die übergeordneten Gerichte ersetzt wurde.

Die strenge Hierarchie der Gerichte in der sozialistischen Justiz führte zu einer starken Einbindung der individuellen Richterin in justizielle Netzwerke,

---

7 So für Südosteuropa *Küpper, Herbert*: Einführung in die Verfassungssysteme Südosteuropas, Verlag Österreich / Berliner Wissenschaftsverlag, Wien, Berlin 2018, S. 600–602.

8 *Uzelac, Alan*: Survivial of the Third Legal Tradition?, Supreme Court Law Review 2010, S. 377–396 (vor allem S. 383–387).

die sich vor allem im Spätsozialismus als sehr wichtig für die Steuerung der Rechtsprechung erwiesen. Die von den obersten Gerichten und in manchen Ländern auch von den Gerichtspräsidenten der mittleren Ebene kontrollierten Netzwerke, verbunden mit dem hohen Wert, der der „Einheitlichkeit der Rechtsprechung" zugemessen wurde, führten innerhalb der Justiz zu einem kollegialen Konformitätsdruck, der die Idee von richterlicher Unabhängigkeit zur Illusion werden ließ. Wer von der offiziellen Rechtsprechungslinie abwich und eigene Gedanken in die Urteilstätigkeit einfließen ließ, wurde sozial und fachlich isoliert.[9]

3. Besondere Vorkehrungen zur Verwaltungsgerichtsbarkeit[10]

Sowohl die ideologischen Vorgaben[11] als auch die Zustände in der Justiz[12] waren der Entwicklung einer Verwaltungsgerichtsbarkeit nicht förderlich. Dennoch kann man von keinem sozialistischen System in Osteuropa sagen, dass es dort überhaupt keine Verwaltungsgerichtsbarkeit im materiellen Sinn gegeben hätte.

---

9 Dass dies heute noch ein Problem in der Justiz der postsozialistischen Staaten ist, zeigt z.B. die Entscheidung des Europäischen Gerichtshofs für Menschenrechte in seinem Urteil vom 27.5.2013, AZ.: 21722/11 – Oleksandr Volkov ./. Ukraine.

10 Umfassend hierzu *Kuss, Klaus-Jürgen*: Gerichtliche Verwaltungskontrolle in Osteuropa, Osteuropa-Institut, Berlin 1990. Speziell zur DDR siehe *Brunner, Georg*: Einführung in das Recht der DDR, 2. Aufl., C.H. Beck, München 1979, S. 92–95; *Brunner, Georg*: Das System des öffentlich-rechtlichen Rechtsschutzes in der DDR, in: Lange, Richard / Meissner, Boris / Pleyer, Klemens (Hrsg.): Probleme des DDR-Rechts, Verlag Wissenschaft und Politik, Köln 1973, S. 81–106. Speziell zur Sowjetunion *Nematov, Jurabek*: Shadows of the Soviet Era in Modern Russia and Uzbek Administrative Law: Continuity and Transformation in the Judicial Review of Administrative Acts, JOR 2014, S. 219–250 (221–224). Speziell zur Tschechoslowakei siehe *Kopecký, Martin*: Der gerichtliche Schutz vor fehlerhaften Verwaltungsakten in Tschechien und der Slowakei, JOR 2012, S. 11–29 (15–17). Speziell zu Ungarn siehe auch *Brunner, Georg*: Verwaltungsrechtspflege in Ungarn, in: Frenzke, Dietrich / Uschakow, Alexander (Hrsg.): Macht und Recht im kommunistischen Herrschaftssystem, Verlag Wissenschaft und Politik, Köln 1965, S. 19–38; *Küpper, Herbert*: § 138. Verwaltungsgerichtsbarkeit in Ungarn, in: von Bogdandy, Armin / Huber, Peter M. / Marcusson, Lena (Hrsg.): Handbuch Ius Publicum Europaeum, Bd. VIII: Verwaltungsgerichtsbarkeit in Europa: Institutionen und Verfahren, Heidelberg 2018, S. 717–826 (742–745).

11 Dazu siehe oben Punkt II.1.

12 Dazu siehe oben Punkt II.2.

a) Jugoslawien

Die große Ausnahme im Sozialismus auf dem Gebiet der gerichtlichen Kontrolle von Staatshandeln war Jugoslawien. Die jugoslawischen Kommunisten kamen recht bald nach ihrer Machtübernahme 1944/45 zu dem Schluss, dass der staatszentrierte sowjetische Weg zum Sozialismus nicht zum Ziel führte. Sie wählten stattdessen die Gesellschaft als das Medium, das den Aufbau des Sozialismus bewerkstelligen sollte. Die Gesellschaft wurde in ihren unterschiedlichsten Ausformungen in Selbstverwaltungsorgane (z.B. Betriebe, Arbeitskollektive, Kommunen etc.) überführt, und diesen Organen wurden eigene Kompetenzen beim Aufbau des Sozialismus zugewiesen. Diese Kompetenzordnung machte eine Verrechtlichung des Selbstverwaltungssozialismus notwendig, weshalb ab den 1950er Jahren Gerichte zur Kontrolle der Legislative (Verfassungsgerichte) und Gerichte zur Kontrolle der Exekutive (Verwaltungsgerichte) eingerichtet wurden. Parallel dazu wurde der Begriff des „Rechtsstaats" rehabilitiert: Der jugoslawische Selbstverwaltungssozialismus versuchte den Begriff für sich positiv zu besetzen.

aa) Institutioneller Rahmen

1952 wurden an den oberen allgemeinen Gerichten mit Berufsrichtern besetzte Verwaltungskammern eingerichtet. Sie waren zwar in die allgemeine Gerichtsstruktur eingebettet, jedoch streng von den übrigen Spruchkörpern der Gerichte getrennt. Mit der Bundesverfassung von 1974 gingen gewisse Änderungen einher, da im Rahmen des jugoslawischen Föderalismus Bundes- und Landesebene separate Regelungen treffen konnten. Im Bund war das Bundesgericht auch für die Verwaltungskontrolle von Akten der Bundesexekutive und in manchen Fällen für die außerordentliche Berufung gegen die Entscheidung der Republiksverwaltungsgerichte zuständig, während die Republiken verschiedene Wege gingen. Bosnien-Herzegowina und Kroatien richteten eigene Verwaltungsgerichte ein, Slowenien, Montenegro, Mazedonien und die autonome Region Kosovo behielten die bisherige Konstruktion besonderer Verwaltungssenate am obersten Republiksgericht (im Kosovo: Regionsgericht) bei, und Serbien und die autonome Region Vojvodina beließen bei den Verwaltungssenaten des jeweils obersten Gerichts nur die Kontrolle der Republiks- bzw. Regionsbehörden, während die Verwaltungskontrolle über die örtlichen Verwaltungsorgane den allgemeinen Gerichten der unteren Ebene, den Kreisgerichten, übertragen wurde.

bb) Zuständigkeiten im Individualrechtsschutz

Bereits das erste Verwaltungsprozessgesetz, das Gesetz über Verwaltungsstreitigkeiten vom 10. April 1952, zählte auch den Schutz des Einzelnen zu den Aufgaben des Verwaltungsprozesses. Es eröffnete den Verwaltungsgerichtsweg für den Bürger durch eine Generalklausel in Bezug auf das Handeln von Staatsbehörden, die durch eine Negativliste – d.h. die gesetzliche Aufzählung derjenigen Angelegenheiten, in denen der Verwaltungsrechtsschutz ausgeschlossen ist – jedoch faktisch nicht unerheblich eingeschränkt wurde, etwa im Bereich der (Aus-)Reisefreiheit oder der Wehrpflicht. Die Bundesverfassung von 1974 garantierte in Art. 216 die Eröffnung des Verwaltungsrechtswegs durch eine Generalklausel und verlangte für die Negativliste die Gesetzesform, sodass fortan nur der Gesetzgeber, nicht aber die Verwaltung selbst konkrete Materien von der verwaltungsgerichtlichen Überprüfbarkeit ausschließen konnte.

Die jugoslawische Generalklausel konzentrierte sich auf den Verwaltungsakt. Gegen diesen war grundsätzlich der Verwaltungsprozess zulässig, sofern nicht ein Gegenstand von der Negativliste betroffen war. Andere Formen des Verwaltungshandelns wurden durch die Konzentration auf den Verwaltungsakt weit gehend von der gerichtlichen Kontrolle ausgeschlossen, soweit nicht spezielle Klageformen hierfür geschaffen wurden. Das wichtigste Beispiel für eine besondere Klageart war die Untätigkeitsklage, die der Bürger nach 60 Tagen behördlichen Schweigens auf einen Antrag erheben konnte.

Im Laufe der Zeit entwickelte sich der Individualrechtsschutz neben dem Schutz der Selbstverwaltungsrechte der einzelnen Selbstverwaltungsorgane zum zweiten Standbein der Verwaltungsgerichtsbarkeit, was auch von Seiten der Partei gutgeheißen wurde. 1974 erhielten die individualschützende Funktion und Aufgabe der Verwaltungsgerichte sogar Verfassungsrang (Art. 216 Verf. JUG). Dieselbe Verfassungsvorschrift erstreckte 1974 den Individualrechtsschutz auf den Schutz gegen Akte der Selbstverwaltungsorgane. Mit dem Ausbau des Selbstverwaltungssozialismus wurden immer mehr Verwaltungsbefugnisse weg vom Staat auf Selbstverwaltungsorgane übertragen, und gegen diese war bis 1974 kaum Verwaltungsrechtsschutz gegeben, da dieser sich getreu seiner Konzeption aus den frühen 1950er Jahren primär gegen den Staat richtete. Mit der Ausweitung des Individualrechtsschutzes auf Akte der Selbstverwaltungsorgane wurde eine empfindliche Lücke im Rechtsschutz des Einzelnen geschlossen, während die Selbstverwaltungsorgane im Verwaltungsprozess unterschiedliche Rollen einnehmen konnten: Im Prozess eines Bürgers gegen einen Verwaltungsakt eines Selbstverwaltungsorgans war dieses die beklagte Behörde, während es auch selbst als Kläger Verwaltungsprozesse gegen den

Staat oder andere Selbstverwaltungsorgane zum Schutz seiner Selbstverwaltungsrechte anstrengen konnte.

Die 1963 eingeführte Verfassungsgerichtsbarkeit war lange Zeit kein Konkurrent für die Verwaltungsgerichte, denn sie diente vor allem dem Schutz der föderalen und Selbstverwaltungskompetenzordnung und nicht dem individuellen (Grund-)Rechtsschutz.

cc) Verfahrensrecht

Seit der Einrichtung der Verwaltungsgerichtsbarkeit 1952 basierte der Verwaltungsprozess auf einer eigenen Verfahrensordnung, dem Gesetz über Verwaltungsstreitigkeiten vom 10. April 1952. Es erfuhr 1956 eine wichtige Ergänzung durch die Kodifizierung des Verwaltungsverfahrensrechts im Gesetz über das allgemeine Verwaltungsverfahren vom 5. Dezember 1956. Am 24. Dezember 1976 erließ der Bund ein neues Verwaltungsprozessgesetz, dem am 10. Oktober 1986 ein neues Verwaltungsverfahrensgesetz folgte.

Eine Verwaltungsklage hatte in Jugoslawien grundsätzlich keinen Suspensiveffekt, d.h. die Klage hinderte grundsätzlich nicht die Vollziehung des angegriffenen Verwaltungsakts. Allerdings verpflichtete die Klageerhebung die Behörde zu prüfen, ob zum Schutz der Rechte des Klägers eine Aussetzung der Vollziehung notwendig war.

Der Verwaltungsprozess verlief grundsätzlich im Amtsbetrieb. Eine gewisse Herrschaft über den Prozessstoff hatte jedoch der Kläger, denn das Gericht durfte nicht über seinen Klageantrag hinausgehen.

b) Weitere sozialistische Staaten

Die übrigen sozialistischen Staaten folgten dem Modell der Sowjetunion. Deren Satellitenstaaten[13] waren hierzu verpflichtet, auch wenn der sowjetische Druck nach dem Tod *Stalins* so weit nachließ, dass Moskau in seinem Machtbereich „nationale Besonderheiten" in größerem Umfang tolerierte. Albanien verblieb freiwillig, d.h. ohne sowjetischen Druck, auf stalinistischem Niveau.

Im vorrevolutionären Russland war die gerichtliche Kontrolle von Verwaltungshandeln nur sehr schwach ausgebildet. Unmittelbar nach der Oktoberrevolution schafften die siegreichen Bolschewiken die Gerichte zunächst ab, um bald darauf dem Einzelnen ein Beschwerde- und Antragsrecht an die zuständigen Behörden einzuräumen. Mit diesem Recht konnte der Einzelne auch

13 Bulgarien, DDR, Polen, Rumänien, Tschechoslowakei, Ungarn und außerhalb Europas die Mongolei.

Verletzungen seiner subjektiven Rechte etwa durch Behörden geltend machen. Dieses Beschwerde- und Antragsrecht, das nach 1944/45 auch die neuen sozialistischen Staaten übernehmen mussten, galt lange als genuin sozialistische Variante der individuellen Rechtsdurchsetzung. Es unterschied sich von der klassischen Verwaltungsgerichtsbarkeit dadurch, dass der Bürger Vorstellungen zur Rechtmäßigkeit ebenso wie zur Zweckmäßigkeit machen konnte und dass die Beschwerde nicht von unabhängigen, nur dem Recht verpflichteten Gerichten, sondern von Verwaltungsbehörden behandelt wurde, die beim Umgang mit den Beschwerden weites Ermessen hatten und regelmäßig nicht verpflichtet waren, sich mit dem Anliegen des Bürgers in der Sache auseinanderzusetzen, die aber, wenn sie es taten, Aspekte der Rechtmäßigkeit ebenso wie der Zweckmäßigkeit in ihre Prüfung einfließen lassen konnten.[14]

Neben dieses sozialistische Eingabewesen traten später auch Elemente einer gerichtlichen Kontrolle der Verwaltung. Eine lebhafte Diskussion gab es in der sowjetischen Reformphase der 1920er Jahre, die in der Ukraine im Erlass eines Verwaltungsverfahrensgesetzes und in der Formulierung eines allerdings im weiteren Verlauf fallen gelassenen Projekts zur Einführung einer Verwaltungsgerichtsbarkeit mündete. Diese Reformphase wurde Anfang der 1930er Jahre durch den aufkommenden Stalinismus abgewürgt. Erst die Tauwetterperiode nach *Stalins* Tod führte zu einem Wiederaufleben der Diskussion und im Ergebnis zur Einführung erster Anfänge eines gerichtlichen Rechtsschutzes gegen die Exekutive.[15]

Innerhalb des sowjetischen Machtbereichs scherte nur Polen ab 1980 aus diesem Schema aus. Massenproteste und die Gründung staatsfreier Gewerkschaften ließen die Herrschaft der polnischen KP 1980 in ungeahntem Tempo kollabieren, und an die Stelle der Parteidiktatur trat eine Militärdiktatur, die die sozialistische Ideologie vor allem als Fassade zur Fiktion einer Kontinuität der Machtausübung, d.h. als eine Legitimitätsressource, benutzte. Aus Moskau erhielt das polnische Militär relativ weit gehende Handlungsfreiheit: Solange nur die Herrschaft stabilisiert und die Zugehörigkeit Polens zum sowjetischen Machtbereich beibehalten wurde, konnten die polnischen Militärherrscher fast nach Belieben auch von zentralen ideologischen Dogmen abweichen. In diesem besonderen

14 Die in den einzelnen sozialistischen Staaten durchaus sehr unterschiedliche Praxis arbeitete die rechtsvergleichende Studie von *Chamaneva, N.Ju.*: Pravo žaloby graždan v evropejskich socialističeskich stranach [Das Beschwerderecht der Bürger in den europäischen sozialistischen Staaten], Moskau 1984, auf.

15 *Brunner, Georg*: Ursprünge der sowjetischen Verwaltungsrechtspflege, in: Kipp, Heinrich / Mayer, Franz / Stienkamm, Armin (Hrsg.): Um Recht und Freiheit. FS Heydte, Duncker u. Humblot, Berlin 1977, S. 103–121.

politischen Klima weitete die polnische Militärdiktatur die Kontrollinstanzen aus und gewährte dem Hauptverwaltungsgericht, dem Verfassungsgericht und der Ombudsperson „unsozialistische“ Zuständigkeiten und Machtbefugnisse.

aa) Institutioneller Rahmen

Rechtsschutz gegen Handeln von Verwaltungsbehörden war in der Sowjetunion in zweierlei Hinsicht institutionalisiert. Der eine Zweig war eine Beschwerde an besondere Beschwerdekommissionen, die innerhalb des jeweiligen Behördenzweigs angesiedelt waren, z.B. Steuerkommissionen im Rahmen der Finanzverwaltung. Diese Beschwerdekommissionen waren zwar meist organisatorisch und manchmal auch personell von den eigentlichen Verwaltungsbehörden getrennt und verfuhren oft gerichtsähnlich. Aber sie gehörten dennoch zur Exekutive und nicht zur Judikative, sodass sie bestenfalls inneradministrativen quasigerichtlichen Rechtsschutz gewähren konnten. Auch die übrigen Staaten des sowjetischen Machtbereichs hatten derartige Beschwerdekommissionen, wobei die Themenfelder, in denen derartige Kommissionen tätig waren, in Raum und Zeit sehr schwankten. Rechtsvergleichend betrachtet war das einzig Verbindende dieser Kommissionen ihre relative Bedeutungslosigkeit für den individuellen Rechtsschutz. Lediglich in Bulgarien waren sie ein gewisser Ersatz für die abgeschaffte Verwaltungsgerichtsbarkeit,[16] unter anderem, weil sie sich auf starke vorsozialistische Traditionen stützen konnten, daher auch in der Bevölkerung verankert waren und von dieser als Rechtsschutzinstanzen wahrgenommen wurden, wohl aber auch, weil die bulgarischen Kommunisten weit weniger Vorbehalte gegen die Rechtskontrolle von Verwaltungshandeln hatten als ihre sowjetischen Taktgeber.

Der zweite Zweig war die Justiz im formellen Sinn, d.h. die Gerichte. In der Sowjetunion waren die wenigen Verfahrensarten, in denen der Bürger förmlichen Rechtsschutz gegen eine Verwaltungsbehörde beantragen konnte, bei den allgemeinen Gerichten angesiedelt. Innerhalb der sowjetischen Einheitsjustiz gab es keinen Platz für abgesonderte Verwaltungsgerichte. Mehr noch: Innerhalb dieser Einheitsjustiz wurden auch keine Spruchkörper für Verwaltungsprozesse gebildet. In Klagen des Bürgers gegen die Verwaltung entschieden Zivilkammern. Die Zuständigkeit der Zivilgerichte und Zivilrichterinnen für Prozesse gegen Behörden und Amtsträger bestand auch in Albanien, Bulgarien, der DDR, Rumänien, der Tschechoslowakei, Ungarn und in Polen bis 1980. Die bulgarischen Kommunisten wollten in der ersten sozialistischen Verfassung

16 Näher zu den bulgarischen Widerspruchskommissionen *Kuss* (Fn. 10), S. 416–418.

ihres Landes (1947) das seit langem etablierte Oberste Verwaltungsgericht beibehalten, aber eine derartige Abweichung von stalinistischen Verfassungs- und Justizvorstellungen wurde in Moskau nicht geduldet, und so musste das bulgarische Oberste Verwaltungsgericht 1948 seine Tätigkeit einstellen. Auch nach dem Ende des Stalinismus blieb es allenthalben bei der Zuständigkeit der Zivilgerichtsbarkeit für die gerichtliche Verwaltungskontrolle.

Die einzige Ausnahme bildete Polen, wo aufgrund der Erosion der Herrschaft der KP 1980 die Einrichtung einer einstufigen Verwaltungsgerichtsbarkeit in Gestalt des Hauptverwaltungsgerichts gelang. Dem Gesetz über das Hauptverwaltungsgericht waren jahre-, ja jahrzehntelange Diskussionen vorangegangen, aber erst die fundamentale Systemkrise des Jahres 1980 ermöglichte den Durchbruch. Das polnische Hauptverwaltungsgericht unterlag der Rechtsaufsicht des Obersten Gerichts, d.h. in bestimmten Fällen war die Revision vom Hauptverwaltungsgericht zum Obersten Gericht möglich. Das Oberste Gericht repräsentierte und garantierte nach zeitgenössischer polnischer Auffassung die Einheitlichkeit der Rechtsanwendung.[17]

In Polen blieben die vorsozialistischen separaten Sozialversicherungsgerichte bestehen. Sie übten in ihrem Zuständigkeitsbereich eine echte gerichtliche Kontrolle von Behördenentscheidungen aus, was wohl wegen der ideologischen Systemnähe des Sozial(versicherungs)rechts geduldet wurde. Diese Duldung mag erleichtert haben, dass diese Gerichte in der vorsozialistischen Dogmatik häufig nicht als Verwaltungs-, sondern als spezielle Zivilgerichtsbarkeit eingestuft worden waren, und eine Ziviljustiz durfte ja unter dem Sozialismus fortbestehen. In der Tschechoslowakei und Ungarn hingegen wurden die vorsozialistischen Sozialversicherungsgerichte spätestens nach der Machtergreifung der Kommunisten abgeschafft und ihre Kompetenzen auf Beschwerdekommissionen und / oder die allgemeinen Gerichte übergeleitet.

bb) Zuständigkeiten im Individualrechtsschutz

Die ordentlichen Gerichte waren in der Sowjetunion zunächst grundsätzlich nur für Zivil- und Strafsachen zuständig. Die Zivilprozessordnung der RSFSR von 1964 erwähnte jedoch ausgewählte „Angelegenheiten, die aus verwaltungsrechtlichen Beziehungen resultieren“. Diese verwaltungsrechtlichen Angelegenheiten, in denen die ZPO den Rechtsweg eröffnete und der Bürger

17 Zum polnischen Hauptverwaltungsgericht 1980 bis 1989 siehe *Popowska, Bożena / Lissoń, Piotr*: § 134. Verwaltungsgerichtsbarkeit in Polen, in: von Bogdandy/Huber/ Marcusson, IPE Bd. VIII (Fn. 10), S. 477–542 (486).

Rechtsschutz vor Gericht suchen konnte, waren in einer recht kurzen Positivliste niedergelegt. Sie umfasste im Wesentlichen die Unrichtigkeit von Wählerlisten, Ordnungsbußen (die so genannten Verwaltungsstrafen), Steuer- und Abgabensachen, Personenstandsangelegenheiten, Streitigkeiten über Wohnraumzuweisungen, Staatshaftungs- und einige weitere Ansprüche. Die offizielle sowjetische Justizstatistik verzeichnete nur vergleichsweise wenige Streitigkeiten in „Angelegenheiten aus verwaltungsrechtlichen Beziehungen"; dafür war die knappe Mehrheit solcher Klagen erfolgreich. Ähnliche meist kurze Positivlisten bestanden in Albanien, der DDR, der Tschechoslowakei, Ungarn und Polen bis 1980. Die Gegenstände auf der jeweiligen Positivliste wichen von Land zu Land teils beträchtlich voneinander ab. Die DDR gliederte die Positivliste 1988 in ein gesondertes Gesetz aus und erweiterte sie bei dieser Gelegenheit deutlich.

Eine Generalklausel zur Eröffnung des Verwaltungsrechtswegs gab es außerhalb Jugoslawiens nur selten. Am weitesten gingen wohl das bulgarische und das rumänische Recht. Das rumänische Verwaltungsprozessgesetz von 1967 unterstellte zumindest Verwaltungsakte der Staatsverwaltung und deren Nichterlass grundsätzlich der gerichtlichen Überprüfung, sofern nicht eine nicht allzu umfassende Negativliste griff; die gerichtliche Praxis engte allerdings diese vergleichsweise weite Rechtswegeröffnung von Anfang an durch eine restriktive Auslegung der einzelnen Merkmale der Generalklausel ein. Ähnlich formulierten die bulgarischen Verwaltungsverfahrensgesetze von 1970 und 1979 die generelle Zulässigkeit des Gerichtswegs gegen individuelle Verwaltungsakte vorbehaltlich einer der rumänischen ähnlichen Negativliste. Die bulgarische Rechtswegeröffnung war insoweit weiter als die rumänische, als sie nicht nur Staatshandeln, sondern auch das Verwaltungshandeln gesellschaftlicher und wirtschaftlicher Organisationen erfasste, und war insoweit enger, als das Unterlassen nicht ausdrücklich erwähnt wurde.[18] Das polnische Recht näherte sich 1980 einer Generalklausel an, verblieb aber bei einer eigenartigen Mischung aus Generalklausel und Enumeration, denn nur behördliche Individualakte aus in einer Positivliste aufgezählten Verwaltungsbereichen konnten gerichtlich überprüft werden.[19] Die Verwaltungsbereiche der Positivliste waren allerdings recht weit und umfassten z.B. wichtige Teile der Wirtschaftsverwaltung. Außerdem war behördliche Untätigkeit ebenfalls ein Klagegrund.

---

18 Ein Urteil des Obersten Gerichts vom 24.1.1983 stellte allerdings klar, dass auch eine behördliche Untätigkeit zur Klageerhebung berechtigen kann.

19 Dazu *de Vries, Tina*: Justizrecht und Justizreform in Polen, forost Arbeitspapier Nr. 24, München 2004, S. 18.

Ergänzt wurde diese hybride Rechtswegeröffnung durch eine Negativliste der Entscheidungen, deren Überprüfung stets ausgeschlossen war, so z.B. die Verwaltungszweige, die wie die Wehr- oder die Konsularverwaltung einem Sonderverfahrensrecht unterstanden.

In der Sowjetunion wurde die gerichtliche Anfechtbarkeit rechtswidrigen Behördenhandelns 1977 in der Verfassung verankert: Art. 58 Abs. 2 Verf. UdSSR 1977 garantierte in einer objektiven Formulierung, dass rechtswidrige und die Rechte von Bürgern verletzende Handlungen von Amtspersonen vor Gericht angefochten werden konnten, stellte diesen Grundsatz aber unter einen Gesetzesvorbehalt. Auffällig ist, dass die Formulierung die Verantwortung für die Rechtswidrigkeit den Amtspersonen und nicht der Institution Staat anlastete und die gerichtliche Überprüfung als objektiv-rechtliche Garantie, nicht aber als subjektives Recht des betroffenen Bürgers ausgestaltete. Das Verfassungsversprechen eines umfassenderen Verwaltungsrechtsschutzes verwirklichte der sowjetische Gesetzgeber erst 1987, während der Perestrojka. Die Reformgesetzgebung öffnete den Verwaltungsrechtsweg in Richtung einer Generalklausel, allerdings nur in Bezug auf Handlungen, die eine einzelne Amtsperson vorgenommen hatte. Akte von Kollektivgremien und behördliches Unterlassen waren vom Verwaltungsrechtsschutz weiterhin ausgeschlossen. Schließlich weitete im November 1989 eine Gesetzesnovelle die Rechtswegeröffnung auf „kollegiale Handlungen“ der Verwaltung aus.

Über die Sowjetunion hinaus fand sich eine objektiv-rechtliche Verankerung der Befugnis der Gerichte, Verwaltungshandeln zu kontrollieren, in drei Verfassungen der so genannten „zweiten sozialistischen Verfassunggebungswelle“, die ab den 1960er Jahren einsetzte, nämlich in Art. 125 Abs. 3 Verf. Bulgarien 1971, Art. 103 Abs. 1 Satz 2 Verf. Rumänien 1965/1974[20] und Art. 98 Abs. 4 Verf. Tschechoslowakei 1960/1969. Diese Klauseln standen unter einem Gesetzesvorbehalt. Die übrigen sozialistischen Verfassungen äußerten sich nicht zur Verwaltungsgerichtsbarkeit. Etwas anders präsentiert sich das Bild, wenn man die während der Übergangsphase der sozialistischen Machtergreifung erlassenen Verfassungen hinzunimmt. In Polen hatte die Rumpfverfassung von 1947 noch die Wiederherstellung der Verwaltungsgerichtsbarkeit in Aussicht gestellt, während die volksrepublikanische Verfassung von 1952 und ihre Neuverkündung von 1976 die Verwaltungsgerichte nicht mehr erwähnten.

20 Zudem gewährte Art. 35 Verf. Rumänien 1965/1974 dem Betroffenen ein subjektives Recht, von den „zuständigen Organen“ die Annullierung rechtswidriger Akte von Staatsorganen zu verlangen.

Auch die tschechoslowakische Verfassung von 1948 hielt noch an dem Verwaltungsgerichtshof fest, der allerdings faktisch in den frühen 1950er Jahren abgeschafft wurde. Dass die bulgarischen Kommunisten beim Erlass ihrer ersten Verfassung 1947 gerne am traditionellen Verwaltungsgerichtshof festgehalten hätten, diese Absicht aber auf Moskauer Druck hin aufgeben mussten, wurde bereits erwähnt. Schließlich schaffte die DDR die ab 1946 aufgrund alliierten Rechts[21] auch in einigen ostdeutschen Ländern errichteten und dort teilweise in den Landesverfassungen verankerten Verwaltungsgerichte 1952 wieder ab.

Eine sowjetische Besonderheit, die die Satellitenstaaten nach 1944/45 übernehmen mussten, war eine Art präventiver Gerichtskontrolle. Sowjetische Behörden konnten zwar bestimmte Verwaltungsvollstreckungsakte erlassen, aber ab 1937 bedurften diese zu ihrer Gültigkeit einer gerichtlichen Bestätigung. Damit war also nicht der Bürger in der Situation, das behördliche Handeln nachträglich überprüfen zu lassen, sondern die Behörde selbst musste ihren Akt zur präventiven Kontrolle dem Gericht vorlegen. In der Sowjetunion betraf dies vor allem die Vollstreckung von Steuer- und Abgabenbescheiden und von Geldbußen und -strafen.

cc) Verfahrensrecht

Nach klassischer sozialistischer Lehre haben auch Prozesse zwischen einem Bürger und dem Staat, soweit sie überhaupt zulässig sind, auf der Grundlage der Zivilprozessordnung stattzufinden.[22] Dem entsprach z.B. die bereits erwähnte ZPO der RSFSR von 1964, die für „Verfahren wegen Angelegenheiten aus verwaltungsrechtlichen Beziehungen" einige Sonderregelungen bereithielt, im Übrigen den Verwaltungsprozess aber den für den Zivilprozess geltenden Normen unterwarf. Da im sowjetischen Zivilprozess nicht die Parteiherrschaft galt, sondern das Offizialprinzip, waren dessen Normen für den Verwaltungsprozess weniger ungeeignet, als dies in rechtsstaatlichen Systemen mit Privatautonomie im Zivilprozess der Fall ist.

Erst das „Gesetz über das Verfahren der gerichtlichen Anfechtung rechtswidriger und Rechte der Bürger verletzender Handlungen von Amtspersonen" vom 30. Juni 1987, das von der Positivliste auf eine partielle Generalklausel umschwenkte, bildete eine Art kleines Verwaltungsprozessgesetz. Es war jedoch sehr kurz und regelte nur einige wesentliche Fragen des Verwaltungsprozesses,

21 Art. I Kontrollratsgesetz Nr. 36 vom 10.10.1946

22 *Abramov, S.N.*: V sovetskom prave ne možet byt' administrativnogo iska [Im sowjetischen Recht kann es keine Verwaltungsklage geben], Sozialističeskaja zakonnost' [Sozialistische Gesetzlichkeit] 1947, Nr. 3, S. 8.

während in den übrigen Aspekten des Verfahrens weiterhin die ZPO zur Anwendung kam. Es handelte sich daher weniger um ein echtes Verwaltungsprozessgesetz, sondern vielmehr um eine kodifikatorische Verselbstständigung der bisher in einem eigenen Kapitel der ZPO untergebrachten verwaltungsprozessualen Besonderheiten des Zivilprozesses.

Eine deutliche Einschränkung des Verwaltungsrechtsschutzes bewirkte in der Praxis das Verbot, die Zweckmäßigkeit gerichtlich überprüfen zu lassen. Da die sowjetische Verwaltungsrechtsdogmatik das behördliche Ermessen nur sehr vage erfasste, z.B. die unbestimmten Rechtsbegriffe auf der Tatbestands- und die Ermessenseröffnung auf der Rechtsfolgenseite undifferenziert als „Ermessen" bezeichnete, und auch die Rechtsvorschriften des allgemeinen und besonderen Verwaltungsrechts meist unscharf formuliert waren, war die Reichweite des behördlichen Ermessens unklar. Die obrigkeitshörigen Zivilrichter tendierten dazu, behördliches Ermessen an sehr vielen Stellen anzunehmen und sich somit dort für unzuständig zu erklären, sodass sie für diese Bereiche im Endeffekt den Rechtsschutz verweigerten.

Dem sowjetischen Standpunkt entsprechend, dass Prozesse gegen Behörden dem Zivilprozessrecht zu unterliegen haben, war nicht nur in der Sowjetunion, sondern auch in den meisten ihrer Satelliten die jeweilige Zivilprozessordnung die Grundlage für Verfahren des Bürgers gegen eine Behörde: Albanien, die DDR, Polen bis 1980, die Tschechoslowakei und Ungarn. Die Zivilprozessordnungen dieser Staaten enthielten in unterschiedlichem Maß Sondervorschriften für den Verwaltungsprozess, die aber nirgendwo über punktuelle Besonderheiten hinausgingen.

Aus der sowjetischen Orthodoxie scherte Rumänien 1967 aus und erließ ein eigenes Verwaltungsprozessgesetz, das neben dem Verwaltungsprozess auch die Staatshaftung regelte.[23] Auch Bulgarien gab sich nicht mit der ZPO zufrieden, und die Verwaltungsverfahrensgesetze von 1970 und 1979 enthielten auch wichtige Regelungen zum Verwaltungsprozess, vor allem die Rechtswegeröffnung. Insbesondere das Verwaltungsverfahrensgesetz von 1979 weitete das Verwaltungsprozessrecht deutlich aus, sodass für die ZPO nicht mehr allzu viel zu regeln übrig blieb.

Ein eigenes Mischsystem galt in Polen ab 1980. Wichtige Teile des Verwaltungsprozesses, insbesondere die Rechtswegeröffnung, waren im Verwaltungsverfahrensgesetz geregelt, während im Übrigen die ZPO Anwendung fand. In der DDR erging 1988 ein spezielles Gesetz über die Eröffnung des

---

23 *Suga, Alexander*: Verwaltungsgerichtsbarkeit in Rumänien, WGO-MfOR 1967, S. 347–354.

Verwaltungsrechtswegs, das in einer ausgeweiteten Positivliste die zulässigen Verwaltungsprozesse aufzählte; im Übrigen verlief der Verwaltungsprozess weiterhin auf der Grundlage der ZPO.

Ein Suspensiveffekt kam einer Verwaltungsklage nur in Ausnahmefällen zu; dieser Befund gilt für die in den Zivilprozessordnungen niedergelegten Verwaltungsprozessrechte ebenso wie für die gesonderten Verwaltungsprozessgesetze. Wo Gerichte die Befugnis hatten, Verwaltungsakte zu überprüfen, dort kam ihnen auch regelmäßig die Befugnis zu, für rechtswidrig erkannte Akte aufzuheben. Weniger eindeutig ist das Bild bei der Befugnis, eine eigene Entscheidung an die Stelle der behördlichen Entscheidung zu setzen; gänzlich unbekannt war diese Selbstentscheidungsbefugnis des Gerichts im sozialistischen Rechtskreis jedoch nicht.

c) Zusammenfassender Überblick

Im Sozialismus gab es eine echte Verwaltungsgerichtsbarkeit, die in nennenswertem Umfang den Bürger vor rechtswidrigem Verwaltungshandeln schützte, nur in Jugoslawien, das ohnehin mit seinem Selbstverwaltungssozialismus einen ideologischen Sonderweg ging. Das zweite Beispiel für eine mehr als nur punktuelle gerichtliche Kontrolle der Verwaltung, Polen ab 1980, enthält im Kern bereits das Ende des Sozialismus, denn die Kontrollinstitutionen, die in Polen vor und nach dem Kollaps der Herrschaft der KP zur Stabilisierung der Militärdiktatur eingeführt wurden – neben der Verwaltungsgerichtsbarkeit auch z.B. das Verfassungsgericht und die Ombudsperson –, waren mit der sozialistischen Ideologie jedenfalls Moskauer Prägung kaum noch vereinbar und dehnten das Dogma der Gewalteneinheit bis zum Äußersten.[24]

Wenn man eine Rangtabelle über den verwaltungsgerichtlichen Rechtsschutz in den nachstalinistischen sozialistischen Systemen, d.h. etwa ab den 1960er Jahren,[25] aufstellen möchte, führt eindeutig Jugoslawien, da dort ein vergleichsweise weiter Schutz im „law on the books" und auch im „law in action" vorhanden war. Es folgen Bulgarien und Rumänien, wobei zu bedenken ist, dass sich diese Spitzenstellung vor allem dem geschriebenen Recht verdankt, nicht aber der Rechtspraxis, die nur selten bürgerfreundlich war. Im Mittelfeld tummeln sich die Sowjetunion und ihre ostmitteleuropäischen Satelliten Polen

---

24 *Küpper* (Fn. 2), S. 655–656.

25 Zum Verwaltungsrechtsschutz während des Stalinismus siehe Institut für Ostrecht München (Hrsg.): Bürger und Verwaltungsrechtsschutz in der SBZ und im Ostblock, Studien des Instituts für Ostrecht München Bd. 8, Ikulta Verlag für internationalen Kulturaustausch, Frankfurt/M., Westberlin 1959.

(bis 1980), Tschechoslowakei und Ungarn. Deutlich abgeschlagen ist die DDR vor 1988, unter Einbeziehung der Praxis auch Bulgarien und Rumänien, und das Schlusslicht bildet das im Stalinismus verharrende Albanien.

In den Staaten, die ein kodifiziertes Verwaltungsverfahrensrecht besaßen (Bulgarien 1970/1979, Jugoslawien 1956/1986, Polen 1960, Tschechoslowakei 1955/1960/1968, Ungarn 1957;[26] auf ein Verwaltungsverfahrensgesetz verzichteten Albanien, die DDR, die Sowjetunion und bemerkenswerterweise Rumänien), war regelmäßig der Rechtsschutz innerhalb der Verwaltung auf einem halbwegs rechtsstaatlichen Niveau geregelt. Der Betroffene konnte Widerspruch gegen einen ihn belastenden Verwaltungsakt einlegen, und die vorgesetzte Behörde prüfte Tatsachen, Rechts- und Zweckmäßigkeit neu, was im Einzelfall durchaus zu einer Korrektur rechtswidrigen Behördenhandelns führen konnte. Ein echter Ersatz für eine Verwaltungsgerichtsbarkeit war dies aber nicht. Die bulgarischen Verwaltungsverfahrensgesetze und ihnen folgend die polnische Reformgesetzgebung ab 1980 wiesen die Besonderheit auf, dass sie das Verwaltungsverfahren und den Verwaltungsprozess in einem einzigen Gesetz regelten.[27]

Die Schwäche der Justiz bei der Kontrolle von Staatshandeln und der ungenügende inneradministrative Rechtsschutz hatten in manchen sozialistischen Staaten zur Folge, dass die Staatsanwaltschaft zum Teil die Lücke füllte. Für sozialistische Systeme vor allem Moskauer Prägung war die Befugnis der Staatsanwaltschaft zu einer allgemeinen Gesetzlichkeitsaufsicht typisch, die dem Staatsanwalt erlaubte, das Handeln anderer Staatsorgane, wie z.B. der Behörden, auf ihre Rechtmäßigkeit hin zu überprüfen. Wegen des höheren Prestiges der Staatsanwaltschaften waren diese auch eher in der Lage als die Gerichte, sich im Konfliktfall gegen die Organe der Exekutive durchzusetzen. Allerdings hatte der Bürger kein subjektives Recht auf Einschreiten der Staatsanwaltschaft. Diese entschied vielmehr nach Opportunitätsgesichtspunkten. Dennoch zeigt ein reichhaltiges Eingabewesen von Bürgern an die Staatsanwaltschaften vor allem in der Sowjetunion,[28] dass eine Beschwerde an die Staatsanwaltschaft im

---

26 Näher hierzu *Küpper, Herbert*: Der Stand des allgemeinen Verwaltungsrechts in Ostmitteleuropa, JOR 2011, S. 281–312 (294–296).

27 Diese Zusammenfassung von Verwaltungsverfahren und Verwaltungsprozess in einem einzigen Gesetz findet sich bereits in dem ersten Verwaltungsverfahrensgesetz Mitteleuropas, dem liechtensteinischen Gesetz über die allgemeine Landesverwaltungspflege vom 21.4.1922, hat sich aber in anderen Staaten nicht durchsetzen können.

28 Dass die Staatsanwaltschaft vor allem in der Sowjetunion von den Bürgern als Adressat von Beschwerden angesehen wurde, liegt an ihrer besonderen Tradition der Verwaltungskontrolle, die auf zaristische Anfänge zurückgeht: *Küpper* (Fn. 2),

Einzelfall durchaus einen gangbaren Weg des Einzelnen darstellen konnte, eine rechtliche Kontrolle der Exekutive zu erreichen. Diese Praxis brach mit dem Ende des Sozialismus nicht plötzlich ab, sondern insbesondere in den Nachfolgestaaten der Sowjetunion hatten viele Menschen auch nach der Wende mehr Vertrauen zur Staatsanwaltschaft als zu den (neuen Verwaltungs- und alten anderen) Gerichten, sodass jedenfalls in den 1990er Jahren die Staatsanwaltschaft auch weiterhin Adressat zahlreicher Eingaben mit der Bitte, sich für den Rechtsschutz des Antragstellers einzusetzen, blieb. Angesichts dieser rechtskulturellen Verankerung der Staatsanwaltschaft als Instanz der Rechtsaufsicht über die Verwaltung hätte es sich nach der Wende vor allem in Osteuropa im engeren Sinne vielleicht angeboten, die Staatsanwaltschaft in Richtung gerichtsähnliche Verwaltungskontrolle fortzuentwickeln; solche Initiativen und selbst eine dahin zielende rechtspolitische Diskussion hat es aber nirgendwo gegeben.

III. Der Soll-Zustand: rechtsstaatliche Verwaltungsgerichtsbarkeit

Den Soll-Zustand, d.h. die Zielvorgabe der Nachwendeentwicklung, definieren die postsozialistischen Verfassungen.[29] Wie erwähnt, bezeichnen sämtliche postsozialistischen Verfassungen die neue Ordnung als Rechtsstaat.[30] Zusätzlich zu dieser Generalklausel benennen alle osteuropäischen Verfassungen auch einzelne Elemente der Rechtsstaatlichkeit. Aus der Sicht der Verwaltungsgerichtsbarkeit ist vor allem die Rechtsbindung der Verwaltung[31] wichtig.

S. 130–131, 517–518. In den Volksdemokratien Ostmittel- und Südosteuropas fehlten derartige Traditionen weit gehend, weshalb dort die Staatsanwaltschaften nicht so stark im öffentlichen Bewusstsein verankert waren wie in der Sowjetunion.

29 Zu den verfassungsrechtlichen Vorgaben in Westeuropa siehe von Bogdandy/Huber/Marcusson, IPE Bd. VIII (Fn. 10), insbesondere *Huber, Peter / Guttner, Michael*: § 127. Verwaltungsgerichtsbarkeit in Europa: Institutionen und Verfahren.

30 Ausdrücklich Art. 4 Verf. ALB; Art. 1 Abs. 1, Art. 7 Abs. 1 Verf. BEL; Art. I § 2 Verf. BiH; Präambel Verf. BiH-RS; Präambel, Art. 4 Abs. 1 Satz 1 Verf. BUL; Präambel Verf. EST; Art. 1 Abs. 1 Verf. KAS; Art. 7 Abs. 1 Verf. KOS; Art. 3 Verf. KRO; Präambel Verf. LETT; Präambel Verf. LIT; Präambel, Art. 1 Abs. 3 Verf. MOL; Präambel, Art. 1 Abs. 2 Verf. MON; Art. 8 Verf. NMAZ; Art. 2 Verf. POL; Art. 1 Abs. 3 Verf. RUM; Art. 1 Abs. 1 Verf. RUS; Art. 1, Art. 3 Verf. SER; Art. 1 Abs. 1 Satz 1 Verf. SWK; Art. 2 Verf. SWN; Art. 1 Abs. 1 Verf. TSCH; Art. 1, Art. 8 Verf. UKR; Art. B) Abs. 1 Verf. UNG.

31 Ausdrücklich ausgesprochen in Art. 107 Abs. 1 Verf. ALB; Art. 7 Abs. 2, Art. 122 Abs. 1 Verf. BEL; Art. 111 Verf. BiH-RS; § 3 Abs. 1 Satz 1 Verf. EST; Art. 19 Abs. 1 Verf. KRO; Art. 148 Abs. 1 Verf. MON; Art. 96 Verf. NMAZ; Art. 7, Art. 153 Abs. 1

Darüber hinaus enthalten fast alle Dokumente auch Aussagen zu der angestrebten gerichtlichen Kontrolle der Exekutive. Insbesondere die Verfassungen einiger Nachfolgestaaten Jugoslawiens widmen sich recht ausführlich der Verwaltungsgerichtsbarkeit, was angesichts der besonderen Rechtsgeschichte des sozialistischen Jugoslawiens nicht überrascht. Auch die in vieler Hinsicht sehr ausführliche polnische Verfassung enthält vergleichsweise detaillierte Aussagen zu diesem Thema.

Neben den Verfassungstexten ist es sinnvoll, einen von den Besonderheiten der einzelnen Verfassungs- und Rechtsordnungen abstrahierenden, allgemein als gültig anerkannten Bezugsrahmen hinzuzuziehen. Hierzu bietet sich in erster Linie die Europäische Menschenrechtskonvention an, denn mit Ausnahme von Belarus und Kosovo haben alle osteuropäischen Staaten diesen Vertrag gezeichnet und ratifiziert;[32] außerdem definiert sie einen gesamteuropäischen Standard, der nicht auf Osteuropa begrenzt ist, sondern von praktisch allen Staaten des Kontinents geteilt wird. In Frage kommt insbesondere Art. 6 EMRK. Dieser ist seinem Wortlaut nach auf Zivil- und Strafverfahren begrenzt, aber die Rechtsprechung des EGMR legt die Bezugnahme auf „zivilrechtliche Ansprüche" so aus, dass eine Beeinflussung von zivilrechtlichen Ansprüchen ausreicht. Daher sind mittlerweile weite Bereiche des Berufs-, Wirtschafts- oder Bauverwaltungsrechts in den Geltungsbereich des Art. 6 EMRK einbezogen, sodass vor allem solche Verwaltungsbereiche nicht als zivilrechtlich im Sinne von Art. 6 EMRK gelten, die keine unmittelbaren finanziellen Auswirkungen haben.[33] Im Übrigen passen die Grundlagen des fairen Verfahrens gemäß Art. 6 EMRK auch auf den Verwaltungsrechtsschutz, sodass Art. 6 EMRK als Richtschnur für den Aufbau einer Verwaltungsgerichtsbarkeit dienen kann.

Verf. POL; Art. 15 Abs. 2 Verf. RUS; Art. 3 Abs. 2, Art. 136 Abs. 1, Art. 198 Abs. 1 Verf. SER; Art. 120 Abs. 2, Art. 153 Abs. 4 Verf. SWN; Art. 2 Abs. 3 Verf. TSCH; Art. 19 Abs. 2, Art. 140 Abs. 1 Verf. UKR; indirekt Art. XXIV. Verf. UNG.

32 Näher zu Ratifikationen und Rechtswirkungen der EMRK in Bezug auf die ehemals sozialistischen Staaten siehe *Küpper, Herbert*: Die Bedeutung der EMRK in Demokratien im Umbruch, in: Pöschl, Magdalena / Wiederin, Ewald (Hrsg.): Demokratie und Europäische Menschenrechtskonvention, Manz Verlag, Wien 2020, S. 119–181.

33 *Grabenwarter, Christoph / Pabel, Katharina*: Europäische Menschenrechtskonvention, 6. Aufl., C.H. Beck u.a., München/Basel/Wien 2016, S. 471–478; *Karpenstein, Ulrich / Mayer, Franz*: EMRK. Kommentar, C.H. Beck, München 2012, Art. 6, Rn. 13–22; *Kraft, Ingo*: Der Einfluss des Art. 6 EMRK auf die deutsche Verwaltungsgerichtsbarkeit, EuGRZ 2014, S. 666–675 (669–670). Näher hierzu *Uerpmann-Wittzack, Robert*: Vorgaben der Europäischen Menschenrechtskonvention für die staatliche Verwaltungsgerichtsbarkeit, in diesem Band, S. 21–37.

Auch aus der „Rule of Law Checklist" der Venedig-Kommission,[34] die generell die rechtsstaatlichen Anforderungen an die Justiz (nicht speziell an die Verwaltungsgerichtsbarkeit) formuliert, können gewisse allgemeine Standards für die Verwaltungsgerichtsbarkeit abgeleitet werden.

Art. 13 EMRK ist weniger aussagekräftig, da er gegen amtliches Verhalten nur dann ein Rechtsmittel vorschreibt, wenn ein Konventionsrecht verletzt ist, nicht aber bei der Verletzung sonstiger subjektiver öffentlicher Rechte. Außerdem reicht gemäß Art. 13 EMRK eine Beschwerde vor einer „innerstaatlichen Instanz", die nicht notwendigerweise ein Gericht sein muss.[35] Art. 13 EMRK ist immerhin so viel zu entnehmen, dass bei Grundrechtsverletzungen eine Totalverweigerung von Rechtsschutz konventionswidrig ist, und er hat eine gewisse Bedeutung im Hinblick auf eine zu lange Verfahrensdauer.[36]

EU-Mitgliedstaaten müssen zudem Art. 47 der Grundrechtecharta der Europäischen Union (EuGRC) beachten, der bei Verletzungen eines unionsrechtlichen subjektiven (nicht notwendigerweise öffentlich-rechtlichen) Rechts den Rechtsschutz durch ein unabhängiges, unparteiisches und zuvor durch Gesetz errichtetes Gericht in einem fairen Verfahren garantiert. Insoweit die Verletzung des unionsrechtlichen Rechts durch die öffentliche Gewalt erfolgt, folgt hieraus die Garantie eines fairen Verfahrens der Verwaltungsgerichtsbarkeit im materiellen Sinne.

1. Institutioneller Rahmen

a) Verwaltungsinterner oder gerichtlicher Rechtsschutz?

Alle osteuropäischen Staaten sehen eine Gewaltenteilung mit der Untergliederung der Staatsgewalt in die drei klassischen Gewalten Legislative, Exekutive und Judikative vor. Insbesondere die Judikative ist zur Wahrung ihrer Unabhängigkeit strikt von den beiden anderen Staatsgewalten getrennt. Etliche

---

34 European Commission for Democracy through Law (Venice Commission): Rule of Law Checklist, 11.–12.3.2016, CDL-AD(2016)007.

35 EGMR, 6.9.1978, 5029/71 – Klass u.a. ./. Deutschland.

36 Zu der diesbezüglichen Rechtsprechung des EGMR in Bezug auf Polen siehe *Garlicki, Lech / Schwierskott, Ewa*: Justizgrundrechte im polnischen Rechtssystem aus der Sicht des Europäischen Gerichtshofs für Menschenrechte, in: Schroeder, Friedrich-Christian (Hrsg.): Justizreform in Osteuropa, Studien des Instituts für Ostrecht München Bd. 51, Peter Lang, Frankfurt/M. 2004, S. 83–104 (101–102).

osteuropäische Verfassungen weisen die Staatsfunktion „Rechtsprechung" ausschließlich den Gerichten zu.[37]

Alleine damit ist noch keine zwingende Aussage zur Verwaltungsgerichtsbarkeit getroffen, denn im Rahmen der Trennung der drei Gewalten und der Versehung der Rechtsprechung durch Gerichte ist durchaus denkbar, dass die Organe, die die Rechtskontrolle des individuellen Verwaltungshandelns wahrnehmen, nicht in der Judikative, sondern in der Exekutive angesiedelt werden. Dogmatische Voraussetzung für eine solche Konstruktion ist, dass die rechtliche Überprüfung von Verwaltungshandeln nicht als „Rechtsprechung" im Sinne der genannten Verfassungsvorschriften angesehen wird, d.h. ein enger, auf Zivil- und Strafrechtspflege verengter Begriff von Rechtsprechung verwendet wird. Dies ist beispielsweise der klassische britische Standpunkt, wonach die Überprüfung von Verwaltungshandeln grundsätzlich verwaltungsinternen „tribunals" und ähnlichen Institutionen oblag, während seine Überprüfung durch Gerichte durch so genannte „royal prerogatives" weit gehend ausgeschlossen war.[38] Auch in Belgien und, wenn auch in abnehmendem Maße, in Frankreich wird die Verwaltungsgerichtsbarkeit im materiellen Sinne von Organen der Exekutive ausgeübt; Sinnbild dieser Verankerung der Rechtskontrolle der Verwaltung in der Exekutive ist der französische Conseil d'État mit seiner Doppelrolle als „Gericht" und als Beratungsorgan.[39]

Ausdrücklich nimmt keine osteuropäische Verfassung eine solche Zuordnung der Verwaltungsrechtskontrolle zur Exekutive vor. Allerdings enthalten noch vier osteuropäische Verfassungen Anklänge an die sozialistische

---

37 Art. 109 Abs. 1 Satz 1 Verf. BEL; Art. 69 Abs. 5, Art. 121 Abs. 1 Verf. BiH-RS; § 146 Satz 1 Verf. EST; Art. 75 Abs. 1 Verf. KAS; Art. 4 Abs. 5, Art. 102 Abs. 1 Verf. KOS; Art. 118 Abs. 1 Verf. KRO; Art. 86 Verf. LETT; Art. 109 Abs. 1 Verf. LIT; Art. 114 Verf. MOL; Art. 11 Abs. 2 Verf. MON; Art. 98 Abs. 1 Verf. NMAZ; Art. 10 Abs. 2 Verf. POL; Art. 124 Abs. 1 Verf. RUM; Art. 118 Abs. 1 Verf. RUS; Art. 141 Abs. 1 Verf. SWK; Art. 81 Verf. TSCH; Art. 124 Abs. 1 Verf. UKR; Art. 25 Abs. 1 Satz 1 Verf. UNG.

38 *Wade, H.W.R. / Fortyth, C.F.*: Administrative Law, 8. Aufl., Oxford University Press, Oxford 2000, S. 551–838; *Thomas, Robert*: § 139. Verwaltungsgerichtsbarkeit im Vereinigten Königreich von Großbritannien und Nordirland, in: von Bogdandy/Huber/Marcusson, IPE Bd. VIII (Fn. 10), Rn. 58–81.

39 Hierzu siehe *Behrendt, Christian*: § 128. Verwaltungsgerichtsbarkeit in Belgien, Rn. 83–89, und *Ziller, Jacques*: § 130. Verwaltungsgerichtsbarkeit in Frankreich, in: von Bogdandy/Huber/Marcusson, IPE Bd. VIII (Fn. 10).

Rechtsaufsicht der Regierung über die nachgeordnete Verwaltung.[40] In der Republika Sprska und Bulgarien können die Regierung, in der Ukraine der Staatspräsident und die vorgesetzte Behörde rechtswidriges Verwaltungshandeln aufheben; die belarussische Verfassung beschränkt sich darauf, dem Staatspräsidenten die umfassende Rechtsaufsicht über die gesamte Verwaltung einschließlich der Selbstverwaltung zuzuweisen.[41] Es handelt sich hierbei stets um eine Rechtsaufsicht innerhalb der Exekutive, auf deren Vornahme der Betroffene keinen subjektiven Anspruch hat und die somit den Rechtsschutz des Einzelnen nicht ersetzen kann. Dass sie ihn auch nicht ersetzen soll, stellt ausdrücklich die ukrainische Verfassung klar: Sie stellt die Rechtsaufsicht innerhalb der Exekutive und den Gerichtsweg ausdrücklich nebeneinander. Die Bestimmungen über die Rechtsaufsicht innerhalb der Exekutive haben daher keinen unmittelbaren Bezug zum Rechtsschutz des Einzelnen.

Auch Art. 6 EMRK fordert nicht zwingend unabhängige Verwaltungsgerichte, sondern erlaubt auch die Überprüfung von Verwaltungsentscheidungen innerhalb der Verwaltung. Wenn ein Staat sich allerdings für den Rechtsschutz innerhalb der Verwaltung entscheidet, wie dies z.B. beim französischen Conseil d'État der Fall ist, müssen die Verwaltungs- und die Rechtsschutzabteilungen gegeneinander abgeschottet werden.[42] Letztlich müssen die Rechtsschutzabteilungen innerhalb der Exekutive funktional ein „Gericht" im Sinne von Art. 6 EMRK sein, was bedeutet, dass ihnen „umfassende Rechtsprechungskompetenz"[43] zukommt und sie unter anderem auch die Befugnis haben, angefochtene

40 Die Überreste der staatsanwaltlichen Gesetzlichkeitskontrolle über die Verwaltung, die in einigen osteuropäischen Verfassungen auffindbar sind, bleiben hier außer Betracht.

41 Art. 84 Nr. 26, Art. 122 Abs. 2–3 Verf. BEL; Art. 90 Abs. 1 Nr. 8, Art. 114 Abs. 1 Verf. BiH-RS; Art. 107 Verf. BUL; Art. 118 Abs. 8, Art. 144 Abs. 2 Verf. UKR, zur Rechtslage in der Ukraine in Bezug auf Selbstverwaltungen siehe *Kopylenko, Oleksandr / Myshchak, Ivan*: Community Control of the Activities of Self-Government Authorities in Ukraine and Poland, JOR 2019, S. 15–29.
Nicht in diesen Zusammenhang gehört Art. 66 Nr. 7 Verf. KAS, der es der Regierung erlaubt, Akte von Ministerien, zentralen und örtlichen Behörden und Ähnliches aufzuheben oder auszusetzen: Da die Rechtswidrigkeit der angegriffenen Maßnahme keine Voraussetzung für diese Befugnis ist, handelt es sich um eine politische Aufsicht, aber keine Rechtsaufsicht.

42 EGMR, 28.9.1995, 14570/89 – Procola ./. Luxemburg.

43 EGMR, 28.6.1990, 11761/85 – Obermeier ./. Österreich.

Verwaltungsakte, denen die tatsächliche oder rechtliche Grundlage fehlt, aufzuheben.[44]

In einer postsozialistischen Rechtskultur, zu deren Erbe unter anderem mangelndes Selbstbewusstsein von Kontrollinstanzen gegenüber der Exekutive und die Wahrnehmung der Exekutive als „monolithisch", d.h. ohne strenge interne Abschottungen, gehören, ist eine organisatorisch klare und unmissverständliche Trennung von Verwaltung und Kontrollinstanz vorzugswürdig. Postsozialistische Staaten sollten daher die Rechtskontrolle von Verwaltungsentscheidungen echten Gerichten, die von der Verwaltung getrennt sind, anvertrauen, da diese unter den Bedingungen einer postsozialistischen Rechtskultur die größere Gewähr für eine unabhängige Überprüfung der Rechtmäßigkeit von Verwaltungshandeln bieten. Letztlich folgen auch alle postsozialistischen Staaten in Europa diesen Anforderungen und siedeln die Verwaltungsrechtskontrolle in der Judikative, d.h. bei echten Gerichten, an.

b) Einheitsgerichtsbarkeit oder gesonderte Verwaltungsgerichte?

Wenn die Grundentscheidung zugunsten der Übertragung des Verwaltungsrechtsschutzes im materiellen Sinne an die Gerichte gefallen ist, stellt sich die Folgefrage, ob die Spruchkörper, die Verwaltungsentscheidungen kontrollieren, innerhalb der ordentlichen Gerichte, d.h. in einer Einheitsjustiz, angesiedelt werden oder ob von den Zivil- und Strafgerichten getrennte Verwaltungsgerichte zuständig sein sollen. In den osteuropäischen Verfassungen finden sich Vorgaben unterschiedlicher Art.

aa) Verfassungsbestimmungen über eine abgesonderte Verwaltungsgerichtsbarkeit

Die Verwaltungsgerichtsbarkeit als einen eigenen Zweig der Gerichtsbarkeit schreiben die Verfassungen Polens und Ungarns fest, wobei das Obergericht dieses Gerichtszweigs ausdrücklich benannt wird (Polen: Hauptverwaltungsgericht, Ungarn: Verwaltungsobergerichtshof) und darüber hinaus nachgeordnete Verwaltungsgerichte erwähnt werden.[45] Die litauische Verfassung zählt die Verwaltungsgerichtsbarkeit ausdrücklich bei den Sondergerichtszweigen auf, die eingerichtet werden können, aber nicht müssen; der Gesetzgeber hat

44 EGMR, 23.10.1995, 15527/89 – Umlauft ./. Österreich; 7.11.2002, 37571/97 – Veeber ./. Estland.

45 Art. 166 Abs. 3, Art. 175 Abs. 1, Art. 184 Satz 1, Art. 185 Verf. POL; Art. 25 Abs. 1 Satz 2, Abs. 3 Verf. UNG.

hiervon Gebrauch gemacht und eine zweistufige Verwaltungsgerichtsbarkeit aus Bezirksverwaltungsgerichten und einem Hauptverwaltungsgericht eingerichtet.[46]

Einige Verfassungen schreiben eine gesonderte Verwaltungsgerichtsbarkeit nicht als Ganzes, sondern nur für einzelne Stufen der Gerichtshierarchie vor. So gibt die Verfassung in Bulgarien nur die Existenz eines vom Obersten Gericht getrennten Obersten Verwaltungsgerichts vor, äußert sich aber nicht zu den nachgeordneten Gerichten.[47] Ähnlich ist auch in Tschechien die oberste Gerichtsebene in ein Oberstes Verwaltungsgericht und ein Oberstes Gericht aufgegliedert, während die Verfassung die nachgeordneten Gerichtsebenen nicht mehr ausdifferenziert.[48] Umgekehrt gliedert die estnische Verfassung nur auf der untersten Gerichtsebene die Verwaltungsgerichte aus, während sie sich zur Ausgestaltung der beiden übergeordneten Ebenen nicht äußert.[49] In eine ähnliche Richtung geht die ukrainische Verfassung, die von einer gesonderten Hierarchie von Verwaltungsgerichten ausgeht, aber auf der obersten Ebene ein einheitliches Oberstes Gericht vorsieht.[50]

bb) Verfassungsbestimmungen über eine Einheitsgerichtsbarkeit

Manche osteuropäischen Verfassungen definieren die Justiz als einheitlich. Sofern in diesen Verfassungen Klauseln zur Zulässigkeit möglicher Sondergerichtsbarkeit fehlen, kann man die Einheitlichkeitsklauseln als Vorgabe einer Einheitsgerichtsbarkeit lesen. Das trifft vor allem auf den Bezirk Brčko und auf Lettland zu.[51]

In Russland ist das Oberste Gericht kraft ausdrücklicher Anordnung in der Bundesverfassung ein Einheitsgericht, das neben Zivil-, Wirtschafts- und

---

46 Art. 111 Abs. 2 Verf. LIT.

47 Oberstes Verwaltungsgericht: Art. 119 Abs. 1, Art. 125 Verf. BUL. Die Existenz der nachgeordneten Verwaltungsgerichte beruht auf Art. 119 Abs. 2 Verf. BUL, der generell spezialisierte Gerichte erlaubt.

48 Oberstes Verwaltungsgericht: Art. 87 Abs. 3, Art. 91 Abs. 2 Satz 1, Art. 92 Verf. TSCH; nachgeordnete Ebenen: Art. 91 Abs. 1 Satz 1 Verf. TSCH.

49 § 148 Abs. 1, § 149 Abs. 1 Verf. EST: separate Verwaltungsgerichte auf der unteren Ebene; § 149 Abs. 2–3 Verf. EST: keine Vorgaben für die organisatorische Ausgestaltung der Berufungs- und der Kassationsebene. Tatsächlich bilden die zweite und die oberste Ebene eine Einheitsgerichtsbarkeit, sodass nur auf unterster Ebene separate Verwaltungsgerichte bestehen.

50 Art. 125 Abs. 3, 5 Verf. UKR.

51 Art. 66 Abs. 3 Satz 1 Verf. BiH-Br; Art. 82 Verf. LETT.

Strafsachen auch für Verwaltungssachen zuständig ist.[52] Auch ohne die ausdrückliche Erwähnung von Verwaltungssachen dürften auch die zahlreichen anderen osteuropäischen Verfassungen, die auf der obersten Gerichtsebene ein Oberstes Gericht, aber kein Oberstes Verwaltungsgericht erwähnen, als Vorgabe einer Einheitsgerichtsbarkeit auf der obersten Ebene zu lesen sein.

Ähnliches gilt für Tschechien, wo die Verfassung für die Gerichtsebenen unterhalb der zweigeteilten obersten Ebene[53] nur noch allgemeine Gerichte, aber keine gesonderten Verwaltungsgerichte erwähnt.[54] Da in der tschechischen Verfassung auch die Erlaubnis zur Errichtung spezieller Gerichtszweige und Gerichte fehlt, wird sie so gelesen, dass auf der obersten Ebene die Untergliederung in ein Oberstes Gericht und ein Oberstes Verwaltungsgericht obligatorisch, auf den nachgeordneten Ebenen hingegen die Ausgliederung der Verwaltungsgerichtsbarkeit verboten ist.[55]

cc) Neutrale Verfassungen

Im Übrigen sind die osteuropäischen Verfassungen neutral in der Frage, ob die Verwaltungsrechtspflege einer Einheitsgerichtsbarkeit oder gesonderten Verwaltungsgerichten anvertraut werden soll. Die meisten Verfassungen, die sich zu dieser Frage nicht äußern, erlauben ausdrücklich die Einrichtung spezialisierter Gerichte und Gerichtszweige für besondere Fragenkreise. Auf eine solche Klausel kann sich der Gesetzgeber stützen, wenn er die Verwaltungsgerichte aus der Einheitsgerichtsbarkeit ausgliedern möchte.

Andererseits stehen die in fast allen osteuropäischen Verfassungen ausgesprochenen Verbote von Sondergerichten einer Verwaltungsgerichtsbarkeit nicht entgegen. Diese Verbotsvorschriften untersagen die rechtsstaatswidrige Absonderung individueller Fälle oder Fallgruppen, nicht aber die organisatorische Verselbstständigung von Gerichtsbarkeiten für ganze Rechtsgebiete.

52 Art. 126 Verf. RUS.

53 Auf der obersten Gerichtsebene bestehen das Oberste Gericht und das Oberste Verwaltungsgericht nebeneinander.

54 Art. 91 Abs. 1 Satz 1 Verf. TSCH: Ober-, Kreis- und Bezirksgerichte.

55 So z.B. *Šimíček, Vojtěch*, in: Bahýľová, Lenka / Filip, Jan / Molek, Pavel / Podhrázký, Milan / Suchánek, Radovan / Šimíček, Vojtěch / Vyhnánek, Ladislav: Ústava České Republiky. Komentář, Art. 91 Rn. 3.

2. Zuständigkeiten im Individualrechtsschutz

Da mit der partiellen Ausnahme von Jugoslawien im Sozialismus grundlegende Bedenken gegen die Befugnis der Judikative, Rechtsakte der Exekutive zu kontrollieren und gegebenenfalls sogar aufzuheben, und zudem ideologische Vorbehalte gegen durchsetzbare Rechte, die der Einzelne gegenüber dem Staat haben konnte, bestanden, ist es aus Klarstellungsgründen wichtig, dass postsozialistische Verfassungen zum einen die Gerichte ermächtigen, die Exekutive zu kontrollieren, und zum anderen dem Einzelnen das Recht gewähren, diesen gerichtlichen Schutz in Anspruch zu nehmen. Beides sind Neuerungen der postsozialistischen Systeme, die es in der vorangegangenen Diktatur nicht gegeben hat und die daher nicht als selbstverständlich angenommen werden können.

In der Folge wird nur die Gerichtskontrolle von Individualakten (oder deren Unterlassen) behandelt. Die gerichtliche Prüfung von Normativakten der Verwaltung wird hingegen ausgeblendet, weil sie sich grundlegend von der Prüfung von Individualakten unterscheidet. Aus Platzgründen soll nur die für den Bürger wichtigere Form, die Einzelaktskontrolle, behandelt werden.

a) Befugnis der Verwaltungsgerichtsbarkeit, Verwaltungshandeln zu überprüfen und aufzuheben

Mehrere osteuropäische Verfassungen ermächtigen die Gerichte ausdrücklich, das Handeln und auch das Untätigbleiben der Exekutive rechtlich zu prüfen und gegebenenfalls Akte der Exekutive aufzuheben.[56] Da dies im Sozialismus alles andere als selbstverständlich war, ist in postsozialistischen Rechtsordnungen eine solche Klausel zur Klarstellung, aber auch zur Ermutigung der Verwaltungsrichterschaft, einen entsprechenden verwaltungskritischen Ethos auszubilden und zu praktizieren, sowie zur Ermahnung an die Verwaltung, eine solche Rechtskontrolle durch Gerichte zu akzeptieren, sinnvoll.

In einigen osteuropäischen Verfassungen wird die Kontroll- und Aufhebungskompetenz der Verwaltungsgerichtsbarkeit ausdrücklich auch auf Selbstverwaltungsorgane bezogen.[57] Auch dies ist in einer postsozialistischen Verfassung

56 Art. 113 Abs. 1–2 Verf. BiH-RS; Art. 120 Abs. 1 Verf. BUL; § 15 Abs. 1 Satz 2, Abs. 2, § 152 Verf. EST; Art. 19 Abs. 2 Verf. KRO; Art. 30 Abs. 1 Verf. LIT; Art. 50 Abs. 2 Verf. NMAZ; Art. 184 Satz 1 Verf. POL; Art. 52 Abs. 1, Art. 126 Abs. 6 Verf. RUM; Art. 46 Abs. 2, Art. 120 Abs. 2 Verf. RUS; Art. 198 Abs. 2 Verf. SER; Art. 142 Abs. 1 Verf. SWK; Art. 157 Verf. SWN.

57 Art. 122 Abs. 4 Verf. BEL; Art. 124 Verf. LIT; Art. 184 Satz 2 Verf. POL; Art. 46 Abs. 2 Verf. RUS; Art. 157 Verf. SWN; Art. 144 Verf. UKR.

aus Klarstellungsgründen begrüßenswert. Der Sozialismus – wiederum mit der partiellen Ausnahme Jugoslawiens – fasste die Exekutive, die seinerzeit so genannte „Staatsverwaltung", als „monolithisch" auf. Nach der Wende wurde die Selbstverwaltung der Gemeinden, gegebenenfalls der Regionen sowie der nicht gebietsgebundenen Träger wie Universitäten, Kammern, Sozialversicherungen etc. wieder eingeführt. Für die meisten postsozialistischen Systeme ist daher die Selbstverwaltung genauso eine fundamentale Neuerung[58] wie die Verwaltungsgerichtsbarkeit. Damit keine Unsicherheit aufkommt, ist es daher sinnvoll, wenn die Verfassungen ausdrücklich regeln, dass auch die Selbstverwaltungen an Recht und Gesetz gebunden, d.h. Teil der rechtsstaatlich gebundenen öffentlichen Gewalt sind und dass sie als solche der verwaltungsgerichtlichen Kontrolle unterliegen.

b) Subjektives Recht des Betroffenen auf gerichtliche Kontrolle des ihn betreffenden Verwaltungshandelns

Die meisten osteuropäischen Grundrechtskataloge gewähren dem einzelnen Betroffenen ein subjektives Recht auf Zugang zu einem Gericht, um die Rechtmäßigkeit des gegen ihn gerichteten Verwaltungshandelns überprüfen zu lassen.[59] Diesem verfassungsrechtlichen Erfordernis wird die sozialistische Regelungstechnik der Enumerativeröffnung des Verwaltungswegs nicht gerecht. Daher haben die ehemals sozialistischen Staaten nach der Wende überall zur Generalklausel gegriffen, der zufolge Verwaltungsrechtsschutz stets möglich ist, wenn ein Bürger durch die öffentliche Verwaltung in seinen

---

58 *Baller, Oesten*: Zum Aufbau einer funktionsfähigen Kommunalverwaltung in der Russischen Föderation, in: Luchterhandt, Otto (Hrsg.): Verwaltung und Verwaltungsrecht im Erneuerungsprozeß Osteuropas, Berlin Verlag, Berlin 2001, S. 139–195; Ieda, Osamu (Hrsg.): The Emerging of Local Governments in Eastern Europe and Russia, Keisuisha, Hiroshima 2000; *Küpper* (Fn. 26), JOR 2011, S. 287–290.

59 Art. 60 Abs. 1 Verf. BEL; Art. 16 Abs. 1, Art. 48 Abs. 3 Verf. BiH-RS; Art. 56 Satz 1 i.V.m. Art. 120 Abs. 2 Verf. BUL; § 15 Abs. 1 Satz 1 Verf. EST; Art. 32, Art. 54 Verf. KOS; Art. 18 Verf. KRO; Art. 20 Verf. MOL; Art. 20 Verf. MON; Art. 15 Abs. 2, Art. 50 Abs. 1 Verf. NMAZ; Art. 77 Abs. 2 Verf. POL; Art. 21 Abs. 1–2, Art. 52 Abs. 1 Verf. RUM; Art. 22 Abs. 1, Art. 36 Abs. 2 Verf. SER; Art. 46 Abs. 2 Verf. SWK; Art. 25, Art. 120 Abs. 3 Verf. SWN; Art. 36 Abs. 2 Verf. Charta TSCH; Art. 55 Abs. 2 Verf. UKR; Art. XXVIII. Abs. 7 Verf. UNG; wohl auch Art. 44 Verf. ALB.

Rechten verletzt wurde. In nicht wenigen Staaten war der Gesetzgeber aber in den Jahren nach dem Sozialismus noch nicht bereit, die Verwaltung in allen Fragen einer gerichtlichen Kontrolle zu unterwerfen, und paarte die Generalklausel mit mehr oder weniger langen Negativkatalogen: In diesen Materien war der Verwaltungsrechtsschutz ausgeschlossen. Rechtsstaatlich unbedenklich ist der Ausschluss des Verwaltungsrechtsschutzes in „politischen Fragen", weil in diesen, wenn der Begriff rechtsstaatlich korrekt ausgelegt wird, ohnehin eine Verletzung subjektiver Rechte des Einzelnen ausgeschlossen ist.[60] Viele ehemals sozialistische Staaten gingen aber weiter und schlossen den Verwaltungsrechtsschutz zunächst auch in vielen anderen Materien wie der Wehrpflicht, Außenhandelslizenzen oder bestimmten polizeilichen Maßnahmen aus. Besonders lang war die Negativliste vor allem in der Slowakei, bis sie 2015 durch das neue Verwaltungsprozessgesetz aufgehoben wurde. Heutzutage ist angesichts der xenophoben Grundstimmung in vielen osteuropäischen Ländern und ihrer Instrumentalisierung durch die politischen Führungen der Rechtsschutz in ausländer- (aufenthalts-) und asylrechtlichen Verfahren unter Druck.

Art. 6 EMRK erfordert keinen Instanzenzug, ebenso wenig Art. 13 EMRK, aber etliche osteuropäische Verfassungen garantieren dem Rechtsuchenden eine zweite Gerichtsinstanz (Berufung), manchmal sogar eine dritte Instanz (Revision oder Kassation).[61] Derartige Klauseln sind allgemein formuliert und beziehen sich auf die Justiz generell, gelten somit auch, aber nicht nur für die Verwaltungsgerichtsbarkeit. Sie stehen regelmäßig unter Gesetzesvorbehalt, sodass der Gesetzgeber z.B. bei der Ausgestaltung der Verwaltungsgerichtsbarkeit davon abweichen und z.B. eine einstufige Verwaltungskontrolle nach altem österreichischem Muster (1867/75 bis 2013)[62] einrichten kann, zumindest

60 Zur vor allem US-amerikanischen „political question doctrine" siehe bereits Marbury ./. Madison (1803), vor allem aber Baker v. Carr, 369 U.S. 186 (1962); Library of Congress (Hrsg.): The Constitution of the United States of America. Analysis and Interpretation, U.S. Govmt. Printing Office, Washington D.C. 1996, S. 687–698. Zu vergleichbaren dogmatischen Figuren in Europa siehe *Huber/Guttner*, in: IPE VIII (Rn. 29), Rn. 73.

61 Art. 43 Verf. ALB; Art. 115 Abs. 2 Verf. BEL; Art. 16 Abs. 2, Art. 113 Abs. 1 Verf. BiH-RS; Art. 66 Abs. 1 Verf. BiH-Br; § 24 Abs. 5 Verf. EST; Art. 32 i.V.m. Art. 102 Abs. 5 Satz 1 Verf. KOS; Art. 18 Verf. KRO; Art. 119 Verf. MOL; Art. 15 Abs. 1 Verf. NMAZ; Art. 78, Art. 176 Abs. 1 Verf. POL; Art. 129 Verf. RUM; Art. 36 Abs. 2 Verf. SER; Art. 25 Verf. SWN; Art. 55 Abs. 2, Art. 129 Abs. 2 Nr. 8 Verf. UKR; Art. XXVIII. Abs. 7 Verf. UNG.

62 Näher dazu *Olechowski, Thomas*: § 133. Verwaltungsgerichtsbarkeit in Österreich, in: von Bogdandy/Huber/Marcusson, IPE Bd. VIII (Fn. 10), Rn. 10–32.

für Bagatellfälle. Das Regel-Ausnahme-Schema der Garantie mehrerer Instanzen als Regelfall und der Beschränkung auf eine Instanz als Ausnahme wäre wohl verletzt, wenn die gesamte Verwaltungsgerichtsbarkeit auf eine Instanz beschränkt würde. Eine eininstanzliche Verwaltungsgerichtsbarkeit für Bagatellsachen oder für bestimmte Regelungsmaterien als Ausnahme von der Grundregel der zwei Instanzen dürfte aber von dem Gesetzesvorbehalt gedeckt sein.

3. Verfahrensrecht

a) Generelle Garantien eines „fairen" Verfahrens

Dreh- und Angelpunkt der menschen- und verfassungsrechtlichen Vorgaben an das Verfahren im Verwaltungsrechtsschutz ist die „Fairness": Ein Gerichtsprozess und damit auch ein verwaltungsgerichtliches Verfahren müssen fair sein. Viele osteuropäische Verfassungen sehen faire Gerichtsverfahren vor,[63] und auch Art. 6 EMRK garantiert die Fairness von Gerichtsverfahren. Wenn Verwaltungsrechtsschutz in mehreren Instanzen stattfindet, muss in allen Instanzen das Verfahren fair im Sinne von Art. 6 EMRK sein. Die „Rule of Law Checklist" der Venedig-Kommission[64] identifiziert als Kernpunkte eines fairen Verfahrens den rechtlich und faktisch freien Zugang des Bürgers zur Justiz, den Verfahrensgrundsatz „audiatur et altera pars", die (für Verwaltungsprozesse außerhalb des Ordnungswidrigkeitenrechts weniger bedeutsame) Unschuldsvermutung,[65] die Waffengleichheit zwischen den Parteien, Garantien einer zügigen Erledigung, Regeln zur Unverwertbarkeit rechtswidrig erlangter

63 Klauseln, die ein faires Gerichtsverfahren nicht nur auf das Strafverfahren beschränken, sondern generell garantieren, sind Art. 42 Verf. ALB; Teil IV.C. Art. 3 Verf. BiH-FBiH; Art. 31 Abs. 1–2 Verf. KOS; Art. 29 Abs. 1 Verf. KRO; Art. 92 Satz 1 Verf. LETT; Art. 45 Abs. 1 Verf. POL; Art. 21 Abs. 3 Verf. RUM Art. 32 Abs. 1 Verf. SER; Art. 48 Abs. 2 Verf. SWK; Art. 38 Abs. 2 Verf. Charta TSCH; Art. 129 Verf. UKR; Art. XXVIII. Abs. 1 Verf. UNG und je nach Auslegung auch Art. 32 Verf. MON.

64 Dazu siehe oben Fn. 34; die Darlegungen zum fairen Verfahren finden sich unter Punkt II.E.2.

65 Die Unschuldsvermutung geht allerdings über reine Strafverfahren hinaus und kann überall dort wirken, wo der Staat Sanktionen an individuelles Verhalten knüpft, d.h. gegebenenfalls auch im Verwaltungsverfahren. So z.B. Verfassungsgerichtsurteil UNG 3106/2018. (IV. 9.) AB zur Rolle der Unschuldsvermutung bei dienstrechtlichen Nachteilen gegenüber Soldaten.
Zur Zuständigkeit von Verwaltungsgerichten für Ordnungswidrigkeitensachen siehe unten Punkt IV.2.b) Eröffnung des Rechtswegs.

Beweise, eine funktionierende Zustellung, hinreichende Urteilsbegründungen und die Existenz eines Rechtsmittels.

Trotz der Rechtsprechung zu Art. 6 EMRK und internationalen Instrumenten wie der „Rule of Law Checklist" gehen die Auffassungen davon, was genau ein „faires" Verfahren bedeutet, weit auseinander. Naturgemäß wird ein Kläger, der seinen Anspruch gerichtlich durchsetzen möchte, andere Vorgehensweisen für fair halten als der Beklagte, der sich gegen die Inanspruchnahme wehrt. Aber auch ohne eigene Betroffenheit hängt die Ansicht davon, was in einem Verfahren fair ist, stark von individuellen Gerechtigkeitsvorstellungen ab, die in den pluralistischen Gesellschaften Europas keinem einheitlichen Bild folgen. Angesichts dieser Vagheit und Subjektivität des „fairen" Verfahrens regeln mehrere osteuropäische Verfassungen Einzelaspekte.

Grundlegend ist die Waffengleichheit der Parteien im Prozess, die gerade im Verwaltungsprozess eine besondere Herausforderung ist, da das außerprozessuale Verhältnis zwischen den Parteien durch Über- und Unterordnung geprägt ist. Ungeachtet dieser verwaltungsprozessualen Besonderheiten garantieren mehrere Verfassungen die Gleichheit der Parteien im Gerichtsverfahren, d.h. in allen Gerichtsverfahren, nicht nur speziell im Verwaltungsprozess.[66]

Eine wenngleich missglückte Garantie der Waffengleichheit der Parteien ist auch in den Verfassungsvorschriften zu sehen, die ein adversatorisches Verfahren vor Gericht vorschreiben.[67] Im Zivilprozess mag das adversatorische Verfahren in der Mehrzahl der Fälle zu einer Waffengleichheit führen, aber es ist schon überaus strittig, ob es im Strafverfahren die Interessen des Angeklagten angemessen berücksichtigt.[68] Im Verwaltungsprozess, dessen Parteien in einem außerprozessualen Über- und Unterordnungsverhältnis stehen, würde die schematische Zuordnung gleicher Prozessrechte, wie sie jedenfalls ein

66 Art. 121 Abs. 1 Verf. BUL; Art. 36 Abs. 1 Verf. SER; Art. 96 Abs. 1 Verf. TSCH; Art. 129 Abs. 2 Nr. 1 Verf. UKR.

67 Art. 115 Abs. 1 Satz 1 Verf. BEL; Art. 121 Abs. 1 Verf. BUL; Art. 123 Abs. 3 Verf. RUS; Art. 129 Abs. 2 Nr. 3 Verf. UKR.

68 So speziell für den postsozialistischen Strafprozess Schroeder, Friedrich-Christian / Kudratov, Manuchehr (Hrsg.): Die strafprozessuale Hauptverhandlung zwischen inquisitorischem und adversatorischem Modell, Studien des Instituts für Ostrecht München Bd. 75, Peter Lang, Frankfurt/M. 2014; *Schroeder, Friedrich-Christian*: Die Typen des Strafprozesses, in: Schroeder, Friedrich-Christian / de Vries, Tina (Hrsg.): Neue Tendenzen im Strafprozess – Deutschland, Polen und die Ukraine, Studien des Instituts für Ostrecht Bd. 79, Peter Lang, Frankfurt/M. 2015, S. 13–20.

primitives Verständnis des Adversalprozesses fordert, die außerprozessuale Waffen*un*gleichheit zwischen den Parteien im Prozess fortführen und somit das Gegenteil von Waffengleichheit bewirken. Ein derartiger Verwaltungsprozess wäre zutiefst „unfair". Es bietet sich daher eine „berichtigende" Auslegung dergestalt an, dass diese Verfassungsgarantien den Parteien von Verwaltungsprozessen eine „echte" Waffengleichheit garantieren und somit auch besondere Schutzvorkehrungen zugunsten der strukturell schwächeren Partei, d.h. des Bürgers (der regelmäßig in der prozessualen Stellung des Klägers auftritt), erlauben oder vielleicht sogar erfordern.[69]

Das Jedermann-Recht auf Kenntnis seiner Rechte und Pflichten[70] dient ebenfalls dazu, die Unterlegenheit des Bürgers im Verwaltungsverfahren und im Verwaltungsprozess auszubalancieren. Dieses Recht verpflichtet zunächst die befassten Behörden zu einer unparteiischen und korrekten Rechtsauskunft. Ergänzend hierzu kann der Bürger auch rechtlichen Rat und Beistand in Anspruch nehmen, was ihm mehrere osteuropäische Verfassungen ausdrücklich gestatten, gegebenenfalls auch mit Bestimmungen zur staatlichen Kostenübernahme.[71]

Einige Verfassungen ermöglichen im Wege der Urteilsverfassungsbeschwerde die Prüfung, ob ein letztinstanzliches verwaltungsgerichtliches Urteil die Verfassung einhält. Auch Verwaltungshandeln, gegen das keine gerichtliche Überprüfung gegeben ist, kann in einigen Staaten durch das Verfassungsgericht auf seine Verfassungsmäßigkeit überprüft werden.[72] In den Jahren nach

69 So zu der bulgarischen Klausel *Küpper*, Verfassungssysteme Südosteuropas (Fn. 7), S. 609; zu der russischen Klausel siehe *Kurochtin, J.A.*: Princip sostjazatel'nosti sudoproizvodstva v Rossijskoj Federacii: konstitucionno-pravovoj aspekt [Der Grundsatz des kontradiktorischen Gerichtsverfahrens in der Russländischen Föderation: Verfassungsrechtlicher Aspekt], Moskau 2009; *Schmidt, Carmen*, in: Wieser, Bernd (Hrsg.): Handbuch der russischen Verfassung, Verlag Österreich, Wien 2014, Art. 123 Rn. 5–15.

70 Recht auf Kenntnis seiner Rechte: Art. 90 Verf. LETT; Art. 23 Abs. 2 Satz 1 Verf. MOL; ähnlich auch Art. 50 Abs. 3 Verf. NMAZ.
Recht auf Kenntnis seiner Pflichten: Art. 23 Abs. 2 Satz 1 Verf. MOL; Art. 57 Abs. 1 Verf. UKR.

71 Art. 62 Verf. BEL; Art. 56 Satz 2 i.V.m. Art. 122 Verf. BUL; Art. 13 Abs. 3 Verf. KAS; Art. 92 Satz 4 Verf. LETT; Art. 26 Abs. 3 Verf. MOL; Art. 22 Verf. MON; Art. 48 Abs. 1 Verf. RUS; Art. 67 Verf. SER; Art. 59 i.V.m. Art. 131[2] Verf. UKR.

72 Verfassungsbeschwerde gegen alle letztinstanzlichen Einzelakte (Urteil und Verwaltungshandeln): Art. 131 Abs. 1 lit. f) Verf. ALB; Art. 113 Abs. 7 Verf. KOS; Art. 149 Abs. 1 Nr. 3 Verf. MON; Art. 170 Verf. SER; Art. 127 Abs. 1 Verf. SWK; Art. 160 Abs. 1 Verf. SWN; Art. 87 Abs. 1 lit. d) Verf. TSCH.

der Wende bildete sich in etlichen postsozialistischen Staaten contra constitutionem eine Arbeitsteilung dergestalt heraus, dass die ordentlichen Gerichte einschließlich der Verwaltungsgerichtsbarkeit das einfache Gesetz und die Verfassungsgerichte die Verfassung, vor allem die Grundrechte, anwandten. Diese für den Bürger nachteilige und im Übrigen ebenso unsinnige wie rechtsstaatswidrige Arbeitsteilung ist aber seitdem einer Kooperation zwischen Justiz und Verfassungsgerichten bei der Durchsetzung der verfassungsrechtlichen Grundrechte auch in einfach-gesetzlich geregelten Konstellationen gewichen, und die Erfahrungen der meisten Staaten zeigen, dass innerhalb der ordentlichen Justiz vor allem die Verwaltungsrichterinnen und Verwaltungsrichter die Wegbereiter für diese Zusammenarbeit waren, was möglicherweise an der größeren Nähe „ihrer" Rechtsmaterien zum Verfassungsrecht liegt.[73]

b) *Spezielle Garantien für einen „fairen" Verwaltungsprozess*

Der postsozialistische Verwaltungsprozess musste und muss sich von den überkommenen zivilprozessualen Vorstellungen lösen und auch im Hinblick auf seine Fairness eigene Maßstäbe entwickeln, die nur teilweise mit der Fairness im Zivilverfahren übereinstimmen. Dabei hilft es, dass etliche Verfassungen ausdrücklich die Existenz eines eigenen, vom Zivilverfahrensrecht gesonderten Verwaltungsprozessrechts garantieren.[74]

Bemerkenswert ist die rumänische Garantie der Kostenfreiheit der Verwaltungsgerichtsbarkeit.[75] Generell kann man für den osteuropäischen Verwaltungsprozess ein Kostenrecht konstatieren, das dem rechtsuchenden Bürger

---

Verfassungsbeschwerde nur gegen letztinstanzliche Urteile: Teil IV.C. Art. 20 Verf. BiH-FBiH (zum Menschenrechtsgerichtshof); Art. 24 Abs. 2 lit. d) Verf. UNG. Verfassungsbeschwerde nur gegen Verwaltungshandeln: Art. 129 Verf. KRO.

73 Küpper, Herbert / Vincze, Attila (Hrsg.): Verfassungsgerichte und Obergerichte in Mitteleuropa, Studien des Instituts für Ostrecht München Bd. 83, Peter Lang, Frankfurt/M. 2018.

74 Art. 113 Abs. 3–4 Verf. BiH-RS; Art. 75 Abs. 2 Satz 1 Verf. KAS; Art. 52 Abs. 2 i.V.m. Art. 73 Abs. 3 lit. k) Verf. RUM; Art. 72 Abs. 1 lit. k), Art. 118 Abs. 2 Verf. RUS; Art. 198 Abs. 2 Verf. SER; wohl auch Art. 157 Verf. SWN.
Anm. zur Zitierung der Verf. RUS: Die Buchstaben richten sich nach der russischsprachigen Fassung in kyrillischer Schrift: Art. 72 ч. 1 к). Deutsche und englische Übersetzungen der Verf. RUS ersetzen die kyrillische Buchstabenreihenfolge bisweilen durch die lateinische; in diesen Versionen handelt es sich um Art. 72 Abs. 1 lit. j).

75 Art. 21 Abs. 4 Verf. RUM.

keine großen Hindernisse in den Weg legt, d.h. die Zugänglichkeit der Verwaltungsjustiz nicht untunlich erschwert.

Ein besonderes Problem des Verwaltungsprozesses ist die Durchsetzungsfähigkeit des Gerichts gegenüber der Verwaltung. Prozessualen Niederschlag findet diese Problematik in der Bindungswirkung des Verwaltungsgerichtsurteils und vor allem in seiner Durchsetzbarkeit und Vollstreckung. In postsozialistischen Gesellschaften wirkt oft noch das sozialistische Macht- und Prestigeübergewicht der Exekutive gegenüber der Judikative nach, sodass Gerichte es in diesen Staaten besonders schwer haben, die Verwaltung zur Beachtung und Umsetzung ihrer Urteile zu bewegen. Auch der Europarat hat die Problematik erkannt und verlangt, dass die Durchsetzung verwaltungsgerichtlicher Urteile nicht nur gegenüber dem Bürger möglich ist, sondern auch gegenüber der Behörde.[76]

Die osteuropäischen Verfassungen nehmen sich teilweise dieses Problems an und erklären Gerichtsurteile für bindend sowie verpflichten zu ihrer Vollstreckung.[77] Alle diese Klauseln gelten unspezifisch für alle Gerichtsurteile (außer Verfassungsgerichtsentscheidungen); mit der Geltung und Vollziehung speziell von Verwaltungsgerichtsurteilen befasst sich keine osteuropäische Verfassung.

c) Alternative Streitbeilegung, Mediation

Etliche internationale Instrumente beschäftigen sich mit Alternativen zur Verwaltungsgerichtsbarkeit, um Streitigkeiten zwischen dem Bürger und der Verwaltung schneller einer Lösung zuzuführen.[78] Derartige Alternativen sind nur dann sinnvoll, wenn die Verwaltungsgerichtsbarkeit funktioniert. Die empfohlenen Alternativen beziehen ihre Legitimation unter anderem daraus, dass im Hintergrund stets eine schlagkräftige Verwaltungsgerichtsbarkeit bereit steht, wenn die alternativen Wege versagen. Da in Osteuropa aber zurzeit vielfach noch die Funktionsfähigkeit der Verwaltungsgerichtsbarkeit das Problem ist,

---

76 Europarat, Ministerkomitee, Empfehlung Rec(2003)16 of the Committee of Ministers to member states on the execution of administrative and judicial decisions in the field of administrative law.

77 Art. 142 Abs. 3 Verf. ALB; Art. 115 Abs. 1 Satz 2 Verf. BEL; Teil IV.C. Art. 2 Verf. BiH-FBiH; Art. 66 Abs. 4 Verf. BiH-Br; Art. 76 Abs. 3 Verf. KAS; Art. 120 Verf. MOL; Art. 129^1 Verf. UKR.

78 So z.B. Europarat, Ministerkomitee, Empfehlung Rec(2001)9 of the Committee of Ministers to member states on alternatives to litigation between administrative authorities and private parties. Zu deren Umsetzung in einzelnen westeuropäischen Staaten siehe *Huber/Guttner*, in: IPE VIII (Rn. 29), Rn. 40–46.

an dem Gesetzgeber, Justiz und Juristenausbildung arbeiten, ist eine vertiefte Diskussion um alternative Wege für die Region noch verfrüht. Die osteuropäischen Staaten tun besser daran, ihre Kräfte auf den Aufbau und die Verbesserung einer durchsetzungsfähigen, funktionstüchtigen rechtsstaatlichen Verwaltungsgerichtsbarkeit zu konzentrieren.

Dennoch ist es sicherlich unschädlich, wenn die laufenden Feinarbeiten zur Erreichung oder Steigerung der Funktionsfähigkeit der Verwaltungsgerichtsbarkeit in Osteuropa bereits jetzt Bedacht auf derartige Alternativen nehmen, damit diese, wenn die Zeit reif ist, ohne Reibungsverluste in das bestehende System eingebaut werden können.

4. Verwaltungsrichterliches Personal

a) Unabhängigkeit von Richtern und Gerichten

Die grundlegende verfassungsrechtliche Anforderung an rechtsstaatliche Richter und Gerichte ist, dass sie unabhängig sein sollen. Sie sollen nur gemäß dem geltenden Recht entscheiden und gegen politische Einflüsse oder Interessen des Staates und seiner Exponenten immun sein. Das setzt die sowohl äußerliche als auch innerliche Unabhängigkeit des richterlichen Personals voraus. Bereits die sozialistischen Verfassungen behaupteten die Unabhängigkeit ihrer Richterinnen, schränkten diese Unabhängigkeit aber durch andere Verfassungsbestimmungen wieder ein. Die postsozialistischen Verfassungen postulieren ausnahmslos die Unabhängigkeit der Gerichte und / oder des richterlichen Personals bei der Spruchtätigkeit,[79] und auch die einschlägigen internationalen

79 Die Kernvorschriften sind Art. 137–140, Art. 145 Abs. 1 Verf. ALB; Art. 110–111 Verf. BEL; Teil IV.C. Art. 4 Abs. 1, Abs. 3, Art. 7 Verf. BiH-FBiH; Art. 121 Abs. 2, Art. 121.a Abs. 1, Art. 127 Verf. BiH-RS; Art. 66 Abs. 1, Art. 73–74 Verf. BiH-Br; Art. 117 Abs. 2 Verf. BUL; § 146 Satz 2, § 147 Verf. EST; Art. 77 Verf. KAS; Art. 102 Abs. 2, 4 Verf. KOS; Art. 118 Abs. 2 Verf. KRO; Art. 83 Verf. LETT; Art. 109 Abs. 2 Verf. LIT; Art. 116 Verf. MOL; Art. 118 Abs. 1–2 Verf. MON; Art. 98 Abs. 2 Verf. NMAZ; Art. 173, Art. 178 Abs. 1 Verf. POL; Art. 124 Abs. 3 Verf. RUM; Art. 120 Abs. 1 Verf. RUS; Art. 4 Abs. 4, Art. 142 Abs. 2, Art. 149 Verf. SER; Art. 141 Abs. 1 SWK; Art. 125 Verf. SWN; Art. 81–82 Verf. TSCH; Art. 126, Art. 129 Abs. 1 Verf. UKR; Art. 26 Abs. 1 Verf. UNG. Diese werden von zahlreichen Einzelgarantien flankiert.
Bedenklich für die richterliche Unabhängigkeit ist Art. 80 Verf. KAS, wonach der Staat für die Versorgung der Richterinnen und Richter mit Wohnraum sorgt. Bereits in sowjetischer Zeit konnten die örtlichen Räte über die Wohnungszuweisung Druck auf das örtliche Gerichtspersonal ausüben.

Instrumente erklären die Unabhängigkeit von Gerichten und Richtern zu einem fundamentalen Wert der Justiz.[80]

Dass die richterliche Unabhängigkeit in der politischen und Rechtskultur Osteuropas dennoch nicht als unantastbar gilt, zeigen die massiven Angriffe auf diese Unabhängigkeit auch in ehemaligen „Musterstaaten" der Region wie Ungarn ab 2010[81] und Polen ab 2015[82] oder auch die Absetzung der Leiterin der rumänischen Antikorruptionsstaatsanwaltschaft. Weniger spektakuläre Interventionen der Regierung mit dem Ziel, die Rechtsprechung in politisch (oder für die Regierenden persönlich) heiklen Fragen auf Linie zu bringen oder zu halten, finden auch in zahlreichen anderen osteuropäischen Staaten statt. Sie sind auch in westeuropäischen Staaten nicht unbekannt, treffen aber in Osteuropa auf eine Justiz, die wenig Selbstvertrauen vor allem gegenüber der Exekutive hat und auf eine lange Tradition der Kritiklosigkeit gegenüber dem Staat im Allgemeinen und der Staatsführung im Besonderen zurückblickt. Daher ist die Justiz in Osteuropa gegenüber exekutivischen Interventionen grundsätzlich verwundbarer als in Westeuropa. Patentrezepte gegen derartige Übergriffe der Exekutive gibt es nicht, aber die Erfahrungen aus West- wie auch aus Osteuropa zeigen, dass eine wache und wachsame politische Öffentlichkeit die beste Sicherung der Justiz gegen unzulässige Einmischungen der übrigen Staatsgewalten und der dort Mächtigen darstellt.

---

80 Zur Stellung der Richterinnen und Richter siehe auch die „Rule of Law Checklist" der Venedig-Kommission (Fn. 34), II.E.1.

81 *Küpper*, in: IPE VIII (Fn. 10), Rn. 93–95; *Küpper, Herbert*: Das ungarische Grundgesetz im Spiegel der deutschsprachigen Medien, in: Küpper, Herbert / Csehi, Zoltán / Láng, Csaba (Hrsg.): Vier Jahre ungarisches Grundgesetz, Studien des Instituts für Ostrecht München Bd. 80, Peter Lang, Frankfurt/M. 2016, S. 11–52 (34–35). Zu den Auswirkungen auf die Qualität und Unabhängigkeit der Rechtsprechung siehe *Bencze, Mátyás / Badó, Attila*: A magyar bírósági rendszer hatékonyságát és az ítélkezés színvonalát befolyásoló strukturális és személyi feltételek [Die strukturellen und personellen Voraussetzungen, die die Effizienz der ungarischen Justiz und das Niveau der Rechtsprechung beeinflussen], in: Jakab, András / Gajduschek, György (Hrsg.): A magyar jogrendszer állapota [Der Zustand der ungarischen Rechtsordnung], mtatkjti [Ungarische Akademie der Wissenschaften, Forschungszentrum für Sozialwissenschaften, Institut für Rechtswissenschaft], Budapest 2016, S. 415–441 (429–431).

82 Hierzu *de Vries, Tina*: Der Konflikt um den polnischen Verfassungsgerichtshof, WiRO 2016, S. 71–75, 104–109; *de Vries, Tina*: Die Änderung des Gesetzes über den Verfassungsgerichtshof auf dem verfassungsgerichtlichen Prüfstand, JOR 2016, S. 371–380; *de Vries, Tina*: Bedrohungen für die Unabhängigkeit der Justiz in Polen, WiRO 2018, S. 105–111, S. 129–133.

Grundsätzlich muss für Gerichte und Richter, die im Bereich der Verwaltungsgerichtsbarkeit tätig sind, nichts anderes gelten als für die übrigen Bereiche der Justiz: Auch für sie ist die Unabhängigkeit bei der Spruchtätigkeit der fundamentale rechtsstaatliche Wert. Zu beachten ist nur, dass Verwaltungsrichter angesichts ihrer Zuständigkeiten möglicherweise häufiger Versuchen der Einflussnahme seitens der Mächtigen in der örtlichen oder nationalen Verwaltung unterliegen. Diese besondere Gefährdungslage von Verwaltungsgerichten und Verwaltungsrichtern macht aber nicht zwingend spezielle Vorkehrungen nötig, sondern ihr kann regelmäßig mit den üblichen Instrumenten zur Sicherung der richterlichen Unabhängigkeit begegnet werden, falls diese funktionieren.[83]

Eine wesentliche Garantie für die Herausbildung der „inneren Unabhängigkeit" der Richterinnen und Richter ist ihre fachliche Qualität. Mehrere Verfassungen regeln die grundlegenden persönlichen und fachlichen Einstellungsvoraussetzungen für Richter und setzen hierbei ein abgeschlossenes juristisches Studium voraus. Diese Verfassungsregeln gelten für alle Richterinnen und Richter. Nur in der Ukraine hat der Verfassunggeber auch die Situation der Sondergerichtsbarkeiten bedacht: Die ukrainische Verfassung erlaubt dem Gesetzgeber, bei Richtern an besonderen Gerichtszweigen über die normalen Anforderungen hinaus besondere Kenntnisse zu verlangen.[84]

Speziell nach dem Ende der sozialistischen Diktatur stellte sich die Frage, ob das vorhandene richterliche Personal als politisch belastet anzusehen sei und daher ausgewechselt werden müsse oder ob man den vorhandenen Richterinnen und Richtern vertraute, ihre zentrale Rolle beim Aufbau des postsozialistischen Rechtsstaats zu spielen. Diese Frage hat sich heute durch Zeitablauf erledigt.[85] In Albanien findet zurzeit aufgrund spezieller verfassungsrechtlicher

---

83 Dementsprechend erstreckt Art. 77 Abs. 4 Verf. KAS die Garantien der richterlichen Unabhängigkeit einheitlich auf alle Gerichte und Richter im Land.

84 Art. 127 Abs. 4 Verf. UKR.

85 Die meisten Staaten wählten eine Untätigkeitslösung und beließen das Justizpersonal ohne Weiteres im Amt. Entlassungen wegen politischer Vorbelastetheit gab es in größerem Umfang nur in der Tschechoslowakei und ihren Nachfolgestaaten sowie in den neuen Bundesländern Deutschlands, wobei letztere die Besonderheit aufwiesen, dass die Entlassung der ehemaligen DDR-Justizkader leicht fiel, weil in Westdeutschland qualifiziertes Ersatzpersonal in ausreichender Anzahl zur Verfügung stand, das die Vakanzen sofort füllen konnte. Zu Einzelheiten siehe Schroeder, Friedrich-Christian / Küpper, Herbert (Hrsg.): Die rechtliche Aufarbeitung der kommunistischen Vergangenheit in Osteuropa, Studien des Instituts für Ostrecht München Bd. 63, Peter Lang, Frankfurt/M. 2009.

Vorkehrungen und mit internationaler Hilfe eine fachliche Überprüfung des nach der Wende von den verschiedenen Regierungen eingestellten richterlichen Personals statt, um diejenigen wieder aus dem Richterdienst entfernen zu können, die seinerzeit wegen ihrer klientelistischen Loyalitäten und Verbundenheiten eingestellt wurden, ohne die notwendigen Kenntnisse mitzubringen.[86]

b) Selbstverwaltung der Justiz

Zur institutionellen Absicherung der Unabhängigkeit der Judikative übertragen nicht wenige postsozialistische Staaten die Verwaltung der Gerichte und / oder das richterliche Personalwesen einem Selbstverwaltungsorgan der Richterschaft oder der Justiz insgesamt.[87] Ungeachtet der einzelstaatlichen Benennungen wird ein solches Selbstverwaltungsorgan hier als „Justizrat" bezeichnet.

Der Vorteil einer solchen Selbstverwaltung soll darin liegen, dass die Entscheidung über die Ressourcenverteilung innerhalb der Justiz, d.h. die Zuweisung von Geldern an die einzelnen Gerichte, sowie richterliche Laufbahnentscheidungen nicht von einem Organ der Exekutive, sondern von der Judikative selbst getroffen werden. Das macht Interventionen z.B. der Regierung in Rechtsprechungsinhalte zwar nicht unmöglich, erschwert sie aber sehr.

Allerdings verweisen die praktischen Erfahrungen diese Vorteile vor allem in das Reich der Theorie. Bereits das Vorbild für die osteuropäischen Justizräte, der italienische Consiglio Superiore della Magistratura, wurde und wird immer wieder stark wegen seiner Dysfunktionalität kritisiert. Die Erfahrungen in Osteuropa zeigen, dass vorhandene innerjustizielle Netzwerke – meist der Gerichtspräsidenten – sich sehr schnell des Justizrats bemächtigen und die Kontrolle über die Gerichtsverwaltung und / oder das richterliche Personalwesen übernehmen. Die Einrichtung von Justizräten hat daher die Refeudalisierung der Justiz deutlich gefördert. Da in der Rechtskultur Osteuropas die Abweichung eines einzelnen Richters von der anerkannten Rechtsprechungslinie und generell von dem, was innerhalb der Justiz als gehöriger richterlicher

---

86 Art. 179d, Anhang Verf. ALB (Euralius IV). Hierzu *Küpper*, Verfassungssysteme Südosteuropas (Fn. 7), S. 592, 601–602, 891.

87 Art. 147–147/ç Verf. ALB; Teil IV.C. Art. 4 Abs. 4 Verf. BiH-FBiH; Art. 121.a Verf. BiH-RS; Art. 70 Verf. BiH-Br; Art. 130–130b Verf. BUL; Art. 108 Verf. KOS; Art. 124 Verf. KRO; Art. 122–123 Verf. MOL; Art. 126–128 Verf. MON; Art. 104–105 Verf. NMAZ; Art. 186–187 Verf. POL, Art. 133–134 Verf. RUM; Art. 153–155 Verf. SER; Art. 141a Verf. SWK; Art. 131 Verf. SWN; Art. 130^1–131 Verf. UKR.

Comment angesehen wird, kaum geduldet wird, liefert die Existenz eines Justizrats die einzelne Richterin und den einzelnen Richter noch stärker dem kollegialen Druck aus, was in der Praxis die spruchrichterliche Unabhängigkeit illusorisch machen kann.[88] Daher protestierte z.B. die ungarische Richterschaft im Zuge der Kodifizierung einer neuen Verfassung 2010/11 gegen den 1997 eingeführten Justizrat mit dem Ergebnis, dass dieses Organ keinen Eingang mehr in die neue Verfassung gefunden hat;[89] die Übertragung der Gerichtsverwaltung und des richterlichen Personalwesens auf ein regierungshöriges Exekutivorgan in Art. 25 Verf. UNG hat sich allerdings dann als noch größere Gefahr für die richterliche Unabhängigkeit erwiesen.

IV. Aufgabenfelder

Der Vergleich des Ist-Zustands am Ende des Sozialismus mit dem Soll-Zustand einer funktionierenden Verwaltungsgerichtsbarkeit, wie er sich in den Verfassungen und in internationalen Dokumenten ausdrückt, ergibt prioritären Handlungsbedarf in den folgenden Fragen:

- institutioneller Rahmen: Soll die Verwaltungsgerichtsbarkeit durch verselbstständigte Verwaltungsgerichte oder im Rahmen der ordentlichen Justiz ausgeübt werden?
- prozessuale Grundlage: Da das postsozialistische Zivilprozessrecht für einen Prozess zwischen Bürger und Verwaltung untauglich ist, muss eine Verfahrensgrundlage geschaffen werden, die den Besonderheiten des Verwaltungsprozesses Rechnung trägt und idealerweise auch auf das Verwaltungsverfahrensrecht abgestimmt ist.

---

88 Zu Justizräten in Osteuropa siehe *Küpper*, Verfassungssysteme Südosteuropas (Fn. 7), S. 610–614; *Küpper, Herbert*: Die Forderung der deutschen Justiz nach Selbstverwaltung – Modell Osteuropa?, JOR 2003, S. 11–44. Zum Konformitätsdruck durch kollegiale Netzwerke in Osteuropa siehe *Uzelac* (Fn. 8), S. 394–396. Zur Rolle von Justizräten bei der Refeudalisierung der Justiz am Beispiel der Slowakei siehe *Spáč, Samuel / Šipulová, Katarína / Urbániková, Marína*: Capturing the Judiciary from Inside: The Story of Judicial Self-Governance in Slovakia, German Law Journal 2018, S. 1741–1768.

89 Zum seinerzeitigen ungarischen Justizrat siehe *Lomnici, Zoltán*: Die ungarische Gerichtsreform, in: Schroeder, Justizreform (Fn. 36), S. 133–159. Den slowakischen Justizrat beschreibt *Posluch, Marian*: Der Gerichtsrat der Slowakischen Republik (…), in: Schroeder, Justizreform (Fn. 36), S. 187–192.

- eigene Verwaltungsrichterlaufbahn: Die Kontrolle von Staatshandeln verlangt ein besonderes richterliches Ethos und eine besondere richterliche Einstellung gegenüber Staat und Recht, die die obrigkeitshörige sozialistische Justiz nicht hatte und die auch heute noch von Zivil- oder Strafrichtern nicht in dem Maße verlangt wird und in Osteuropa auch nicht vorhanden ist. Der Verwaltungsrichter muss sich mithin von dem dominanten ziviljustiziellen Ethos befreien, und hier ist zu überlegen, ob dies besser gelingt, wenn eine getrennte Laufbahn für Verwaltungsrichter eingerichtet wird.

1. Der institutionelle Rahmen

Die Verwaltungsgerichtsbarkeit im materiellen Sinne kann in einer Einheitsgerichtsbarkeit oder aber in einer organisatorisch verselbstständigten Verwaltungsgerichtsbarkeit angesiedelt werden. Eine Patentlösung gibt es nicht. Praktikable Lösungen sind sowohl innerhalb der Einheitsgerichtsbarkeit – innerhalb dieser sinnvollerweise als separate Verwaltungskammern, nicht aber in den Zivilkammern – als auch abgetrennt von dieser möglich.

Auch die Verfassungslage präjudiziert diese Entscheidung nur selten. Wo die Verfassung separate Verwaltungsgerichte erwähnt, ist die Frage des „Ob“ für den verfassungsimplementierenden Gesetzgeber beantwortet. Er hat aber weiterhin noch viel Spielraum bei der Regelung des „Wie“. Umgekehrt gibt es verfassungsrechtliche Hindernisse gegen die Errichtung einer gesonderten Verwaltungsgerichtsbarkeit nur in den wenigsten Staaten in Osteuropa, d.h. nur in denen, in denen die Verfassung ausdrücklich eine Einheitsgerichtsbarkeit vorsieht.[90] Überall sonst kann sich der Gesetzgeber frei entscheiden.

Bei dieser gesetzgeberischen Entscheidung sind vor allem die folgenden Aspekte zu bedenken:

a) Ausgestaltung der ordentlichen Justiz

Die ordentliche Justiz, d.h. die Hierarchie der Zivil- und Strafgerichte, existiert in jedem postsozialistischen Staat und ist das Rückgrat des gesamten

90 Näher dazu oben Punkt III.1.b) Obligatorisch sind eigenständige Verwaltungsgerichte auf einer oder auf allen Ebenen in Bulgarien, Estland, Polen, Tschechien, der Ukraine und Ungarn. Eine Einheitsgerichtsbarkeit ist für alle Stufen im Bezirk Brčko und in Lettland angeordnet, für das Oberste Gericht ausdrücklich in Russland und implizit in vielen anderen Verfassungen sowie nur für die nachgeordneten Gerichtsebenen in Tschechien.

vorhandenen Gerichtswesens. Der postsozialistische Gesetzgeber muss also prüfen, inwieweit diese Hierarchie der ordentlichen Justiz als Gerüst auch für die Verwaltungsgerichtsbarkeit geeignet ist und ob und wie er die Hierarchie der Verwaltungskammern oder gesonderten Verwaltungsgerichte an diese Hierarchie der ordentlichen Justiz anpasst.

Wenn sich der Gesetzgeber für Verwaltungskammern innerhalb einer Einheitsgerichtsbarkeit entscheidet, liegt es ohnehin nahe, dass sich die Verwaltungskammern an den Hierarchiestufen der ordentlichen Gerichte orientieren. In praktisch allen postsozialistischen Staaten besteht die ordentliche Justiz aus drei oder vier Ebenen. Hier muss der Gesetzgeber entscheiden, wie viele Instanzen der Verwaltungsprozess haben soll, und danach entscheiden, auf welchen Ebenen der ordentlichen Justiz er die Kammern für Verwaltungsprozesse ansiedeln will. Da in allen osteuropäischen Staaten mit einer Einheitsjustiz das oberste Gericht die Aufgabe hat, über die Einheit der Rechtsordnung zu wachen, ist es in diesen Staaten sinnvoll, die oberste verwaltungsprozessuale Instanz beim obersten Gericht anzusiedeln, damit dieses Spruchkörper für alle relevanten Rechtsgebiete hat und so seiner Aufgabe der Wahrung der Einheit der Rechtsordnung effizient nachkommen kann. Wenn die Verwaltungsgerichtsbarkeit nur eine Instanz haben soll, wird diese eine Instanz sinnvollerweise das oberste Gericht sein. Bei der Verortung der unteren Instanz(en) spielen Aspekte wie Fallaufkommen[91] und Bürgernähe, aber auch Prestige eine Rolle.

Im Zusammenhang mit der Bürgernähe ist zu prüfen, ob bei Verwaltungsprozessen in dem jeweiligen Land häufig mündliche Verhandlungen mit Anwesenheit der Parteien vorkommen und / oder nötig sind. Wenn die große Mehrzahl der Verwaltungsprozesse nach Aktenlage entschieden wird, spielt die geografische Nähe der Verwaltungsgerichte zum Bürger (und damit eine Ansiedlung auf einer möglichst niedrigen Hierarchiestufe) keine so große Rolle wie in Rechtskulturen, in denen der Verwaltungsprozess regelmäßig mit der Anwesenheit der Parteien vor Gericht einhergeht. Da die mündliche Verhandlung für den Bürger eine wichtige Garantiefunktion erfüllt,[92] muss die Gerichtsorganisation eine geographische Zugänglichkeit des Gerichts zumindest als Möglichkeit für den Fall, dass der Bürger eine mündliche Verhandlung wünscht oder das Gericht sie für angezeigt hält, bereitstellen. Geographische Ferne darf kein Hindernis für eine mündliche Verhandlung sein.

---

91 Dazu sogleich.

92 Zur Bedeutung der mündlichen Verhandlung als Garantie für die Fairness im Verwaltungsprozess siehe unten Punkt IV.2.a) – Waffengleichheit.

Geographische Nähe zum Bürger kann, wenn sie gewünscht wird, zudem auch durch Außenstellen hergestellt werden, wie etwa das Beispiel des polnischen Hauptverwaltungsgerichts vor der Einführung der unteren Verwaltungsgerichtsebene zeigt: Es verfügte über Außenstellen in den größeren Städten und war daher physisch nicht nur in Warschau erreichbar. Aus den Außenstellen gingen in der Verwaltungsgerichtsreform von 2002 die unteren Verwaltungsgerichte hervor. Ebenso hat das erstinstanzliche slowenische Verwaltungsgericht, das seinen Sitz in Ljubljana hat und für das gesamte Land zuständig ist, Außenstellen in drei weiteren Städten, um auch in den Regionen präsent zu sein. Schließlich kann man sich auch an England ein Beispiel nehmen, dessen obere und oberste Gerichte in London ihren Sitz haben, aber nicht nur über feste Außenstellen verfügen, sondern deren Richter auch zu festen Gerichtstagen in die Provinz reisen und dort Verhandlungen abhalten.

Nicht zu unterschätzen ist der Gesichtspunkt des Prestiges. Die Richterschaft in osteuropäischen Ländern ist auch heute noch deutlich stärker geschichtet als ihre westlichen Pendants, wobei das Prestige des einzelnen Richters umso höher ist, desto höher das Gericht, an dem er tätig ist, in der Hierarchie der Gerichte angesiedelt ist. Je höher das Gericht ist, an dem eine Verwaltungskammer tätig ist, umso höher ist das Prestige der dort tätigen Verwaltungsrichter – zum einen gegenüber den übrigen Richterkollegen, zum anderen aber auch gegenüber der Behörde. Gerade hochrangige Behörden wollen sich ungerne etwas von einem kleinen Ortsrichter sagen lassen; ein Richter des obersten Gerichts hat da schon mehr Gewicht – und dies in den hierarchischen Gesellschaften Osteuropas noch deutlich stärker als in den (noch) eher nivellierten Gesellschaften Westeuropas. Die Herausbildung eines rechtsstaatlichen verwaltungsrichterlichen Ethos mit einem adäquaten richterlichen Selbstbewusstsein gegenüber Verwaltung und Regierung hat daher allgemein bessere Chancen, wenn Verwaltungsrichter eine hohe Stelle in der Justizhierarchie einnehmen. Dies ist unabhängig davon, ob die Entscheidung des Gesetzgebers zugunsten von Verwaltungskammern in den ordentlichen Gerichten oder von separaten Verwaltungsgerichten fällt. Auch bei separaten Verwaltungsgerichten sollte darauf geachtet werden, dass diese auf einer Hierarchiestufe angesiedelt werden, die hochrangigen ordentlichen Gerichten entspricht, was sich z.B. in der Gerichtsbezeichnung, in der Amtsbezeichnung und / oder der Besoldungsstufe der Richter oder auch im Zuschnitt des Zuständigkeitsbezirks ausdrücken kann. Vorbildlich in diesem Sinne ist die slowenische Verwaltungsgerichtsbarkeit: Das erstinstanzliche Verwaltungsgericht steht auf derselben Hierarchiestufe wie die zweithöchste Stufe der ordentlichen Gerichtsbarkeit, d.h. einen höheren Rang nimmt nur das

Oberste Gericht ein (das in Slowenien auch die Rechtsmittelinstanz für Verwaltungsprozesse ist).

Wenn sich der Gesetzgeber für eine von der ordentlichen Gerichtsbarkeit getrennte Verwaltungsgerichtsbarkeit entscheidet, steht er vor der Wahl, ob er die Pyramide der Verwaltungsgerichte in ihrer Stufung, in ihren Zuständigkeitsbezirken und vielleicht sogar in ihren Benennungen an die Pyramide der ordentlichen Gerichte anlehnt oder ob er völlig eigene Strukturen schaffen will. Eine enge Anlehnung an die vorhandene ordentliche Gerichtsbarkeit hat zur Folge, dass Verwaltungsrichter von den dort tätigen Zivil- und Strafrichtern nicht so schnell als „Extrawürste" empfunden und eher als Kollegen akzeptiert werden,[93] was für die Verwaltungsrichter sowohl positive als auch negative Folgen haben kann.

Die Schaffung vollkommen eigener Strukturen kann eine bessere Sichtbarkeit der Verwaltungsgerichtsbarkeit zur Folge haben. Eigene Strukturen können allerdings auch dazu führen, dass die separate Verwaltungsgerichtsbarkeit von der ohnehin eher rechtsapathischen Bevölkerung Osteuropas,[94] die an die ordentliche Gerichtsbarkeit und sonst nichts gewöhnt ist, gerade nicht wahrgenommen wird.

Die Loslösung der Verwaltungsgerichtsbarkeit von der ordentlichen Gerichtsbarkeit eröffnet die Chance, dass sich vor allem der geographische Zuschnitt der verwaltungsgerichtlichen Zuständigkeitsbezirke nicht an den Zuständigkeitsbezirken der ordentlichen Gerichte orientiert, sondern den Zuständigkeitsbezirken der Verwaltung oder anderen sinnvollen Kriterien folgen kann.

b) Fallaufkommen

Ein wichtiger Umstand bei der Entscheidung über die Instanzenzahl und die Anzahl von Verwaltungskammern oder Verwaltungsgerichten pro Instanz ist das Fallaufkommen. Es macht wenig Sinn, Spruchkörper oder ganze Gerichte einzurichten, die aufgrund der kleinen Fallzahlen nicht ausgelastet sind.

Wenn das Aufkommen an Verwaltungsprozessen nur gering ist, spricht dies für eine Eingliederung der Verwaltungsgerichtsbarkeit in die ordentliche Justiz (Einheitsjustiz). Es ist viel weniger aufwändig, an einem ordentlichen

---

93 Zum Problem der soziologischen Stellung der Verwaltungsrichter in der gesamten Richterschaft siehe unten Punkt IV.3.

94 Zu dieser Rechtsapathie siehe die Beiträge im Schwerpunktthema ‚Rights Consciousness and Legal Cultures in Central and Eastern Europe' im JOR 2019, S. 161–250.

Gericht eine oder zwei Kammern für Verwaltungsprozesse einzurichten, als ein komplett separates Verwaltungsgericht zu schaffen. Wenn also eine gewisse kritische Masse nicht erreicht wird, bietet sich eine in die ordentliche Justiz integrierte Verwaltungsgerichtsbarkeit eher als eine separate Verwaltungsgerichtsbarkeit an.

Eine andere Möglichkeit, eine kritische Masse zusammenzubekommen, ist die geographische Konzentration. Wenn es auf einer Instanzebene nur wenige Verwaltungsgerichte gibt, die dann einen entsprechend großen Zuständigkeitsbezirk haben, ist die Schaffung eines gesonderten Verwaltungsgerichts eher möglich als bei einer kleinräumigen Zersplitterung der Zuständigkeitsbezirke. So gibt es in Estland nur zwei erstinstanzliche Verwaltungsgerichte in Tallinn und Tartu, während die ordentliche Justiz auf dieser Ebene aus vier Gerichten besteht.

Dieser Gedanke trägt allerdings auch bei einer Eingliederung der Verwaltungsgerichtsbarkeit in die ordentliche Justiz. Das Netz der Zivil- und Strafgerichte ist recht dicht, weil deren Fallaufkommen diese Bürgernähe ermöglicht. Bei einer deutlich geringeren Anzahl von Verwaltungsprozessen muss nicht an jedem ordentlichen Gericht der Instanzstufe auch eine Verwaltungskammer eingerichtet werden, sondern die Verwaltungsprozesse können an einem oder bei wenigen Gerichten dieser Instanzstufe konzentriert werden. So sieht das kosovarische Gerichtsverfassungsgesetz vom 13. Dezember 2018 sieben Gerichte der untersten Instanz (so genannte Grundgerichte) vor. Ein jedes hat Zivil- und Strafkammern, aber nur das Grundgericht Prishtina hat auch Verwaltungskammern, deren Zuständigkeitsbezirk die gesamte Republik ist.

Typisch für die meisten osteuropäischen Staaten ist eine starke Asymmetrie im Fallaufkommen der Verwaltungsgerichte. Die meisten osteuropäischen Staaten haben ein hyperzentralisiertes Städtenetz mit der Hauptstadt als dem demographischen, politischen, wirtschaftlichen, kulturellen und administrativen Zentrum des ganzen Landes.[95] In diesem Wasserkopf fallen nicht nur überdurchschnittlich viele Verwaltungsprozesse an. Meist ist auch deren Zusammensetzung anders als im Rest des Landes. Als Beispiel mag Ungarn dienen: In allen Verwaltungsgerichtsbezirken stehen Steuer- und Abgabensachen an erster Stelle, aber auf Platz zwei rangieren in Budapest Bausachen, während in anderen Verwaltungsgerichtsbezirken Streitigkeiten im Zusammenhang mit Agrarsubventionen das zweithöchste Fallaufkommen verursachen.

95 Ausnahmen sind vor allem Russland, Polen und in einem gewissen Maße Kasachstan, Rumänien und die Ukraine.

Gegebenenfalls können Strukturentscheidungen beim Aufbau der Verwaltungsgerichtsbarkeit auch solche Asymmetrien in der Zusammensetzung des Fallaufkommens berücksichtigen, etwa indem spezialisierte Kammern für ein dort häufig auftretendes Rechtsgebiet eingerichtet werden.

c) Geld und Infrastruktur

Bei der Entscheidung, ob die Verwaltungsgerichtsbarkeit von Verwaltungskammern in Einheitsgerichten oder von separaten Verwaltungsgerichten wahrgenommen werden soll, spielen naturgemäß finanzielle Überlegungen eine wichtige Rolle. Die meisten postsozialistischen Staaten haben angespannte Haushalte und einen beträchtlichen Schuldenberg und somit nur enge finanzielle Spielräume.

Da aus sozialistischer Zeit die ordentlichen Gerichte vorhanden sind, für die es Gebäude, Verwaltungsapparate etc. gibt, ist es für den Staat meist billiger, die Verwaltungsgerichtsbarkeit an diese Infrastruktur anzukoppeln, d.h. Verwaltungskammern in den ordentlichen Gerichten zu schaffen. Im Vergleich dazu ist die Errichtung separater Verwaltungsgerichte und die Schaffung der dazu nötigen Infrastruktur meist aus dem Nichts deutlich teurer. Allerdings trifft dieser Befund uneingeschränkt nur auf die Schaffung der Verwaltungsgerichtsbarkeit zu, d.h. auf die Übergangszeit zu Beginn der rechtsstaatlichen Verwaltungsgerichtsbarkeit. Im Zeitablauf können sich Kostenvor- und -nachteile der beiden Lösungen verschieben, etwa durch die Kosten für Unterhalt und Betrieb der jeweiligen Infrastruktur, Synergien mit anderen Gerichts- oder auch Verwaltungsstrukturen etc.

Nicht nur das Geld, auch die Zeit ist ein wichtiger Faktor. Die Schaffung von Verwaltungskammern im Rahmen bestehender Gerichte ist organisatorisch meist relativ kurzfristig möglich, während der Aufbau separater Verwaltungsgerichte längere Zeit in Anspruch nehmen dürfte. Wenn also die Schaffung einer funktionsfähigen Verwaltungsgerichtsbarkeit sofort gewünscht – oder von der Verfassung verlangt[96] – wird, dürfte unter den typischen Bedingungen einer osteuropäischen Nachwendesituation die Schaffung von Verwaltungskammern an ordentlichen Gerichten die einzige praktikable Lösung sein. Selbstverständlich sind auch in diesem Punkt Mischlösungen möglich: Zunächst werden als Übergangslösung Verwaltungskammern eingerichtet, bis die Infrastruktur für

96 Das ungarische Verfassungsgericht schnitt die diesbezüglichen Debatten ab, indem es die alsbaldige Umsetzung des Verfassungsrechts auf Verwaltungskontrolle verlangte: Verfassungsgerichtsentscheidung 32/1990. (XII. 22.) AB vom 22.12.1990.

separate Verwaltungsgerichte arbeitsfähig ist. Zu befürchten ist allerdings, dass dieser Weg der für den Staat teuerste ist, da gleichzeitig in die Infrastruktur des Provisoriums und der Dauerlösung investiert werden muss.

d) Wie viele Instanzen soll die Verwaltungsgerichtsbarkeit haben?

In Bezug auf den Instanzenzug muss der Gesetzgeber vor allem zwei Fragen beantworten:

- Wie viele Instanzen soll der Verwaltungsrechtsschutz haben?
- Wo sollen diese Instanzen angesiedelt sein: Einheitsgerichtsbarkeit (dort: welche Hierarchiestufe?) oder separate Verwaltungsgerichtsbarkeit?

Die meisten osteuropäischen Verfassungen garantieren eine Rechtsmittelinstanz. Zwar stehen diese Garantien regelmäßig unter einem Gesetzesvorbehalt. Dennoch geben sie verbindlich vor, dass der Regelfall mindestens zwei Gerichtsinstanzen sein soll. Die Anzahl der Instanzen ist von den Verfassungen mithin nur als Mindestanzahl vorgegeben. Regelmäßig darf der Gesetzgeber darüber hinausgehen. Nur wo die Aufzählung der zulässigen Gerichte ausnahmsweise abschließend ist, wie dies z.B. in der tschechischen Verfassung der Fall ist, ist die Anzahl der möglichen Instanzen durch diese Aufzählung begrenzt.

Rechtsvergleichend scheint eine zweiinstanzliche Verwaltungsgerichtsbarkeit der Regelfall zu sein, mit einer Eingangsinstanz, die Tatsachen- und Rechtsfragen überprüft, und einer Rechtsmittelinstanz, die gegebenenfalls auf eine reine Rechtsprüfung beschränkt ist und auch die landesweite Einheitlichkeit der Rechtsprechung zu gewährleisten hat. Zu bedenken ist, dass der Unterschied zwischen einer Tatsachen- und einer reinen Rechtsinstanz in der Verwaltungsgerichtsbarkeit bei Weitem nicht so ausgeprägt ist wie in Zivil- oder Strafverfahren, weil häufig der Sachverhalt durch das Verwaltungsverfahren schon hinreichend geklärt wurde. Verwaltungsprozesse konzentrieren sich daher in stärkerem Maße auf Rechtsfragen als andere Prozessarten.

Möglicherweise liegt es an dieser Besonderheit, dass viele Staaten eine zweiinstanzliche Verwaltungsgerichtsbarkeit für ausreichend halten. In Osteuropa haben die Verwaltungsgerichtspyramiden z.B. in Bulgarien, Kroatien[97], Litauen[98],

97 *Held, Mateja*: Verwaltungsgerichtsbarkeit in Kroatien, in: Wieser, Bernd / Stolz, Armin (Hrsg.): Vergleichendes Verwaltungsrecht in Südosteuropa, Verlag Österreich, Wien 2016, S. 447–483 (449–453).

98 Seit der Auslagerung der Verwaltungsgerichtsbarkeit im Jahr 1999 aus der bis dahin bestehenden Einheitsgerichtsbarkeit: *Paužaitė-Kulvinskienė, Jurgita /*

Polen[99], Slowenien, der Slowakei oder Tschechien[100] zwei Instanzen, und auch die seit Ende 2018 im Aufbau befindliche ungarische Verwaltungsgerichtsbarkeit wird aus zwei Ebenen bestehen. In der Region finden sich aber auch dreistufige Verwaltungsgerichtsbarkeiten, z.B. in Estland, Lettland oder seit 2010 auch in Nordmazedonien.[101] Auffällig ist, dass es nicht die großen Staaten mit ausgeprägten Regionen, einem dezentralen Städtenetz und einer größeren Einwohnerzahl sind, die eine dreiinstanzliche Verwaltungsgerichtsbarkeit einrichten, sondern eher kleine Staaten mit einer geringen Bevölkerungszahl und einem dementsprechend begrenzten Fallaufkommen. Allerdings sehen auch die kasachischen Pläne zur Neuordnung der Verwaltungsgerichtsbarkeit, die 2019 ins Parlament eingebracht werden sollten, drei Instanzen vor.

Auch in Westeuropa ist eine zweiinstanzliche Verwaltungsgerichtsbarkeit verbreitet, z.B. in Finnland, Italien, Luxemburg oder der Schweiz. Selbst der altehrwürdige österreichische Verwaltungsgerichtshof, der über 100 Jahre lang als einzige Instanz funktionierte, erhielt 2014 einen Unterbau aus Landesverwaltungsgerichten, einem Bundesverwaltungsgericht und einem Bundesfinanzgericht, die gemeinsam die Eingangsinstanz bilden. Und die deutsche Verwaltungsgerichtsbarkeit erscheint nur auf den ersten Blick dreistufig, ist aber faktisch häufig auf zwei Stufen begrenzt, weil die Masse der Fälle, die auf Landesrecht beruhen, auf der zweiten Stufe (Oberverwaltungsgericht/Verwaltungsgerichtshof) endet. Die Sonderverwaltungsgerichtsbarkeit der Finanzgerichte besteht ohnehin nur aus zwei Ebenen: in erster Instanz die von den

---

Ragulskytė-Markovienė, Rasa: Die Verwaltungsgerichtsbarkeit in Litauen, OER 2015, S. 306–316 (306); *Ragulskytė-Markovienė, Rasa*, in: Galginaitis, Juozas / Himmelreich, Antje / Vrubliauskaitė, Rūta (Hrsg.): Einführung in das litauische Recht, Berliner Wissenschaftsverlag, Berlin 2010, S. 35–36.

99 Der Aufbau einer zweiten Instanz war der Hauptgrund für die umfassende Reform der polnischen Verwaltungsgerichtsbarkeit 2002; zuvor gab es nach österreichischem Vorbild nur eine einzige Instanz in Gestalt des Hauptverwaltungsgerichts: *Szuster, Sergiusz*, in: Liebscher, Marc / Zoll, Fryderyk (Hrsg.): Einführung in das polnische Recht, C.H. Beck, München 2005, S. 65–67. Zur polnischen Verwaltungsgerichtsbarkeit zwischen der Wende und der Reform von 2002 siehe *Górecki, Pawel / Jabłoński, Mariusz*: Verwaltungsgerichtsbarkeit in Polen, in: Wieser, Bernd / Stolz, Armin (Hrsg.): Vergleichendes Verwaltungsrecht in Ostmitteleuropa, Verlag Österreich, Wien 2004, S. 409–458; *Popowska/Lissoń*, in: IPE VIII (Fn. 17), Rn. 15–18.

100 *Šimíček, Vojtěch*: Verwaltungsgerichtsbarkeit in der Tschechischen Republik – Ausgewählte Probleme, JOR 2009, S. 347–371 (352–355).

101 *Cobanov, Goran*: Die Verwaltungsgerichtsbarkeit in Mazedonien, in: Wieser/Stolz (Fn. 97), S. 529–566 (533–534).

Ländern getragenen Finanzgerichte, in zweiter Instanz der Bundesfinanzhof als einer der obersten Gerichtshöfe des Bundes.

Selbstverständlich ist dieser rechtsvergleichende Befund nicht zwingend. Während der Gesetzgeber nur in den Staaten, deren Verfassungen keine zweite Gerichtsinstanz garantieren, eine eininstanzliche Verwaltungsgerichtsbarkeit installieren kann, stehen dem Aufbau einer dreiinstanzlichen Verwaltungsgerichtsbarkeit nur dort verfassungsrechtliche Bedenken entgegen, wo die Verfassung den gesamten Instanzenzug abschließend regelt; das ist, wie erwähnt, nur selten der Fall.

Die Entscheidung, wo die Verwaltungsgerichtsbarkeit angesiedelt wird, kann einheitlich ausfallen. So bestehen in allen Instanzen separate Verwaltungsgerichte z.B. in Bulgarien, Litauen, Polen und im Aufbau in Ungarn, während die Verwaltungsgerichtsbarkeit aller Instanzen z.B. in Lettland, Rumänien[102] und der Slowakei[103] im Rahmen der Einheitsgerichtsbarkeit stattfindet. Es sind aber auch Mischsysteme möglich und gerade in Osteuropa nicht unüblich.

Bei Mischsystemen sind zwei Typen denkbar:

- Die oberste Ebene ist ein separates Verwaltungsobergericht, während die nachgeordnete(n) Ebene(n) in den ordentlichen Gerichten angesiedelt ist/sind (z.B. Tschechien[104]).
- Die untere(n) Ebene(n) ist/sind separate Verwaltungsgerichte, während die Verwaltungsgerichtsbarkeit der obersten Ebene durch das einheitliche Oberste Gericht (dort: Verwaltungssenate) wahrgenommen wird (z.B. Estland, Kroatien vor 2013, Serbien[105], Slowenien[106] oder die Ukraine).

---

102 *Leonhardt, Peter*: Justizreform in Rumänien, forost Arbeitspapier Nr. 14, München 2003, S. 23–24.

103 *Bröstl, Alexander / Gajdošíková, Ľudmila*: Die Verwaltungsgerichtsbarkeit in der Slowakei, OER 2015, S. 287–297 (287).

104 *Bohata, Petr*: Justizreformen in der Tschechoslowakei und ihren Nachfolgestaaten, forost Arbeitspapier Nr. 16, München 2003, S. 25–26; *Tomoszková, Veronika / Tomoszek, Maxim*: Die Verwaltungsgerichtsbarkeit in Tschechien, OER 2015, S. 270–286 (272–273).

105 *Milkov, Dragan*: Verwaltungsgerichtsbarkeit in Serbien, in: Wieser/Stolz (Fn. 97), S. 485–527 (486–487).

106 Zur Einbettung dieser teilweise ausgegliederten Verwaltungsgerichtsbarkeit in das Gerichtswesen Sloweniens siehe *Deisinger, Mitja*: Die Organisation des Gerichtswesens und die Position der Richter in Slowenien, in: Schroeder, Justizreform (Fn. 36), S. 169–185 (169–174); *Kerševan, Erik*: Die Verwaltungsgerichtsbarkeit in Slowenien, in: Wieser/Stolz (Fn. 97), S. 407–446 (409–410).

Für die erste Lösung spricht, dass ein separates Verwaltungsobergericht die Eigenständigkeit der Materie besser zum Ausdruck bringen kann als ein Verwaltungssenat am obersten Gericht. Auf diese Weise kann es dem Verwaltungsrecht besser gelingen, sich aus dem Schatten des Zivilrechts und der Ziviljustiz zu lösen. Dass in Tschechien auf der unteren Ebene nicht auch separate Verwaltungsgerichte eingerichtet wurden, dürfte seine Gründe in Kapazitäten, Fallaufkommen und Kosten haben.

Die zweite Lösung betont auf der unteren Ebene die Selbstständigkeit des Verwaltungsrechts, d.h. will auch die Emanzipation des Verwaltungsrechts und der Verwaltungsrichterschaft vom Zivilrecht und der Ziviljustiz befördern. Im obersten Gericht hingegen sollen alle Rechtsmaterien zusammengeführt werden, was die Einheitlichkeit der Rechtsordnung und der Rechtsanwendung besser zum Ausdruck bringt als mehrere Obergerichte in Nebenordnung.

In beiden Fällen sind es vor allem symbolische Gründe, die zu Mischsystemen führen. Dass auch symbolische Gründe in die Strukturentscheidungen der Justiz einfließen, muss nicht per se schlecht oder sachfremd sein. Schließlich kommt der Justiz eine Befriedungsfunktion zu, die vorwiegend von symbolischem Kapital lebt.

e) *Symbolische Erwägungen*

Dass symbolische Gründe bei der Ausgestaltung von Mischsystemen eine Rolle spielen können, wurde soeben dargelegt. Über die besondere Frage der Mischsysteme hinaus können symbolische Aspekte auch bei der Entscheidung über die institutionelle Verortung der Verwaltungsgerichtsbarkeit eine Rolle spielen.

Ein wichtiger, vorwiegend symbolischer, aber auch pragmatischer Aspekt ist die Frage der Sichtbarkeit. Separate Verwaltungsgerichte sind für den Bürger eher wahrnehmbar als Verwaltungskammern in den ordentlichen Gerichten. Dieser Aspekt ist nach dem verwaltungsrechtsschutzlosen Sozialismus nicht ganz unwichtig, denn so können die Bürger sehen, dass sie sich gegen den Staat rechtlich zur Wehr setzen können. Dass die Frage der Sichtbarkeit in Osteuropa mit einer stark rechtsapathischen Bevölkerung allerdings anders aussehen kann und Verwaltungskammern in der Einheitsgerichtsbarkeit möglicherweise größere Chancen auf öffentliche Wahrnehmung haben, wurde bereits angedeutet.[107]

107 Dazu siehe oben Punkt IV.1.a) – Ausgestaltung der ordentlichen Justiz.

Die symbolische Wirkung einer Ansiedlung der Verwaltungsgerichtsbarkeit in der Einheitsgerichtsbarkeit betrifft die Einheitlichkeit der Rechtsordnung. In den zentralistischen Rechtskulturen Osteuropas[108] ist die Einheitlichkeit der Rechtsordnung ein hoher Wert. Dieser Wert kommt durch eine einheitliche Justiz, die sich mit allen relevanten Rechtsgebieten auseinandersetzt, besser zum Ausdruck als durch fragmentierte Gerichtspyramiden.

2. Die prozessuale Grundlage

Bis zum Ende des Sozialismus wurden in den meisten betroffenen Staaten Verwaltungsprozesse auf der Grundlage des Zivilprozessrechts abgewickelt. Da der sozialistische Zivilprozess stark dem Offizialprinzip unterlag, war das Zivilprozessrecht für den Verwaltungsprozess nicht völlig ungeeignet. Nach der Wende wurde der Zivilprozess jedoch auf Parteiherrschaft und Dispositionsmaxime umgestellt, nicht zuletzt um der neu eingeführten Rechtsstaatlichkeit und den Prozess- und Freiheitsgrundrechten der neuen Verfassungen gerecht zu werden. Infolge dessen wurde das Zivilverfahrensrecht für den Verwaltungsprozess zunehmend ungeeignet.[109] Diese Staaten ersetzten daher ihre Zivilprozessordnungen sukzessive durch ein separates Verwaltungsprozessrecht, als letztes die Slowakei 2015 und Ungarn 2017.[110] In Kasachstan steht diese überkommene Rechtslage kurz vor ihrer Abschaffung; ein eigenes Verwaltungsverfahrens- und -prozessgesetz sollte 2019 ins Parlament eingebracht werden. Aber auch die Staaten, wo bereits zu sozialistischen Zeiten ein

---

108 Zum Zentralismus als typisches Kennzeichen osteuropäischer Rechtskulturen am Beispiel Ungarns siehe *Küpper, Herbert*: A magyar jogi kultúra egyes jellegzetességei összehasonlító perspektívából [Einige Charakteristika der ungarischen Rechtskultur in vergleichender Perspektive], in: Jakab/Gajduschek (Fn. 81), S. 131–141.

109 Am Beispiel von Ungarn *Küpper*, in: IPE VIII (Fn. 10), Rn. 124–125; *Küpper, Herbert*: Materielle Wahrheit im ungarischen Zivilprozess de lege lata und de lege ferenda, OER 2015, S. 385–396 (392–396); *Küpper, Herbert*: Magyarország átalakuló közigazgatási bíráskodása [Ungarns Verwaltungsgerichtsbarkeit im Wandel], MTA [Ungarische Akademie der Wissenschaften] Law Working Papers 2014 Nr. 59, Budapest 2014, S. 18–29, http://jog.tk.mta.hu/uploads/files/mtalwp/2014_59_Kupper.pdf.

110 Zum Verwaltungsprozessrecht in diesen Staaten vor der Ablösung der ZPO siehe *Bröstl/Gajdošíková* (Fn. 103) sowie *Machajová, Jozefina*: Verwaltungsgerichtsbarkeit in der Slowakei, und *Kiss, László*: Verwaltungsgerichtsbarkeit in Ungarn, in: Wieser/Stolz (Fn. 99), S. 491–526 und S. 527–548; *Vadál, Ildikó / Zeller, Judit*: Die Verwaltungsgerichtsbarkeit in Ungarn, OER 2015, S. 298–305.

gesondertes „öffentlich-rechtliches“[111] Verwaltungsprozessrecht gegolten hatte, nämlich Bulgarien, Jugoslawien und Rumänien sowie Polen ab 1980, konnten nach der Wende nicht untätig bleiben. Die bei der Wende vorhandenen verwaltungsprozessualen Regelungen waren unter den Funktionsbedingungen einer sozialistischen Diktatur erlassen worden und mussten daher unter der Geltung der neuen Verfassungen daraufhin geprüft werden, ob sie rechtsstaatlichen Anforderungen und den Grundrechten des Verwaltungsrechtsschutz Suchenden genügten.

Wie muss ein Verwaltungsprozessrecht aussehen? In der Folge werden einige Fragenkreise beleuchtet, mit denen der Gesetzgeber sich auseinandersetzen muss, wenn er das Verwaltungsprozessrecht normiert. Besonderes Gewicht wird auf die Fragen gelegt, die in einer postsozialistischen Rechts- und Verwaltungskultur relevant sind und / oder problematisch sein können.

a) Waffengleichheit

Das Verwaltungsprozessrecht muss dem besonderen Charakter des Verwaltungsprozesses gerecht werden. Im Zivilprozessrecht treten sich die Parteien in ihrem materiellen Rechtsverhältnis auf der Ebene der Gleichordnung gegenüber; wo diese Gleichordnung real nicht einer gleichen Stärke entspricht, hat der Zivilprozess oft Sonderformen zur (Wieder-)Herstellung von Waffengleichheit entwickelt, z.B. im Arbeitsprozess, im Verbraucherschutzprozess oder in den Formen kollektiver Rechtsdurchsetzung. Im Verwaltungsrecht begegnen sich Behörde (Staat) und Bürger, deren materielles Rechtsverhältnis durch Über- und Unterordnung geprägt ist. Es herrscht in diesem Rechtsverhältnis keine Waffengleichheit zwischen Staat und Bürger, weil der Staat hoheitliche Gewalt gegenüber dem Bürger innehat.

Ein fairer Prozess hingegen beruht darauf, dass beide Parteien die gleichen Rechte und realen Möglichkeiten haben. Für den Verwaltungsprozess heißt das, dass das Prozessrecht die Waffengleichheit herstellen muss, die im materiellen Rechtsverhältnis fehlt. Eine Gleichordnung der Parteien wie im Zivilprozess ist daher im Verwaltungsprozess fehl am Platze, weil sie nur die außerprozessuale Hierarchie zwischen den Parteien im Prozess festschreiben würde. Der Verwaltungsprozess darf also nicht auf der formalen Gleichordnung

---

111 Das Adjektiv „öffentlich-rechtlich“ wird hier in Anführungszeichen gesetzt, weil die sozialistische Rechtslehre die Fundamentalunterteilung des Rechtsstoffs in Zivilrecht und öffentliches Recht ablehnte: *Küpper* (Fn. 2), S. 459–461; *Reich/Reichel* (Fn. 3), S. 85–86.

der Parteien beruhen, sondern muss spezielle Schutzmechanismen für die schwächere Partei, d.h. den Bürger, bereithalten.

Im Verwaltungsrecht darf die Behörde einseitig die Rechte und Pflichten des Betroffenen festlegen. Diese außerprozessuale Überlegenheit der Behörde muss während des Verwaltungsprozesses aufgehoben oder zumindest ausgesetzt werden, damit im Verwaltungsprozess Waffengleichheit herrscht. Daher muss ein faires Verwaltungsprozessrecht die aufschiebende Wirkung der Klage vorsehen, damit für die Dauer des Prozesses die Behörde nicht einseitig Tatsachen schaffen kann. Auch die Befugnis des Gerichts, vor dem Prozess und auch während des Verfahrens einstweilige Maßnahmen zur Wahrung der Rechte des Bürgers zu treffen, ist ein solcher Schutzmechanismus. Da allerdings die Behörde regelmäßig das öffentliche Interesse wahrnimmt und das öffentliche Interesse unter Umständen ein sofortiges Handeln des Staates erfordern kann, muss ein Verwaltungshandeln auch während des Verwaltungsprozesses möglich sein. Hierüber hat das Verwaltungsgericht im Einzelfall zu entscheiden. Regelungstechnisch ist dieser Widerstreit zwischen den subjektiven Rechten des Betroffenen und dem öffentlichen Interesse auf zwei Arten kodifizierbar:

- Entweder die Klage hat generell aufschiebende Wirkung, und im Einzelfall kann das Verwaltungsgericht auf Antrag der Behörde die vorläufige Vollziehung des angegriffenen Verwaltungsakts im öffentlichen Interesse genehmigen.
- Oder die Klage hat grundsätzlich keine aufschiebende Wirkung, aber der Betroffene kann in der Klageschrift oder auch später im Verlauf des Prozesses das verwaltungsgerichtliche Verbot der Vollziehung während des Prozesses beantragen.

Mischsysteme sind möglich und auch weit verbreitet. So sieht z.B. § 80 der deutschen VwGO die aufschiebende Wirkung als Regelfall an, definiert aber diejenigen Rechtsgebiete und Arten von Verwaltungshandeln, bei denen die Erhebung einer Verwaltungsklage die Vollziehung nicht hindert.

Neben der gerichtlichen Aussetzung der Vollziehung sehen einige osteuropäische Staaten in Fortführung sozialistischer Traditionen vor, dass die Spitze der Exekutive, d.h. der Minister, die Regierung oder der Staatspräsident, befugt ist, den Vollzug rechtswidrigen Verwaltungshandelns auszusetzen.[112] Eine solche Kompetenz der Verwaltungsspitze ist unnötig, wenn eine funktionierende Verwaltungsgerichtsbarkeit besteht; letztlich stützt sie sich auf die sozialistische

112 Als Beispiel sei nur Art. 85 Abs. 2 Verf. RUS genannt.

Auffassung von Gewalteneinheit, die es Organen der einen Gewalt verwehrte, Akte einer anderen Gewalt in Frage zu stellen. Eine solche Kompetenz ist aber unschädlich, solange die gerichtlichen Maßnahmen Vorrang vor der Suspendierung durch die Verwaltungsspitze haben. In einer rechtsstaatskonformen Auslegung kann man sie so verstehen, dass bei der genannten Abwägung zwischen dem Schutz des individuellen Rechts und dem öffentlichen Interesse die Verwaltung(sspitze) selbst die Priorität des Rechtsschutzes vor dem öffentlichen Vollziehungsinteresse erklären kann und somit dem Verwaltungsgericht eine Abwägung erspart, die genuin administrativer Natur ist. In dieser Auslegung kann die Suspendierungsbefugnis der Verwaltungsspitze die Gewaltentrennung schützen, indem Verwaltungsermessen weiterhin durch die Verwaltung ausgeübt und nicht auf das Verwaltungsgericht übertragen wird. In den osteuropäischen Staaten mit ihrer weiterhin recht staatsunkritischen und obrigkeitshörigen Richterschaft kann eine solche Intervention gerade hochrangiger Staatsorgane aber auch eine Einschüchterung des Gerichts bewirken, sodass Nutzen und Gefahren einer derartigen Kompetenz der Regierung etc. unter den besonderen Bedingungen postsozialistischer Rechts- und Justizkulturen sorgfältig abgewogen werden müssen.

Richterliche Aufklärungs-, Hilfs- und Anleitungspflichten einseitig zu Gunsten des Bürgers können auch zum Rechtsschutz beitragen. Allerdings dürfen diese nicht dazu führen, dass der Richter angehalten wird, einseitig Partei für den Bürger zu ergreifen, und so seine (innere wie äußere) Neutralität verliert.

Die Erfahrung zeigt, dass die Mündlichkeit des Verwaltungsprozesses ein wichtiges Mittel zur Herstellung der Waffengleichheit ist. Daher muss ein rechtsstaatliches Verwaltungsprozessrecht die Möglichkeit der mündlichen Verhandlung – zumindest auf Verlangen des Bürgers – eröffnen. Ungünstig ist eine Vorschrift, die das Aktenverfahren zur Regel und die mündliche Verhandlung zur Ausnahme macht, weil dies gerade unter den Bedingungen einer postsozialistischen Rechtskultur den Bürger davon abhalten könnte, von seinem Recht auf mündliche Verhandlung Gebrauch zu machen.

Dem Bürger muss es zudem gestattet sein, sich anwaltlicher Hilfe zu bedienen. Ob er dazu auch verpflichtet werden sollte, ist eine Frage des gesetzgeberischen Ermessens. Der Anwaltszwang kann ein geeignetes Mittel zur Herstellung der Waffengleichheit sein. Die Vertretung des Bürgers mit rechtlichem Sachverstand ist zwar kein vollwertiges Äquivalent zu den hoheitlichen Befugnissen der Behörde, kann aber zumindest deren Vorsprung in Sach- und vor allem Rechtskenntnis reduzieren. In diesem Zusammenhang ist dann auch eine Kostenregelung zu treffen: Der Behörde stehen prinzipiell unbegrenzte Mittel (personelle, sächliche, finanzielle und zeitliche Ressourcen) für ihre

Prozessführung zur Verfügung, dem Bürger aber nicht. Ein geeignetes Kostenrecht sowie finanzielle Unterstützung für die Inanspruchnahme rechtsanwaltlichen Beistands[113] können dazu beitragen, das Übergewicht der Behörde auszugleichen. Für den Anwaltszwang sprechen mithin Argumente der Waffengleichheit, dagegen sprechen einige andere Aspekte:

- Gerade in Bagatellsachen kann der Zwang, einen Anwalt hinzuzuziehen, überdimensioniert wirken. Auch dürften in Bagatellsachen die Gebühren so niedrig sein, dass für den Anwalt kaum ein Anreiz besteht, sich mit der Sache vertieft zu befassen.
- Die Notwendigkeit, einen Anwalt hinzuzuziehen, kann eine Hürde für den rechtsuchenden Bürger darstellen, sich an das Verwaltungsgericht zu wenden.

Ein Kompromiss könnte so aussehen, dass der Bürger sich stets anwaltlich vertreten lassen kann und hierbei gegebenenfalls auch finanziell unterstützt wird, dass ein Anwaltszwang aber nur in den reinen Rechtsinstanzen, in denen es nicht mehr um Tatsachen geht, herrscht.

b) Eröffnung des Rechtswegs

Bei der Eröffnung des Rechtswegs stehen zwei Fragen im Mittelpunkt: die gegenständliche Reichweite der Rechtswegeröffnung (wogegen kann Verwaltungsklage erhoben werden?) und die persönliche Reichweite (wer kann Verwaltungsklage erheben?).

aa) Gegenständliche Reichweite

Der Rechtsstaat verlangt, dass dem Bürger gegen jede Verletzung seiner Rechte gerichtlicher Rechtsschutz gewährt wird. Dem wird im Verwaltungsprozess keine Enumeration, sondern nur eine Generalklausel gerecht, die grundsätzlich jede Rechtsverletzung für die Eröffnung des Rechtswegs genügen lässt. Die Konzentration auf die Rechtsverletzung anstatt auf die Art des exekutivischen Handelns erspart der Verwaltungsprozessordnung ein Eingehen auf die verschiedenen Handlungsformen der Verwaltung, die sich vor allem in älteren Verwaltungsprozessordnungen findet und z.B. an einen förmlichen Verwaltungsakt oder dessen Unterlassen anknüpft. Aus der Sicht des Rechtsstaats und seiner Rechtsschutzgarantie ist es hingegen gleichgültig, ob die Verwaltung die

---

113 Eine derartige Garantie enthält z.B. Art. 47 Abs. 2 Satz 2 EuGRC. Zu den diesbezüglichen Verfassungsgarantien in Osteuropa siehe oben Fn. 71.

Rechte des Bürgers durch förmliches Verwaltungshandeln, durch Unterlassen, durch informelles Handeln wie Realakte, durch Planung, durch Handeln in den Formen des Privatrechts oder durch den Erlass von Rechtsvorschriften verletzt.

Bei der Eröffnung von Klagemöglichkeiten gegen behördliche Untätigkeit helfen die allgemeinen Erledigungsfristen, die etliche osteuropäische Verwaltungsverfahrensgesetze in Fortführung sozialistischer Vorläufer auch heute noch festlegen. Wenn die Behörde innerhalb der Erledigungsfrist nicht die von ihr geforderte Handlung vornimmt, ist dies der Anlass, an den die Eröffnung des Verwaltungsrechtswegs anknüpfen kann.[114] Allerdings ist zu beachten, dass jedenfalls die sozialistischen Erledigungsfristen aus der Sicht des postsozialistischen Rechtsstaats häufig unrealistisch kurz sind und selbst von einer willigen Behörde nur schwer eingehalten werden können. Sofern sie noch im Verwaltungsverfahrensrecht enthalten sind, sollten sie den heutigen Bedingungen angepasst werden, um nicht eine allzu niedrige Schwelle für die Verwaltungsrechtswegeröffnung festzulegen. Dies ist letztlich ein Unterproblem der Abstimmung von Verwaltungsverfahrens- und Verwaltungsprozessrecht (dazu siehe unten Unterpunkt h)).

Die Erfahrungen vor allem in der Slowakei und in Tschechien nach der Wende zeigen, dass eine genaue Formulierung bei der Eröffnung des Rechtswegs darauf achten sollte, dass die Generalklausel nur das Verfahren abschließende Akte erfasst. In den genannten Staaten bewirkten unklare Formulierungen, dass der Rechtsweg auch gegen fast alle verfahrensleitenden Akte eröffnet war, was den Parteien Gelegenheit zur fast unendlichen Verfahrensverzögerung gab.[115]

Eine Abgrenzung der verwaltungsgerichtlichen Rechtswegeröffnung ist auch im Hinblick auf das Rechtsgebiet zu treffen. Gerade bei Verwaltungshandeln in den Formen des Privatrechts oder durch den Erlass von Rechtsvorschriften ist der Verwaltungsrechtsweg nicht zwingend. Hier kommen als gerichtliche Foren auch Zivil- und Verfassungsgerichte in Betracht. Die gesetzgeberische Abwägung, welches Gericht am geeignetsten ist, kann nach Ort und Zeit unterschiedlich ausfallen.

---

114 Dies ist etwa in Polen der Fall: *Klorek, Agata / Leśniak-Niedbalec, Nina*: Die Verwaltungsgerichtsbarkeit in Polen, OER 2015, S. 253–269 (260).

115 *Küpper* (Fn. 26), JOR 2011, S. 301; *Polián, Milan*: Verwaltungsgerichtsbarkeit in Tschechien, und *Machajová, Jozefina*: Verwaltungsgerichtsbarkeit in der Slowakei, in: Wieser/Stolz (Fn. 99), S. 459–490 und S. 491–526.

Von besonderer praktischer Relevanz ist die Abgrenzung von Verwaltungsrecht und Zivilrecht. Der Gesetzgeber hat bei der Definition der Rechtswegeröffnung im Wesentlichen zwei Möglichkeiten:

- Er knüpft an den Behördenbegriff und / oder die Ausübung von hoheitlicher Gewalt an. Demnach ist der Verwaltungsrechtsweg gegen jede Maßnahme der öffentlichen Gewalt oder einer öffentlichen Behörde eröffnet, und zwar unabhängig davon, welches Rechtsgebiet die Grundlage für die angegriffene Maßnahme bildet.
- Er knüpft an den Begriff des Verwaltungsrechts an. Danach können nur Akte der Exekutive im Bereich des Verwaltungsrechts vor dem Verwaltungsgericht angegriffen werden, während im Zivilrecht gründendes Verwaltungshandeln von Zivilgerichten kontrolliert wird. Wenn man den objektiven Begriff des Verwaltungsrechts subjektiv wenden will, kann man auch von subjektiv-öffentlichen Rechten als Kriterium zur Eröffnung des Verwaltungsrechtswegs sprechen.[116]

Welche Entscheidung der Gesetzgeber trifft, hängt von seiner Gewichtung der Pro- und Contra-Argumente ab. Für die Übertragung der Kontrolle aller hoheitlichen Maßnahmen auf die Verwaltungsgerichtsbarkeit sprechen Mentalitätsgründe. Ein Verwaltungsrichter ist es gewöhnt, staatliches Handeln in Frage zu stellen und so wirksam zu kontrollieren, während der Zivilrichter vor allem in Osteuropa sehr viel obrigkeits- und gesetzeshöriger und daher möglicherweise zivilrechtlichen Behördenakten gegenüber nicht kritisch genug ist. Für die Beschränkung der Verwaltungsgerichtsbarkeit auf verwaltungsrechtliche Streitigkeiten sprechen hingegen Gründe der Spezialisierung. Nach der Wende war es ja gerade der Sinn der Ausgliederung der Verwaltungsrichter aus den zivilrechtlichen Spruchkörpern und Strukturen, ihnen die Spezialisierung auf das Verwaltungsrecht zu ermöglichen, während die Expertise für das bürgerliche Recht bei den Zivilrichtern liegt.

Ungarn etwa hat in weitem Maße die erste Variante gewählt. Dies hat zur Folge, dass Verwaltungsgerichte z.B. Verwaltungsakte von Jugendämtern kontrollieren und entscheiden müssen, was das Kindeswohl verlangt. Angesichts der niedrigen Fallzahlen von Klagen gegen familienrechtliche Verwaltungsakte haben Verwaltungsrichter keine Chance, sich auf derartige Fragen zu spezialisieren; das Kindeswohl könnten daher Familiengerichte, die mit diesen Fragen – wenn auch im zivilrechtlichen Gewand – täglich zu tun haben,

116 So für Tschechien *Tomoszková/Tomoszek* (Fn. 104), S. 273–274.

besser beurteilen. Andererseits werden in einigen Staaten wie z.B. Tschechien Entscheidungen von Behörden in zivilrechtlichen Angelegenheiten, d.h. in Verfahren, in denen sie nicht öffentliches Recht, sondern Zivilrecht anwenden, generell von Zivilgerichten auf der Grundlage von Sonderbestimmungen in der Zivilprozessordnung kontrolliert.[117] Die Ansiedlung bei den Zivilgerichten scheint sachgerecht, da diese grundsätzlich mehr Expertise in Zivilrecht haben als die Verwaltungsgerichte; die prozessuale Grundlage eines Sonderzivilprozessrechts für die materielle Verwaltungsgerichtstätigkeit, die das Konzept der Nach-Wende-Rechtslage fortsetzt, erscheint hingegen weniger glücklich gewählt. Erwägenswert ist auch ein eigenes Kompetenzabgrenzungsgericht wie etwa in Litauen, das sich aus Richtern des obersten ordentlichen Gerichts und des obersten Verwaltungsgerichts zusammensetzt; die Existenz dieses Kompetenzgerichts hat das Entstehen einer reichhaltigen Rechtsprechung zur Zuständigkeit für gemischte verwaltungs- und zivilrechtliche Rechtsverhältnisse ermöglicht.[118]

Bei einer Grenzziehung der Zuständigkeiten von Verwaltungs- und Zivilgerichten entlang der Grenze zwischen Verwaltungs- und Zivilrecht ist zu beachten, dass sich in vielen Rechtsgebieten die klassische Grenze zwischen öffentlichem und Privatrecht und den jeweiligen Strukturen (Über-/Unterordnung, Gleichordnung) immer mehr verwischt. Das betrifft viele neue Rechtsgebiete wie z.B. das Umwelt-, das Verbraucherschutz- oder das Sportrecht, aber auch klassische Rechtsmaterien wie das Arbeitsrecht.

Im Zusammenhang mit dem Arbeitsrecht taucht in Osteuropa die Frage nach dem Rechtsweg für Dienstrechtsstreitigkeiten von Beamten und anderen Bediensteten des öffentlichen Rechts auf. Während des Sozialismus galt die Doktrin der „Einheitlichkeit der Arbeitsverhältnisse“, wonach auch im öffentlichen Dienst Arbeitsverhältnisse mit nur wenigen Sonderregeln bestanden, und trotz einer „Emanzipation des öffentlichen Dienstrechts“ nach der Wende[119] ist das Recht der Beamten und öffentlichen Bediensteten überall im ehemaligen Sozialismus noch Sonderarbeitsrecht. Daher weisen zahlreiche osteuropäische Staaten Dienstrechtsstreitigkeiten den Arbeitsgerichten (oder dort, wo Arbeitsstreitigkeiten von Zivilgerichten verhandelt werden, den Zivilgerichten)

---

117 *Kopecký* (Fn. 10), S. 23–24; *Šimíček* (Fn. 100), S. 359–361.

118 *Paužaitė-Kulvinskienė/Ragulskytė-Markovienė* (Fn. 98), S. 307. Zum Kompetenzgericht im historischen Ungarn siehe *Küpper*, in: IPE VIII (Fn. 10), Rn. 33.

119 Am weitesten ist diese Emanzipation wohl in Polen fortgeschritten: *Redecker, Niels von*: Das polnische Beamtenrecht, Studien des Instituts für Ostrecht München Bd. 45, Peter Lang, Frankfurt/M. 2003.

zu – eine Entscheidung, die auch in Deutschland angesichts der zunehmenden Konvergenz von Beamten- und Arbeitsrecht und des Wegfalls der Gründe, die im 19. Jahrhundert zu einer Zuweisung beamtenrechtlicher Streitigkeiten an die Verwaltungsgerichte führten, sinnvoll wäre. Hier könnte Deutschland von der osteuropäischen Verwaltungsgerichtsbarkeit lernen.

Debatten führten einige osteuropäische Staaten um die Zuständigkeit in Sozialversicherungsstreitigkeiten. Einige Staaten wie z.B. Polen, die Tschechoslowakei oder Ungarn kannten vor dem Sozialismus separate Sozialversicherungsgerichte, die seinerzeit allerdings als Sonderzivilgerichtsbarkeit und nicht als Sonderverwaltungsgerichtsbarkeit aufgefasst wurden, weil im Sozialversicherungsverhältnis das (bürgerlich-rechtliche) Versicherungselement gegenüber dem (öffentlich-rechtlichen) sozialen Element betont wurde. Unter Berufung auf derartige Argumente wurde auch nach der Wende gelegentlich vertreten, dass das Sozialversicherungsrecht für die Verwaltungsgerichte eine ungeeignete Materie sei; auch konnte man Stimmen hören, die sich für die Zuständigkeit der Arbeitsgerichte aussprachen. Eine ausgegliederte Sozial(versicherungs)gerichtsbarkeit wie in Deutschland wird man den osteuropäischen Gesetzgebern nicht anraten können. Die geeignete Gerichtszuständigkeit ergibt sich vielmehr bei einem Blick auf das materielle Recht: Das heutige Sozial(versicherungs)recht Osteuropas ist vor allem öffentlich-rechtlich geprägt. Die Sozialbehörden agieren typischerweise hoheitlich, und spätestens seit der sozialistischen Umgestaltung ist das Sozialversicherungsverhältnis kaum noch ein Vertrags-, sondern vielmehr ein Statusverhältnis,[120] für dessen Besonderheiten Zivilgerichte nicht zwingend mehr Verständnis aufbringen als Verwaltungsgerichte. Die besseren Gründe sprechen daher im Regelfall für die verwaltungsgerichtliche Zuständigkeit; bei sehr arbeitsnahen Sozialversicherungsverhältnissen wäre gegebenenfalls eine arbeitsgerichtliche Zuständigkeit auch nicht sachfremd.

Unauflösbar ist die Gemengelage von Verwaltungs- und Zivilrecht im Bereich der öffentlichen Beschaffungen. Hier werden in West- und Osteuropa viele Lösungen ausprobiert, die von einer pauschalen Zuweisung an die Verwaltungsgerichte über einen zeitlich gestuften Rechtswegwechsel (Vergabeverfahren und -entscheidung vor die Verwaltungsgerichte, Streitigkeiten aus dem abgeschlossenen Vertrag vor die Zivilgerichte) bis zu einer pauschalen Zuweisung an die Zivilgerichte reichen. Ein Patentrezept ist nicht erkennbar.

---

120 Tomandl, Theodor / Mazal, Wolfgang (Hrsg.): Soziale Sicherheit in Mitteleuropa, orac, Wien 2000.

Schließlich muss der osteuropäische Gesetzgeber auch entscheiden, welchem Gerichtszweig er Streitigkeiten aus öffentlich-rechtlichen Verträgen zuweist – auch dies ist eine Schnittstelle zwischen Verwaltungs- und Zivilrecht. Allerdings machen die Verwaltungen in Osteuropa noch sehr zurückhaltend Gebrauch von konsensualen Handlungsalternativen und bevorzugen regelmäßig vertikale Handlungsformen wie den Verwaltungsakt. Auch die osteuropäischen Gesetzgeber sind meist vorsichtig und regeln den öffentlich-rechtlichen Vertrag (jedenfalls seine vertikale Variante, d.h. den Vertrag zwischen Verwaltung und Einzelnen) restriktiv.[121] Dennoch gibt es mittlerweile auch in Osteuropa Rechtsgebiete, in denen sich die Verwaltung mehr und mehr des Vertrags als Handlungsform bedient. Beispiele sind das bereits erwähnte Beschaffungswesen, das Wettbewerbsrecht oder auch die Raumordnung. Es ist nicht auszuschließen, dass auch in Osteuropa ein Mentalitätswandel zu einer mehr horizontal agierenden Verwaltung führen wird, und dann wird das Problem des Rechtswegs bei öffentlich-rechtlichen Verträgen auch außerhalb von Spezialmaterien akut. Zurzeit herrscht in diesem Bereich eine ähnliche Spannweite von Lösungen wie in der Beschaffung: Manche Rechtsordnungen verweisen Streitigkeiten aus öffentlich-rechtlichen Verträgen pauschal auf den Verwaltungsrechtsweg, andere pauschal auf den Zivilrechtsweg, und es lassen sich auch Mittelwege finden, die die Entscheidung der Behörde über das „Ob" eines öffentlich-rechtlichen Vertrags und der verwaltungsrechtlichen Zulässigkeit seines Inhalts den Verwaltungsgerichten und Streitigkeiten über die Erfüllung den Zivilgerichten überantworten. Bei sehr fein ziselierten Abgrenzungen zwischen verwaltungs- und zivilrechtlichen Fragen als Rechtswegabgrenzung ist zu prüfen, ob diese die Justiz des jeweiligen osteuropäischen Landes nicht überfordern und daher zu einer Rechtsschutzverweigerung gegenüber dem Bürger führen können. Je nach Ergebnis dieser Prüfung kann es sinnvoll sein, eine weniger ausdifferenzierte, dafür aber für den osteuropäischen Richter handhabbarere Abgrenzung zu treffen, auch wenn dann im Einzelfall einmal verwaltungsrechtliche Fragen vom Zivilgericht oder zivilrechtliche Fragen vom Verwaltungsgericht entschieden werden müssen.

---

121 Zu den GUS-Staaten siehe *Deppe, Jens*: Die Entwicklung des allgemeinen Verwaltungsrechts in der GUS, JOR 2011, S. 265–280 (S. 378); zu Ostmitteleuropa siehe *Küpper* (Fn. 26), JOR 2011, S. 306. Zum Fehlen des öffentlich-rechtlichen Vertrags in dem ansonsten recht modernen Verwaltungsverfahrensgesetz Turkmenistans siehe *Pudelka, Jörg*: Das neue Verwaltungsverfahrensgesetz Turkmenistans von 2017. Übersetzung des Gesetzes Turkmenistans Nr. 566-V über Verwaltungsverfahren vom 3.6.2017 mit einer Einführung, JOR 2019, S. 433–461.

Bei der Abgrenzung des Verwaltungsrechtswegs vom Zivilrechtsweg wäre noch eine weitere Lösung denkbar, zu der aber, soweit erkennbar, kein osteuropäisches Land greift. Es wäre möglich, für Rechtsgebiete, die typischerweise verwaltungs- und zivilrechtliche Fragen aufwerfen oder aufwerfen können, gemischte Spruchkörper zu schaffen, die Verwaltungs- und Zivilrichter vereinen. Gerichtsverfahren über öffentliche Beschaffungen, öffentlich-rechtliche Verträge, Enteignungen und das Auferlegen öffentlich-rechtlicher Lasten, vielleicht auch über bestimmte hoheitliche Maßnahmen im Baurecht, im Zusammenhang mit Bauland oder in der Gewerbeaufsicht könnten durch die erweiterte Expertise gemischter Spruchkörper aus Verwaltungsrichtern einerseits und Zivil- oder Handelsrichtern (soweit es letztere gibt) andererseits profitieren.

Im Grenzbereich zwischen Verwaltungsrecht und Strafrecht sind die Ordnungswidrigkeiten angesiedelt. In manchen osteuropäischen Staaten, vor allem in einigen Nachfolgestaaten Jugoslawiens, bestehen für Ordnungswidrigkeiten eigene Gerichte, sodass sich dort die Frage, ob für den Rechtsschutz die Verwaltungs- oder die Strafgerichte zuständig sein sollen, nicht stellt.[122] Die osteuropäische Dogmatik tendiert dazu, Ordnungswidrigkeiten als Verwaltungsübertretungen zu qualifizieren und das Ordnungswidrigkeitenrecht als Teil des Verwaltungsrechts zu sehen. Diese Dogmatik spricht für eine Übertragung des Rechtsschutzes in Ordnungswidrigkeitensachen an die Verwaltungsgerichte. Dies ist allerdings nicht zwingend, zumal im Bereich der Ordnungswidrigkeiten die Unterscheidung in Kriminal- und verwaltungsakzessorische Tatbestände auch in Osteuropa nicht unbekannt ist. Die eine Musterlösung gibt es auch in dieser Frage nicht, und letztlich sollten pragmatische Gründe den Ausschlag geben, z.B. Kapazitäten und die Frage, von welchen Gerichten ein wirksamer Rechtsschutz in dieser Materie am ehesten zu erwarten ist. Eine Beschränkung des Rechtsschutzes in Ordnungswidrigkeitensachen auf innerbehördliche Rekurse ist jedoch ein Verstoß gegen das Recht auf gerichtlichen Rechtsschutz.[123]

---

122 Zu Kroatien siehe *Pintarić, Tomislav*: Justizreform in Kroatien, forost Arbeitspapier Nr. 21, München 2004, S. 10.

123 EGMR, 2.9.1998, 26138/95 – Lauko ./. Slowakei; 18.7.2006, 75615/01 – Štefanec ./. Tschechien. Ungarn hingegen erklärte anlässlich seines Beitritts zur EMRK einen Vorbehalt im Hinblick auf Ordnungswidrigkeiten, um sich Zeit zu verschaffen, die hierfür notwendigen gerichtlichen Kapazitäten aufzubauen; der ungarische Vorbehalt und seine Rücknahme sind nachgewiesen im deutschen BGBl. 1993 II S. 808 und 2001 II S. 333.

Schließlich ergeben sich auch Überlappungen zum Verfassungsrecht und zum Rechtsweg zum Verfassungsgericht. Es ist letztlich eine gesetzgeberische Entscheidung, ob Materien wie die kommunale Normenkontrolle, die Normenkontrolle über exekutivische Rechtsnormen, Wahl- und Referendumsstreitigkeiten, Entscheidungen über Partei- und Vereinsverbote und Ähnliches dem Verfassungsgericht oder den Verwaltungsgerichten (bei Vereinsverboten wären auch Zivilgerichte denkbar, wenn auch weniger geeignet) übertragen werden. Für beide Entscheidungen lassen sich gute Gründe finden, und es gibt keine allein richtige oder sinnvolle Lösung.

bb) Persönliche Reichweite

Dass derjenige, der vom Verwaltungshandeln (oder dessen Unterlassen) unmittelbar betroffen ist, Verwaltungsklage erheben kann, ist selbstverständlich. Ob auch indirekt Betroffene dieses Recht haben, ist in den einzelnen Ländern unterschiedlich geregelt. Neuere Tendenzen gehen dahin, nicht auf die förmliche Betroffenheit abzustellen, weil dies nicht immer ein taugliches Abgrenzungskriterium ist. Stattdessen erscheint es sinnvoll, darauf abzustellen, wen das Verwaltungshandeln (oder dessen Unterlassen) materiell in eigenen Rechten verletzt. Die „eigene Rechtsverletzung" bietet sich daher als Umschreibung für die persönliche Reichweite der Eröffnung des Verwaltungsrechtswegs an, ohne dass es darauf ankommt, ob dadurch eine unmittelbare oder mittelbare Betroffenheit entsteht.

Des Weiteren kann der Gesetzgeber auch Interessenverbänden die Möglichkeit eröffnen, vor dem Verwaltungsgericht zu klagen, auch wenn sie nicht in eigenen Rechten verletzt sind, sondern sich eine Rechtsverletzung in dem Bereich ergeben hat, den sie vertreten. Verbandsklagerechte bieten sich vor allem dort an, wo

- die Verletzung von Rechtsvorschriften nicht zur Verletzung subjektiver Rechte führt (altruistische Verbandsklagen z.B. im Natur- und Umweltschutz),
- die Verletzung individueller Rechte im Einzelfall nur gering ist, sodass der Betroffene kaum zu Rechtsmitteln greifen wird, aber die Rechtsverletzung durch die große Zahl der Einzelfälle soziale Relevanz erlangt (Verbandsklagen zur Geltendmachung von Streurechtsverletzungen z.B. im Immissionsschutz oder im Verbraucherschutz), oder
- die Inhaber des verletzten subjektiven Rechts strukturell oder typischerweise in einer gegenüber dem Rechtsverletzer schwachen oder abhängigen Position sind, sodass von ihnen nicht erwartet werden kann, sich gegen die

Rechtsverletzung zu wehren (Interessenvertretungsverbände, z.B. Lohnsteuerhilfevereine, Sozialverbände zum Schutz des Einzelnen).

In Osteuropa muss man allerdings beachten, dass die Zivilsphäre vielfach nur schwach entwickelt ist, sodass es in vielen Staaten kaum „echte" Verbände gibt. Das Verbandswesen besteht dort vielmehr in seiner Mehrheit aus Vereinigungen, die dem Staat, einer politischen Kraft oder organisierten Großinteressen nahestehen. Lediglich im Umweltbereich und mancherorts bei ethnischen oder – selten – religiösen Minderheiten sind echte „grassroot"-Verbände entstanden, die aber regelmäßig schwach sind. Verbandsklagerechte nützen daher in Osteuropa nicht so sehr der Zivilsphäre, sondern statten tendenziell etablierte Spieler mit weiteren (gegebenenfalls Veto-)Rechten aus. Dennoch kann ihre Gewährung möglicherweise ein Anreiz zur Stärkung einer staatsfreien Zivilsphäre sein. Erfahrungen in den osteuropäischen Staaten, die Verbandsklagerechte eingeführt haben (das sind z.B. die EU-Mitgliedstaaten in Umsetzung von Unionsrecht), zeigen, dass sowohl Behörden als auch Gerichte immer noch sehr mit diesen Rechten fremdeln und die Zulässigkeitsvoraussetzungen so eng wie möglich auslegen, d.h. ungebrochen im Paradigma des Individualrechtsschutzes des 19. Jahrhundert verbleiben.

Wenn der Gesetzgeber den genannten Verbänden bereits im Verwaltungsverfahren Beteiligungs- und Antragsrechte einräumt, dann verschiebt sich die Definitionslast weg vom Verwaltungsprozessgesetz hin zum Verwaltungsverfahrensgesetz, sofern nicht ohnehin das jeweilige Fachgesetz des besonderen Verwaltungsrechts die Rechte der einschlägigen Verbände regelt. Wenn das Verwaltungsverfahrens- und / oder das besondere Verwaltungsrecht die Verbandsbeteiligungen regeln, kann sich das Verwaltungsprozessrecht darauf beschränken, auch diejenigen Verbände zum Verwaltungsprozess zuzulassen, die bereits am Verwaltungsverfahren beteiligt waren. Dies ist die Rechtslage z.B. in Polen.[124]

c) Offizialbetrieb

Im Verwaltungsprozess kann es nur einen eingeschränkten Parteibetrieb geben. Der Parteibetrieb ist ein typisches Instrument des Zivilprozesses, um der materiellen Dispositionsfreiheit der Parteien auch im Prozess Geltung zu verschaffen. Im Verwaltungsprozess fehlt es aber an dieser materiellen Dispositionsfreiheit. Jedenfalls die beklagte Partei, d.h. die Behörde, kann eben

124 *Klorek/Leśniak-Niedbalec* (Fn. 114), S. 262.

nicht tun und lassen, was sie will. Im Rechtsstaat ist die Behörde an das Recht gebunden, das vorgibt, wann eine Behörde handeln darf oder gar muss, und auch, mit welchen Mitteln die Behörde welche Ziele erreichen darf oder muss. Dieser rechtsstaatlichen Bindung der Behörde muss der Verwaltungsprozess Rechnung tragen, weshalb für ihn der Offizialbetrieb die geeignete Form ist. Allerdings ist zu differenzieren.

Die Begrenzung des Streitstoffs durch den Antrag des Klägers (d.h. des Bürgers) ist mit dem rechtsschützenden Charakter des Verwaltungsprozesses vereinbar, vor allem wenn der Bürger im Verlauf des Prozesses die Möglichkeit der Klageerweiterung behält. Mit dem Charakter des Verwaltungsprozesses und der Bestimmung und Begrenzung des Streitstoffs durch den Kläger ist es vereinbar, dass das Verwaltungsgericht nicht mehr zusprechen darf, als vom Kläger beantragt wird. Allerdings darf dieser Ne-ultra-petita-Grundsatz nicht mechanisch angewandt werden, wie dies z.B. in Ungarn unter der Geltung der ZPO für den Verwaltungsprozess geschehen ist. Dort wiesen die Gerichte eine Verwaltungsklage unter Berufung auf „ultra petita" ab, wenn das Verwaltungshandeln zwar rechtswidrig war, aber nicht wegen Verstoßes gegen die Bestimmung, auf die sich der Kläger berief, sondern wegen Verstoßes gegen eine andere Rechtsvorschrift, die der Bürger in seiner Klage und seiner Prozessführung nicht erwähnt hatte.[125]

Auch würde es das Recht des Bürgers auf ein faires Verfahren verletzen, wenn nach seiner Klagerücknahme der Verwaltungsprozess fortgeführt wird, etwa weil ein öffentliches Interesse an der Klärung der aufgeworfenen Rechtsfrage behauptet wird. Im Rechtsstaat ist es unzulässig, dem Bürger Rechtsschutz, den er nicht (mehr) wünscht, aufzuzwingen.[126]

Im Rechtsstaat ist eine Behörde an die Tatsachen gebunden, d.h. sie darf nicht, auch nicht im Zusammenwirken mit dem Bürger, Tatsachen unterstellen oder erfinden. Für die Behörde gilt der Grundsatz der materiellen Wahrheit. Dem entspricht im Verwaltungsprozessrecht der Grundsatz der Amtsermittlung, flankiert von den Mitwirkungspflichten der Parteien bei der

125 Hierzu siehe *Küpper*, in: IPE VIII (Fn. 10), Rn. 177, mit kritischen Stellungnahmen im ungarischen Schrifttum.

126 Wenn man diesen Grundsatz auch auf die Verfassungsgerichtsbarkeit erstreckt – wofür gute Gründe sprechen –, dann war das Rechtschreibreformurteil des deutschen Bundesverfassungsgerichts (Urteil vom 14.7.1998, 1 BvR 1640/97) eine Fehlentscheidung, denn das BVerfG führte das Verfahren trotz der Rücknahme durch die Beschwerdeführer fort und berief sich dabei auf die „allgemeine Bedeutung" der Rechtsfrage.

Sachverhaltsaufklärung. Völlig unpassend ist der zivilprozessuale Grundsatz der formellen Wahrheit, denn er wird den materiell-rechtlichen Bindungen der beklagten Behörde nicht gerecht. Das Verwaltungsgericht darf und muss überprüfen, ob der Sachverhalt, den die Behörde zugrunde legt, den tatsächlichen Gegebenheiten entspricht. Hierbei kommt es auch nicht darauf an, was Kläger und / oder Beklagter im Tatsächlichen behaupten: Das Verwaltungsgericht muss, sowohl um Waffengleichheit herzustellen als auch um korrupte Kollusionen zwischen Behörde und Bürger zu verhindern, von Amts wegen den Sachverhalt erforschen (dürfen). Ein rechtsstaatliches Verwaltungsprozessrecht beruht mithin auf dem Untersuchungs- und nicht auf dem (zivilprozessualen) Beibringungsgrundsatz. Erwägenswert ist höchstens, ob ein Prozessvergleich über den Sachverhalt zulässig sein soll, wenn dieser gar nicht oder nur mit unverhältnismäßigen Mitteln aufgeklärt werden kann. Der Grundsatz der Amtsermittlung und der materiellen Wahrheit dürfte in den postsozialistischen Rechtsordnungen nicht schwer durchzusetzen sein, denn dieser Grundsatz beherrschte während des Sozialismus alle Prozessformen einschließlich des Zivilprozesses. In den ehemals sozialistischen Staaten ist eher die Verankerung der formellen Wahrheit im Zivilprozess rechtskulturell problematisch, nicht jedoch die Ausstattung von Verwaltungsgerichten mit der Pflicht und der Befugnis, die materielle Wahrheit zu erforschen.[127]

In der Verwaltung nehmen konsensuale Handlungsformen in den klassischen Formen der Gleichordnung zu. Ein Beispiel von mehreren ist der öffentlich-rechtliche Vertrag zwischen Bürger und Verwaltung. Zwar sind die osteuropäischen Rechtsordnungen noch sehr zurückhaltend und bevorzugen hoheitliche (top-down) Handlungsformen. Aber auch in Osteuropa wird der Bürger immer mehr als Partner der Verwaltung erkannt. Diesem Vordringen konsensualer und formell gleichgeordneter Handlungsformen im Verwaltungsverfahren muss der Verwaltungsprozess Rechnung tragen, z.B. indem das Gericht auf bestimmte Aspekte des Offizialbetriebs verzichten kann, wenn dies zur besseren Handhabung des Rechtsstreits opportun ist. Allerdings legt eine solche Regelung dem Verwaltungsrichter eine große Verantwortung auf.

Aus diesen Unterschieden ergeben sich auch kodifikatorische Konsequenzen. Die grundlegend andere Struktur der beiden Prozessformen – Zivilprozess mit Parteibetrieb, Dispositionsmaxime und formeller Wahrheit einerseits,

---

127 Zum Wahrheitsbegriff im heutigen Zivilprozess Osteuropas siehe die Länderbeiträge von *Küpper, Herbert* (Ungarn, siehe Fn. 109), *Kõve, Villu / Jörvekülg, Inga* (Estland), *Weitz, Karol* (Polen) und *Yaremko, Oksana* (Ukraine) in OER 2015, S. 385–447.

Verwaltungsprozess mit Offizialbetrieb, rechtsstaatlicher Gebundenheit der beklagten Partei und materieller Wahrheit andererseits – spricht gegen eine Normierung in nur einem Gesetz. Osteuropa und hier vor allem die Slowakei und Ungarn haben schlechte Erfahrungen mit der Erstreckung der Zivilprozessordnung auch auf den Verwaltungsprozess gemacht, und zwar auch dann, wenn versucht wurde, durch Sondervorschriften den Besonderheiten des Verwaltungsprozesses gerecht zu werden. Sinnvoller ist die Kodifizierung in zwei völlig separaten Verfahrenskodices. Selbst die subsidiäre Geltung der Zivilprozessordnung im Verwaltungsprozess, wie sie in manchen Verwaltungsprozessgesetzen angeordnet wird,[128] ist sehr genau daraufhin zu untersuchen, ob dies im Verwaltungsprozess sinnvoll ist. Besser ist es, wenn die Verwaltungsprozessordnung präzise auf diejenigen Vorschriften der Zivilprozessordnung verweist, die im Verwaltungsprozess anwendbar sind.[129]

d) Mitwirkende am Verwaltungsprozess

Der Gesetzgeber muss auch regeln, wer an dem Verwaltungsprozess mitwirken darf oder muss.

An erster Stelle ist der Kläger zu nennen. Kläger ist regelmäßig der vom Verwaltungshandeln unmittelbar Betroffene. Wer sonst noch Klage erheben darf, ist eine Frage der Eröffnung des Rechtswegs. Wem das Gesetz die Möglichkeit eröffnet, vor dem Verwaltungsgericht Klage zu erheben, ist Kläger. Die anwaltliche Vertretung des Bürgers wurde bereits oben unter Unterpunkt a) (Waffengleichheit) erörtert.

An zweiter Stelle steht der Beklagte. Im Verwaltungsprozess bestehen theoretisch drei Möglichkeiten, den Beklagten zu definieren: den handelnden Beamten, die handelnde Behörde oder die Körperschaft (Staat, Gemeinde etc.), die Arbeitgeber des handelnden Beamten oder Träger der handelnden Behörde ist. Die erste Möglichkeit ist mit einem funktionierenden Verwaltungsrechtsschutz nicht zu vereinbaren, denn selbst wenn der Bürger vor dem Verwaltungsgericht ein obsiegendes Urteil gegen den handelnden Beamten erstreitet, hat der verurteilte Beamte als Person regelmäßig nicht die Rechtsmacht, die Rechtsverletzung abzustellen. Realistischerweise bleiben die Behörde oder die sie tragende Körperschaft als mögliche Beklagte.

---

128 So z.B. § 173 deutsche VwGO.

129 Auch hierfür finden sich zahlreiche Beispiele in der deutschen VwGO, etwa §§ 54, 56 Abs. 2, 57 Abs. 2, 165a oder 167 Abs. 1.

In diesem Zusammenhang ist auf eine Besonderheit des postsozialistischen Rechts hinzuweisen. Seit den frühen Tagen der Sowjetunion verleiht das Personenrecht – das zwar eine Untermaterie des Zivilrechts ist, aber auch das Recht der öffentlich-rechtlichen Personen regelt – zahlreichen Behörden eine eigene (Zivil-)Rechtspersönlichkeit. Diesen Zug des sowjetischen Rechts mussten die übrigen sozialistischen Staaten nach 1944 übernehmen, und in vielen osteuropäischen Rechtsordnungen sind Behörden bis auf den heutigen Tag eigene Rechtspersonen. An diese Rechtspersönlichkeit kann das Verwaltungsprozessrecht anknüpfen, sodass zumindest dann die Behörde die richtige Beklagte ist, wenn sie eine eigene Rechtspersönlichkeit besitzt. Wenn sich der Gesetzgeber hierfür entscheidet, muss er zudem aber auch regeln, wer der richtige Beklagte ist, wenn die handelnde Verwaltungseinheit keine eigene Rechtspersönlichkeit besitzt, weil sonst eine Rechtsschutzlücke entstünde. Grundsätzlich betrachtet besteht natürlich keinerlei dogmatische Notwendigkeit, die passive Parteifähigkeit im Verwaltungsprozess an die (zivilrechtliche) Rechtspersönlichkeit zu knüpfen. Das zeigt das Beispiel derjenigen deutschen Bundesländer, deren VwGO-Ausführungsgesetze bestimmen, dass die Verwaltungsklage gegen die Behörde – die in Deutschland regelmäßig keine eigene juristische Person ist – zu richten ist. Diese Differenzierung zwischen öffentlich-rechtlicher Prozessfähigkeit und zivilrechtlicher Rechtsfähigkeit traf aber das sowjetische Recht nicht, sondern setzte für substanzielle öffentlich-rechtliche Befugnisse stets eine eigene Rechtspersönlichkeit der Behörde voraus, und bis zum heutigen Tage überfordert es die Personenrechts- und Verwaltungsrechtsdogmatik vieler osteuropäischer Staaten, zwischen diesen beiden Phänomenen so trennscharf zu unterscheiden, dass hierauf eine funktionierende passive Rechtswegeröffnung oder -abgrenzung gestützt werden kann. Um also die osteuropäischen Rechtsanwender nicht zu überfordern, ist der dortige Gesetzgeber gut beraten, an die vorhandene (Zivil-)Rechtsfähigkeit von Behörden anzuknüpfen, wenn er sein Verwaltungsprozessrecht so ausgestalten will, dass der Bürger gegen die Behörde und nicht gegen den Staat klagen soll. Damit hat der osteuropäische Rechtsanwender eine seit langem bekannte Kategorie, die bei sinnvoller Ausgestaltung in eine zweckmäßige verwaltungsprozessrechtliche Regelung überführt werden kann.

Hoheitsgewalt kann auch von Privatpersonen ausgeübt werden (Beliehene), und der Rechtsstaat verlangt in diesem Fall, dass der Bürger auch gegen sie Rechtsschutz erlangen kann. Die Übertragung von Hoheitsgewalt an Private ist in Osteuropa noch selten, da sie im Sozialismus undenkbar war. Lediglich der jugoslawische Selbstverwaltungssozialismus machte von der Beleihung Privater oder jedenfalls nicht-hoheitlicher Rechtsträger Gebrauch, und daher finden sich vor allem in den jugoslawischen Nachfolgestaaten zahlreiche gesetzliche Bestimmungen zur Beleihung Privater mit hoheitlichen Aufgaben und Befugnissen. Dementsprechend berücksichtigen die Verwaltungsprozessordnungen der jugoslawischen Nachfolgestaaten stärker als die vergleichbaren Gesetze der übrigen osteuropäischen Staaten Beliehene als potenzielle Beklagte des Verwaltungsprozesses. Gut praktikabel ist auch die tschechische Lösung, bei der Bestimmung des Beklagten im Verwaltungsprozess den Behördenbegriff nicht organisationsrechtlich zu verstehen, sondern die prozessfähige Behörde über das Innehaben öffentlich-rechtlicher Kompetenzen zu definieren.[130] In Staaten, deren Verwaltungsprozessordnung keine klarstellenden Bestimmungen über Beliehene enthält, kann über eine entsprechende Auslegung des Behördenbegriffs die Erstreckung des Verwaltungsrechtsschutzes auf das Verwaltungshandeln Beliehener erreicht werden. Angesichts der Normhörigkeit osteuropäischer Gerichte wäre dort allerdings auf jeden Fall eine Klarstellung durch den Gesetzgeber wünschenswert.

An dritter Stelle ist zu überlegen, ob neben Kläger und Beklagten auch Vertreter des öffentlichen Interesses am Verwaltungsprozess teilnehmen können sollen. Im Verwaltungsrechtsverhältnis ist es grundsätzlich die Aufgabe der Behörde, das öffentliche Interesse zu vertreten. Es kann aber Konstellationen geben, in denen dies der Behörde nicht möglich ist, weil sie verschiedene konfligierende Interessen wahrnehmen oder zum Ausgleich bringen muss. In einem solchen Fall bietet es sich an, dass das Verwaltungsprozessrecht die Hinzuziehung weiterer Vertreter des öffentlichen Interesses zumindest erlaubt, wenn schon nicht vorschreibt. Welche Behörde das ist, hängt von der streithängigen Frage, aber auch von der Behördenstruktur des jeweiligen Landes ab. In Frage kommen z.B. Vertreter von Fachbehörden vor allem dann, wenn das öffentliche Interesse eine besondere Sachkenntnis verlangt, die die Fachbehörde hat (etwa ein Vertreter der Umweltbehörde zur Vertretung eines ökologischen öffentlichen Interesses), aber auch die Staatsanwaltschaft, die in den sozialistischen Staaten auf eine gewisse Tradition der Vertretung des öffentlichen Interesses sowohl vor Gericht als auch gegenüber der Exekutive zurückblicken kann, oder die Ombudsleute, die es in Osteuropa überall gibt. Der Gesetzgeber muss bei der Ausgestaltung der Verfahrensrechte dieser Vertreter des öffentlichen Interesses darauf achten, dass deren Verfahrensrechte den Bürger, d.h. den eigentlichen Initiator des Verwaltungsprozesses, weiterhin in seiner zentralen Position belassen. Rechtsstaatswidrig wäre daher die Fortführung der im Sozialismus

130 *Šimíček* (Fn. 100), S. 357–359.

üblichen gesonderten Rechtsmittel für die Staatsanwaltschaft, die diese ohne und sogar gegen den Willen der Betroffenen und zudem noch nach Eintritt der Rechtskraft des gerichtlichen Urteils einlegen konnte. Aber auch die Führung eines Verwaltungsprozesses durch die Ombudsperson ohne die Zustimmung des in seinen Rechten verletzten Individuums würde diesem Rechtsschutz in einer Art aufzwingen, die mit dem Rechtsstaat nicht mehr zu vereinbaren ist.

e) Gegenstand und Tiefe der Überprüfung

Nach der Wende waren etliche osteuropäische Gesetzgeber zögerlich, das gesamte Behördenhandeln der gerichtlichen Kontrolle zu unterwerfen. Zu stark waren vielerorts noch die aus dem sozialistischen Denken ererbten Vorbehalte, aber auch Pseudo-Effizienzerwägungen wurden gegen eine allzu weite und tiefe Verwaltungsgerichtsbarkeit angeführt. Diese Mentalität nimmt zwar ab, ist aber noch nicht überall überwunden.

Letztlich ergibt sich aber aus einem konsequenten Zu-Ende-Denken der rechtsstaatlichen Anforderungen, wie weit die gerichtliche Kontrolle über die Exekutive reichen muss. Der Gegenstand des Verwaltungsprozesses ist das behördliche Handeln einschließlich dessen Nichtvornahme (Untätigkeit). Im Rechtsstaat kann eine Behörde nicht frei über ihr Handeln entscheiden, sondern ist an das für sie geltende Recht gebunden: Sie muss die Ermächtigungsgrundlage und deren Beschränkungen einhalten, sie muss das gesetzliche Verfahren beachten etc. Hierin liegt ein wesentlicher Unterschied zum Beklagten im Zivilprozess, der als Privatperson grundsätzlich frei über seine Rechte disponieren kann.

Daraus ergibt sich auch eine Antwort auf die Frage, wie weit und wie tief das Verwaltungsgericht das Handeln der Exekutive kontrollieren darf. So weit das materielle und prozedurale Recht die Behörde bindet, reicht die gerichtliche Kontrolle. Der Umfang und die Tiefe der verwaltungsgerichtlichen Kontrolle ergeben sich somit zwanglos aus dem allgemeinen und besonderen Verwaltungsrecht: Wo die Behörde durch das Recht gebunden ist, kann das Gericht prüfen, ob die Behörde das sie bindende Recht eingehalten hat.

Dieser Gedanke, verbunden mit einer Verwaltungsrechtswegeröffnung, die an die Verletzung eines subjektiven Rechts anknüpft, macht auch fragwürdige dogmatische Konstruktionen wie die „political question doctrine" oder die „actes du gouvernement"[131] überflüssig. Viele genuin politische Fragen sind nicht rechtlich geregelt und kommen wegen des Fehlens einer rechtlichen

131 Hierzu siehe Fn. 60.

Regelung gar nicht erst für eine gerichtliche Kontrolle in Frage. Und wo eine als politisch erachtete Frage plötzlich eine rechtliche Regelung erfährt, verliert sie dadurch möglicherweise ihren rein politischen Charakter und wird jedenfalls auch zu einer Rechtsfrage.[132] Das zweite Korrektiv ist das Erfordernis einer subjektiven Rechtsverletzung. Hochpolitische Fragen werden, wenn sie überhaupt rechtlich geregelt sind, regelmäßig durch objektives Recht geregelt, das keine subjektiven Rechte vermittelt. Damit sind eventuelle Verletzungen dieses objektiven Rechts jedenfalls auf Initiative des Bürgers nicht justiziabel, und es besteht nicht zu befürchten, dass die Gerichtsbarkeit dem genuinen Gestaltungsspielraum der Exekutive zu viel Raum nimmt. Wenn jedoch der Gesetzgeber eine „hochpolitische" Materie derart regelt, dass er dem Einzelnen subjektive Rechte verleiht, spricht im Rechtsstaat und auch aus dem Gesichtspunkt der Gewaltenteilung nichts dagegen, dass der Einzelne diese subjektiven Rechte durch das Verwaltungsgericht schützen lassen kann. Um Unsicherheiten, eine schwankende Rechtsprechung und daraus resultierend die Verweigerung gerichtlichen Rechtsschutzes im Einzelfall zu vermeiden, kann der Gesetzgeber die justizfreien Hoheitsakte in einer Art Negativliste abschließend aufzählen, wie dies in Litauen im Hinblick auf politische Akte der obersten Verfassungsorgane geschehen ist.[133]

Die Grenze der verwaltungsgerichtlichen Kontrolle ist das Recht selbst: Wo die Regelung des Rechts aufhört, hört auch die gerichtliche Kontrolle auf. Die Zweckmäßigkeit ist das genuine Terrain der Exekutive, auf das die Judikative auch aus Gründen der Gewaltenteilung keinen Zugriff haben darf. Gerichtsähnliche Kontrollorgane, die nicht nur die Rechtmäßigkeit, sondern auch die Zweckmäßigkeit von Verwaltungshandeln prüfen dürfen, und die es z.B. in etlichen westeuropäischen Staaten wie Großbritannien oder Frankreich gibt, werden daher grundsätzlich der Exekutive zugerechnet. Eine derartige Zuordnung zur Exekutive bedeutet aber auch, dass sie das Verfassungserfordernis nach einem gerichtlichen Verwaltungsrechtsschutz nicht erfüllen, d.h. dort, wo die Verfassung einen gerichtlichen Rechtsschutz gegen die Exekutive garantiert, nicht genügen und Verwaltungsgerichte nicht ersetzen können.

---

132 Ein gutes Beispiel für einen solchen Prozess ist – aus dem Bereich des Verfassungsrechts – die Schuldenbremse. Ursprünglich war es eine rein politische Frage, wie das Parlament mit seiner Haushaltsautonomie umgeht. Die Schuldenbremse hat diese Frage in Teilen verrechtlicht, mit der Konsequenz, dass ein Teil der Entscheidungsbefugnis über die öffentlichen Finanzen vom Parlament zum Verfassungsgericht übergeht.

133 *Paužaitė-Kulvinskienė/Ragulskytė-Markovienė* (Fn. 98), S. 308.

Die Hauptschwierigkeit bei der Abgrenzung verwaltungsgerichtlicher Kompetenzen zur Kontrolle der Rechtmäßigkeit, aber nicht der Zweckmäßigkeit ergibt sich in Ost und West bei der gerichtlichen Überprüfung von Ermessensentscheidungen. Grundsätzlich gehört auch die Überprüfung des behördlichen Ermessens in einem gewissen Rahmen zu einer rechtsstaatlichen Verwaltungsgerichtsbarkeit. Hierbei ist wieder die Gewaltenteilung zu beachten: Die Exekutive gestaltet aktiv, wozu auch Zweckmäßigkeitserwägungen gehören, während die Judikative im Nachhinein reaktiv die Rechtmäßigkeit kontrolliert, ihr aber die Kontrolle der Zweckmäßigkeit grundsätzlich entzogen ist.[134] An der Grenze von Recht- und Zweckmäßigkeit steht die Verwaltungsgerichtskontrolle des Ermessens. Im Laufe vieler Jahrzehnte haben die deutsche Verwaltungsrechtsprechung und Verwaltungsrechtswissenschaft fein ausziselierte Kriterien entwickelt, welche Aspekte des Ermessens noch zur Rechtmäßigkeit gehören und folglich vom Verwaltungsgericht überprüft werden können und welche Aspekte die Zweckmäßigkeit betreffen und somit einer gerichtlichen Nachprüfung entzogen sind. Ein derart verästeltes, über viele Jahrzehnte organisch gewachsenes Kriteriensystem unverändert zu übernehmen, ist – nicht nur für Osteuropa – unpraktikabel. Zu beachten ist zunächst, dass in der sowjetischen Dogmatik „Ermessen" nicht identisch mit dem ist, was in den deutschsprachigen Ländern unter Ermessen verstanden wird. Im sowjetischen Recht fand sich „Ermessen" sowohl auf der Tatbestands- als auch auf der Rechtsfolgenseite, d.h. umfasste gemäß deutscher Dogmatik sowohl die unbestimmten Rechtsbegriffe (Tatbestand) als auch das Ermessen (Rechtsfolge).[135] In den meisten osteuropäischen Staaten werden auch heute noch mit „Ermessen" undifferenziert zusammenfassend unbestimmte Rechtsbegriffe und behördliches Rechtsfolgeermessen bezeichnet. Da dieser weite osteuropäische Ermessensbegriff eine rechtsstaatlich tragfähige Abgrenzung von gerichtlich überprüfbaren gegenüber gerichtlich nicht überprüfbaren Aspekten des Ermessens erschwert, ist eine möglichst klare gesetzgeberische Umschreibung der Grenzen der gerichtlichen Kontrolle von Ermessensentscheidungen sinnvoll; der Gesetzgeber muss an dieser Stelle die Dogmatik ersetzen oder zumindest unterstützen. Als praktikabel hat sich eine ungarische Formulierung erwiesen, wonach „eine Verwaltungsentscheidung im Ermessensbereich dann als rechtmäßig anzusehen ist, falls das Verwaltungsorgan den Tatbestand gehörig aufgedeckt hat, die Verfahrensregeln eingehalten hat, die Gesichtspunkte des Ermessens feststellbar sind und

134 *Huber/Guttner*, in: IPE VIII (Rn. 29), Rn. 11, 66–70.

135 Dazu siehe auch oben Punkt II.3.b) – Verfahrensrecht.

aus der Begründung der Entscheidung hervorgeht, dass die Beweise sinnvoll gewürdigt wurden".[136] Diese Formulierung ermöglichte es der ungarischen Rechtsprechung, eine rechtsstaatliche Abgrenzung von Rechtmäßigkeits- und Zweckmäßigkeitsaspekten vorzunehmen, und auch in den weiteren ostmitteleuropäischen Staaten Polen, Tschechien und Slowenien sind Rechtsprechung und Verwaltungsrechtswissenschaft – teils unter Rückgriff auf vorsozialistische rechtsstaatliche Traditionen – zu einer tragfähigen rechtsstaatlichen Ermessenskontrolle von Verwaltungsentscheidungen gelangt. In Osteuropa im engeren Sinne und in Südosteuropa hingegen bereitet diese Abgrenzung immer noch größere Schwierigkeiten.[137]

f) Urteilsinhalt: nur kassatorisch oder auch reformatorisch?

Der Gesetzgeber muss entscheiden, ob die Verwaltungsgerichtsbarkeit rein kassatorisch tätig sein soll[138] oder ob ihr auch reformatorische (meritorische) Kompetenzen zukommen sollen.

Die Minimalausstattung eines Verwaltungsgerichts ist kassatorisch: Nur wenn das Verwaltungsgericht den Akt der Verwaltung aufheben kann, ist der Verwaltungsrechtsschutz effizient. Gerade hier bestanden in den ersten Jahren nach dem Ende des Sozialismus noch starke Mentalitätsprobleme: Osteuropäische Richter, die noch unter dem alten System geschult worden waren, waren sehr zögerlich damit, Akte der Verwaltung aufzuheben. Erst mit dem zunehmenden Generationenwechsel und mit der Gewöhnung an das neue Recht

136 § 339/B ZPO, eingefügt mit Wirkung ab dem 1.11.2005. Diese ZPO ist aufgehoben, das neue ungarische Verwaltungsprozessgesetz hat in § 85 Abs. 5 eine weniger eindeutige Regelung getroffen.

137 Dazu siehe die Länderberichte von *Hartwig, Matthias*: Gerichtliche Kontrolle der Verwaltung unter besonderer Berücksichtigung von Ermessensentscheidungen in Rußland, von *Hofmann, Mahulena*: Gerichtliche Kontrolle der Verwaltung unter besonderer Berücksichtigung von Ermessensentscheidungen am Beispiel Tschechiens, und von *Leonhardt, Peter*: Gerichtliche Kontrolle der Verwaltung unter besonderer Berücksichtigung von Ermessensentscheidungen am Beispiel Rumäniens, alle in: Luchterhandt (Fn. 58), S. 319–382. Zu Tschechien siehe auch *Šimíček* (Fn. 100), S. 361–364, zu Ungarn siehe *Küpper*, in: IPE VIII (Fn. 10), Rn. 174–175.

138 So ist die Rechtslage z.B. in Polen: *Klorek/Leśniak-Niedbalec* (Fn. 114), S. 265–266; *Popowska/Lissoń*, in: IPE VIII (Fn. 17), Rn. 119; *Szuster*, in: Liebscher/Zoll (Fn. 99), S. 67–68, in der Slowakei (nach altem Recht): *Bröstl/Gajdošíková* (Fn. 103), S. 290, und in Tschechien: *Hendrych, Dušan*, in: Wabnitz, Heinz-Bernd / Holländer, Pavel (Hrsg.): Einführung in das tschechische Recht, C.H. Beck, München 2009, S. 55.

gewannen die osteuropäischen Verwaltungsrichterinnen und -richter mehr Selbstvertrauen. Aber auch heute noch sind sie in vielen osteuropäischen Staaten zu wenig kritisch gegenüber der Exekutive, die sie ja kontrollieren sollen, und nehmen zu vieles als gegeben hin. Auf diese Weise verkürzen alte Mentalitäten den Schutz, den Verwaltungsgerichte gewähren sollen. Das trifft durchaus auch auf nach der Wende ausgebildete Richterinnen und Richter zu. Tendenziell kann man jedoch konstatieren, dass das richterliche Personal in Osteuropa umso kritischer und umso weniger obrigkeitshörig ist, desto jünger es ist.

Über die reine Kassation der rechtswidrigen Verwaltungsentscheidung hinaus stellt sich die Frage, ob das Verwaltungsgericht an Stelle der Behörde entscheiden soll. In diesem Zusammenhang muss noch einmal auf die unterschiedliche Kompetenzausstattung von Behörden und Gerichten hingewiesen werden: Gerichte treffen alleine rechtliche Entscheidungen, während die Behörden im Rahmen ihrer rechtlichen Befugnisse auch die Zweckmäßigkeit abwägen. Für Zweckmäßigkeitserwägungen fehlen dem Gericht hingegen sowohl Fachkenntnisse als auch Legitimation und Legitimität. Hieraus ergibt sich, dass das Verwaltungsgericht nur dann in der Sache entscheiden kann, falls diese Entscheidung keine Zweckmäßigkeits-, sondern alleine Rechtmäßigkeitselemente enthält.

Da oft die Abgrenzung von reiner Rechtmäßigkeits- und integrierter Recht- und Zweckmäßigkeitsentscheidung nur schwer zu treffen ist, scheint es sich anzubieten, das Verwaltungsgericht auf rein kassatorische Entscheidungen zu beschränken und die Neuentscheidung der Behörde zu überlassen, die auf der Grundlage des verwaltungsgerichtlichen Urteils vorzugehen hat. Eine solche Regelung hat den Vorteil einer klaren Abgrenzung der Kompetenzen von Judikative und Exekutive. Hiergegen spricht aber die Verfahrensökonomie: Wenn die Neuentscheidung rechtlich eindeutig determiniert ist und keine Zweckmäßigkeitserwägungen verlangt, kann sie auch das Verwaltungsgericht treffen. Dann hat der Bürger schneller seine rechtmäßige Entscheidung, und die Behörde muss sich nicht die Arbeit eines wiederholten Verfahrens machen.

In dieser Frage gibt es kein Patentrezept. Der Gesetzgeber muss sich vielmehr entscheiden, wo er seine Priorität sieht:

- Will er eine klare, der Gewaltenteilung entsprechende Kompetenzabgrenzung zwischen Verwaltung und Gerichten? In diesem Fall sollte er die Kompetenz des Verwaltungsgerichts auf die Kassation des behördlichen Handelns beschränken und die Neuentscheidung der Sache stets der Verwaltungsbehörde überlassen.

- Will er ein ökonomisches Verfahren, das für den Bürger möglichst schnell zu einer rechtmäßigen Entscheidung in der Sache führt? Schließlich ist die Zügigkeit des Verfahrens eine Teilgarantie von Art. 6 EMRK und findet sich auch explizit in manchen osteuropäischen Verfassungen.

Gewichtet der Gesetzgeber die Verfahrensökonomie und die Zügigkeit höher, so sollte er das Verwaltungsgericht in den Fällen, in denen die Entscheidung rechtlich determiniert ist, mit der Befugnis ausstatten, an Stelle der Behörde in der Sache zu entscheiden. In den Staaten, die sich für diese Alternative entscheiden, hat man gute Erfahrungen mit einer präzisen gesetzlichen Aufzählung der Fälle, in denen das Verwaltungsgericht in der Sache entscheiden darf, gemacht. Auf keinen Fall sollte der Gesetzgeber eine Formulierung wählen wie: „In den Fällen, in denen die Entscheidung keiner Zweckmäßigkeitserwägungen mehr bedarf, sondern aus dem Recht unmittelbar abgeleitet werden kann, darf das Verwaltungsgericht selbst die Entscheidung in der Sache erlassen." Mit einer solchen vagen Ermächtigung wären gerade in den Staaten mit postsozialistischer Rechts- und Justizkultur die Verwaltungsrichterinnen und -richter überfordert. Besser ist daher eine konkrete Aufzählung der Entscheidungen, von denen der Gesetzgeber typisierend annimmt, dass sie ohne Zweckmäßigkeitserwägungen getroffen werden können; diese sollten dann die Liste der Angelegenheiten bilden, in denen das Verwaltungsgericht selbst in der Sache entscheiden kann. Ein typisches Rechtsgebiet, das häufig in derartigen Aufzählungen genannt wird, ist das Steuerrecht: Wenn der Sachverhalt bekannt und die Auslegung des anzuwendenden Rechts geklärt ist, ergibt sich gerade im Steuerrecht die zu zahlende Summe von alleine; diese kann das Gericht genauso gut berechnen wie die Steuerbehörde. Ein weiteres typisches Feld für reformatorische Befugnisse des Verwaltungsgerichts ist das Ordnungswidrigkeitenrecht, und in etlichen osteuropäischen Staaten darf das Verwaltungsgericht die Höhe der Ordnungsbuße selbst festsetzen oder zumindest eine übertrieben hohe Ordnungsbuße auf das von ihm für angemessen gehaltene Niveau absenken. Anders als im Steuerrecht übt das Verwaltungsgericht bei der Festsetzung der Höhe von Ordnungsbußen durchaus eigenes Ermessen aus, aber wegen der Nähe der Ordnungsbußen zu Kriminalsanktionen wird hierin selten ein Problem gesehen, denn das Ermessen über die Angemessenheit der Sanktionshöhe ist die genuine Kompetenz der Judikative jedenfalls in Strafsachen.

g) Kollektive Elemente

Im klassischen Verwaltungsprozess erhebt ein Betroffener (oder eine überschaubare Gruppe von Betroffenen) Klage gegen einen Individualakt. Dieses traditionelle, aus dem 19. Jahrhundert stammende Schema wird den Problemlagen, in denen ein Verwaltungsvorhaben sehr viele Personen betrifft, nicht gerecht. So beeinträchtigt z.B. die Genehmigung einer neuen Startbahn oder einer Autobahntrasse die Gesundheit, die Lebensqualität und das Eigentum zahlreicher Betroffener. Klassischer Rechtsschutz für jeden einzelnen Betroffenen in getrennten Verwaltungsprozessen würde die Projektverwirklichung auf Jahre hinaus unmöglich machen und auch die Verwaltungsgerichte überlasten. Hier muss man andere Mechanismen finden. Parallel hierzu bilden sich auch im Zivilprozess neue kollektive Mechanismen heraus, um bei Massenschädigungen z.B. von Verbrauchern durch einen Hersteller oder Vertreiber die Unzulänglichkeiten des klassischen Zivilprozesses (ein einzelner Betroffener klagt gegen den Verursacher) überwinden zu können. Während die Herausbildung kollektiver Elemente im Zivilprozess sowohl in den westeuropäischen Rechtsordnungen als auch in den ehemals sozialistischen Ländern bereits vorangeschritten ist, hat der Verwaltungsprozess noch nirgendwo zufriedenstellende kollektive Elemente (Massenverfahren) erhalten.

In den ehemals sozialistischen Staaten finden sich vor allem in den neueren Verwaltungsprozessgesetzen erste Ansätze zur Regelung von Massenverfahren, etwa im slowenischen Verwaltungsprozessgesetz von 2006,[139] in einer Novelle von 2011 zum tschechischen Verwaltungsprozessgesetz von 2002 oder im neuen ungarischen Verwaltungsprozessgesetz von 2017. Regelmäßig werden gleichgelagerte Ansprüche einer größeren Anzahl von Bürgern zusammengefasst und hierfür die Bestellung eines Vertreters möglich oder sogar verbindlich gemacht. Dieser erste Ansatz ist allerdings auf Dauer noch nicht genug, um die zu erwartenden Probleme von Groß- und Massenverfahren zu bewältigen. Zurzeit sind solche Verfahren in Osteuropa aber noch die ganz große Ausnahme. Die Schwäche der Zivilgesellschaft und die politische und rechtliche Apathie vieler Menschen bewirken zurzeit noch, dass sowohl der Einzelne als auch „die Gesellschaft" Großprojekte ohne größeren rechtlichen Widerstand hinnehmen. Das muss aber nicht so bleiben, und in manchen ehemals sozialistischen Staaten ist eine zunehmende Emanzipation der Zivilgesellschaft zu beobachten. Daher ist es für osteuropäische Staaten sinnvoll, in Vorwegnahme dieser Entwicklung auf die Tendenzen in Westeuropa zu sehen und bereits jetzt, sozusagen auf Vorrat, Vorkehrungen des kollektiven Rechtsschutzes für Massenverfahren zu entwickeln, die dann an dem Tag greifen können, an dem

139 Hierzu *Kerševan*, in: Wieser/Stolz (Fn. 106), S. 431.

auch osteuropäische Betroffene anfangen, sich in größerer Zahl und vielleicht sogar in organisierter Form gegen Großvorhaben zu wehren.

In Osteuropa kommen immer wieder einmal Massenverfahren einer anderen Art vor: Eine größere Anzahl von Klägern wendet sich nicht gegen ein- und dasselbe Verwaltungshandeln (z.B. die Planung und / oder Genehmigung eines Großprojekts), sondern gegen eine gleichgelagerte Verwaltungspraxis in ihren individuellen Fällen. So gab es in der Ukraine Klagewellen im Renten- und Sozialrecht, in denen eine große Zahl Kläger Ansprüche auf derselben rechtlichen Grundlage auf vergleichbarer Tatsachenbasis geltend machte. Vergleichbares erfuhr die deutsche Verwaltungsjustiz ab den 1970er Jahren in den Numerus-Clausus-Fällen und auch in manchen Feldern des Asylrechts. Auch ohne besondere prozessuale Rechtsgrundlage griff man in der Ukraine einige wenige Fälle als Musterprozesse heraus und verhandelte die übrigen erst, nachdem die Musterfälle rechtskräftig entschieden worden waren. Auf diese Weise konnte die ukrainische Justiz die große Anzahl von Fällen mit einem vertretbaren Arbeitsaufwand – und zudem ohne inhaltliche Abweichungen zwischen den einzelnen Verwaltungsgerichten – behandeln; der Preis hierfür war, dass die Kläger zuwarten mussten, bis die Musterklagen höchstgerichtlich entschieden waren. Diese streng genommen praeter legem entwickelten Mechanismen mögen zwar bei einer derartigen Klagewelle tatsächlich ähnlicher und rechtlich gleicher Fälle einigen Druck von der Justiz nehmen können. Vorzugswürdig vor dieser eher improvisierten Art der Problembewältigung wäre aber eine positiv-rechtliche Grundlage im Verwaltungsprozessgesetz.

Die Normierung kollektiver Elemente ist sicherlich einer der schwierigsten Elemente des Verwaltungsprozessrechts, und auch in Westeuropa ist noch keine überzeugende Regelung gelungen. Ein Patentrezept gibt es nicht. Klar ist jedoch, welche Aspekte der Gesetzgeber beachten muss, wenn er sich dieser Frage annimmt.

Der Ausgangspunkt der Regelung ist das Grundrecht des Einzelnen, sich vor Gericht gegen behördliche Rechtsverletzungen zu wehren, die ihn selbst betreffen. Gerade Großprojekte betreffen oft eine große und nicht einfach zu definierende Zahl von Bürgern, und auch nicht jeder Betroffene muss gleichermaßen betroffen sein: Wer unmittelbar neben dem Kernkraftwerk wohnt, ist einer stärkeren Strahlenbelastung ausgesetzt als der, der 15 km entfernt wohnt.

Die deutsche Verwaltungsrechtsdogmatik behilft sich unter anderem mit dem so genannten erweiterten Nachbarbegriff: Aus der tatsächlichen Beeinträchtigung wird die verwaltungsrechtliche Betroffenheit abgeleitet, die wiederum den Verfahrensstatus bewirkt. Wer im Hinblick auf eine gegebene Beeinträchtigung als „Nachbar“ gilt und somit Verfahrensrechte hat, kann nicht durch das allgemeine Verwaltungsrecht (Verwaltungsverfahrens- und Verwaltungsprozessrecht) geregelt werden, sondern dessen Festlegung ist die Aufgabe der Fachgesetze des besonderen Verwaltungsrechts. Zu unterschiedlich ist die immissionsrechtliche Betroffenheit durch eine neue Flugschneise, die eigentumsrechtliche Betroffenheit durch die Genehmigung eines Bergbaus oder die versammlungsrechtliche Betroffenheit durch die Auflösung einer Demonstration, als dass dies durch gemeinsame Regeln erfasst werden könnte. Wer als „Nachbar" oder „Betroffener" eine eigene Verfahrensstellung hat, muss das jeweilige Fachgesetz definieren.

In das jeweilige Fachgesetz können auch die Regeln über die Vorwegnahme des Rechtsschutzes im Verwaltungsverfahren integriert werden. Die Erfahrungen der letzten Jahrzehnte zeigen, dass gerade bei Großvorhaben, die Einwirkungen auf eine große Zahl von „Nachbarn" haben können, eine präventive Einbeziehung dieser Nachbarn und ihrer Interessen eine Lösung sein kann. Diese präventive Einbeziehung kann mit einer Präklusionswirkung versehen werden. Wenn im Planungsverfahren Möglichkeiten der Interessenvertretung und des Rechtsschutzes bestehen, ist es bei entsprechender Ausgestaltung dieser Regelungen keine Verletzung der Rechtsschutz- und Rechtsweggarantie, wenn der Betroffene, der seine Rechte und Interessen nicht im Planungsverfahren geltend gemacht hat, mit eben diesen Rechten und Interessen vor Gericht nicht mehr gehört wird. Die genaue Ausgestaltung dieser präventiven Einbeziehung und der Präklusionswirkungen, die daran anknüpfen können, hängt wiederum so entscheidend von der geregelten Materie ab, dass eine bereichsspezifische Regelung im jeweiligen Fachgesetz des besonderen Verwaltungsrechts angemessener ist als eine allgemeine Regelung im Verwaltungsverfahrens- oder Verwaltungsprozessgesetz.

Dennoch bleibt auch für das Verwaltungsprozessrecht noch einiges zu regeln, um Massenverfahren und kollektiven Verwaltungsrechtsschutz handhabbar zu machen. Zu den Aspekten, die das Verwaltungsprozessrecht regeln muss, gehören z.B.:

- die Definition, wann Klagebegehren tatsächlich und rechtlich so weit identisch oder zumindest vergleichbar sind, dass eine Zusammenfassung in einem kollektiven Verfahren möglich und angezeigt ist;
- die Vertretung gleichgerichteter Klagen durch einen einzigen oder eine kleine Gruppe von Musterklägern als Möglichkeit oder auch als Zwang; um die Konzentrationswirkung zu erhöhen, kann man ein Verwaltungsgericht alleine für zuständig erklären, auch wenn sich für einen Teil der Kläger nach

den allgemeinen Vorschriften eine andere örtliche Zuständigkeit ergibt, z.B. weil sie in einem anderen Verwaltungsgerichtsbezirk wohnen;
- die Unzulässigkeit weiterer Einzelklagen, wenn die Sache bereits in einem Massen- oder kollektiven Verfahren anhängig ist;
- Fragen der Zustellung und den Eintritt der Zustellungswirkungen bei einer großen Anzahl von Klägern und / oder Betroffenen;
- Wege, über die Betroffene mit besonderen Rechtsverletzungen ihre spezifischen Rechtsschutzaspekte in das Verfahren einbringen können;
- Urteilswirkungen gegenüber allen Klägern und / oder Betroffenen.

Hinter allen diesen Fragekomplexen steht letztlich die Abwägung des vollen individuellen Rechtsschutzes, vor allem des individuellen rechtlichen Gehörs, gegen das öffentliche Interesse an der Durchführung eines Großprojekts in einem absehbaren Zeitraum und mit einem angemessenen Verwaltungs- und Justizaufwand. Eine Ideallösung ist noch nirgendwo gefunden worden.

h) Abstimmung von Verwaltungsverfahrens- und Verwaltungsprozessrecht

Nicht alle sozialistischen Staaten besaßen ein kodifiziertes Verwaltungsverfahrensrecht. Doch auch die Staaten, die bereits vor der Wende über ein Verwaltungsverfahrensgesetz verfügten, mussten dieses nach der Wende an rechtsstaatliche Standards anpassen. Der postsozialistische Gesetzgeber musste also ein Verwaltungsverfahrensrecht entweder komplett neu schaffen oder das vorhandene grundlegend reformieren.[140]

Diese Aufgabe verläuft parallel zur Schaffung einer Verwaltungsgerichtsbarkeit: Das Verhalten der Behörden muss sowohl rechtsstaatlichen Standards als auch rechtsstaatlicher Ex-post-Kontrolle unterworfen werden. Da beide Aspekte ineinandergreifen, hängt ihre Normierung zusammen. Bei der Normierung des Verwaltungsverfahrens muss man auch dessen spätere gerichtliche Kontrolle vor Augen haben, und bei der Normierung des Verwaltungsprozesses

140 Speziell zu den Verwaltungsverfahrensgesetzen in Osteuropa siehe *Deppe* (Fn. 121), JOR 2011, S. 272–275; *Küpper* (Fn. 26), JOR 2011, S. 294–298; *Luchterhandt, Otto*: Zu Stand und Inhalten der Kodifikation des Allgemeinen Verwaltungsrechts in Ostmittel-, Ost- und Südosteuropa, in: Luchterhandt (Fn. 58), S. 15–90 (77–84); die Beiträge von *Adamiak*, *Hendrych*, *Machajová* und *Vadál* in: Wieser/Stolz (Fn. 99), S. 199–366, und von *Kerševan*, *Staničić*, *Milkov* und *Cobanov* in: Wieser/Stolz (Fn. 97), S. 183–372.

muss man an die jeweiligen Vorschriften des Verwaltungsverfahrensrechts anknüpfen.

Besonders deutlich wird diese gegenseitige Abhängigkeit von Verwaltungsverfahrens- und Verwaltungsprozessrecht im Widerspruchsverfahren (österreichisch: Berufung), d.h. in dem der gerichtlichen Kontrolle vorgeschalteten Verfahren der verwaltungsinternen Überprüfung der erstinstanzlichen Verwaltungsentscheidung. Die erste diesbezügliche Frage ist der Regelungsort: Verwaltungsverfahrensgesetz oder Verwaltungsprozessgesetz? Rechtsvergleichend üblich ist das Verwaltungsverfahrensgesetz. Hiervon weicht insbesondere das deutsche Recht ab, das das Widerspruchsverfahren aus Gründen der föderalen Kompetenzaufteilung nicht im VwVfG (Gesetzgebungskompetenz der Länder), sondern in der VwGO (Gesetzgebungskompetenz des Bundes) regelt, um das gewünschte Ergebnis einer bundeseinheitlichen Regelung zu erreichen. Da es sich beim Widerspruchsverfahren um ein Verfahren noch innerhalb der Verwaltung und noch nicht vor Gericht handelt, sprechen die besseren systematischen Gründe für eine Kodifikation im Verwaltungsverfahrensrecht. Da die Ausgestaltung des Widerspruchsverfahrens regelmäßig auch entscheidenden Einfluss auf die Eröffnung des gerichtlichen Verwaltungsrechtswegs hat, muss insbesondere dieser Teil des Verwaltungsverfahrensgesetzes in enger Abstimmung mit den daran anschließenden Normen des Verwaltungsprozessgesetzes formuliert werden.

Auch sonst spricht vieles dafür, Verwaltungsverfahrens- und Verwaltungsprozessrecht in einem parallelen Verfahren und eng aufeinander abgestimmt zu normieren. Da es mit der partiellen Ausnahme Jugoslawiens keine sozialistische Tradition eines rechtsstaatlichen Verwaltungsverfahrens gibt, kann der Gesetzgeber bei der Schaffung einer Verwaltungsgerichtsbarkeit nicht auf jüngere verwaltungsverfahrensrechtliche Traditionen zurückgreifen, sondern ein rechtsstaatliches Verwaltungsverfahren und ein rechtsstaatlicher Verwaltungsprozess müssen gleichzeitig geschaffen werden.

Ein Beispiel hierfür ist die Neukodifizierung des Verwaltungsverfahrensrechts anlässlich des erstmaligen Erlasses eines Verwaltungsprozessrechts in Ungarn: Beide Gesetze wurden vom Parlament zugleich, nämlich Ende 2016, verabschiedet und sollten auch zusammen verkündet werden; allerdings wurde die Verkündung des Verwaltungsprozessgesetzes durch eine präventive Normenkontrolle vor dem Verfassungsgericht dann „planwidrig" etwas verzögert. Die wünschenswerte Parallelität berücksichtigte auch der tschechische Gesetzgeber, der 2002, angehalten durch ein Verfassungsgerichtsurteil,[141] sowohl

141 Verfassungsgerichtsurteil Pl. ÚS 16/99 vom 27.6.2001; dazu *Kopecký* (Fn. 10), S. 20–21.

das Verwaltungsverfahrensrecht reformierte als auch eine Verwaltungsprozessordnung erließ. Im selben Jahr verabschiedete ebenfalls Slowenien neue Gesetze zum Verwaltungsverfahren und zum Verwaltungsprozess. Auch in Kroatien fand der Erlass eines neuen Verwaltungsverfahrensgesetzes und eines neuen Verwaltungsprozessgesetzes in zeitlicher Nähe statt: 2009 (Verwaltungsverfahren) und 2010 (Verwaltungsprozess). Am weitesten geht der Gesetzgeber in Kasachstan: Die für 2019 geplante Neuregelung fasst Verwaltungsverfahrens- und Verwaltungsprozessrecht in einem Gesetz zusammen. Der vom Justizministerium erarbeitete Entwurf soll das vorhandene Verwaltungsverfahrensgesetz sowie die ZPO als Rechtsgrundlage des Verwaltungsprozesses ersetzen.[142]

i) Rechtskraft und Durchsetzung des Urteils

In vielen sozialistischen Staaten war es üblich, dass auch rechtskräftige Gerichtsurteile nachträglich aufgehoben oder abgeändert werden konnten. Ein Weg hierfür war eine Rüge durch die Staatsanwaltschaft. Aber auch die obersten Gerichte waren in vielen sozialistischen Systemen befugt, rechtskräftige untergerichtliche Urteile, deren Rechtsanwendung sie für falsch hielten, im Nachhinein aufzuheben und / oder abzuändern.

Mit einem fairen Verfahren ist eine solche nachträgliche Durchbrechung der Rechtskraft ohne Mitwirkung der Parteien nicht zu vereinbaren.[143] Dies ist kein spezifisch verwaltungsprozessuales Problem, sondern betrifft grundsätzlich alle Rechtsgebiete und Verfahrensarten. Im Verwaltungsrechtsschutz ist aber möglicherweise die Versuchung besonders groß, für den Bürger obsiegende Urteile auch nach Eintritt der Rechtskraft anzugreifen und so die Verwaltung von der Bindung an das für sie negative Urteil freizustellen.

Darüber hinaus muss der Gesetzgeber sicherstellen, dass die Verwaltung auch für sie negative Urteile des Verwaltungsgerichts beachtet und umsetzt.

---

142 Das Verwaltungsverfahrens- und Verwaltungsprozessgesetzbuch der Republik Kasachstan vom 25.6.2020 trat am 1.7.2021 in Kraft. Siehe hierzu die auszugsweise deutsche Übersetzung in diesem Band, S. 231–296, sowie den Bericht aus der Tätigkeit der IRZ von *Schaich, Christian / Reitemeier, Christian*, WiRO 2021, S. 255 f. Zur vergleichbaren Kodifikationslage in den sozialistischen Staaten Bulgarien und Polen ab 1980 siehe oben Punkt II.3.c), in Liechtenstein siehe oben Fn. 27.

143 So für das faire Verfahren gemäß Art. 6 EMRK EGMR, 29.10.1999, 28342/95 – Brumarescu ./. Rumänien; 24.7.2003, 52854/99 – Ryabykh ./. Russland. Dass diese Entscheidungen des EGMR gegen ehemals sozialistische Staaten gerichtet sind, ist kein Zufall.

Grundsätzlich hat ein Gericht selbst keine Machtmittel, um die Verwaltung zur Beachtung seiner Rechtsansicht und seiner Urteile zu zwingen. Der Staat muss vielmehr durch geeignete Mechanismen sicherstellen, dass verwaltungsgerichtliche Urteile umgesetzt werden. Dies ist wiederum kein spezifisch osteuropäisches Problem, sondern es ist eine Frage, die sich jedem Gesetzgeber in Ost und West stellt, der eine gerichtliche Kontrolle von Verwaltungshandeln einrichtet. Spezifisch osteuropäisch ist ein Mentalitätsproblem: Die Justiz ist nach wie vor nicht nur die schwächste, sondern häufig noch die am wenigsten angesehene Staatsgewalt. Ein hoher Verwaltungsbeamter gilt vielerorts in Osteuropa mehr als ein Richter, und er verdient auch mehr. Zur Not müssen Gesetzgeber und Ministerien die nachgeordnete Verwaltung daran gewöhnen, dass sie sich „von irgendeiner dahergelaufenen Verwaltungsrichterin etwas sagen lassen muss". Westeuropäische Praktiken wie die Nichtanwendungserlasse deutscher Finanzministerien gegenüber finanzgerichtlichen Urteilen, die ihnen nicht passen, setzen sicherlich kein Beispiel für osteuropäische Rechtsstaaten im Aufbau.

3. Die Schaffung einer eigenen Verwaltungsrichterschaft mit verwaltungsrichterlichem Ethos

Die sozialistische Richterin war obrigkeitshörig, d.h. sie stellte Gesetze, andere Rechtsvorschriften und generell Staatshandeln nur selten in Frage. Eine solche Einstellung mag in einer postsozialistischen Justiz für Zivil- und Strafgerichte noch akzeptabel sein, obwohl nicht zuletzt der Rechtsstaat auch vom Zivil- und Strafrichter eine gewisse kritische Distanz zu Rechtsvorschriften verlangt, etwa zur Herstellung einer funktionsfähigen konkreten Normenkontrolle.[144] In der Verwaltungsgerichtsbarkeit hingegen wird von der Richterin und von dem Richter stets eine kritische Distanz zum Staat erwartet, ansonsten können sie ihre Aufgabe, nämlich Staatshandeln auf seine Rechtmäßigkeit hin zu überprüfen, nicht sinnvoll wahrnehmen. Dem steht zurzeit noch in praktisch allen osteuropäischen Staaten die aus dem Sozialismus ererbte richterliche Mentalität entgegen, möglichst am Buchstaben des Gesetzes zu kleben und Verwaltung, Regierung und Gesetzgeber nicht in Frage zu stellen. Diese richterliche Mentalität ist am stärksten in der Zivilrichterschaft nachweisbar.[145]

144 Hierzu siehe *Küpper/Vincze* (Fn. 73), vor allem S. 196–201.

145 *Uzelac* (Fn. 8), S. 383–394. Zu den Auswirkungen dieser Mentalität auf die postsowjetische Verwaltungsgerichtsbarkeit siehe *Nematov* (Fn. 10), speziell zur Ukraine siehe *Dzhurynskyi, Alexander*: Entscheidungsfindung in der ukrainischen Verwaltungsgerichtsbarkeit, JOR 2018, S. 355–368.

Eine Emanzipation der Verwaltungsrichterschaft von der Zivilrichterschaft ist in postsozialistischen Systemen auch noch aus einem anderen Grund notwendig. Im Sozialismus war das dogmatische Niveau des Zivilrechts regelmäßig höher als das des öffentlichen Rechts. Selbst in den liberaleren sozialistischen Diktaturen Jugoslawien, Polen und Ungarn stand das öffentliche Recht wegen seiner Systemnähe unter einem stärkeren politischen und ideologischen Druck, weshalb sich seine Wissenschaft nicht so frei entfalten konnte wie die des Zivilrechts. Im Sozialismus war daher das Zivilrecht noch stärker als in westlichen Ländern das Epizentrum juristischer Dogmatik, weshalb die Zivilrechtswissenschaft die gesamte Rechtswissenschaft und die Zivilrichter die gesamte Richterschaft in einem im Westen seit längerem unbekannten Maße dominierten und prägten. Es ist daher kein Zufall, dass so prägnante Juristenpersönlichkeiten wie z.B. der erste Präsident des ungarischen Verfassungsgerichts, *László Sólyom*,[146] oder die erste polnische Ombudsfrau, *Ewa Łętowska*, ihre akademische Heimat im Zivilrecht hatten.

Mentalität und Praxis der sozialistischen und postsozialistischen Zivilrechtspflege befähigen, wie dargestellt, nicht zu einer kritischen Überprüfung von Staats- und Verwaltungshandeln. Der Verwaltungsrichter benötigt ein eigenes, staatskritischeres Ethos und eine eigene Dogmatik. Hinzu kommt, dass der Verwaltungsrichter zudem auch besondere Kenntnisse des Verwaltungsrechts benötigt. Anders als das Zivilrecht, das regelmäßig in einem einzigen Kodex oder, wo es ein separates Handelsrecht oder pandektistische Einzelgesetze[147] gibt, in einigen wenigen Gesetzen niedergelegt ist, besteht das Verwaltungsrecht aus Tausenden von Gesetzen, angefangen bei den zentralen Kodifikationen des allgemeinen Verwaltungsrechts (z.B. Verwaltungsverfahrens- und Verwaltungsprozessrecht) bis hin zu der unübersehbaren Vielzahl von Einzelregelungen oft abgelegener Materien des besonderen Verwaltungsrechts vom kommunalen Steuerrecht über das Bestattungswesen und die Regelung des kommerziellen und privaten Flugverkehrs bis hin zur Genehmigung

146 Näher hierzu *Brunner, Georg / Küpper, Herbert*: Der Einfluß des deutschen Rechts auf die Transformation des ungarischen Rechts nach der Wende durch Humboldt-Stipendiaten: Das Beispiel Verfassungsgericht, in: Fischer, Holger (Hrsg.): Wissenschaftsbeziehungen und ihr Beitrag zur Modernisierung. Das deutsch-ungarische Beispiel, München 2005, S. 421–449.

147 So z.B. in Bulgarien oder Slowenien: *Dudar, Gregor*: Die Kodifikationslage des slowenischen Zivil- und Wirtschaftsprivatrechts, JOR 2009, S. 389–414; *Schrameyer, Klaus*: Das bulgarische Privatrecht – eine Übersicht, JOR 2012, S. 57–70.

der Haltung exotischer Tiere und der Auszahlung von Prämien für die Herausnahme ungeeigneter Böden aus der landwirtschaftlichen Produktion.

Deutlich wird: Der Verwaltungsrichter benötigt eine vom Zivilrichter verschiedene Mentalität und ein besonderes Wissen, d.h. eine fachliche Spezialisierung. Hier stellt sich die Frage, wie diese Unterschiede vom bislang die postsozialistische Justiz dominierenden Zivilrichter institutionell abgesichert werden können.

Wenn es eine einheitliche Richterlaufbahn gibt, in deren Verlauf der Richter immer wieder zwischen Zivil- und Verwaltungsdezernaten wechselt, ist es unmöglich, die geforderte Emanzipation des Verwaltungsrichters zu erreichen. In einem solchen Fall könnte nur eine Reform des gesamten Richterstands und seines Selbstverständnisses ein sinnvolles verwaltungsrichterliches Ethos hervorbringen. In der Wirklichkeit dominiert in den osteuropäischen Ländern mit einheitlicher Richterlaufbahn das ungeeignete zivilrichterliche Ethos die verwaltungsrichterliche Tätigkeit.

Sinnvoll ist daher die Einrichtung einer speziellen Laufbahn für Verwaltungsrichter. Wer eine solche Laufbahn beginnt, der kann zum einen auf das Vorhandensein der besonderen Anforderungen an einen Verwaltungsrichter hin geprüft werden, und der weiß zum anderen, dass er sich während seiner richterlichen Laufbahn nur mit Verwaltungsrecht beschäftigen wird, sodass er sich entsprechend spezialisieren kann. Eine eigene Verwaltungsrichterlaufbahn, getrennt von der Laufbahn eines Zivilrichters (oder eines Zivil- und Strafrichters), ist daher dringend notwendig, um die Besonderheiten der Aufgaben eines Verwaltungsrichters strukturell und institutionell abzusichern.

Die Notwendigkeit einer gesonderten Verwaltungsrichterlaufbahn stellt sich unabhängig von der institutionellen Entscheidung, wo die Verwaltungsgerichtsbarkeit angesiedelt wird. Wenn es separate Verwaltungsgerichte gibt, ergibt sich die Selbstständigkeit der Verwaltungsrichterlaufbahn schon fast von alleine, vor allem wenn das richterliche Laufbahnrecht das Springen zwischen den Gerichtszweigen erschwert oder gar nicht erst vorsieht. Aber auch bei der Ansiedlung der Verwaltungsgerichtsbarkeit in separaten Kammern der Einheitsgerichtsbarkeit ist die Einrichtung einer gesonderten Verwaltungsrichterlaufbahn problemlos möglich, indem die Verwaltungskammern laufbahnrechtlich von anderen Spruchkörpern abgesondert werden: Richter an einer Verwaltungskammer kann nur werden, wer diese besondere Verwaltungsrichterlaufbahn betritt. Selbst in institutionell gemischten Systemen kann eine von anderen Richterlaufbahnen abgesonderte Verwaltungsrichterlaufbahn ohne Schwierigkeiten eingerichtet werden, wie das in diesem Punkt sehr erfolgreiche tschechische Modell zeigt: Die zukünftigen Verwaltungsrichter der ersten Instanz werden regelmäßig aus den Gerichtssekretären und dem wissenschaftlichen Personal des Obersten Verwaltungsgerichts rekrutiert und können so das hohe Niveau des Obergerichts an die erstinstanzlichen Gerichte mitnehmen.[148]

In diesem Zusammenhang ist eine soziologische Besonderheit der Richterschaft in fast allen ehemals sozialistischen Staaten zu beachten. Postsozialistische Gesellschaften haben alle noch sehr deutliche egalitäre Reflexe und begegnen Sonderregeln und einem Sonderstatus stets mit Argwohn. Im Bereich der Richterschaft bedeutet das, dass eine Absonderung der verwaltungsrichterlichen von der – immer noch als „Normalfall" angesehenen – zivilrichterlichen Laufbahn auf Widerstände vor allem der Zivilrichter stößt, gegebenenfalls auch auf Unverständnis der Gesellschaft insgesamt. Dass Sachgründe für getrennte Laufbahnen von Zivil- und Verwaltungsrichtern sprechen und dass der Zivilrichter nicht der Normalfall ist, an dem sich alle Richterdienstverhältnisse zu orientieren haben, sind Sachargumente und spielen daher in dieser Mentalität keine Rolle. Dort, wo es noch keine gesonderte Verwaltungsrichterlaufbahn gibt, besteht die begründete Gefahr, dass die Einführung dieser Sonderlaufbahn als „Extrawurst", d.h. als sachlich nicht gerechtfertigtes Privileg empfunden wird. Eine solche Wahrnehmung in der (Zivil-)Richterschaft und der Gesellschaft kann die Akzeptanz der Verwaltungsrichter und somit auch der Verwaltungsgerichtsbarkeit gefährden. Der Gesetzgeber kann diese Gefahr reduzieren, indem er die sichtbaren Unterschiede zwischen ordentlichen und Verwaltungsrichtern gering hält, etwa indem die Amtsbezeichnungen gleich lauten und die Besoldung identisch ist – Letzteres ist in den osteuropäischen Neidgesellschaften kein zu unterschätzender Aspekt.

Wenn sich der Gesetzgeber für eine gesonderte Verwaltungsrichterlaufbahn entscheidet, stellt sich die Frage, wer qualifiziert für eine solche Laufbahn ist. Sinnvoll ist, von Bewerbern für eine Verwaltungsrichterlaufbahn eine Schwerpunktsetzung im Verwaltungsrecht[149] zu verlangen, soweit dies in der Juristenausbildung möglich ist. Erwägenswert ist auch, in der Juristenausbildung das

148 *Šimíček* (Fn. 100), S. 353.

149 In den meisten ehemals sozialistischen Staaten werden, anders als z.B. in Deutschland, Verwaltungsrecht und Verfassungsrecht wissenschaftssystematisch nicht zum öffentlichen Recht zusammengefasst. Daher ist es in Bezug auf postsozialistische Staaten sinnvoll, von einem Schwerpunkt im Verwaltungsrecht und nicht im öffentlichen Recht zu sprechen.

Verwaltungsrecht zu stärken,[150] zumindest für die Studierenden, die hier einen Schwerpunkt setzen möchten.

Ein kontrovers diskutiertes Problem bei besonderen Zugangskriterien für die Verwaltungsrichterlaufbahn ist in postsozialistischen Staaten, ob der Zugang nur über die auf ein spezifisches Richterreferendariat folgende Richteramtsprüfung (gegebenenfalls mit dem Zusatzerfordernis eines verwaltungsrechtlichen Schwerpunkts) möglich sein soll oder ob der Zugang auch juristisch gebildeten Beamten des Verwaltungsdiensts, sozusagen als Quereinsteiger, offenstehen soll. Eine allgemein gültige Antwort in dieser Frage gibt es nicht. Für eine Öffnung des verwaltungsgerichtlichen Richterdiensts auch für qualifizierte Verwaltungsbeamte spricht deren Kenntnis von der Verwaltung: Sie wissen meist, wovon die Rede ist. Die vorangegangene Sozialisation in der Verwaltung kann aber auch gegen ihre Ernennung zu Verwaltungsrichtern sprechen, wenn zu befürchten ist, dass diese Sozialisation der Herausbildung der für den Verwaltungsrichter erforderlichen kritischen Distanz zur Verwaltung im Wege steht oder zu einer Betriebsblindheit führt, die bestimmte Kontrollbedürfnisse und -notwendigkeiten nicht wahrnimmt. Auch ist zu erwägen, wie der Personalbestand in der Verwaltung ist: Kann man es rechtfertigen, der Verwaltung qualifiziertes Leitungspersonal zu entziehen, indem man den Weg in die Richterlaufbahn öffnet? Letztlich muss der jeweilige Gesetzgeber unter Erwägung der Besonderheiten seines Landes und seiner Beamten- und Richterschaft die genannte Abwägung treffen. Angesichts der Unterschiede zwischen den einzelnen Ländern können durchaus abweichende Antworten gefunden werden und in der jeweiligen Situation sinnvoll sein.

Und ein letzter Aspekt kann bei der Frage nach der Öffnung der Verwaltungsrichterlaufbahn für Verwaltungsbeamte eine Rolle spielen: Würde eine solche Öffnung es der Regierung ermöglichen, die Kontrollinstanz Verwaltungsjustiz durch die Ernennung ihr loyaler Persönlichkeiten zu „unterwandern“ und somit zumindest partiell zu neutralisieren? Dieser Aspekt hat z.B. in Ungarn im Vorfeld der organisatorischen Ausgliederung der Verwaltungsgerichte aus der ordentlichen Justiz 2018 eine Rolle gespielt. Die Regierung beabsichtigte, einen Teil der neu geschaffenen Verwaltungsrichterposten für Verwaltungsjuristen zu öffnen. Hiergegen wandten sich unter anderem die Standesvertretungen der Richterschaft (nicht nur der Zivilrichter) und

150 In manchen ehemals sozialistischen Staaten, wie z.B. Kasachstan, zählt das Verwaltungsrecht nicht an allen juristischen Fakultäten zu den obligatorischen Kernmaterien der Juristenausbildung.

forderten das übliche Richteramtsreferendariat und die übliche Richteramtsprüfung für alle Bewerber. Den Kritikern der Regierung ist zuzugeben, dass die seit 2010 intensiv betriebene (Re-)Feudalisierung des öffentlichen Diensts ein klientelistisches Netzwerk von Abhängigkeiten und Loyalitäten geschaffen hat, in dem vor allem leitende Verwaltungsbeamte – und nur solche kommen für eine Ernennung zum Verwaltungsrichter in Frage – in einem mehr oder weniger unmittelbaren „Vasallenverhältnis" zu ihrem Minister stehen. Vielen dieser Beamten ist bewusst, dass sie ihre Stellung mindestens ebenso sehr ihrer Loyalität wie ihren Fähigkeiten verdanken. Ob aus derartigen Vasallen unabhängig denkende Verwaltungsrichter werden können, ist zumindest zweifelhaft.

Die Refeudalisierung der öffentlichen Dienste und Beamtenapparate ist beileibe kein auf Ungarn beschränktes Phänomen, sondern findet sich fast überall in Osteuropa. Ausnahmen sind selten. In den meisten Staaten Osteuropas ist persönliche Loyalität zur Führung ein wichtiges Kriterium für gehobene Beamtenkarrieren, sodass sich überall die Frage stellt, ob ein Beamter, der sich loyal hochgedient hat, noch ein unabhängiger Verwaltungsrichter werden kann. Allerdings relativiert die zunehmende Refeudalisierung des Justizdiensts in vielen Staaten Osteuropas diese Problematik, denn dort ist auch für viele Richterkarrieren ein persönliches Verhältnis zu den Entscheidungsträgern (in Exekutive oder Judikative) wichtiger als fachliche Eignung.[151]

V. Fazit

Angesichts der Ausgangslage der Verwaltungsgerichtsbarkeit zu Beginn der postsozialistischen rechtsstaatlichen Transformation nach 1989, d.h. dem eher rechtsstaatsunfreundlichen sozialistischen Erbe außerhalb von Jugoslawien und in gewissem Maße in Polen, verbot und verbietet sich eine unreflektierte Übernahme westlicher Regelungen oder Strukturen. Erfolgreicher scheint es, spätsozialistische Ansätze weiterzuentwickeln und / oder auf heimische vorsozialistische rechtsstaatliche Traditionen zurückzugreifen. Die osteuropäischen Verfassungen ebenso wie einschlägige internationale Dokumente definieren hierbei vor allem den Zielpunkt, d.h. die Errichtung einer rechtsstaatskonformen Gerichtskontrolle von Verwaltungsentscheidungen, weniger aber die Methode, wie dieser Zielpunkt zu erreichen ist. Diese Methode muss für jede einzelne Transformationssituation, d.h. differenziert nach Ländern und auch

151 Zu dieser Problematik siehe auch unter Punkt III.4. die Darlegungen zu den Justizräten.

nach der Zeit, separat maßgeschneidert werden. So wie „der Ostblock" nicht einheitlich war – selbst wenn man Jugoslawien nicht hinzuzählt –, so ist auch das sozialistische Erbe im Bereich der Verwaltungsgerichtsbarkeit nicht einheitlich. Weitere Differenzierungen ergeben sich aus fortlebenden oder wiederbelebbaren vorsozialistischen Traditionen.

Es gibt aber auch Problemlagen, die sich in allen osteuropäischen Staaten gleich oder zumindest sehr ähnlich stellen. Das betrifft vor allem das richterliche Ethos und das fehlende Selbstbewusstsein der Judikative gegenüber den übrigen Staatsgewalten. In manchen Staaten haben die Anhebung der Richtergehälter und die Aufwertung des Richterberufs zu einer Verbesserung ihres Prestiges und damit auch der Durchschlagskraft der Justiz geführt. Im Bereich dieser gleichen Problemlagen können die ehemals sozialistischen Staaten voneinander lernen.

Und nicht zuletzt: Der Verfassungsauftrag zum Aufbau einer rechtsstaatlichen Verwaltungsgerichtsbarkeit war durchaus eine Chance zur Einrichtung moderner Strukturen in der gerichtlichen Kontrolle von Verwaltungsentscheidungen, und etliche osteuropäische Staaten haben diese Chance genutzt. Von deren Modernität können durchaus auch alte und möglicherweise reformbedürftige westliche Verwaltungsgerichtsbarkeiten etwas lernen.

Dagmar Wünsch (Koblenz)

Beratungshilfe für die ukrainische und die zentralasiatische Verwaltungsgerichtsbarkeit aus Sicht einer deutschen Verwaltungsrichterin*

I. Struktur und historische Bezüge der Verwaltungsgerichtsbarkeit in Deutschland

In Deutschland gibt es aufgrund des Grundgesetzes für die Bundesrepublik Deutschland vom 23. Mai 1949 die Verwaltungsgerichtsbarkeit. Der Aufbau ist dreistufig: Verwaltungsgerichte als erste Instanz, Oberverwaltungsgerichte in den Bundesländern als zweite Instanz und schließlich als Revisionsinstanz das Bundesverwaltungsgericht in Leipzig. In dem föderalen Bundesstaat Deutschland sind die erst- und zweitinstanzlichen Gerichte solche der Länder.

Das Grundgesetz hat insgesamt fünf Gerichtsbarkeiten geschaffen:[1] die ordentliche Gerichtsbarkeit (Zivil- und Strafgerichte), die Verwaltungsgerichtsbarkeit, die Finanzgerichtsbarkeit und die Arbeits- und Sozialgerichtsbarkeit. Es gibt also drei Gerichtsbarkeiten (Verwaltungs-, Finanz- und Sozialgerichtsbarkeit), die sich mit öffentlich-rechtlichen Streitigkeiten befassen. Anders als in der Ukraine fallen Steuer- und Sozialhilfeangelegenheiten nicht in die Kompetenz der Verwaltungsgerichtsbarkeit. Über Verfahren, die Ordnungswidrigkeiten – also so genanntes Verwaltungsunrecht – betreffen, entscheiden die Amtsgerichte als ordentliche Gerichte.

Dabei knüpft die deutsche Verwaltungsgerichtsbarkeit nach dem Ende der nationalsozialistischen Unrechtsherrschaft an alte Traditionen an. Bereits im Jahr 1864 wurde mit dem Badischen Verwaltungsgerichtshof das erste

* Der Vortragsstil wurde im Wesentlichen beibehalten.

1 Art. 95 Abs. 1 GG.

Verwaltungsgericht in Deutschland errichtet. Das (Königlich-)Preußische Oberverwaltungsgericht folgte im Jahr 1875. Dieses Gericht hat heute noch einen legendären Ruf: Erstmals – und dies im ausgehenden 19. Jahrhundert – stärkte ein Gericht die Rechtsstellung von Bürgern gegenüber dem Staat und schrieb die Bindung des Staates an Gesetz und Recht vor.[2]

Die Entwicklung der Verwaltungsgerichtsbarkeit wurde im Dritten Reich unterbrochen. Ein Willkür- und Unrechtsstaat braucht keine Verwaltungsgerichtsbarkeit.

II. Bedeutung der Verwaltungsgerichtsbarkeit für den Rechtsstaat

Der Rechtsstaat wird von der Bindung der Verwaltung an Gesetz und Recht geprägt. Der Rechtsstaat ist das Gegenmodell zu einem Willkür- und Unrechtsstaat. Nur er garantiert die Freiheits- und Menschenrechte des Bürgers. Er ist das wirkungsvollste Instrument gegen Korruption und er ist die Grundlage für das Wohlergehen der Bürger und des Staates. Er schafft Rechtssicherheit und Rechtsfrieden.

Wer kontrolliert, ob die Verwaltung sich an die Gesetzesbindung hält: Die Verwaltungsgerichtsbarkeit als Teil der dritten und rechtsprechenden Gewalt. Auch die Gewaltenteilung ist ein unverzichtbarer Bestandteil des Rechtsstaatsprinzips.

Die Verwaltungsgerichtsbarkeit in Deutschland wird der „Schlussstein" des Rechtsstaats genannt. Der Staat richtet eine Gerichtsbarkeit zur rechtlichen Überprüfung seiner eigenen Entscheidungen ein und unterwirft sich ihr. Die Verwaltungsgerichtsbarkeit ist damit die konsequenteste Folge der Bindung der Verwaltung an Gesetz und Recht.

Die Bedeutung der Verwaltungsgerichtsbarkeit beschränkt sich aber nicht nur auf die Kontrolle staatlicher Maßnahmen. Sie wirkt insbesondere auch präventiv. Die gerichtlichen Entscheidungen sind für die Behörden für zukünftiges Verwaltungshandeln Richtschnur und Leitlinie, sodass Fehler vermieden werden können. Eine unabhängige, qualitativ gute Verwaltungsgerichtsbarkeit ist auch Grundlage einer guten Verwaltung.

Nach den politischen Veränderungen ab 1990/1991, insbesondere der Auflösung der Sowjetunion und der Unabhängigkeit zahlreicher Staaten in Osteuropa und Zentralasien, haben Bestrebungen eingesetzt, rechtsstaatliche Strukturen und damit auch eine verwaltungsgerichtliche Kontrolle zu schaffen.

2 Kreuzberg-Urteil vom 14.6.1882, PrOVGE, S. 353 ff.

In der Ukraine begann nach der Unabhängigkeit im Jahr 1991 ein Entwicklungsprozess, der am 1. September 2005 zum Verwaltungsgerichtsgesetzbuch der Ukraine führte.[3]

Welche Bedeutung kommt dabei der ausländischen Beratungshilfe zu und was kann sie bei der Entwicklung der Verwaltungsgerichtsbarkeit leisten?

III. Beratungshilfe

In Deutschland stellte sich die Frage des Wiederaufbaus einer Verwaltungsgerichtsbarkeit nach dem zweiten Weltkrieg und dem Ende der nationalsozialistischen Diktatur. Die Verfasser des Grundgesetzes standen unter dem von ihnen erlebten Eindruck einer totalitären Gewaltherrschaft und hatten den unbedingten Willen: Nie wieder.

Menschenwürde, Gewährleistung von individuellen Freiheits- und Gleichheitsrechten, Gewaltenteilung, Demokratie und Rechtsstaatlichkeit sollten die neue Bundesrepublik Deutschland prägen. Zugleich sollte nach den Erfahrungen verheerender Kriege in Europa das Land als gleichberechtigtes Glied in einem vereinten Europa dem Frieden der Welt dienen.[4]

Die wichtigste Regelung für die Verwaltungsgerichtsbarkeit ist die Gewährleistung eines individuellen und effektiven Rechtsschutzes: Wird jemand durch die öffentliche Gewalt in seinen Rechten verletzt, so steht ihm der Rechtsweg offen.[5] Diesen Rechtsschutz sollen unabhängige Richter sichern. Eine bundeseinheitliche Verfahrensordnung ließ auf sich warten. Erst im Jahr 1960 – und damit 15 Jahre nach Kriegsende – wurde die deutsche Verwaltungsgerichtsordnung erlassen und sie gilt im Wesentlichen bis heute unverändert fort.

In der Ukraine und auch in den zentralasiatischen Staaten kam eine Zeitenwende mit der Auflösung der Sowjetunion und der nachfolgenden Unabhängigkeit. In der Ukraine strebte man von Beginn der Unabhängigkeit eine Verwaltungsreform an. Insbesondere sollte das Verhältnis zwischen Bürger und Staat neugestaltet werden: der Schutz und die Verwirklichung der Rechte und der Freiheiten des Bürgers wurden wichtig.[6] Bereits 1992 verabschiedete

---

3 Im Einzelnen *Hülshörster*, Recht im Umbruch: Die Transformation des Rechtssystems in der Ukraine unter ausländischer Beratung, Studien des Instituts für Ostrecht München Bd. 59, Peter Lang, Frankfurt/M. 2008, S. 163 ff.; *Komzjuk/Melnyk/Berzenko/Mann*, Die Verwaltungsgerichtsbarkeit in der Ukraine, OER 2010, S. 249 ff.

4 Präambel GG.

5 Art. 19 Abs. 4 Satz 1 GG.

6 *Hülshörster*, a.a.O. (Fn. 3), S. 165.

das Parlament eine „Konzeption über die Gerichts- und Rechtsreform in der Ukraine", die die Schaffung der Verwaltungsgerichtsbarkeit vorsah. Am 1. September 2005 trat das Verwaltungsgerichtsgesetzbuch der Ukraine in Kraft.

Bis dahin waren umfangreiche Beratungen durch internationale Organisationen erfolgt. Da erstmals eine Verwaltungsgerichtsbarkeit geschaffen werden sollte, war es naheliegend und sinnvoll, sich von den Staaten beraten zu lassen, die bereits über entsprechende Erfahrungen verfügten. Heute verwendet man für ein solches Vorgehen den Begriff „Best Practice". Gemeinsam mit anderen europäischen Staaten verfügte man auch über eine Norm, die als Grundlage der Überlegungen dienen konnte: Art. 6 EMRK, der ein Recht auf ein faires Verfahren garantiert.

Besonders intensiv war die Beratung durch die im Jahr 1992 gegründete Deutsche Stiftung für internationale rechtliche Zusammenarbeit (IRZ-Stiftung), mit der auch das Institut für Ostrecht München (IOR) zusammenarbeitet. Ziele der Unterstützung der IRZ-Stiftung waren und sind die Schaffung rechtsstaatlicher, demokratischer Verfassungsstrukturen im Rahmen des europäischen Menschenrechtsverständnisses, einer unabhängigen, funktionsfähigen Justiz und die Harmonisierung der nationalen Rechtsordnungen mit dem europäischen Recht. Juristen aus allen Bereichen – aus Forschung und Lehre und der Rechtsprechung – waren und sind heute noch beratend tätig. Dahinter stehen auch internationale Organisationen wie beispielsweise die Organisation für Sicherheit und Zusammenarbeit in Europa (OSZE), ebenso aus den USA und Kanada. Alle wollten und wollen helfen, aber wie sieht eine sinnvolle Beratungshilfe – und damit meine ich nicht nur eine finanzielle Unterstützung – für eine funktionierende Verwaltungsjustiz aus?

Die Forderung nach dem Rechtsstaat gilt uneingeschränkt, aber wie sieht die Umsetzung, z.B. beim Aufbau einer Verwaltungsgerichtsbarkeit aus? Auch hier gibt es Grundvoraussetzungen und Mindeststandards. Eine der wichtigsten dabei ist die Unabhängigkeit der Richter. Die beste Prozessordnung nutzt nichts, wenn die Unabhängigkeit der Richter nicht gewährleistet ist.

Wie aber die prozessrechtlichen Regelungen im Einzelnen gestaltet sein sollen, ist Sache des nationalen Gesetzgebers. Ziel der ausländischen Beratung darf es nicht sein, den jeweiligen nationalen Gesetzgebern das eigene Recht geradezu aufzudrängen. Beratungshilfe ist kein „Rechtskolonialismus". Zu unterschiedlich sind die historischen Erfahrungen, die wirtschaftlichen, politischen und kulturellen Verhältnisse in den doch ganz verschiedenen Ländern wie beispielsweise in der Ukraine und in Kasachstan. Wenn man die übrigen zentralasiatischen Staaten noch hinzunimmt, wird die Vielfältigkeit noch deutlicher. Eine einheitliche Prozessordnung für alle: das erscheint ausgeschlossen.

Dies gibt es auch nicht in der Europäischen Union und selbst nicht in Westeuropa mit rechtshistorisch gesehen vielleicht noch den größten Gemeinsamkeiten. Insbesondere die deutsche und die französische Verwaltungsjustiz mit dem Conseil d'État an der Spitze arbeiten nach ganz anderen prozessrechtlichen Grundsätzen, ohne dass einer der beiden Staaten sich vorwerfen lassen müsste, er sei kein Rechtsstaat.

Die Beratungshilfe ist zunächst nur ein Angebot: Ausländische Berater stellen das System in ihren jeweiligen Ländern vor, berichten über Erfahrungen, stellen die Praxis dar und machen mit Gesetzentwürfen Vorschläge. Es ist dann Sache des nationalen Gesetzgebers, aus unterschiedlichen Modellen dasjenige zu wählen, das am besten zu der jeweiligen Situation vor Ort passt, und es durch eigenständige Regelungen noch zu verändern oder zu ergänzen.

Bei dieser Art der Beratungshilfe hat sich die deutsche Verwaltungsgerichtsordnung als „Exportartikel" erwiesen. Ihre Grundzüge finden sich vor allem in dem Verwaltungsgerichtsgesetzbuch der Ukraine, aber auch in den anderen vorhandenen Prozessordnungen bzw. Entwürfen.[7] Warum? Mit der Verwaltungsgerichtsordnung ist dem deutschen Gesetzgeber im Jahr 1960 ein Meisterwerk gelungen: einfach und klar strukturiert. Hinzu kommt, dass im Jahr 1977 erstmals – im Übrigen nach langen Vorarbeiten und Diskussionen[8] – in Deutschland ein bundeseinheitliches Verwaltungsverfahrensgesetz in Kraft trat, das mit der Verwaltungsgerichtsordnung abgestimmt ist. Das beste Beispiel dafür sind die Regelungen zur Amtsermittlung (ein Prinzip, das das ukrainische Verwaltungsgerichtsgesetzbuch übernommen hat). Für die Verwaltung ist der Untersuchungsgrundsatz wie folgt bestimmt: Die Behörde ermittelt den Sachverhalt von Amts wegen. Sie bestimmt Art und Umfang der Ermittlungen; an das Vorbringen und an die Beweisanträge der Beteiligten ist sie nicht gebunden.[9] Der Untersuchungsgrundsatz im gerichtlichen Verfahren wird wie folgt beschrieben: Das Gericht erforscht den Sachverhalt von Amts wegen; die Beteiligten sind dabei heranzuziehen. Es ist an das Vorbringen und an die Beweisanträge der Beteiligten nicht gebunden.[10]

Die rheinland-pfälzische Verwaltungsgerichtsbarkeit leistet in Zusammenarbeit mit der IRZ-Stiftung Beratungshilfe. Die Schaffung rechtsstaatlicher,

---

7 Pudelka (Hrsg.), Verwaltungsprozesskodex: Konzeption, Modellgesetz und Kommentierung, Berliner Wissenschaftsverlag, Berlin 2014.

8 *Kopp/Ramsauer*, Verwaltungsverfahrensgesetz, 19. Aufl. 2018, Einführung Rn. 1.

9 § 24 Abs. 1 VwVfG.

10 § 86 Abs. 1 VwGO.

demokratischer Verfassungsstrukturen im Rahmen des europäischen Menschenrechtsverständnisses war und ist einer der Schwerpunkte der IRZ-Stiftung.[11] In Bezug auf die Ukraine ist sicherlich – wie bereits erwähnt – von Bedeutung, dass auch für sie die Europäische Menschenrechtskonvention und damit auch Art. 6 EMRK gilt. Die Vorschrift regelt das Menschenrecht auf ein faires Verfahren. Jede Person hat ein Recht darauf, dass über Streitigkeiten von einem unabhängigen und unparteiischen, auf Gesetz beruhenden Gericht in einem fairen Verfahren, öffentlich und innerhalb angemessener Frist verhandelt wird. Damit werden unabhängig von nationalen Regelungen Mindeststandards eines rechtsstaatlichen Verfahrens europarechtlich bestimmt. Über die Einhaltung der Vorgaben wacht der Europäische Gerichtshof für Menschenrechte in Straßburg.

Die richterliche Unterstützung des Aufbaus der ukrainischen Verwaltungsgerichtsbarkeit begann mit juristischer Beratung bei dem Entwurf eines Verwaltungsgerichtsgesetzbuchs für die Ukraine und besteht heute nach Einrichtung der Verwaltungsgerichtsbarkeit unter anderem in einem regelmäßigen Erfahrungsaustausch zwischen ukrainischen und rheinland-pfälzischen Verwaltungsrichtern. Erstmals im Jahr 2005 – in diesem Jahr trat das Verwaltungsgerichtsgesetzbuch der Ukraine in Kraft – gab es beim Oberverwaltungsgericht eine einwöchige Hospitation von zwei Richtern des damaligen Obersten Verwaltungsgerichts der Ukraine. Dazu gehörte auch der heutige Präsident des Kassationsgerichts für Verwaltungssachen bei dem durch die Justizreform neu geschaffenen Obersten Gericht der Ukraine. Seit 2005 wird das einwöchige Kolloquium durchgeführt. 2019 konnte das 15. Jubiläum gefeiert werden. Zu den Förderern dieses Programms gehörte auch der damalige Präsident des früheren Obersten Verwaltungsgerichts, *Oleksandr Pasenjuk*. Wie seinem Beitrag in diesem Band[12] zu entnehmen ist, sieht er die Errichtung der Verwaltungsgerichte in der Ukraine als eine der wichtigsten Errungenschaften der Gerichtsreform in der Ukraine an.

Im Rahmen des Kolloquiums kamen jährlich insgesamt vier ukrainische Verwaltungsrichter zu diesem Erfahrungsaustausch, darunter regelmäßig Präsidenten erst- und zweitinstanzlicher Verwaltungsgerichte und fast immer ein Richter des Obersten Gerichts. Diese Verwaltungsrichter verstanden sich als Multiplikatoren. Daneben führt die IRZ-Stiftung einmal jährlich in einer Region der Ukraine bei einem erst- oder zweitinstanzlichen Gericht ein

---

11 *Hülshörster*, a.a.O. (Fn. 3), S. 105.

12 Siehe den Beitrag von *Pasenjuk* in diesem Band, S. 179–189.

Seminar durch, an dem auch rheinland-pfälzische Verwaltungsrichter beteiligt sind.

Was waren und sind die Themen? Unter anderem wurden gemeinsam erörtert:

- Richterliche Unabhängigkeit;
- Grundzüge des deutschen Verwaltungsprozesses, Recht auf ein faires Verfahren (Art. 6 EMRK);
- Zuständigkeit der deutschen Verwaltungsgerichtsbarkeit, Instanzenzug und Rechtsmittelverfahren;
- Entscheidungen über die Ablehnung von Richtern;
- Vollstreckung gerichtlicher Entscheidungen;
- Verfassungs- und Verwaltungsgerichtsbarkeit;
- Rechtsprechung des Europäischen Gerichtshofs für Menschenrechte (z.B. zum Versammlungsrecht).

Daneben haben die ukrainischen Verwaltungsrichter die Gelegenheit, an mündlichen Verhandlungen teilzunehmen. Dieser Programmpunkt ist deshalb so interessant, weil sich die mündlichen Verhandlungen in der Ukraine und in Deutschland deutlich unterscheiden. In Deutschland findet regelmäßig ein sehr offenes Gespräch mit den Verfahrensbeteiligten über die Sach- und Rechtslage statt, während in der Ukraine die Äußerung eines Richters zur Sach- und Rechtslage und damit auch zum möglichen Verfahrensausgang als Befangenheitsgrund angesehen wird. Aus einer Hospitation vor 15 Jahren wurde ein intensiver Erfahrungsaustausch.

Soweit hier auch Kasachstan angesprochen und in meinem Thema sogar umfassend von Zentralasien die Rede ist, sind die praktischen, richterlichen Unterstützungsleistungen – diesmal vor allem mit der Gesellschaft für internationale Zusammenarbeit (GIZ) – entsprechend dem Stand des Aufbaus einer Verwaltungsjustiz noch nicht so intensiv. Zur Unterstützung der zentralasiatischen Staaten hat die GIZ eine Arbeitsgruppe aus deutschen Juristen gefördert, die einen Musterentwurf für ein Verwaltungsprozessgesetz vorgelegt hat. Dieser Entwurf beruht auf der deutschen Verwaltungsgerichtsordnung und versucht, ein einfaches, praktikables Verwaltungsprozessrecht vorzuschlagen und dabei Raum zu schaffen, um den jeweiligen Besonderheiten der Länder Rechnung zu tragen.[13]

13 Pudelka, a.a.O. (Fn. 7), S. 5.

In Rheinland-Pfalz gab es bisher Besuche von Richtern und anderen Juristen aus Kasachstan – sogar einen Besuch von Richtern des Obersten Gerichts und von Mitgliedern des Verfassungsrats der Republik Kasachstan –, aus Usbekistan und Turkmenistan. Diesen folgten dann Gegenbesuche, unter anderem auch noch nach Kirgisistan und Tadschikistan. Ziel war es, über die Erfahrungen mit der deutschen Verwaltungsgerichtsordnung in der Praxis und damit über den Musterentwurf zu berichten.

IV. Ausblick und Schlussbemerkungen

Die Globalisierung ist nicht nur ein wirtschaftliches Thema, sondern auch ein rechtliches und politisches. Der Weg hin zu einem Rechtsstaat weltweit ist unumkehrbar und damit auch zu verwaltungsgerichtlicher Kontrolle staatlicher Entscheidungen. Dies ist meine Vision. Es wird viel Zeit in Anspruch nehmen und es wird Rückschläge geben. Umso wichtiger sind Veranstaltungen wie das im Jahr 2019 durchgeführte Seminar, das sich an Studierende und damit an den juristischen Nachwuchs richtete.

Wir haben in Deutschland das Glück, dass rechtsstaatliche Strukturen gefestigt sind. Und deshalb ist es unsere Aufgabe, anderen Staaten Beratungshilfe zu leisten.

Christian Reitemeier (Düsseldorf/Essen)

Beratungserfahrungen zum Verwaltungsrechtsschutz in Osteuropa und aktuelle rechtspolitische Erfahrungen in Deutschland[1]

1 Die Ausführungen geben die persönliche Auffassung des Autors wieder.

I. Einführung

Der Titel des Beitrags überrascht auf den ersten Blick. Bindeglied der beiden Teile „internationale Rechtsberatung“ und „nationale Rechtspolitik“ sind *Erfahrungen* und *Verwaltungsrechtsschutz*, also ein Verfahrens- und ein inhaltlicher Aspekt. Um die Frage beantworten zu können, warum es sich lohnt, internationale Beratung und nationale Rechtspolitik zu vergleichen, sollen zunächst einige einführende Bemerkungen zur internationalen Rechtsberatung erfolgen. Sodann werden Rahmenbedingungen für die Entwicklung des Verwaltungsrechtsschutzes aus deutscher Sicht und aus Sicht der Empfängerländer gegenübergestellt (II.). Dem folgt die Darstellung und Bewertung von Diskussionen zu Problemen des Verwaltungsrechtsschutzes in der Rechtspolitik und in der Beratung (III.). Der Beitrag endet mit dem Versuch eines Fazits (IV.).

1. Was ist internationale Rechtsberatung?

Besser als der Begriff „internationale Rechtsberatung“ drückt insgesamt die „rechtliche Zusammenarbeit“ das Verhältnis aus, in dem ein rechtlicher Dialog mit den meisten Staaten stattfindet. Häufig findet die Besprechung von rechtlichen Problemen „auf Augenhöhe“ statt.[2] Denn üblicherweise wird nicht eine normative oder gar rechtliche *tabula rasa* vorgefunden, sondern ein Zustand, der meist eine lange – oft andere – Rechtsentwicklung, häufig als Teil des sozialistischen Rechtskreises hinter sich hatte. Die vorgefundenen Rahmenbedingungen unterscheiden sich dabei maßgeblich in Abhängigkeit vom betroffenen Rechtsgebiet: So gab es natürlich auch in den ehemals sozialistischen Staaten umfangreiche strafrechtliche und zivilrechtliche (etwa familienrechtliche) Regelungen, während das Gebiet des öffentlichen Rechts dort meist verkümmert war (dazu später mehr).

Beratende Tätigkeit findet auch in der eher kooperativ geprägten Zusammenarbeit häufig statt. Sehr verkürzt sind wenigstens zwei Schritte zu nennen, wenn es um rechtliche Zusammenarbeit und einen damit verbundenen Wissenstransfer geht:

- Zunächst die Schaffung oder Änderung bzw. Anpassung normativer Grundlagen

2 Vgl. *Weckerling, Matthias*, Internationale rechtliche Zusammenarbeit zwischen Anspruch und Wirklichkeit, in: Hülshörster, Stefan / Mirow, Dirk (Hrsg.), Deutsche Beratung bei Rechts- und Justizreformen im Ausland, Berlin 2012, S. 329–340.

- und sodann die Sicherstellung der Anwendung der rechtsstaatlichen Normen, um eine Diskrepanz von *law in the books* und *law in action* so gering wie möglich zu halten.[3]

Bei beiden Schritten ist zu beachten, dass Recht ein soziales Phänomen ist, es steht in Wechselwirkung mit den sozialen Vorbedingungen, die jeweiligen Erfordernisse und historischen Erfahrungen eines Landes sind einzustellen. Rechtskulturelle Aspekte des jeweiligen Staates und seiner Gesellschaft, gelegentlich auch nur von einzelnen ethnischen Gruppen, sind zu beachten.

Die wenigen und viel zu kurzen Bemerkungen zum Begriffsverständnis der Rechtsberatung bzw. der Rechtszusammenarbeit lassen erahnen, wie vielfältig das Thema ist und von wie vielen wissenschaftlichen Disziplinen es untersucht werden kann. Für die hier verfolgten Zwecke der Gegenüberstellung zur nationalen Rechtspolitik mag diese erste Beschreibung aber ausreichen.

2. Ziele und Zweck von Rechtsberatung

Die Perspektive des Empfängerstaats wurde bereits angesprochen. Die Verbesserung oder Schaffung von Normen sowie die Sicherstellung ihrer richtigen Anwendung stellt das jeweilige primäre nationale Interesse bei der Schaffung von im besten Falle rechtsstaatlichen Strukturen zum Wohle der Staatsbürger dar. Weitergehende Interessen bestehen gegebenenfalls in der Beitrittsperspektive zu internationalen oder supranationalen Organisationen, für die die Erreichung bestimmter rechtlicher Standards Zugangsvoraussetzung sein kann.

Die Motivation beratender und entsendender Staaten kann vielfältig sein. Zunächst besteht ein Interesse an Stabilität der politischen und gesellschaftlichen Rahmenbedingungen in anderen Staaten. Diese werden maßgeblich auch durch rechtliche Stabilität vermittelt. Dieses Interesse wächst mit der Bedeutung des jeweils betroffenen Staates. Gleiches gilt für die wirtschaftlichen Rahmenbedingungen in den Partnerstaaten. Hier liegen die Interessen der beratenden Staaten auf der Hand und steigen in dem Maße, in dem die eigene Wirtschaft auf Exporte und Außenhandel orientiert ist.[4]

Als primäre Voraussetzung für einen guten Wirtschaftsstandort ist die wirtschaftliche Freiheit zu nennen. Sie wird geprägt durch einen geringen Staatseinfluss, Sicherheit des Eigentums, Währungsstabilität, Außenhandelsfreiheit

---

3 Vgl. *Hartwig, Matthias*, Was ist und zu welchem Zweck betreiben wir rechtliche Zusammenarbeit?, in: Hülshörster/Mirow (Hrsg.), Deutsche Beratung bei Rechts- und Justizreformen im Ausland, Berlin 2012, S. 69–76.

4 Vgl. auch *Stark, Johanna*, Recht als Marktprodukt, DRiZ 2019, S. 418 f.

und eine angemessene Regulierungsdichte.[5] Einen guten Wirtschaftsstandort zeichnet stets aus, dass er nicht beim *status quo* verbleibt, sondern dass seine Rechtsordnung zur ständigen Fortentwicklung in der Lage ist.

Daneben existieren bei den beratenden Staaten durchaus auch eher altruistische Motive, indem ein idealistisches Verständnis von Entwicklungszusammenarbeit und Völkerverständigung propagiert wird. Hier stehen dann der Gedanke der Teilhabe an allgemein erstrebenswerten Errungenschaften, am Rechtsstaatsgedanken und die Verwirklichung einer Menschenrechtsgemeinschaft, wie sie in der Europäischen Menschenrechtskonvention ihr Idealbild findet, im Vordergrund.[6]

Der deutsche Staat bedient sich verschiedener Institutionen, um rechtliche Zusammenarbeit durchzuführen. In erster Linie sind dabei die Stiftung für internationale rechtliche Zusammenarbeit (IRZ) und die Gesellschaft für internationale Zusammenarbeit (GIZ)[7] zu nennen. Auch zahlreiche Verbände sind für ihr jeweiliges Fachgebiet in der internationalen Zusammenarbeit tätig.[8] Hinzu kommen bilaterale Veranstaltungsformate wie etwa die Deutsche Woche in St. Petersburg, deren regelmäßiger Bestandteil auch ein Tag des deutschen Rechts ist.[9] Das Bundesministerium der Justiz und für Verbraucherschutz fördert die Zusammenarbeit durch die Herausgabe einer Broschüre *Law made in Germany*[10] und bedient sich dabei auch zahlreicher Instrumente des Marketings. Das deutsche Recht sei „global – effektiv – kostengünstig". Einzelne Kapitel sind wie folgt überschrieben: „Deutsches Recht – beste Voraussetzungen für wirtschaftliche Aktivitäten", „Rechtssicherheit durch Kodifikationen", „Die deutschen Gerichte – unabhängig, schnell und kostengünstig".

---

5 Vgl. *Ewer, Wolfgang*, Die Bedeutung des Rechts für den Wirtschaftsstandort Deutschland, in: Hülshörster/Mirow (Hrsg.), Deutsche Beratung bei Rechts- und Justizreformen im Ausland, Berlin 2012, S. 55–68.

6 Vgl. *Weckerling*, a.a.O. (Fn. 2).

7 Deutsche Stiftung für internationale rechtliche Zusammenarbeit e.V. in Bonn und Berlin (www.irz.de), und Deutsche Gesellschaft für internationale Zusammenarbeit (GIZ) GmbH in Eschborn und Bonn (www.giz.de).

8 Etwa Bundesrechtsanwaltskammer, Bundesnotarkammer, Gesamtverband der deutschen Versicherungswirtschaft und viele andere.

9 Vgl. http://2019.deutsche-woche.ru/de. Im Jahr 2019 war das deutsche Bundesland Nordrhein-Westfalen Partnerland der 16. Deutschen Woche in St. Petersburg. In deren Rahmen fand ein Tag des deutschen Rechts statt, der zu den Themenbereichen gerichtliche Mediation sowie Medizinrecht gestaltet wurde.

10 Vgl. https://www.lawmadeingermany.de.

Rechtliche Zusammenarbeit findet, gerade wenn der Beratungsaspekt die Anteile kooperativen Austauschs und Diskussion überwiegt, stets im Spannungsverhältnis von nachfrageorientierter Beratung und „Rechtsexport“ statt.

Auch die persönlichen Interessen der einzelnen handelnden Personen sind vielfältig. Die Beschäftigung mit Rechtsvergleichung schärft den Blick auf die Befassung mit den eigenen Problemen und Lösungen dafür. Persönliche Kontakte und der damit verbundene Erfahrungsaustausch sind wertvoll. Nicht zuletzt mag auch der fachliche Austausch in einer Fremdsprache immer wieder Ansporn zur Befassung mit der internationalen Zusammenarbeit sein.

3. Internationale rechtliche Zusammenarbeit und nationale Rechtspolitik

Die Rechtspolitik versucht, Lösungen für den gesamten Bereich der Justiz anzubieten. Methodisch bedient sie sich dabei verschiedener Möglichkeiten der Problemevaluation, arbeitet sodann Lösungen aus, die idealerweise in einem diskursiven Prozess den maßgeblichen Akteuren vorgestellt werden. Die Umsetzung der gefundenen Lösungen erfolgt zumeist im formalisierten Gesetzgebungsverfahren.

Die Verfahrensschritte in der internationalen rechtlichen Zusammenarbeit sind oft ähnlich. Gemeinsames Anliegen ist die Lösung rechtlicher und justizieller Probleme in der Regel durch normatives Tätigwerden. In beiden Bereichen versuchen zahlreiche Akteure, Einfluss auf die Problemevaluation und die Ergebnisfindung zu nehmen; Steuerungsmechanismen für das Verfahren können und müssen diesen Prozess im Ergebnisinteresse strukturieren.

Gravierende Unterschiede bestehen darin, dass die Bereiche der nationalen Rechtspolitik in den beratenden Staaten oft langsam gewachsen sind, eine reiche Tradition von Normen und / oder dazu ergangener Rechtsprechung aufweisen können und demgegenüber auch immer wieder beachtliche Widerstände selbst gegen nur marginale Änderungen mobilisieren können. Empfängerstaaten bringen dagegen oftmals eine größere Bereitschaft zu Veränderungen oder völliger Neugestaltung mit, das gilt umso mehr, wenn Sachgebiete noch gar nicht existieren oder eine Entwicklung ganz am Anfang steht.[11]

11 In der Russischen Föderation etwa wurde das Prozessrecht der Wirtschaftsgerichtsbarkeit in drei jeweils völlig neu gefassten Prozessordnungen in den Jahren 1992, 1995 und 2003 erlassen. Ebenso schnell und unerwartet können auch institutionelle Änderungen vonstattengehen: Im Jahr 2014 wurde das Oberste Wirtschaftsgericht nach kurzer Vorankündigung des russischen Präsidenten *Putin* aufgelöst und Teile seiner Spruchkörper in das Oberste Gericht eingeordnet.

II. Deutsche und europäische Grundlagen der Beratung zum Verwaltungsrechtsschutz – Rahmenbedingungen in den Kooperations- bzw. Empfängerstaaten

1. Grundgerüst des Verwaltungsrechtsschutzes als gemeinsam erreichter und geachteter Stand und Standard

Verwaltungsrechtsschutz dient dem Schutz der individuellen Rechte und ermöglicht die Kontrolle des Staates.

Als mögliche Kontrollinstrumente für die Kontrolle der Verwaltungsorgane können neben dem verwaltungsgerichtlichen Rechtsschutz auch andere Varianten zur Verfügung stehen, die Auswirkungen auf die Ausgestaltung des gerichtlichen Rechtsschutzes haben können.

Im Rechtsstaat ist die Verwaltung von Verfassung wegen an die Einhaltung von Recht und Gesetz gebunden (vgl. in Deutschland: Art. 1 Abs. 3 und Art. 20 Abs. 3 des Grundgesetzes [GG] vom 23. Mai 1949).

Die geforderte Einhaltung von Recht und Gesetz durch die Verwaltung unterliegt verschiedenen Formen der Kontrolle:

Eine solche Kontrolle kann durch übergeordnete Behörden im Wege der Rechts- und Fachaufsicht erfolgen. In den Staaten, die ehemals dem sozialistischen Rechtskreis zugehörig waren, hat die Staatsanwaltschaft (*prokuratura*) auch heute häufig noch eine starke Kontrollstellung.

Das individuelle Verhalten einzelner Staatsbediensteter kann der Bürger mit der Dienstaufsichtsbeschwerde angreifen.

Den Parlamenten stehen im Rahmen ihres parlamentarischen Kontrollauftrags Untersuchungsmechanismen zur Verfügung.

Das wirksamste Kontrollinstrument besitzen aber natürliche und juristische Personen des Privatrechts mit der individuellen Beschwerdemöglichkeit gegen Entscheidungen der Exekutive in einem gerichtsförmigen Verfahren.

Die Gewährung von Verwaltungsrechtsschutz erfüllt dabei zahlreiche Funktionen. Verwaltungsrechtsschutz schützt zugleich vor der Exekutive und erhöht auf der anderen Seite deren Autorität. Im Einzelnen lassen sich folgende Funktionen eines effektiv arbeitenden Verwaltungsrechtsschutzsystems benennen:

1. Eine der wichtigsten Funktionen ist die Gewährung von Individualrechtsschutz in einem konkreten Fall. Das Rechtssystem ermöglicht unterschiedliche graduelle Ausgestaltungen.
2. Verwaltungsrechtsschutz ist zugleich Unterstützung und Anleitung für das Verwaltungshandeln. Im Fall des Obsiegens erhöht die gerichtliche Entscheidung die Autorität der Entscheidung des Verwaltungsorgans.

3. Verwaltungsrechtsschutz ermöglicht die Vereinheitlichung der Verwaltungspraxis.
4. Durch die gerichtliche, vor allem die obergerichtliche Praxis kann das geschriebene Recht weiter- und fortentwickelt werden.
5. Ein funktionierendes gerichtliches System führt zu rechtlicher Stabilität und Rechtssicherheit im Bereich der Wirtschaft. Korruptionsanfälligkeit kann beseitigt oder wenigstens vermindert werden.
6. Die Gewährung von Rechtsschutz im Bereich des öffentlichen Rechts dient auch immer dazu, die öffentlichen und privaten Interessen auszubalancieren und miteinander in Einklang zu bringen.

Die Garantie der vollständigen gerichtlichen Kontrolle von Entscheidungen der Exekutive ist in zahlreichen rechtsstaatlichen Verfassungen ausdrücklich vorgesehen. Sie wird in der deutschen Rechtswissenschaft als „Krönung des Rechtsstaats" oder als „Schlussstein im Gewölbe des Rechtsstaats" bezeichnet.[12]

Allerdings ist diese Garantie auch Bestandteil des allgemeinen Rechtsstaatsprinzips, das jeder rechtsstaatlichen Verfassung immanent ist und somit nicht notwendig einzeln geregelt werden muss.

Die gerichtliche Kontrolle der vollziehenden Gewalt ist in erster Linie Aufgabe der Verwaltungsgerichte, soweit solche errichtet worden sind, andernfalls wird verwaltungsgerichtlicher Rechtsschutz regelmäßig von der allgemeinen Gerichtsbarkeit oder sonstiger Fachgerichtsbarkeit gewährleistet.

Die Vorschrift des Art. 19 Abs. 4 GG verlangt nicht nur, dass ein institutionelles gerichtliches Verfahren zur Gewährung von Rechtsschutz zur Verfügung gestellt wird, in dem die Überprüfung der geltend gemachten Rechtsverletzung erfolgt, sondern auch die Bereitstellung *effektiven* Rechtsschutzes durch das Gerichtssystem. Der Rechtsschutz darf weder ausgeschlossen noch in unzumutbarer Weise ohne sachliche Rechtfertigung erschwert werden. Dabei muss der Rechtsweg nicht ohne weitere Voraussetzungen und zeitlich unbeschränkt offen stehen. Vielmehr hat der Gesetzgeber einen gewissen Spielraum, auch beschränkende Zugangsvoraussetzungen zum Rechtsschutz aufzustellen. Unzumutbare Erschwernisse können etwa darin liegen, dass eine Klageerhebung mit übermäßigen Kostenrisiken verbunden ist oder dass der Rechtsweg nur unter Inanspruchnahme besonderer Rechtsvertreter beschritten werden kann. Die Forderung, wirksamen Rechtsschutz zu gewähren, richtet sich zum einen an den Gesetzgeber, der die Verfahrensordnungen für die einzelnen Gerichtsbarkeiten entsprechend ausgestalten muss. Zum anderen sind die einzelnen

12 *Thoma, Richard*, Recht – Staat – Wirtschaft, Bd. 3 (1951), S. 3.

Gerichte betroffen, die im Einzelfall effektiven Rechtsschutz gewähren müssen. Die Gewährung von Rechtsschutz muss rechtzeitig erfolgen. Das Gericht muss über eine ausreichende Entscheidungsmacht verfügen: Das Verfahren muss durch eine rechtskräftige und vollstreckbare Entscheidung abgeschlossen werden können.

Schließlich gewährt Art. 19 Abs. 4 GG einen Anspruch auf *vollständige* Nachprüfung durch das Gericht – in rechtlicher und in tatsächlicher Hinsicht. Dieser Grundsatz gilt allerdings nicht schrankenlos. Denn seit langem ist anerkannt, dass der öffentlichen Verwaltung ein Freiraum verbleibt, der nur in bestimmten Punkten von den Gerichten kontrolliert werden darf. Hauptargument für diese Forderung ist der Grundsatz der Gewaltenteilung. Danach soll jeder der drei Staatsgewalten ein Freiraum vorbehalten sein, der sich der Kontrolle der übrigen Staatsgewalten entzieht.

Konkrete Folgerungen dieser Erwägungen schlagen sich in für die Verwaltungsgerichtsbarkeit geltenden Verfahrensprinzipien nieder.

Soweit sich Verfahrensgrundsätze aus der Verfassung und dem internationalen Recht, etwa der Europäischen Menschenrechtskonvention (EMRK), ergeben, gelten diese grundsätzlich allgemein für die Justiz und nicht nur für die Verwaltungsgerichtsbarkeit als spezialisierte Fachgerichtsbarkeit.

Nach dem Prinzip der Gewaltenteilung ist Rechtsprechung weder Sache der Exekutive noch der Judikative (Art. 20 Abs. 2 S. 2 GG). Vielmehr haben Richter und Gerichte ein „Rechtsprechungsmonopol". Deshalb heißt es im IX. Abschnitt des Grundgesetzes, der die Rechtsprechung behandelt: „Die rechtsprechende Gewalt ist den Richtern anvertraut" (Art. 92 GG).

Den Richtern ist sowohl sachliche als auch persönliche Unabhängigkeit garantiert (Art. 97 GG). Die sachliche Unabhängigkeit betrifft die Rechtsfindung durch den Richter. Hierauf darf von außen kein Einfluss genommen werden – eine besonders wichtige Forderung für den Bereich des Verwaltungsrechtsschutzes, in dem staatliches Handeln kontrolliert wird. Die persönliche Unabhängigkeit bedeutet, dass ein Richter nicht gegen seinen Willen seines Amts enthoben oder versetzt werden kann.

Verfassungsrechtlich garantiert ist der Grundsatz des gesetzlichen Richters (Art. 101 Abs. 1 GG). Danach muss der Richter für eine Streitigkeit immer nach allgemeinen Grundsätzen im Vorhinein bestimmt sein. Das für ein Verfahren zuständige Gericht muss eindeutig durch das Verfahrensrecht und den zuvor festgelegten Geschäftsverteilungsplan des Gerichts bestimmt sein.

Für die rechtsstaatliche Gestaltung des gerichtlichen Verfahrens hat der verfassungsrechtliche Grundsatz des rechtlichen Gehörs (Art. 103 Abs. 1 GG) zentrale Bedeutung. Danach muss allen Beteiligten der gesamte Prozessstoff bekannt sein, der für die Entscheidung von Bedeutung ist. Die Verfahrensbeteiligten müssen vor einer Entscheidung die Gelegenheit haben, sich zu allen Tatsachen und rechtlichen Aspekten zu äußern. Und das Gericht muss den Vortrag aller Beteiligten zur Kenntnis nehmen und würdigen.

Das Gericht ist verpflichtet, den Beteiligten rechtliches Gehör zu gewähren. Das bedeutet zum einen, dass die Beteiligten sich zu sämtlichen Umständen des Falls äußern dürfen, und zum anderen, dass das Gericht sämtliches Vorbringen der Beteiligten auch zur Kenntnis nehmen und bei seiner Entscheidung in Erwägung ziehen (und dies durch die Begründung seiner Entscheidung deutlich machen) muss. Dass die Beteiligten sich zu sämtlichen Umständen des Falls äußern dürfen, führt zu weiteren Regeln. Es führt zum einen dazu, dass die Beteiligten ein Recht auf Einsicht in sämtliche (Behörden- und Gerichts-) Akten haben und dass sie sich eines Rechtsanwalts bedienen dürfen. Zum anderen führt es dazu, dass das Gericht sein Urteil nicht auf Umstände stützen darf, die es zuvor – etwa in der mündlichen Verhandlung – nicht angesprochen hat und mit denen die Beteiligten auch nicht rechnen mussten (Verbot der überraschenden Entscheidung).

Im Mittelpunkt des Klageverfahrens steht die mündliche Verhandlung. Sie wird vom Gericht (regelmäßig vom Berichterstatter der Kammer oder des Senats) vorbereitet. In der mündlichen Verhandlung sollen sämtliche Aspekte des Falls mit den Beteiligten erörtert und die nötigen Beweise erhoben werden. Die Beteiligten können auf die mündliche Verhandlung verzichten; doch sollten sie dazu nicht gedrängt werden. Ausnahmen vom Mündlichkeitsprinzip bestehen im gerichtlichen Eilverfahren (einstweiliger Rechtsschutz), in dem schon aus Eilgründen im schriftlichen Verfahren entschieden werden kann.

Der Anspruch auf gerichtliche Entscheidung in angemessener Zeit ist nicht nur im deutschen Verfassungsrecht verankert, sondern auch in der Europäischen Menschenrechtskonvention (Art. 6 Abs. 1 EMRK). Feste Fristen ergeben sich daraus allerdings nicht. Vielmehr gilt sowohl nach der Rechtsprechung des Europäischen Gerichtshofs für Menschenrechte als auch nach der Rechtsprechung des Bundesverfassungsgerichts, dass sich die Angemessenheit der Verfahrensdauer immer nach den Umständen des Einzelfalls richtet. Es kommt in diesem Zusammenhang vor allem auf die Schwierigkeit des Verfahrens in rechtlicher und tatsächlicher Hinsicht, auf die Bedeutung für den Betroffenen und für die Allgemeinheit und auf das Verhalten des Betroffenen und sonstiger Prozessbeteiligter an. Nicht relevant ist dagegen die mehr oder weniger große Belastung eines Gerichts, denn die Verantwortung für eine angemessene Ausstattung und Organisation der Gerichte liegt beim Staat. Der Staat kann deshalb strukturelle Mängel nicht als „Entschuldigung" für eine unangemessen lange Dauer eines Gerichtsverfahrens geltend machen.

Schließlich entspringt dem Art. 6 EMRK die Forderung, nötigenfalls die effektive Vollstreckung von Entscheidungen gegen die öffentliche Hand zu ermöglichen.

Das Verfahren in den Verwaltungsgerichten wird im nationalen Recht Deutschlands durch besondere Vorschriften der Verwaltungsgerichtsordnung (VwGO) geregelt. § 173 VwGO bestimmt, dass allgemeine Verfahrensprinzipien der Zivilprozessordnung (ZPO) anzuwenden sind, soweit nicht spezielle Verfahrensvorschriften in der VwGO ausdrücklich normiert sind. Damit ist klargestellt, dass für das gerichtliche Verfahren allgemeingültige Prinzipien, die aus dem Rechtsstaatsprinzip hergeleitet werden, natürlich auch für den Verwaltungsprozess gelten. Soweit das öffentliche Recht aufgrund seiner Eigenart besondere Regelungen erfordert, haben diese Eingang in die Verwaltungsgerichtsordnung gefunden, worauf näher einzugehen sein wird.

§ 1 VwGO stellt zunächst klar, dass die Verwaltungsgerichtsbarkeit durch unabhängige, von den Verwaltungsbehörden getrennte Gerichte ausgeübt wird.

Einige aus dem allgemeinen Zivilprozess bekannte Regelungen haben für den Verwaltungsprozess bestimmte Modifikationen gefunden. Dazu gehört beispielsweise der Grundsatz der mündlichen Verhandlung (§ 101 VwGO) oder die Möglichkeit zum Abschluss eines gerichtlichen Vergleichs, der mit Abstrichen auch im verwaltungsgerichtlichen Verfahren möglich ist (§ 106 VwGO).

Die Verwaltungsgerichtsordnung enthält auf den Verwaltungsprozess zugeschnittene allgemeine prozessrechtliche Regelungen wie den Grundsatz der freien Beweiswürdigung (§ 108 VwGO), die Dispositionsmaxime der Parteien (§ 88 VwGO), die Konzentrationsmaxime (§ 87 VwGO) und den Unmittelbarkeitsgrundsatz (§ 101 VwGO).

Eine, oder besser *die* Besonderheit des Verwaltungsprozesses aber, die diesen in ganz besonderer Weise vom Zivilprozess unterscheidet, ist der Untersuchungs- oder Amtsermittlungsgrundsatz (§ 86 VwGO). Er macht das Wesen des Verwaltungsprozesses aus und gilt sinnvollerweise auch bereits im (vorgerichtlichen) Verwaltungsverfahren.[13]

Danach erforscht das Verwaltungsgericht einen Sachverhalt von Amts wegen, es ist an das Vorbringen und die Beweisantritte der Beteiligten nicht gebunden. Dabei geht es also um die Fakten eines Sachverhalts, nicht um deren

13 Vgl. § 24 des deutschen Verwaltungsverfahrensgesetzes; Art. 18 des usbekischen Gesetzes über die Verwaltungsverfahren vom 14.12.2017.

rechtliche Bewertung. Die rechtliche Bewertung obliegt ja ohnehin stets dem Gericht (Grundsatz im römischen Recht „*Ius novit curia.*").

Den Gegensatz bildet der aus dem Zivilrecht bekannte Verhandlungs- oder Beibringungsgrundsatz, wonach die Parteien den Streitstoff selbst präsentieren.

Der Grund für das Erfordernis des Untersuchungsgrundsatzes liegt unmittelbar im Rechtsstaatsprinzip.[14] Die Parteien stehen sich im Verwaltungsrechtsverhältnis nicht gleichberechtigt gegenüber. Die Ermittlung und der gerichtliche Vortrag des Sachverhalts dürfen nicht allein oder jedenfalls nicht maßgeblich der Behörde überlassen bleiben.

Der Untersuchungsgrundsatz dient auch der Kontrolle der Gesetzmäßigkeit der Verwaltung. Denn hat der Bürger ein verwaltungsgerichtliches Verfahren einmal eingeleitet, so hat er es nicht mehr ohne weiteres in der Hand, die Überprüfung durch das Gericht lediglich auf bestimmte Teilbereiche zu beschränken.

Zur Durchsetzung des Untersuchungsgrundsatzes lässt sich das Gericht die Behördenakten vorlegen, führt Erörterungen durch, kann das persönliche Erscheinen der Beteiligten anordnen und Urkunden, Akten und weitere Dokumente beiziehen.

Besondere Erwähnung verdient die Vorschrift des § 86 Abs. 3 VwGO, der dem Richter im Verwaltungsprozess umfangreiche Belehrungs- und Beratungspflichten auferlegt. Das betrifft in erster Linie den rechtsunkundigen Bürger, wenn und soweit er im Verfahren formellen Fehlern unterlegen und dadurch an einer richtigen Geltendmachung begründeter Ansprüche gehindert ist. Dabei muss der Richter aber die richtige Balance zwischen Neutralität und (formaler) Hilfestellung finden und achten.

In der Folge gibt es theoretisch keine formelle Beweislast. Lässt sich aber ein Sachverhalt mit den zur Verfügung stehenden Mitteln nicht aufklären, gilt nach allgemeinen Grundsätzen das Prinzip der materiellen Beweislast, wonach jede Seite die ihr günstigen Umstände darlegen und nötigenfalls beweisen muss.

Besondere Erwähnung verdient abschließend das Ergebnis einer von der Gesellschaft für internationale Zusammenarbeit unternommenen Anstrengung, nämlich die Vorlage eines Musterverwaltungsprozessgesetzbuchs für den zentralasiatischen Raum.[15] Die GIZ hat durch internationale Experten versucht, den beschriebenen gemeinsamen Bestand zum verwaltungsgerichtlichen

---

14 Grundlegend dazu BVerwGE 10, 202; 11, 95; 12, 186.

15 Pudelka, Jörg (Hrsg.), Verwaltungsprozesskodex: Konzeption, Modellgesetz und Kommentierung, Berlin 2014.

Verfahren zu sammeln, zu allgemeinen Normen zusammenzuführen und an die regionalen und gesellschaftlichen Besonderheiten der zentralasiatischen Staaten anzupassen. Das Werk erfährt zu Recht besondere Beachtung in den Staaten Zentralasiens, die mit der Schaffung einer eigenständigen gerichtlichen Verwaltungskontrolle befasst sind.

2. Rahmenbedingungen und Erfahrungen in den Kooperations- und Empfängerstaaten

Lässt sich für die beratenden Staaten ein gewisser gemeinsamer Bestand an Prinzipien für den Verwaltungsrechtsschutz feststellen, verbieten sich solche allgemeinen Aussagen für die Empfängerstaaten aufgrund der nicht übergreifend vorhandenen Gemeinsamkeiten. Hier lassen sich Länder allenfalls aufgrund gemeinsamer Zugehörigkeitskriterien zu Gruppen zusammenfassen. Beispielhaft sollen solche Merkmale für Länder aufgeführt werden, die ehemals dem sozialistischen Rechtskreis zugehörig waren.[16]

Der Bereich des öffentlichen Rechts, namentlich des Verwaltungsrechts als des Rechtsgebiets, das dem Einzelnen eine wehr- und durchsetzungsfähige Rechtsposition gegenüber dem Staat einräumt, war im sozialistischen Rechtskreis unterentwickelt. Ein Gegensatz zwischen Bürger und Staat sollte nicht bestehen können, Individualinteressen und gesellschaftliche Kollektivinteressen sollten idealerweise übereinstimmen. Der Bereich des öffentlichen Rechts wurde im Wesentlichen durch das Ordnungswidrigkeitenrecht und das aus Sicht des adressierten Staates unverfängliche Organisationsrecht ausgefüllt.

Folglich durfte es auch keine den Staat kontrollierende Verwaltungsgerichtsbarkeit geben. Diese war als Relikt der überkommenen bürgerlichen Staatsordnung verschrien. Noch radikaler war die anfängliche Forderung, wonach das Recht allgemein im Laufe der Fortentwicklung der Gesellschaft hin zu einer kommunistischen Gesellschaft absterben sollte. Von solchen radikalen Forderungen ließ man recht bald wieder ab. Aber auch der dogmatische Ansatz von der Interessenidentität der Individual- und Kollektivinteressen wurde in der Sowjetunion und anderen Staaten bereits ab den frühen 1960er Jahren nicht mehr durchgängig aufrecht erhalten. Davon zeugen die Versuche in der Literatur, staatliches Handeln für justitiabel zu erklären – und sei es mit der Hilfsbegründung, es handele sich bei rechtwidrigen Handlungen um „Exzesstaten" einzelner, die dem Staat nicht zuzurechnen seien.

16 Andere mögliche Gruppen wären etwa – bei allem Respekt für regionale, nationale oder ethnische Besonderheiten – arabische oder südostasiatische Länder.

In der Sowjetunion fand dieses neue Denken erstmals seinen normativen Niederschlag im berühmten Art. 58 Abs. 2 der Unionsverfassung von 1977, der grundsätzlich die Anfechtung von Handlungen von Amtspersonen vorsah. Auf das nach sowjetischer Rechtsdogmatik erforderliche Ausführungsgesetz mussten die Bürger allerdings bis 1987 (bzw. 1989 mit entscheidenden Verbesserungen) warten.[17]

Die neuen Verfassungen der Nachfolgestaaten der sowjetischen Teilrepubliken[18] und der sonstigen ost- und südosteuropäischen Staaten sahen dann oftmals schon sehr früh Garantien vor, die umfassenden Rechtsschutz gegen die öffentliche Hand ermöglichen und damit dem deutschen Art. 19 Abs. 4 GG mindestens ähnlich sind.

III. Spannungsfelder für einzelne Problembereiche des Verwaltungsrechtsschutzes und Reformen in Deutschland

Spannungsfelder für Problembereiche des gerichtlichen Verwaltungsrechtsschutzes finden sich zum einen in bereits (lange) funktionierenden Systemen, in denen rechtpolitische Erwägungen zu Diskussionen über Änderungen führen. Zum anderen treten diese Spannungsfelder noch deutlicher bei der Schaffung neuer Rechtsschutzsysteme in Ländern zu Tage, in denen ein nennenswerter Verwaltungsrechtsschutz bislang nicht eingerichtet war.

Die Problembereiche lassen sich aufteilen in systemexmanente Gesichtspunkte, die den Zugang zum Rechtsschutz betreffen, in systemimmanente, das Verfahren betreffende Aspekte, und äußere Rahmenbedingungen der Gewährung von Verwaltungsrechtsschutz.

---

17 Interessant ist allerdings, dass im Jahr 1917 die (nur kurze Zeit im Amt befindliche) bürgerliche Regierung in Petrograd ein Gesetz über eine verwaltungsgerichtliche Kontrolle, nämlich die Verordnung über Verwaltungsgerichte vom 31.5.1917 in Kraft setzte. Vgl. *Maier, Christina*, Der Weg zu einer eigenständigen Verwaltungsgerichtsbarkeit in der Russischen Föderation, Berlin 2015, S. 68 ff.; *Reitemeier, Christian*, Verwaltungsgerichtlicher Rechtsschutz durch die Wirtschaftsgerichte in der Russischen Föderation, Berlin 2013, S. 18.

18 Vgl. etwa Art. 46 Abs. 2 der Verfassung der Russischen Föderation von 1993; Art. 44 der Verfassung der Republik Usbekistan von 1992.

1. Zugangssteuerung durch das Erfordernis der Verletzung von eigenen Rechten

Das deutsche System steht als besonderes Beispiel für die Gewährung subjektiven Rechtsschutzes, während etwa in Frankreich und auch auf der Ebene der Europäischen Union das Element objektiver Rechtskontrolle stärker betont wird. In Deutschland ist die Geltendmachung der Verletzung eines subjektiven Rechts bereits Zulässigkeitsvoraussetzung für die Erhebung der Klage.

Das heutige deutsche System hat seine Vorläufer damit eher in den ehemaligen süddeutschen Staaten und im österreichischen System, während sich der Rechtsschutz in Preußen von den subjektiven Voraussetzungen stärker gelöst hatte.

Bereits der Blick auf die Geschichte zeigt, dass für diese Grundentscheidung des Verwaltungsrechtsschutzes beide Systeme in Betracht kommen und eben auch Zwischenlösungen möglich sind. Tatsächlich enthält auch das heutige deutsche Verwaltungsrechtsschutzsystem zahlreiche Kompromisse. Diese entstammen häufig europarechtlichen Vorgaben, was vor allem in den Verbandsklagemöglichkeiten nach dem Umweltrechtsbehelfsgesetz deutlich wird.

Ein eindrucksvolles Beispiel für das Ringen der deutschen Rechtspolitik um Zwischenlösungen ist die Einführung von Verbandsklagen durch einige deutsche Bundesländer. So hatte etwa das Land Nordrhein-Westfalen im Jahr 2013 eine Tierschutzverbandsklage eingeführt, die nach einem im Jahr 2017 erfolgten Regierungswechsel zum Jahreswechsel 2018/19 wieder abgeschafft worden ist.

2. Umfassender Rechtsschutz – Enumerativkatalog von Klagearten

Bei der Konzeption verwaltungsgerichtlichen Rechtsschutzes kann man diskutieren, den gerichtlichen Zugang durch die Regelung bestimmter Verfahrensarten unter Einschluss des vorläufigen Rechtsschutzes gesetzlich zu regeln.

Als Verfahrensarten kommen die drei grundlegenden Klagearten des Verwaltungsrechts in Betracht: kassatorische Aufhebungsklage, Leistungsklage und Feststellungsklage. Zu bedenken ist, dass die Regelung von Verfahrensarten keinen abschließenden Charakter haben darf, wenn die Verfassung – wie etwa Art. 44 der Verfassung der Republik Usbekistan oder Art. 46 der Verfassung der Russischen Föderation – umfassenden Rechtsschutz gegen Handlungen und Unterlassungen der Exekutive vorsieht. Das einfachgesetzliche Prozessrecht sollte dann durch eine Auffangklausel die Möglichkeit von gerichtlichen Verwaltungsrechtsschutz vorsehen, unabhängig davon, ob eine „passende" Verfahrensart gesetzlich geregelt ist. Zu vermeiden ist in jedem Fall eine gesetzliche

Enumeration bestimmter Verfahrensarten. Ein besonderes Augenmerk ist auf die Ermöglichung von Rechtsschutz gegen faktisches und bereits erledigtes Verwaltungshandeln zu legen.

3. Fristen für die Klageerhebung

Die Zugangssteuerung zum gerichtlichen Rechtsschutz durch das Erfordernis der Einhaltung gerichtlicher Fristen entspringt dem Bedürfnis nach Rechtssicherheit im öffentlichen Recht. Daher sind derartige Fristen im öffentlichen Recht grundsätzlich auch nicht verhandelbar, worin ein Unterschied zur Privatautonomie besteht. Das zeigt sich im Zivilrecht in besonderer Weise im materiellen Recht, die Berufung auf die Nichteinhaltung von Verjährungsfristen ist als – geltend zu machende und nicht von Amts wegen zu berücksichtigende – Einrede ausgestaltet.

Durch Fristablauf werden nach deutschem Recht Verwaltungsakte bestandskräftig und gerichtliche Entscheidungen rechtskräftig. Durchbrechungen dieser Grundsätze kommen in Betracht, wenn bei Vorliegen triftiger Gründe Wiedereinsetzung in den vorigen Stand zu gewähren ist.

Im postsozialistischen Rechtsraum finden sich in einigen Ländern bis heute Regelungen, die der Staatsanwaltschaft trotz „rechtskräftigen" Abschlusses des gerichtlichen Verfahrens einen Protestantrag einräumen und damit die Wiedereröffnung des gerichtlichen Verfahrens ermöglichen.[19] Je länger solche Fristen ausgestaltet sind, desto bedenklicher erscheint ein solches Institut aus dem Blickwinkel der Rechtssicherheit und damit des Rechtsstaats.

4. Erfordernis eines behördlichen Vorverfahrens

Ein gerichtliches Vorverfahren kann als zwingende Voraussetzung vor Erhebung einer verwaltungsgerichtlichen Klage vorgesehen oder als lediglich fakultative und alternative Rechtsschutzmöglichkeit angeboten werden. Die deutsche Verwaltungsgerichtsordnung gestattet es den Bundesländern, selbst zu entscheiden, ob jeweils ein behördliches Widerspruchsverfahren durchgeführt werden muss. In der Folge sind jeweils interessante rechtspolitische Diskussionen über das Erfordernis des Widerspruchsverfahrens geführt worden. Je nach Präferenz sind dabei die einzelnen Ziele eines Widerspruchsverfahrens in unterschiedlicher Art und Weise betont oder auch kritisiert worden. Zu nennen

19 So etwa nach Kapitel 28 (Art. 249 ff.) des usbekischen Verwaltungsprozessgesetzbuchs vom 26.1.2018.

sind die Ziele der Selbstkontrolle der Verwaltung, der Entlastung der Gerichte sowie der Stärkung des Rechtsschutzes der Bürger. Kritiker des behördlichen Widerspruchsverfahrens verweisen gerne auf geringe Erfolgsquoten, was für eine formale und bürokratische Belastung des Bürgers spreche, der eigentlich gerichtliche Klage erheben wolle.

Im größten deutschen Bundesland Nordrhein-Westfalen etwa ist in den Jahren 2005 bis 2007 das Widerspruchsverfahren nahezu vollständig abgeschafft worden. 2014 führte man es für fehleranfällige Massenverfahren im Bereich des Abgaben- und Steuerrechts und für den Bereich des Sozialrechts wieder ein.[20]

5. Möglichkeit der Anfechtung von Normativakten

Einer grundlegenden Entscheidung bedarf die Frage, ob im verwaltungsgerichtlichen Verfahren auch untergesetzliche Normativakte Gegenstand unmittelbarer gerichtlicher Kontrolle sein können und insoweit auch eine gerichtliche Aufhebungsbefugnis besteht. Eine Inzidentkontrolle untergesetzlicher Normativakte findet im gerichtlichen Verfahren auf jeden Fall statt, sodass dadurch dem Erfordernis der Gewährung umfassenden Rechtsschutzes bereits ausreichend Rechnung getragen ist.

Die deutsche Regelung in § 47 VwGO sieht vor, dass die in der Rechtsform von Satzungen ergehenden Bebauungspläne Gegenstand einer verwaltungsgerichtlichen Normenkontrollklage sein können, deren erste Instanz auf der Ebene der Oberverwaltungsgerichte angesiedelt ist. Darüber hinaus überlässt es der Gesetzgeber in § 47 Abs. 1 Nr. 2 VwGO der rechtspolitischen Entscheidung der Bundesländer, ob sie für den Bereich ihres jeweiligen Landesrechts eine Normenkontrollmöglichkeit zulassen wollen. Die Bundesländer haben davon in unterschiedlicher Weise Gebrauch gemacht.

In Nordrhein-Westfalen etwa ist im Jahr 2013 ein Gesetzesantrag der seinerzeitigen Opposition abgelehnt worden, während zum 1. Januar 2019 durch § 109a Justizgesetz Nordrhein-Westfalen die Normenkontrollmöglichkeit geschaffen worden ist.[21]

---

20 Die Regelungen befinden sich in den §§ 110 ff. des Justizgesetzes Nordrhein-Westfalen.

21 Nordrhein-westfälisches Landesgesetz zur Änderung des Justizgesetzes vom 18.12.2018.

6. Rechtsmittelrecht

In der Diskussion um den Zugang zu den verschiedenen Instanzen der Gerichtsbarkeit zeigt sich in besonderer Weise auch das jeweilige Verständnis vom verwaltungsgerichtlichen Rechtsschutz.

Ausgangspunkt der Diskussion muss jeweils zunächst die Verfassung sein. Diese kann einen Instanzenzug zwingend vorsehen. Das deutsche Grundgesetz sieht kein Recht auf eine zweite Instanz vor, was das Bundesverfassungsgericht klargestellt hat.[22] Gleichwohl entspricht die Möglichkeit der Überprüfung einer gerichtlichen Entscheidung in einer weiteren Instanz in besonderer Weise den Forderungen des Rechtsstaats, nämlich die formale und inhaltliche Richtigkeit einer Entscheidung und fallübergreifend die Rechtseinheitlichkeit zu gewährleisten. Dementsprechend wird in der rechtpolitischen Diskussion in Deutschland ein Instanzenzug grundsätzlich nicht in Frage gestellt. Eine Ausnahme stellt hier das asylrechtliche Eilverfahren dar, für das nach § 80 des Asylgesetzes die Überprüfungsmöglichkeit in einer weiteren Instanz ausgeschlossen ist.

Neben dem (radikalen) Ausschluss des Instanzenzugs kommen weniger drastische Eingriffe in das Recht auf die nächste Instanz in Betracht. Für die deutsche Verwaltungsgerichtsbarkeit ist hier exemplarisch das 6. Gesetz zur Änderung der Verwaltungsgerichtsordnung aus dem Jahr 1996 zu nennen. Mit der Einführung der Zulassungsberufung in § 124a VwGO ist die Berufungsinstanz nur noch bei Vorliegen oder Darlegung bestimmter Zulassungsgründe zu erreichen. Eine noch stärkere Beschränkung wurde mit § 76 des Asylgesetzes für die Berufung in Asylangelegenheiten geschaffen. Die heutige rechtspolitische Diskussion in Deutschland wird davon bestimmt, ob die strengen Zulassungsgründe nicht (wieder) gelockert werden sollten. Nicht zuletzt das Bundesverwaltungsgericht fordert eine einheitlichere und auch großzügigere Zulassung von Verfahren in die höheren Instanzen, um den Zweck der Rechtsvereinheitlichung durch den Instanzenzug gewährleisten zu können.

Aktuelle rechtpolitische Diskussionen in Deutschland sind auf die partielle Abschaffung von Instanzen in bestimmten Sachgebieten gerichtet, um dadurch im Gesamtergebnis eine Beschleunigung des gerichtlichen Verfahrens zu erreichen. Ein weiteres Anliegen der Rechtspolitik ist die Stärkung der vereinheitlichenden Funktion des Bundesverwaltungsgerichts als Revisionsinstanz für

22 Allerdings gebietet Art. 47 der Grundrechtecharta der Europäischen Union die Überprüfungsmöglichkeit in einer weiteren Gerichtsinstanz.

Fallkonstellationen, in denen Verfahren nicht oder nicht in ausreichendem Maße zum Bundesverwaltungsgericht gelangen.[23]

In den Partnerstaaten war der Rechtsweg bisher eher nicht beschränkt. Im Gegenteil bestand hier oftmals ein vielstufiger Instanzenweg mit einem so genannten Aufsichtsverfahren an der Spitze. Ein solches Aufsichtsverfahren zur Überprüfung auch rechtskräftiger Entscheidungen des jeweiligen obersten Gerichts existiert in einigen Staaten – in unterschiedlicher Ausgestaltung – bis heute. Für Mitgliedstaaten des Europarats hat dieses Verfahren Kritik durch den Europäischen Gerichtshof für Menschenrechte erfahren.[24] Eng verbunden mit der Überprüfungsmöglichkeit im Aufsichtsverfahren ist die meist starke Rolle der Staatsanwaltschaft (*prokuratura*) in den Ländern Osteuropas und den Nachfolgestaaten der Sowjetunion. Die dort stattfindenden Diskussionen sind wie in den Staaten West- und Mitteleuropas von dem Bestreben geprägt, eine angemessene Balance zwischen auf der einen Seite effizientem, schnellem und auf der anderen Seite ausführlichem, gründlichem Rechtsschutz zu finden.

7. Weitere Bereiche der Zugangssteuerung

Eine erhebliche rigorose gerichtliche Zugangssteuerung ist durch die Erhebung von Gerichtsgebühren möglich. Grundsätzlich bestehen gegen die Erhebung einer staatlichen Gebühr für die Klageeinlegung keine Bedenken. Diese darf aber nicht so bemessen sein, dass eine Klageerhebung für den Kläger mit nicht mehr zu kalkulierenden Risiken verbunden ist und er allein deshalb vom Klageweg abgehalten werden könnte. Für bedürftige Kläger muss die Möglichkeit bestehen, Prozesskostenhilfe zur Beschreitung des Klagewegs zu erhalten. Erwägenswert ist es auch, eine vollständige oder teilweise Gebührenfreiheit für den Fall vorzusehen, dass eine Klage – etwa nach entsprechenden Hinweisen des Gerichts zu den Erfolgsaussichten der Klage – wieder zurückgenommen wird. Damit können das Kostenrisiko für den Rechtsschutzsuchenden minimiert und zugleich die Gerichtsbarkeiten entlastet werden.

---

23 Das ist etwa der Fall in Sachgebieten, in denen Rechtsschutz regelmäßig und abschließend im vorläufigen Rechtsschutzverfahren gewährt wird. Die Beschlüsse des Oberverwaltungsgerichts können nach § 152 Abs. 1 VwGO nicht im Bundesverwaltungsgericht angefochten werden. Betroffen sind etwa Anträge auf Zulassung zum Studium und beamtenrechtliche Konkurrentenanträge.

24 Vgl. die Entscheidung des EGMR „Ryabykh" vom 24.7.2003 – 52854.99 –, in der das Aufsichtsverfahren wegen des strukturellen Ungleichgewichts zwischen Staat und Bürger als Verstoß gegen Art. 6 EMRK angesehen wurde.

Es ist zu bedenken, dass die notwendige Vertretung durch einen Rechtsanwalt den Zugang zum gerichtlichen Rechtsschutz erschwert. Das gilt jedenfalls dann, wenn die Beauftragung eines Rechtsanwalts mit erheblichen Kosten verbunden ist. Die obligatorische Prozessvertretung durch einen Rechtsanwalt kann gerade für besonders grundrechtsintensive Sachgebiete das verfassungsmäßig gewährleistete Recht auf gerichtlichen Rechtsschutz gegen die Exekutive unangemessen einschränken. Andererseits kann es zulässig sein, bereichsspezifisch eine obligatorische Prozessvertretung durch Rechtsanwälte einzuführen, etwa für besonders komplexe Sachgebiete, nur für betroffene Unternehmen oder nur für die höheren Instanzen. In der deutschen Verwaltungsgerichtsbarkeit besteht das Erfordernis anwaltlicher Vertretung im Oberverwaltungsgericht und im Bundesverwaltungsgericht (§ 67 Abs. 4 VwGO). Andererseits sind bestimmte Sachgebiete unabhängig von der entscheidenden gerichtlichen Instanz vom Erfordernis anwaltlicher Vertretung ausgenommen, etwa das Recht zur Regelung offener Vermögensfragen, die sich nach der deutschen Wiedervereinigung ergeben haben.

Es ist grundsätzlich möglich, eine Bagatellgrenze für die Gewährung gerichtlichen Rechtsschutzes einzuführen.[25] Diese darf aber keinesfalls so hoch bemessen sein, dass rechtswidriges Handeln der Verwaltungsbehörden, das in einem konkreten Fall zu einer beachtlichen Rechtsverletzung führt, nicht gerichtlich überprüft werden kann.

Eine Bagatellgrenze für die Anrufung der Gerichte gibt es in vielen Rechtsordnungen und auch im internationalen Recht. So gilt auch seit dem 1. Juni 2010 für die Anrufung des Europäischen Gerichtshofs für Menschenrechte eine Bagatellgrenze. Nach Art. 35 Abs. 3 lit. b EMRK kann der Gerichtshof eine Beschwerde als unzulässig zurückweisen, wenn dem Beschwerdeführer kein erheblicher Nachteil entstanden ist. Die Bestimmung des „erheblichen Nachteils“ obliegt dem Gericht im Rahmen seines gerichtlichen Ermessens. Die Vorschrift des Art. 35 Abs. 3 lit. b EMRK enthält aber zwei Sicherungsklauseln, die sicherstellen sollen, dass Rechtsschutz in ausreichendem Umfang gewährt wird: Auch wenn dem Beschwerdeführer kein erheblicher Nachteil entstanden ist, muss der Gerichtshof das Verfahren zur Entscheidung annehmen, wenn die Achtung der Menschenrechte nach der EMRK eine solche Prüfung erfordert oder wenn es um eine Rechtssache geht, die noch von keinem innerstaatlichen Gericht gebührend geprüft worden ist.

---

25 Der Grundsatz „*De minimis non curatpraetor*“ (Der Richter kümmert sich nicht um Kleinigkeiten) ist schon aus dem römischen Recht bekannt.

Das deutsche Verwaltungsprozessrecht kennt allerdings eine derartige Minimalklausel nicht. Unter Geltung der Garantie umfassenden Rechtsschutzes gegen Handlungen und Unterlassungen der öffentlichen Gewalt nach Art. 19 Abs. 4 GG wird die Schaffung einer solchen Zugangshürde zum gerichtlichen Rechtsschutz derzeit auch nicht diskutiert.

8. Untersuchungsgrundsatz und Beibringungsgrundsatz

Die Diskussion um die Fixierung des Untersuchungsgrundsatzes im Verwaltungsprozess wurde und wird in den Partnerstaaten mit großer Hingabe geführt. Nicht zuletzt anglo-amerikanische Prozessrechtseinflüsse und die Vorstellung, der Beibringungsgrundsatz sei Spiegelbild demokratisch-liberaler Weltanschauung, führten zu einer großen Popularität dieser Prozessmaxime. In der Russischen Föderation hat es der Beibringungsgrundsatz sogar zu Verfassungsrang als allgemeiner und für alle Verfahren geltender Prozessrechtsgrundsatz gebracht.[26]

Aber auch soweit im öffentlichen Recht der Untersuchungsgrundsatz verankert wurde, lief das nicht immer problemfrei. So gilt beispielsweise in Usbekistan für den Verwaltungsprozess der Beibringungsgrundsatz, während im Verwaltungsverfahren der Untersuchungsgrundsatz Anwendung finden soll.[27]

Immer wieder fand auch eine dogmatische Vermengung von Sachverhalt und dessen rechtlicher Würdigung statt, indem geregelt wurde, dass die Behörde die „Beweislast" für die „Rechtmäßigkeit" einer Maßnahme trägt.[28]

Aber auch in Deutschland ist das Verhältnis der Verwaltungsgerichtsbarkeit zu ihrem in Reinform in § 86 VwGO geregelten Untersuchungsgrundsatz nicht unproblematisch und immer wieder auch Gegenstand rechtpolitischer Diskussion. Besonders in der Verpflichtungssituation, in der der Bürger der Behörde als Anspruchsteller gegenübersteht, werden dem Bürger Mitwirkungs- und Vortragspflichten abverlangt. Ein besonderes Beispiel dafür sind die in § 25 des Asylgesetzes geregelten Mitwirkungs- und Darlegungspflichten von Asylbewerbern.

26 Art. 123 Abs. 3 der Verfassung der Russischen Föderation von 1993.

27 Art. 11 des usbekischen Verwaltungsprozessgesetzbuchs vom 26.1.2018; Art. 18 des usbekischen Gesetzes über die Verwaltungsverfahren vom 14.12.2017.

28 Vgl. etwa Art. 194 Abs. 6 und Art. 200 Abs. 5 des russischen Wirtschaftsprozessgesetzbuchs von 2002; Art. 67 Abs. 2 des usbekischen Verwaltungsprozessgesetzbuchs vom 26.1.2018.

Aber auch unabhängig von der Prozessstellung als Verpflichtungs- oder Anfechtungskläger wird in Deutschland eine maßvollere Anwendung des Untersuchungsgrundsatzes diskutiert. Aus der Richterschaft selbst ist die Forderung bekannt geworden: Was man dem Kläger nicht klagt, soll er nicht richten. Das berühmte Axiom vom „Goldenen Schnitt zwischen Richtigkeit und Schnelligkeit" des ehemaligen Präsidenten des Bundesverwaltungsgerichts *Horst Sendler*[29] geht in dieselbe Richtung.

9. Interessenabwägungen

Das Prozessrecht muss oftmals ganz unterschiedliche und gegenläufige Interessen zum Ausgleich bringen. Das können in erster Linie Individualinteressen und kollektive Interessen sein. Die Schwerpunktsetzung kann dabei schon die bereits behandelte gerichtliche Zugangssteuerung umfassen, sodann aber auch die weiteren prozessualen Verfahrensregelungen und natürlich die Vorschriften des materiellen Rechts. Das deutsche Recht geht dabei sehr vom hohen Wert der Individualinteressen aus. Andere Rechtsordnungen, und die der Partnerstaaten von Rechtsberatung gehören oftmals dazu, legen häufiger auch Schwerpunkte auf den Schutz und die Durchsetzbarkeit kollektiver Interessen.

Aber auch im deutschen Verfahrensrecht existieren Vorschriften, die kollektiven Interessen Vorrang einräumen. So nimmt etwa die Vorschrift des § 80 Abs. 2 Satz 1 Nr. 3 VwGO ausdrücklich Bezug auf Vorschriften, die bestimmen, dass Widersprüche und Klagen Dritter gegen Verwaltungsakte, die Investitionen oder die Schaffung von Arbeitsplätzen betreffen, keine aufschiebende Wirkung haben und die Rechtsschutzmöglichkeiten des Einzelnen damit in diesen Vorrangbereichen kollektiver Interessen zurücktreten müssen.

In ähnliche Richtung weist auch ein weiterer Interessenkonflikt zwischen wirtschaftlichen Interessen von Vorhaben- und Planungsträgern sowie Individualinteressen betroffener Eigentümer oder Nutzer. Die Beschleunigung der Verwirklichung großer Wirtschafts- und Planungsvorhaben liegt oft nicht nur im wirtschaftlichen Interesse des Ausführenden, sondern auch im darüber hinausreichenden gesamtgesellschaftlichen Interesse.

Die Bundesländer Nordrhein-Westfalen und Niedersachsen haben vor diesem Hintergrund eine Gesetzesinitiative zur Änderung der Verwaltungsgerichtsordnung in den deutschen Bundesrat eingebracht, der diesen Gesetzesantrag am 17. Mai 2019 beschlossen hat. Der Gesetzentwurf befindet sich Stand

---

29 *Horst Sendler* im Interview in DER SPIEGEL 17/1982 vom 26.4.1982, S. 46 ff.

Ende 2019 im Gesetzgebungsverfahren des Deutschen Bundestags.[30] Wesentliche Änderungen zur Beschleunigung von wirtschafts- und planungsrelevanten Verfahren sind die Schaffung einer erstinstanzlichen Zuständigkeit der Oberverwaltungsgerichte für Verfahren, in denen eine Planfeststellung durchgeführt wird, die fakultative Einrichtung von spezialisierten Wirtschafts- und Planungsspruchkörpern in den Verwaltungsgerichten und die Schaffung eines strukturierten und vorab terminierten gerichtlichen Verfahrens in Absprache mit den Prozessbeteiligten.

Ein weiteres Gesetzgebungsverfahren zur beabsichtigten Beschleunigung von Verkehrsinfrastrukturvorhaben verdient an dieser Stelle Erwähnung. Mit dem Entwurf eines Gesetzes zur Vorbereitung der Schaffung von Baurecht durch ein Maßnahmengesetz im Verkehrsbereich („Maßnahmengesetzvorbereitungsgesetz")[31] sollen bestimmte planungsrechtliche Vorhaben durch ein Gesetzgebungsverfahren ersetzt werden. In der Folge wäre der verwaltungsrechtliche Rechtsschutz gegen die dann in Gesetzesform ergangene Planungsentscheidung abgeschnitten. Rechtsschutz müsste durch das Bundesverfassungsgericht erfolgen. Gegen solche Pläne sind erhebliche Bedenken vor dem Hintergrund der Rechtsschutzgarantie des Art. 19 Abs. 4 GG anzumelden. Das Bundesverfassungsgericht hatte sich mit einem solchen Maßnahmengesetz zur Eisenbahnsüdumfahrung der Stadt Stendal im Zuge der Vollendung der deutschen Einheit befasst[32] und dabei den strengen Ausnahmecharakter von Maßnahmengesetzen angemahnt.

10. Rechtsschutz und Schnelligkeit

Auf der einen Seite schneller und auf der anderen Seite gründlicher Rechtsschutz stehen sich als Konfliktpole in vielen Konstellationen des Verwaltungsrechtsschutzes gegenüber.

Die notwendige Rechtzeitigkeit und Schnelligkeit von Rechtsschutz lassen sich auch bei Gewährung gründlichen Rechtsschutzes durch verschiedene prozessrechtliche und auch organisatorische Maßnahmen, für die das Verfahrensrecht die Grundlagen legen muss, erreichen.

In Deutschland wird in den Verwaltungsgerichten durch die Geschäftsverteilungspläne der Präsidien eine beachtliche Spezialisierung in den Spruch-

30 Bundestags-Drucksache 19/10992 (neu) vom 19.6.2019.

31 Vorgelegt als Regierungsentwurf vom Bund (Zuständigkeit des Bundesverkehrsministeriums) im November 2019.

32 BVerfGE 95, 1 ff.

körpern der Verwaltungsgerichtsbarkeit erreicht. Dieses Spezialwissen ist grundsätzlich geeignet, eine schnellere Verfahrensbearbeitung zu fördern.

Das Prozessrecht selbst sieht stets verschiedene Beschleunigungsmöglichkeiten vor. So kann statt des Kollegialspruchkörpers die Zuständigkeit eines Einzelrichters vorgesehen werden. Im Asylrecht ist diese für Eilverfahren sogar gesetzlich vorgesehen (§ 76 Abs. 4 des Asylgesetzes). Auf die Durchführung einer mündlichen Verhandlung kann verzichtet werden (§ 101 Abs. 2 VwGO), das Gericht kann in vereinfachter Form durch Gerichtsbescheid entscheiden (§ 84 VwGO).

Bereits erwähnt wurde die rechtspolitische Initiative zur Änderung der Verwaltungsgerichtsordnung, mit der unter anderem die Schaffung eines strukturierten und vorab terminierten gerichtlichen Verfahrens in Absprache mit den Prozessbeteiligten vorgesehen ist (vgl. § 87c des Entwurfs zur Änderung der VwGO).[33]

Aus verschiedenen Gründen muss man die gesetzliche Vorgabe von Entscheidungsfristen für die Gerichte als weiteres Element der Verfahrensbeschleunigung als ausgesprochen kritisch ansehen. Auf den ersten Blick scheinen solche Entscheidungsfristen aus Sicht der rechtsschutzsuchenden Bürger zwar geeignet, ihnen zu einer schnellen Rechtsdurchsetzung zu verhelfen. Vor allem der Gesichtspunkt der Unabhängigkeit der Gerichte und der Richter[34] steht einer Fristvorgabe der Legislative an die rechtsprechende Gewalt aber entgegen. In inhaltlicher Sicht ist zu bemerken, dass die verwaltungsrechtliche Rechtsprechung auch der Rechtsfortbildung dient, Leitlinienfunktion für eine Vielzahl von Fällen hat und von daher nicht starren Entscheidungsfristen unterworfen werden sollte. Eine ausreichende Kontrolle der Einhaltung der Entscheidungsdisziplin ist regelmäßig durch die Richterschaft selbst gewährleistet. Vorzugswürdig ist die Schaffung eines eigenen Rechtsbehelfs, mit dem die gerichtliche Verzögerung gerügt und im Nachhinein eine Kompensation in der Form des Schadensersatzes verlangt werden kann.[35] In Deutschland besteht eine solche Möglichkeit seit dem Jahr 2011. Die wesentlichen Vorschriften sind im allgemein geltenden Gerichtsverfassungsgesetz geregelt.

---

33 Siehe Fn. 30.

34 Art. 97 GG, siehe oben; vgl. etwa für Usbekistan: Art. 106 der Verfassung der Republik Usbekistan von 1992.

35 Derartige Möglichkeiten sind in zahlreichen Mitgliedstaaten des Europarats geschaffen worden; im Wesentlichen geht das zurück auf die Rechtsprechung des Europäischen Gerichtshofs für Menschenrechte zur überlangen Verfahrensdauer.

11. Durchsetzung gerichtlicher Entscheidungen

Die Durchsetzung verwaltungsgerichtlicher Entscheidungen zugunsten des Bürgers ist eine komplexere Thematik als die Durchsetzung zivilrechtlicher Entscheidungen, die regelmäßig mit Hilfe des Gerichtsvollziehers oder des Vollstreckungsgerichts vollzogen wird. Denn im Fall des Obsiegens des Bürgers gegen den Staat steht der Durchsetzung der Entscheidung ein Akteur entgegen, der als Teil der Exekutive selbst Bestandteil der Staatsmacht ist.

Auch für diese Konstellation muss ein effektiver und effizienter Mechanismus bereitstehen, um dem Bürger auch in praktischer Hinsicht zur Durchsetzung seines Rechts zu verhelfen. Die Vorschriften zur Vollstreckung gegen die öffentliche Hand in der deutschen Verwaltungsgerichtsordnung kamen und kommen selten zur Anwendung. Es ist auch Teil einer gewachsenen Rechtskultur, wenn die Vollstreckung einer Entscheidung nicht erforderlich ist, weil die unterlegene Seite sich dem richterlichen Spruch fügt. Dazu ist die öffentliche Hand unter Geltung des Rechtsstaatsprinzips (Art. 20 Abs. 3 GG) verpflichtet. Dennoch gibt es Situationen, in denen vor allem politischer Druck Vertreter der Exekutive bei der freiwilligen Befolgung von Gerichtsentscheidungen zögern lässt.[36]

In Staaten, in denen eine Rechtskultur und Rechtstradition erst im Entstehen ist, spielt die Schaffung vollstreckungsrechtlicher Instrumente im Verfahrensrecht eine bedeutende Rolle.

IV. Fazit

Eine gemeinsame Betrachtung von internationaler Rechtsberatung und nationaler Rechtspolitik lohnt und schärft den Blick auf die Diskussion und Lösung der eigenen Probleme und Schwachstellen.

Wenn man von den Gemeinsamkeiten ausgeht, nämlich den rechtlichen Rahmen- und Strukturbedingungen für die Schaffung eines umfassenden und effizienten Verwaltungsrechtsschutzes, haben die Rechtsberatung und das als Bemühen um bessere nationale Lösungen verstandene rechtspolitische Wirken vergleichbare Anknüpfungspunkte. Das Ringen um die beste Lösung – unter

36 Zu denken ist dabei an kürzlich in Deutschland erfolgte Äußerungen von Politikern, mit denen verwaltungsgerichtliche Entscheidungen in Frage gestellt wurden, etwa zu gerichtlich angeordneten Dieselfahrverboten aufgrund EU-rechtlicher Vorgaben oder zur Vermietung von kommunalen Einrichtungen an extreme Parteien.

zweifellos oft unterschiedlichen gesellschaftlichen und politischen Bedingungen – vereint beide.

Damit könnte auch einem Vorwurf gegenüber der internationalen Rechtsberatung, dass man deren Ergebnisse oft nicht greifen und schon gar nicht messen könne, begegnet werden, weil sich auch durch den Diskurs in der Rechtsberatung neue Ansätze und Ideen erschließen, die mitunter im nationalen Interesse genutzt werden können.

Ein erfolgreiches Beispiel für die gegenseitige Befruchtung von Rechtsberatung und nationaler Rechtspolitik stellen aus meiner Sicht die baltischen Staaten dar: Lange Zeit waren sie selbst aufgeschlossene Empfängerstaaten internationaler Beratungshilfe und sind dabei gleichsam im schwimmenden Übergang selbst zu sehr aktiven Beratern geworden, wobei sie die dabei gewonnenen Erkenntnisse aktiv für eine laufende Verbesserung ihrer eigenen Rechtssysteme nutzen. Dabei weisen Estland, Lettland und Litauen eine besondere Offenheit gegenüber Änderungen auf, sind sie doch sozusagen in umfassenden und umwälzenden Änderungsprozessen (neu) geboren worden und kennen die dann notwendigen Änderungen und Reformschritte.

Oleksandr Pasenjuk (Kyïv)

Die Errichtung der Verwaltungsgerichte als eine der wichtigsten Errungenschaften der Gerichtsreform in der Ukraine*

I. Einführung

Die Entwicklung des Verwaltungsrechts von einem repressiven Recht hin zum Recht der Bürger auf Wiederherstellung ihrer verletzten Rechte ist ein Prozess, den verschiedene Gruppen von Experten, Politikern und Beamten unterschiedlich wahrgenommen haben.

Kann die Verwaltungsgerichtsbarkeit zu einem wirksamen Mechanismus des Rechtsschutzes der Bürger werden? Inwieweit haben die Ukrainer Kenntnis und sind bereit, sich an ein Verwaltungsgericht zu wenden, wenn ihre Rechte durch staatliche Amtspersonen verletzt werden? Sind die Richter der neu gegründeten Gerichte selbst bereit, die ihnen übertragenen Befugnisse auszuüben? Und schließlich, wird der Staat das ordnungsgemäße Funktionieren der Verwaltungsgerichte sicherstellen?

Die Antworten auf die genannten Fragen kamen im Laufe des 14-jährigen Bestehens der Verwaltungsgerichtsbarkeit in der Ukraine. Millionen von Fällen wurden von den Gerichten der ersten Instanz, den Appellationsverwaltungsgerichten, der Kassationsinstanz am Obersten Verwaltungsgericht der Ukraine sowie dem Kassationsgericht für Verwaltungssachen beim Obersten Gericht verhandelt.

* Der Vortragsstil wurde im Wesentlichen beibehalten. Der Beitrag gibt die Rechtslage auf dem Stand August 2019 wieder.

Statistisch wurde in etwa 70 % der Fälle zugunsten des Klägers entschieden. Dies ist ein Beweis dafür, dass die Verwaltungsgerichtsbarkeit effektiv ist, obwohl in der Gesellschaft das Vertrauen der Öffentlichkeit in die Gerichte zurückgeht.

II. Integration der Ukraine in den europäischen Rechtsraum

Die Integration der Ukraine in den europäischen Rechtsraum sieht unter anderem eine umfassende Reform der Rechts- und Gerichtssysteme auf der Grundlage der gesamteuropäischen Grundsätze und Normen vor. Es lässt sich nicht leugnen, dass in der Verwaltungstätigkeit häufig Fälle vorkommen, in denen staatliche Verwaltungsbehörden rechtswidrige Entscheidungen treffen, die gegen Normen, gesetzliche Rechte und berechtigte Interessen der Bürger verstoßen. Sicherlich führt dies zu einem Konflikt zwischen den Bürgern und den staatlichen Behörden. Eine Lösung dieses Konflikts nur zwischen den beiden Beteiligten wäre von Anfang an ungleich, da eine staatliche Behörde oder eine Amtsperson in der Lage ist, ihre Entscheidung zwangsweise durchzusetzen. Falls eine Streitigkeit von einer höheren Amtsperson behandelt wird, besteht die potenzielle Gefahr der Voreingenommenheit oder Interessiertheit für eine für den Staat vorteilhafte Lösung.

Der demokratische Rechtsstaat führt das Gericht als neues Element in dieser Dyade ein. Es fungiert als Vermittler zwischen dem Bürger und den Behörden und bietet eine Garantie für die Gleichberechtigung der Rechte des Menschen und des Staates. Die Verwaltungsjustiz als System spezialisierter Gerichte zur Lösung solcher Konflikte bildet einen spezifischen Rechtszweig mit einer besonderen Organisation, Funktionsweise und Art der zu entscheidenden Fälle. Die Schaffung des Systems der Verwaltungsgerichte unter der Leitung des Obersten Verwaltungsgerichts der Ukraine in den Jahren 2005 bis 2008 war einer der wichtigsten Schritte der Gerichtsreform in der Ukraine.

Seit den ersten Schritten der Unabhängigkeit der Ukraine wurde diese Idee Stück für Stück mit wissenschaftlicher und politischer Begründung in die Tat umgesetzt:

- Die Konzeption der Gerichts- und Rechtsreform von 1992[1] deklarierte die Schaffung von Verwaltungsgerichten;

1 Konzeption der Gerichts- und Rechtsreform in der Ukraine, bestätigt durch Beschluss der Verchovna Rada der Ukraine vom 28.4.1992, Holos Ukraïny vom 12.8.1992.

- Die Verfassung der Ukraine (Art. 55, 124[2]) verankerte die Funktion der gerichtlichen Kontrolle in Form der Verwaltungsjustiz als integralen Bestandteil der Judikative neben anderen Grundelementen der Rechtsprechung;
- Die Konzeption der Verwaltungsreform von 1998[3] begründete die Rolle der Verwaltungsjustiz als eine Form der gerichtlichen Kontrolle über die Tätigkeit der Verwaltungsbehörden;
- Die kleine Gerichtsreform von 2001 und das Gesetz der Ukraine „Über die Gerichtsorganisation und die Rechtsstellung der Richter" von 2002[4] (im Folgenden: Gerichtsorganisationsgesetz) bestimmten auf gesetzlicher Ebene, dass in der Ukraine, die ein demokratischer Rechtsstaat sein soll, ein System der Verwaltungsgerichte unter der Leitung des Obersten Verwaltungsgerichts der Ukraine einzurichten ist.

Auch der Europarat hatte die Schaffung der Verwaltungsgerichte als eine der vorrangigen Aufgaben der Ukraine in naher Zukunft anerkannt. Dies wird in Art. 13 Abs. 1 der Resolution der Parlamentarischen Versammlung des Europarats Nr. 1466 vom 5. Oktober 2005 über die Bereitstellung „aller notwendigen Ressourcen für das ukrainische Gerichtssystem, insbesondere für das Funktionieren der Verwaltungsgerichte" festgehalten.

Die theoretische Grundlage für die Untersuchung des Wesens der Verwaltungsgerichtsbarkeit und der Mechanismen ihrer Umsetzung bilden die Forschungen folgender ukrainischer Wissenschaftler: *Vadym Aver'janov, Jurij Bytjak, Ihor Koliuško, Serhij Holovatyj, Ivan Holosničenko, Volodymyr Kampo, Ivan Borodin, Vyktor Šyškin, Jurij Ped'ko, Volodymyr Stefanjuk, Volodymyr Perepeljuk, Jurij Starilov* und andere.

Außerdem war die Position des Obersten Gerichts als höchstes Gerichtsorgan der Ukraine und des Parlaments damals entscheidend dafür, dass die Verwaltungsgerichte ihre Tätigkeit aufnehmen konnten.

---

2 Verfassung der Ukraine vom 28.6.1996, Vidomosti Verchovnoï Rady Ukraïny 1996, Nr. 30, Pos. 141.

3 Konzeption der Verwaltungsreform in der Ukraine, bestätigt durch Ukaz des Präsidenten der Ukraine vom 22.7.1998, Oficijnyj visnyk Ukraïny 1999, Nr. 21, Pos. 943.

4 Gesetz der Ukraine „Über die Gerichtsorganisation und die Rechtsstellung der Richter" vom 7.2.2002, Vidomosti Verchovnoï Rady Ukraïny 2002, Nr. 27–28, Pos. 180 (2010 außer Kraft getreten).

III. Chronologie des Aufbaus eines Systems der Verwaltungsgerichte in der Ukraine

Bereits zu Beginn des letzten Jahrhunderts gab es erste Versuche, ein integrales System der Verwaltungsgerichte zu schaffen, nämlich im Reformprogramm von *Petr Stolypin*, dem Premierminister des Russischen Zarenreichs, zu dem auch die Ukraine damals gehörte.

Während der kurzzeitigen Existenz des ersten unabhängigen ukrainischen Staates in den Jahren 1917 bis 1920 wurde in der Ukraine eine Gesetzgebung entwickelt, die den Schutz der Rechte und Freiheiten der Bürger gewährleisten sollte. Die Verfassung der Ukrainischen Volksrepublik von 1918 legte fest, dass die Judikative neben der Zivil- und Strafgerichtsbarkeit auch die Verwaltungsgerichtsbarkeit auszuüben habe.

Während der Regierungszeit von *Het'man Skoropad'skyj* erhielt das Generalgericht des Ukrainischen Staates die Befugnis zur Überprüfung von Verwaltungssachen. Zu Zeiten des Direktoriums der Ukrainischen Volksrepublik, das den Ukrainischen Staat unter *H. Skoropad'skyj* ersetzt hatte, wurde vorgeschlagen, staatliche Verwaltungsgerichte zu errichten: Neben einem Obersten Verwaltungsgericht sollten die allgemeinen Gerichte als Gerichte der ersten Instanz in Verwaltungssachen fungieren.

Zu Zeiten der Sowjetunion war die Entwicklung des wissenschaftlichen Denkens über das Konzept und den Inhalt der Verwaltungsjustiz ideologisch geprägt.

Die Regierung der Ukrainischen Volksrepublik war gezwungen zu emigrieren. Dennoch wurde weiter an der Errichtung von Verwaltungsgerichten in der Ukraine gearbeitet. Es wurden mehrere Rechtsvorschriften entwickelt, die das Verhältnis zwischen Mensch und öffentlicher Behörde vollständig regeln und schützen sollten.

Es handelte sich um folgende Gesetzentwürfe:

1) Entwurf eines Verwaltungsgesetzbuchs der Ukrainischen Volksrepublik von 1932;
2) Entwurf eines Gesetzes über die Gerichte für Verwaltungssachen von 1932;[5]
3) Entwurf der Provisorischen Gerichtsorganisation der Ukrainischen Volksrepublik von 1931.

---

5 Siehe die Übersetzung mit Einführung von *Bernhard Schloer / Roman Kornuta*, Verwaltungsgerichtsbarkeit in der Ukraine: Entwurf eines Gesetzes über die Gerichte für Verwaltungssachen aus dem Jahr 1932, Berlin 2011.

Leider wurden einige dieser fortschrittlichen Bestimmungen in der Sowjetunion nicht umgesetzt, sogar kategorisch abgelehnt und unverdientermaßen vergessen.

Die wichtigste Rolle in der Geschichte der ukrainischen Verwaltungsjustiz spielte das einzige auf dem Territorium der ehemaligen Sowjetunion angenommene Verwaltungsgesetzbuch der Ukrainischen Sozialistischen Sowjetrepublik vom 12. Oktober 1927. Dieses Verwaltungsgesetzbuch war ein kodifiziertes Verwaltungsgesetz, das die Beziehungen zwischen der Sowjetmacht der Republik und den Bürgern, das Verfahren des Erlasses und die Arten der Verwaltungsakte, die Pflichten der Bürger in verschiedenen gesellschaftlichen und staatlichen Bereichen sowie das Beschwerdeverfahren gegen Entscheidungen der Verwaltungsträger regelte.

Dieses weitgehend fortschrittliche Gesetzbuch war jedoch nur wenige Jahre in Kraft und wurde unter dem *Stalin*-Regime aufgehoben. Seine Normen wurden durch Beschlüsse der Kommunistischen Partei und der Regierung ersetzt.

Aber kehren wir zum Beginn der 1990er Jahre zurück, zu den ersten Jahren der Unabhängigkeit der Ukraine, als die Anhänger der Verwaltungsjustiz sich mit der Analyse und Erforschung verschiedener Systeme der Verwaltungsjustiz der Mitgliedstaaten der Europäischen Union beschäftigten.

Es wurden Formen, Organe und Methoden zur Kontrolle von Verwaltungsakten und Handlungen der Amtspersonen und Beamten in den einzelnen Ländern untersucht, Systeme der Gerichtsorganisation analysiert, unter anderem wie das System der Verwaltungsgerichtsbarkeit mit staatlichen Behörden und anderen Gerichtsorganen im Zusammenhang steht bzw. zusammenarbeitet.

Es existieren zwei Modelle der Verwaltungsjustiz: das kontinentale und das angloamerikanische. Der Hauptunterschied zwischen den beiden Modellen besteht darin, dass das erste die Schaffung von spezialisierten Gerichten vorsieht, durch die die Verwaltungsgerichtsbarkeit ausgeübt wird. Beim angelsächsischen Modell ist die Errichtung eines autonomen Zweigs der Gerichtsbarkeit nicht vorgesehen, stattdessen werden den allgemeinen Gerichten mehr Befugnisse eingeräumt. Beide Modelle haben ihre positiven und negativen Seiten. Nach hiesiger Auffassung war es zweckmäßiger, dass die ukrainische Gerichtsbarkeit die Erfahrung des kontinentalen Modells übernahm, da das ganze ukrainische Rechtssystem auf dem kontinentalen Modell basiert. Der Vorteil des kontinentalen Modells liegt in der Professionalität und Erfahrung der Richter, was durch eine deutliche Spezialisierung der Richter sichergestellt wird. Diesen Weg gingen auch die Autoren des Gerichtsorganisationsgesetzes von 2002, welches die Schaffung eines Systems der Verwaltungsgerichte auf der Grundlage des kontinentalen Modells vorsah.

Das heißt, schon von Anfang an basierte die Verwaltungsjustiz der Ukraine auf demokratischen Prinzipien nach europäischem Vorbild. In vielen Ländern der Alten Welt hat die Verwaltungsjustiz eine langjährige Tradition und wird durch spezialisierte Gerichte vertreten. Die Verwaltungsjustiz in Frankreich entstand Ende des 18. Jahrhunderts. In Deutschland nahmen die Verwaltungsgerichte ihre Tätigkeit in der zweiten Hälfte des 19. Jahrhunderts auf. Genau diese beiden Länder dienten als Vorbild für das ukrainische Modell der Verwaltungsjustiz.

Außer in diesen Staaten gibt es auch in Österreich, Italien, Belgien, Finnland, Schweden, Portugal, der Schweiz, Algerien und Thailand eine starke Verwaltungsjustiz. Dazu gehören von den Mitgliedstaaten des ehemaligen Warschauer Pakts und des ehemaligen Jugoslawiens unter anderem auch Polen, Bulgarien, Ungarn, Slowenien, Mazedonien und Tschechien und von den postsowjetischen Staaten unter anderem Litauen, Estland, Georgien und Aserbaidschan. Mehr als 100 Staaten und internationale Organisationen sind in der Internationalen Assoziation der Organe der Verwaltungsjustiz vertreten.

Das System der Verwaltungsgerichte in der Ukraine ist wie in Frankreich oder Deutschland dreistufig: erste Instanz, Appellation und Kassation, wodurch das verfassungsrechtlich garantierte Recht auf Einlegung eines Rechtsbehelfs gewährleistet werden soll. Um den Zugang zur Verwaltungsgerichtsbarkeit zu gewährleisten, verfügen die Gerichte der ersten Instanz über eine zweistufige Struktur: die örtlichen allgemeinen Gerichte, die einfache Verwaltungssachen (davon gibt es viele, insbesondere soziale Verwaltungssachen) behandeln, und die Bezirksverwaltungsgerichte, die komplexere Verwaltungssachen behandeln.

Die Bezirksverwaltungsgerichte wurden in den Bezirken geschaffen, um in erster Instanz in komplexen Fällen rasch, qualifiziert und unparteiisch Recht zu sprechen, insbesondere in Fällen, in denen es wahrscheinlich ist, dass auf die Richter hoher Druck ausgeübt wird. Ein solcher Mechanismus soll die Unabhängigkeit der Richter vor dem Einfluss der örtlichen Behörden wahren. Dies betrifft auch die Tätigkeit der neun Appellationsverwaltungsgerichte, deren Zuständigkeit sich auf die Appellationsbezirke erstreckt, die vom Präsidenten festgelegt werden.

Wertvolle Unterstützung beim Aufbau des Verwaltungsgerichtssystems in der Ukraine leistete seit 1994 das deutsche Bundesministerium der Justiz über die Deutsche Stiftung für internationale rechtliche Zusammenarbeit.

Die Verfassung der Ukraine und das Gerichtsorganisationsgesetz von 2002 sahen für die Verwaltungsgerichtsbarkeit jedoch noch eine weitere Instanz vor, nämlich die Gerichtskammer für Verwaltungssachen am Obersten

Gericht der Ukraine. Im Verwaltungsgerichtsgesetzbuch von 2005[6] wurden die entsprechenden Bestimmungen entwickelt und festgelegt, dass das Oberste Gericht der Ukraine die Entscheidungen des Obersten Verwaltungsgerichts der Ukraine nur bei Vorliegen der folgenden abschließend genannten Umstände überprüfen kann: wenn (a) diese Entscheidungen aufgrund unterschiedlicher Anwendung derselben Rechtsnorm durch das Gericht der Kassationsinstanz angefochten wurden, (b) ein internationales Gericht, dessen Zuständigkeit die Ukraine anerkannt hat, festgestellt hat, dass eine Gerichtsentscheidung gegen internationale Verpflichtungen der Ukraine verstößt, sowie (c) im Zusammenhang mit neu entdeckten Umständen.

Obwohl die Verfassung der Ukraine den Aufbau eines Systems von spezialisierten Gerichten vorschrieb, sah sie die Existenz der „Gerichte der Verwaltungsjustiz" nicht vor. Erst mit der Änderung des Gesetzes über die Gerichtsorganisation während der so genannten kleinen Gerichtsreform im Juni 2001 und später durch die Verabschiedung des Gerichtsorganisationsgesetzes von 2002 wurde schließlich ein vollwertiges System der Verwaltungsgerichte geschaffen.

Das Gerichtsorganisationsgesetz von 2002 sah die Schaffung des gesamten Systems der Verwaltungsgerichte unter der Leitung des Obersten Verwaltungsgerichts der Ukraine sowie der Gerichtskammer für Verwaltungssachen am Obersten Gericht der Ukraine innerhalb von drei Jahren vor. Jedoch war das Gesetz noch umzusetzen und dafür war dringend eine Reihe untergesetzlicher Rechtsvorschriften zu erlassen. Das Oberste Verwaltungsgericht der Ukraine wurde durch Ukaz des Präsidenten vom 1. Oktober 2002 geschaffen. Erst 2004 ließ das Staatsoberhaupt die Struktur der Verwaltungsgerichte schaffen. Die Errichtung der Gerichte erstreckte sich aufgrund der Komplexität, politischer Turbulenzen und der manchmal künstlichen Hindernisse über mehrere Jahre. Lässt man diese Daten und die Tatsache außer Acht, dass das Oberste Verwaltungsgericht seine Tätigkeit bereits im Januar 2005 aufnahm, sind alle Verwaltungsgerichte (27 Gerichte der ersten Instanz und sieben Appellationsgerichte) in zwei Jahren errichtet worden, wenn man von der Errichtung des ersten Bezirksverwaltungsgerichts, dem am 25. April 2007 eröffneten Bezirksverwaltungsgericht Vinnyzja, ausgeht.

Die gesamte Geschichte der modernen Verwaltungsgerichtsbarkeit in der Ukraine begann tatsächlich mit der Auswahl der ersten neun Richter des

6 Verwaltungsgerichtsgesetzbuch der Ukraine vom 6.7.2005, Vidomosti Verchovnoï Rady Ukraïny 2005, Nr. 35–36, Nr. 37, Pos. 446.

Obersten Verwaltungsgerichts der Ukraine durch Beschluss der Verchovna Rada vom 11. Dezember 2003. Unter diesen neun Richtern wurde auch der Verfasser dieses Beitrags vom Parlament ausgewählt, der zu diesem Zeitpunkt stellvertretender Justizminister war.

Diese Richter wurden vom Ersten stellvertretenden Präsidenten des Obersten Gerichts der Ukraine, *Volodymyr Stefanjuk*, empfohlen. Am 2. Juni 2005 hat die Verchovna Rada der Ukraine weitere neun Richter und ein wenig später nochmals zehn Richter ausgewählt. Im September / November 2005 nahm das Oberste Verwaltungsgericht der Ukraine bestehend aus 28 Richtern endlich seine Prozesstätigkeit auf. Die Richter wurden sehr sorgfältig ausgewählt. In der Personalabteilung des Obersten Verwaltungsgerichts wurde eine Reserve von Richtern gebildet. Es wurden ihre beruflichen Fähigkeiten, Arbeitsqualität und moralischen Qualitäten überprüft. Wenn es irgendwelche Zweifel an einem Kandidaten gab, wurden sie nicht zur Auswahl empfohlen. Das Hauptkriterium war aber ihre Professionalität. Zu jenem Zeitpunkt betrug die Zahl der planmäßigen Stellen des Obersten Verwaltungsgerichts der Ukraine 65 Richter.

Ohne ein Prozessgesetz konnten das Oberste Verwaltungsgericht der Ukraine und andere Verwaltungsgerichte ihre rechtsprechende Tätigkeit jedoch nicht aufnehmen. Das leidgeprüfte Verwaltungsgerichtsgesetzbuch wurde endlich am 6. Juli 2005 von der Verchovna Rada der Ukraine verabschiedet.[7] Es wurde erst in dritter Lesung angenommen, dabei wurde sogar das Veto des ukrainischen Präsidenten, *Viktor Juščenko*, überwunden. Für die Verabschiedung des Gesetzbuchs stimmten 305 von 398 der im Saal registrierten Abgeordneten.

IV. Probleme und Errungenschaften einer zeitgemäßen Verwaltungsgerichtsbarkeit

Natürlich gab es auch Probleme. Erstens dauerte es sieben Jahre statt drei, bis das System der Verwaltungsgerichte endlich geschaffen worden war. Dieser Prozess wurde gebremst durch die extrem langsame Besetzung offener Stellen bei den Gerichten, die systematische Unterfinanzierung der Bedürfnisse der Gerichte, Hindernisse bei der Zuweisung von Räumlichkeiten, die unzureichende materielle und technische Ausstattung, insbesondere mangelte es an Tonbandgeräten für die Aufnahme der Gerichtsverhandlungen.

7 Siehe oben Fn. 6.

Zweitens war die auf dem Prinzip der Rechtsstaatlichkeit basierende Verwaltungsgerichtsbarkeit eine völlig neue Erscheinung für die Ukraine. Bereits in den ersten Jahren traten die Mängel des ukrainischen Systems der öffentlichen Verwaltung in Erscheinung: rechtlicher Nihilismus, der dazu führte, dass nur sehr wenige Gerichtsentscheidungen tatsächlich vollstreckt wurden, und die mangelnde Bereitschaft, die Verantwortlichkeit für Verstöße im Bereich der öffentlichen Verwaltung zu übernehmen. Letztere äußerte sich darin, dass versucht wurde, die Wirkung bestimmter Verfahrensvorschriften zu blockieren oder einzuschränken (z.B. die Bestimmungen betreffend eine Reihe hoheitlicher Entscheidungen in Fällen, für die die Verwaltungsgerichte zuständig sind, betreffend den einstweiligen Rechtsschutz usw.).

Drittens konnten die Autoren des Verwaltungsgerichtsgesetzbuchs nicht vorhersehen, wie viele Streitigkeiten bei den Gerichten eingehen werden. In der Praxis war es eine gewaltige Anzahl an Fällen, insbesondere im sozialen Bereich. Daher war es notwendig, das Institut der vorläufigen Prüfung von Fällen im Kassationsverfahren sowie das verkürzte Verfahren bei den Gerichten der ersten Instanz und der Appellationsinstanz einzuführen.

Viertens sind die Gerichtsverfahren mit Rücksicht auf die in Art. 129 Abs. 3 der Verfassung der Ukraine verankerten einheitlichen Grundsätze der Rechtsprechung objektiv zu vereinheitlichen.

Fünftens entwickelt sich die Verwaltungs- und öffentliche Gesetzgebung im Vergleich zu den anderen Rechtsbereichen am schnellsten, insbesondere in der Ukraine, in der sich die meisten Verwaltungsmechanismen und -institutionen noch in der Anfangsphase der Entwicklung befinden. Daher muss das Parlament die Verwaltungsprozessgesetzgebung ständig anpassen, um eine effektive Entscheidung der Streitigkeiten in den jeweiligen Verwaltungsbereichen zu gewährleisten.

Zu diesem Zweck wurden spezielle Regeln zur Prüfung und Entscheidung von Streitigkeiten in das Verwaltungsgerichtsgesetzbuch eingeführt:

- betreffend die Zwangsveräußerung eines Grundstücks und anderer darauf belegener Immobilien aufgrund öffentlichen Bedarfs;
- auf Antrag der Behörden des staatlichen Steuerdiensts und der Zollbehörden;
- aufgrund der Ausweisung von Ausländern und Staatenlosen usw.

Einige Änderungen im Verwaltungsgerichtsgesetzbuch, wie z.B. die Einführung eines besonderen Verfahrens zur Entscheidung von Streitigkeiten zwischen dem Präsidenten, der Verchovna Rada, dem Höheren Justizrat und der Höheren Qualifikationskommission der Richter, haben in der Gesellschaft zu einer Diskussion geführt. Solche gesetzgeberischen Entscheidungen gehören jedoch zu den Befugnissen des Parlaments. Das Verfassungsgericht der Ukraine hat diese Änderungen für verfassungsmäßig erklärt. Ob diese Änderungen gerechtfertigt waren, soll die ukrainische Gesellschaft beurteilen.

Welche Bestimmungen fehlen dem Verwaltungsgerichtsgesetzbuch der Ukraine heute noch? Wünschenswert wären Bestimmungen, die den Konflikt zwischen der Verwaltungs- und der Zivil- (Wirtschafts-) Gerichtsbarkeit lösen würden. Es geht um die Bestimmung der Zuständigkeit für Streitigkeiten im Zusammenhang mit dem Erlass von Verwaltungsakten, die sich unmittelbar auf die Entstehung, Änderung oder Beendigung zivilrechtlicher Beziehungen auswirken. Der Gesetzgeber hat dabei darauf zu achten, dass er nicht gegen den Verfassungsgrundsatz der Spezialisierung der Gerichte verstößt, bei dem es sich um eine Garantie des Rechts auf gerichtlichen Schutz handelt.

Alle diese Probleme konnten inzwischen gelöst werden. Die Neufassung des Verwaltungsgerichtsgesetzbuchs der Ukraine, die vom ukrainischen Parlament im Jahr 2017 angenommen wurde, enthält viele Novellen zur Verbesserung des Verwaltungsgerichtsverfahrens, die durch die Gerichtspraxis und die Wissenschaft aufgeworfen worden sind.

Eine der Errungenschaften des neuen Verwaltungsgerichtsgesetzbuchs ist das so genannte e-Court. Das ukrainische Gerichtsverfahren entwickelt sich somit schrittweise von einer rein papierbasierten Angelegenheit zu einem elektronischen Prozess. Und das ist eine logische Entwicklung. Die Einführung des elektronischen Gerichts ermöglicht es dem Gericht und den Beteiligten des Gerichtsverfahrens, Verfahrensdokumente in elektronischer Form auszutauschen, die Gerichtsverhandlung aufzunehmen und an dem Verfahren aus der Ferne per Videokonferenz teilzunehmen.

Weitere Novellen sind:

- die Einteilung der Kategorien der Verwaltungssachen in geringfügige, typische und Musterfälle;
- die Erneuerung des Instituts der Beweisführung: als Beweis gelten nun auch elektronische Dokumente, Webseiten, Sprachnachrichten usw.;
- die Einführung eines neuen Verfahrens der Ablehnung eines Richters;
- das Anwaltsmonopol im Prozess;
- die Bedeutung des Vorbereitungsstadiums;
- die Einführung der Mediation unter Beteiligung eines Richters.

Die Neufassung des Verwaltungsgerichtsgesetzbuchs der Ukraine enthält auch viele weitere Neuerungen, Aktualisierungen und Verbesserungen, die derzeit in der Praxis erprobt werden (z.B. schriftliche Durchführung der Appellation und Kassation; Verhandlung von Rechtssachen vor dem Obersten Gericht; Übertragung von Rechtssachen an die Große Kammer usw.).

Das Wichtigste sind die Änderungen in der Verfassung der Ukraine im Abschnitt „Rechtsprechung“, die am 1. Oktober 2016 in Kraft traten. In Art. 125 wurde festgelegt, dass „für den Schutz der Rechte, Freiheiten und Interessen einer Person in öffentlich-rechtlichen Bereichen die Verwaltungsgerichte zuständig sind“.

V. Schlussfolgerung

Damit ist die Liquidation der Verwaltungsgerichte in der Ukraine nun nicht mehr ohne Änderung der Verfassung möglich. In dieser Etappe der Gerichtsreform wurde die Kassationsinstanz, das 2002 errichtete Oberste Verwaltungsgericht der Ukraine, in das Kassationsgericht für Verwaltungssachen beim Obersten Gericht der Ukraine umgewandelt. Der nächste Schritt der Gerichtsreform ist die Autonomie des Systems der Verwaltungsgerichte.

Weitergehende Literatur

1. *Корф С.А.*, Административная юстиція в России (*S.A. Korf*, Verwaltungsjustiz in Russland), St. Petersburg 1910.
2. *Коржунов Н.М.*, Очерк административной юстиции (*N.M. Koržunov*, Skizze der Verwaltungsjustiz), Журнал гражданского и уголовного права 1885, кн. 1, 8, 9 (Zeitschrift für Zivil- und Strafrecht 1885, Buch 1, 8 und 9).
3. *Боннер А.Т.*, Буржуазная административная юстиция (*A.T. Bonner*, Die bourgeoise Verwaltungsjustiz), Правоведение (Rechtswissenschaft) 1969, Nr. 1.
4. Адміністративна юстиція України: проблеми теорії і практики. Настільна книга судді. За загальною редакцією О.М. Пасенюка (O.M. Pasenjuk [Hrsg.], Verwaltungsjustiz in der Ukraine: Theoretische und praktische Probleme, Handbuch für Richter), Verlag Istyna, Kyïv 2007.
5. Конференція з нагоди запровадження адміністративного судочинства в Україні: матеріали Конференції, Київ, 30 вересня 2005 р. Німецький Фонд міжнародного співробітництва у співробітництві із Вищим адміністративним судом України (Konferenz aus Anlass der Einführung der Verwaltungsgerichtsbarkeit in der Ukraine: Materialien der Konferenz, Kyïv 30. September 2005, Deutsche Stiftung für internationale rechtliche Zusammenarbeit in Kooperation mit dem Obersten Verwaltungsgericht der Ukraine).

Vitaliy Kim (Almaty)

Die Rezeption des deutschen Verwaltungsrechts in Kasachstan: Chancen und Grenzen*

„Frankreich ist das Land der Gesetzgebung und der Exekutive. ‚La loi' und der ‚service public' als Arm der zweiten Gewalt bleiben das Maß aller Dinge. In Deutschland dagegen bauen das liberale Bürgertum und die Judikative eine Front gegen die monarchische Verwaltung auf, setzen die Unabhängigkeit der Justiz durch und realisieren am Ende den materialen ‚Rechtsstaat', der Verfassungsqualität erlangt. Die Justiz wird die eigentliche Beschützerin der Rechte – und schließlich der Grundrechte – des Bürgers ‚gegen' den Staat“.[1]

I. Einführung

Unter Beachtung der rechtshistorischen Aspekte beleuchtet der vorliegende Beitrag den Rezeptionsprozess des Instituts der Verwaltungsjustiz in der zentralasiatischen Republik Kasachstan. Besondere Aufmerksamkeit

* Der Beitrag gibt die Rechtslage auf dem Stand September 2019 wieder.

1 *Stolleis*, Verwaltungsrecht bei den Galliern, Zeitschrift des Max-Planck-Instituts für europäische Rechtsgeschichte, Rg. 24/2016, S. 496.

verdient bei der Analyse der Verwaltungsjustizreformen in Kasachstan der aktuelle Entwurf eines neuen Verwaltungsverfahrens- und Verwaltungsprozessgesetzbuchs (im Folgenden: APPK), das sich trotz seiner strukturellen Unterschiede am deutschen Modell orientiert und mit Unterstützung der Deutschen Gesellschaft für internationale Zusammenarbeit (im Folgenden: GIZ) im Rahmen des regionalen Kooperationsprojekts „Förderung der Rechtsstaatlichkeit in Zentralasien" erarbeitet wurde. Der APPK-Entwurf befindet sich derzeit im Ratifikationsprozess und soll sowohl das allgemeine Verwaltungsverfahren als auch das Verwaltungsprozessrecht in Kasachstan regeln.[2] Im Folgenden werden Struktur und Inhalt des Entwurfs kurz dargestellt.

II. Historischer Überblick

1. Teil des russischen/sowjetischen Rechtssystems

Kasachstan ist ein Transformationsstaat mit kontinentaleuropäischer Rechtsordnung. Von der ersten Kodifizierung des Verwaltungsrechts im Preußischen Allgemeinen Landrecht im 18. Jahrhundert[3] bis zum Zerfall der UdSSR war Kasachstan Teil des russischen Rechtssystems. Demzufolge spielte das deutsche Recht mittelbar über das russische Recht eine große Rolle bei der Entwicklung des kasachischen Rechts. Dies galt jedoch nicht für alle Rechtsbereiche. Insbesondere die zivilrechtlichen Bereiche waren betroffen. Hingegen blieb der Eckstein des öffentlichen Rechts, das Verwaltungsrecht, trotz seiner enormen Bedeutung für die Rechtsstaatlichkeit wenig entwickelt.

Insbesondere in der 70 Jahre währenden Herrschaft des „Kommunismus" wurde in den sowjetischen Republiken unter Verwaltungsjustiz eine „westliche" und daher ideologiefremde Institution verstanden. Der sowjetischen Propaganda zufolge benötigten die UdSSR-Bürger*innen im Unterschied zu den „unterdrückten Bürger*innen" in kapitalistischen Staaten keinen Schutz

2 Die endgültige Fassung des APPK-Entwurfs wurde als Gesetzbuch Nr. 350-VI vom kasachischen Präsidenten am 29.6.2020 unterzeichnet und trat am 1.7.2021 in Kraft. Eine inoffizielle englische Übersetzung ist zugänglich unter: https://adilet.zan.kz/eng/docs/K2000000350. Siehe hierzu auch die auszugsweise deutsche Übersetzung in diesem Band, S. 231–296, und den Bericht aus der Tätigkeit der IRZ von *Schaich/Reitemeier*, WiRO 2021, S. 255 f.

3 Mehr dazu *Bornhak*, Preußische Staats- und Rechtsgeschichte, Berlin 1903, S. 540 ff.

vor staatlicher Willkür, da sie ja selbst ein integraler Bestandteil des Staates waren. Der sowjetische aphoristische Volkswitz besagt, dass sich der sowjetische Verwaltungsapparat in seiner Arbeitsweise an Werken des Schriftstellers *Franz Kafka* orientiert habe: „*Мы рождены, чтоб Кафку сделать былью*“[4] („Wir wurden geboren, um Kafka wahr werden zu lassen“). Die Entwicklung des sowjetischen allgemeinen Verwaltungsrechts bezweckte nicht die Schaffung einer auf die Menschen orientierten Verwaltung, sondern die Errichtung eines Mechanismus, der seine Bürger*innen effektiver kontrollieren, verfolgen bzw. bestrafen konnte: „*Советское административное право использует и приспосабливает правовые формы к текущим потребностям строительства и администрирования, но в фетиш их не возводит. Предрассудок насчет безусловного характера прав и свобод ему чужд*“.[5]

2. Erste Jahre der Unabhängigkeit

Für die junge postsowjetische Republik war es überlebenswichtig, zunächst vertikale Machtverhältnisse einzurichten. In den für Wirtschaft und Sozialleben schwierigen Übergangszeiten war die Einrichtung eines neuen Justizinstituts für die politische Elite, die sich vom Postkommunismus ab- und dem Superpräsidentialismus zugewandt hatte, zweifellos zu liberal und sogar gefährlich. Die Schaffung der rechtlichen Grundlagen für qualitativ neue Beziehungen zwischen den Bürger*innen und dem Staatsapparat, also der Macht, waren nicht im Interesse der jungen zentralasiatischen Republik.

Deshalb erfuhr auch nach dem Zusammenbruch der Sowjetunion im Jahr 1991 das Verwaltungsrecht bzw. Verwaltungsprozessrecht in Kasachstan im

---

4 Vgl. *Серов*, Энциклопедический словарь крылатых слов и выражений (*Serov*, Enzyklopädisches Wörterbuch der Sprichwörter und Ausdrücke), Moskau 2003.

5 *Elistratov* in einem sowjetischen Lehrbuch für Verwaltungsrecht von 1929: „Das sowjetische Verwaltungsrecht verwendet Rechtsformen und passt sie an die aktuellen Bedürfnisse des Aufbaus und der Verwaltung an, erhebt sie jedoch nicht zum Fetisch. Das Vorurteil der bedingungslosen Gewährleistung der Rechte und Freiheiten ist ihm fremd“. Mehr zum sowjetischen Verwaltungsrecht *Веремеенко*, Концепция предмета советского административного права и необходимость ее коррекции (*Veremeenko*, Die Konzeption des Gegenstands des sowjetischen Verwaltungsrechts und die Notwendigkeit ihrer Korrektur), Вестник института: преступление, наказание, исправление (Vestnik des Instituts: Verbrechen, Strafe, Besserung) 2008, Nr. 2, S. 67–74.

Unterschied zu den anderen Rechtsgebieten (insbesondere Verfassungsrecht, Strafrecht und Wirtschaftsrecht) keine qualitativen Veränderungen. Dies zeigt sich in Kasachstan durch die allgemeinen Verwaltungsgesetze, die sich auf Ansätze konzentrieren, die noch in der Sowjetzeit etabliert worden waren und bei denen eine positive Regulierung der öffentlichen Bereiche vorherrscht, sowie in der Regulierung der Rechtsbeziehungen zwischen den Staatsorganen einerseits und den Bürger*innen anderseits im Zusammenhang mit der Begehung einer Ordnungswidrigkeit (verwaltungsrechtliches Delikt).[6]

3. Reformzeiten

Die Reformierung der Gesetzgebung für das Verwaltungsverfahren und das Verwaltungsprozessrecht in Kasachstan wurde erst im Jahr 2011 intensiviert. Nach dem Scheitern des „Verwaltungsgesetzbuchs" im Jahr 2009 wurde vom Institut für Gesetzgebung der Republik Kasachstan ein Referentenentwurf für ein allgemeines Verwaltungsverfahrensgesetz vorgelegt. Der Referentenentwurf wurde zwar positiv bewertet[7] und das Unterhaus des kasachischen Parlaments (Mäschilis) stimmte dem Entwurf auch zu, doch im Ratifikationsverfahren wurde er vom Senat der Republik Kasachstan abgelehnt.

Seither hat sich das Verwaltungsrecht dank der Gerichtspraxis zumindest in seinem prozessualen Teil weiterentwickelt. Insbesondere ist der Beschluss des Obersten Gerichts der Republik Kasachstan „Über die Behandlung von öffentlich-rechtlichen Streitigkeiten" zu erwähnen, der den Richtern Anweisungen für die Behandlung von Streitigkeiten unter Anwendung des Kapitels 29 der Zivilprozessordnung (im Folgenden: ZPO)[8] und damit für die meisten verwaltungsrechtlichen Fälle gibt. Gleichwohl handelt es sich um eine vorläufige Lösung, bis der Verwaltungsprozess nach Inkrafttreten des neuen APPK gesetzlich verankert wird.

6 Siehe dazu auch *Подопригора*, Административная юстиция в Казахстане: история, состояние, перспективы (*Podoprigora*, Verwaltungsjustiz in Kasachstan: Geschichte, Zustand, Perspektiven), Право и Государство (Staat und Recht) 2014, Nr. 4, S. 46–56.

7 *Pudelka/Deppe*, Allgemeines Verwaltungsrecht in Zentralasien in der Entwicklung, Ost/Letter 2/2017, S. 541.

8 Dazu noch unten III.2.

III. Aktueller Stand

1. Materielles Verwaltungsrecht

Für das allgemeine Verwaltungsrecht in Kasachstan sind gegenwärtig folgende Gesetze von zentraler Bedeutung:

- Gesetz über die Verwaltungsverfahren[9];
- Gesetz über das Verfahren der Prüfung von Eingaben natürlicher und juristischer Personen[10];
- Gesetzbuch über administrative Rechtsverletzungen[11].

Die ersten zwei Gesetze bestimmen zugunsten der Bürger die Grundlagen rechtmäßigen Verwaltungshandelns. Zudem schafft das Gesetz über die Verwaltungsverfahren die Grundlagen für die Kontrolle des Vollzugs eines individuellen Rechtsakts,[12] dessen Definition wesentliche Merkmale des deutschen Verwaltungsakts enthält.[13] Das Gesetzbuch über administrative Rechtsverletzungen sieht dagegen Vorschriften gegenüber den Bürger*innen mit Sanktionen in Fällen ordnungswidrigen Handelns (so genanntes nichtdiskriminiertes Strafrecht) vor. Der Klarheit halber ist hier zu erläutern, dass in Kasachstan, so wie in vielen postsowjetischen Ländern, das Recht der Durchsetzung der Vorschriften gegenüber den Bürger*innen (z.B. bei der Begehung einer Ordnungswidrigkeit) viel stärker entwickelt ist als das Recht des Verwaltungsverfahrens,[14] also die Regelungen dessen, was die Verwaltung tut und wie sie es tun darf. Die Ungleichheit von Staat und Bürger*innen vergrößert sich vor Gericht sogar noch aufgrund der prozessualen Regelungen.

2. Verwaltungsprozess

Gemäß der Verfassung der Republik Kasachstan wird die judikative Gewalt durch zivilrechtliche, strafrechtliche und *andere* gesetzlich bestimmte Formen

---

9 Gesetz der Republik Kasachstan Nr. 107-II vom 27.11.2000 (mit späteren Änderungen). Die Verfassung und alle Gesetze sind in russischer Sprache auf dem Online-Portal <online.zakon.kz> abrufbar.

10 Gesetz der Republik Kasachstan Nr. 221-III vom 12.1.2007 (mit späteren Änderungen).

11 Gesetzbuch der Republik Kasachstan Nr. 235-V vom 5.7.2014 (mit späteren Änderungen).

12 Vgl. Art. 6–7 des Gesetzes der Republik Kasachstan über die Verwaltungsverfahren.

13 Vgl. Art. 1 Pkt. 3 des Gesetzes der Republik Kasachstan über die Rechtsakte.

14 Ausführlich zum Verwaltungsrecht in Kasachstan siehe *Pudelka/Deppe*, Allgemeines Verwaltungsrecht in Zentralasien in der Entwicklung, Ost/Letter 2/2017, S. 529.

der Gerichtsbarkeit ausgeübt.[15] Nach sowjetischer Rechtstradition ist der kasachische Gerichtsprozess über Streitigkeiten öffentlich-rechtlicher Art in einem Sonderkapitel der ZPO (Kapitel 29) geregelt.

Wie eingangs bereits erwähnt, gehört Kasachstan zum kontinentaleuropäischen Rechtssystem und demzufolge herrscht im kasachischen Zivilprozess grundsätzlich *Privatautonomie*. Die Unterschiede zwischen einem *normalen* Zivilprozess- und einem Verwaltungsprozessverfahren liegen auf der Hand. Die Dispositionsmaxime nach dem römischen Prinzip („*nullo actore, nullus iudex*") anstelle der im Straf- und Verwaltungsprozess geltenden Offizialmaxime sowie der Beibringungsgrundsatz[16] sind die wichtigsten Grundsätze, die die Streitparteien eines zivilgerichtlichen Verfahrens (*unter Gleichen*) einander gleichstellen. Zugleich geht es beim Verwaltungsprozess um mehr, als *nur* die „egoistischen" Interessen von Privatrechtssubjekten im Rahmen der so genannten „formellen Wahrheit" zu gewährleisten, sondern hier soll die „materielle Wahrheit" vor Gericht herausgefunden werden, um die Gerechtigkeit zwischen *nichtgleichen* Streitparteien, die in einem Über-/Unterordnungsverhältnis zueinanderstehen, wiederherzustellen. Die Einordnung öffentlich-rechtlicher Streitigkeiten unter zivilprozessuale Prinzipien ist schon deshalb aus rechtsdogmatischer Sicht kritisch zu bewerten.[17]

Insgesamt ist die Trennung des öffentlichen Rechts vom Privatrecht in vielen postsowjetischen Staaten ein bis heute aktuelles und außerordentlich umstrittenes Thema.

3. Verwaltungsverfahrens- und Verwaltungsprozessgesetzbuch (Entwurf)

a) Allgemein

Die Bedeutung einer unabhängigen Verwaltungsgerichtsbarkeit für die Rechtsstaatlichkeit und demzufolge die Notwendigkeit einer qualitativ neuen Rechtsgrundlage für die Regelung öffentlich-rechtlicher Streitigkeiten wurde im Konzept der Rechtspolitik für die Jahre 2010 bis 2020 vom Präsidenten der Republik Kasachstan anerkannt und bestimmt.[18] Demgemäß

---

15 Vgl. Art. 5 der Verfassung der Republik Kasachstan vom 30.9.1995 (mit späteren Änderungen).

16 Vgl. Art. 15 ZPO.

17 Zur Notwendigkeit der Abgrenzung zwischen öffentlichem Recht und Privatrecht siehe *Erbguth/Guckelberger*, Allgemeines Verwaltungsrecht, 2018, S. 62 ff.

18 Erlass des Präsidenten der Republik Kasachstan Nr. 858 vom 24.9.2019.

soll neben der bestehenden Ordnungswidrigkeitsgerichtsbarkeit eine Verwaltungsgerichtsbarkeit eingeführt werden. Dass die Verwaltungsjustizreformen in den Nachbarstaaten, insbesondere in Georgien (2000), Armenien (2008), Aserbaidschan (2010) und Kirgisistan (2015) vom kasachischen Gesetzgeber nicht außer Acht gelassen werden können, erscheint evident. Ein regionales (turkmenisches) Sprichwort sagt: „*Der Nachbar lernt vom Nachbarn, wie man früher ins Bett geht und später aufsteht*". Nicht zuletzt die Aktivitäten der GIZ in der Region haben einen massiven Impuls für die Verwaltungsjustizreformen im Land gegeben. Von der Gesetzgebungsinitiative bis zur Erstellung eines Gesetzentwurfs hat die GIZ sowohl durch Beratung als auch mit technischer Unterstützung den Reformprozess in Kasachstan begleitet.

Um sich einen Überblick über den Stand der Verwaltungsjustizreformen in Kasachstan verschaffen zu können, wird im Folgenden eine kurze Struktur- und Inhaltsübersicht über den aktuellen APPK-Entwurf gegeben.

b) Struktur

Der APPK-Entwurf besteht nach heutigem Stand[19] aus 352 Artikeln und lässt sich grundsätzlich in vier Teile gliedern:

- Allgemeiner Teil
- Verwaltungsverfahren
  - Interne Verfahrensvorschriften
  - (Allgemeine) Verfahrensvorschriften
- Verwaltungsprozess
- Übergangsbestimmungen.

Wie aus der Bezeichnung und zusätzlich der Struktur des Gesetzentwurfs zu erkennen ist, handelt es sich um ein Gesetz, das zwei unterschiedliche Sphären des Verwaltungsrechts (Verwaltungsverfahren und Verwaltungsprozess) regelt. *Gute*, anschauliche Beispiele, in denen das Verfahren und der Prozess in einem Gesetz geregelt sind, sind Lettland (*administratīvā procesa likums*[20]) und die

19 Stand: März 2019.

20 Gesetz der Republik Lettland über die öffentliche Verwaltung vom 25.10.2001 (mit späteren Änderungen). Das Gesetz ist verfügbar unter: <https://likumi.lv/> (Stand: 20.8.2019).

Niederlande (*algemene wet bestuursrecht*[21]). In Deutschland wäre dagegen die Regelung des Verwaltungsverfahrens und des Verwaltungsprozesses in einem Gesetz aufgrund der konkurrierenden Gesetzgebung[22] nicht möglich, was aber *de facto* letztendlich „dank" des so genannten *korporativen Föderalismus* in der Bundesrepublik keinen großen Unterschied zwischen dem Bundesverwaltungsverfahrensgesetz und den Länderverwaltungsverfahrensgesetzen macht. Auf den ersten Blick spielt die Entscheidung des Gesetzgebers für ein *„einheitliches Gesetz"* anstatt der üblichen zwei separaten Gesetze keine grundsätzliche Rolle. Sie erschwert nur das Verfahren der Verabschiedung des Gesetzes, da die beiden Teile (Verwaltungsverfahren und Verwaltungsprozess) aufgrund der Kompetenzverteilung von unterschiedlichen Arbeitsgruppen (aus dem Justizministerium für den verwaltungsverfahrensrechtlichen Teil und aus dem Obersten Gericht der Republik Kasachstan für den prozessualen Teil) erarbeitet wurden. Als Ergebnis wurde im Gutachten zum Gesetzentwurf zu Recht Kritik an der Gesetzgebungstechnik geäußert (z.B. keine einheitliche Begriffsbestimmung, sowjetisches Erbe der Gesetzgebungstechnik usw.).[23]

c) Inhalt

Im ersten Teil bestimmt der Gesetzgeber neben den für die kasachische Gesetzgebungstechnik „traditionellen" Vorschriften zur Normenhierarchie (Art. 1–2) und zum Anwendungsbereich (Art. 3) auch die grundlegenden Begriffe für das Verwaltungsverfahren und den Verwaltungsprozess (Art. 4). Es ist auf den ersten Blick erkennbar, dass sich der Gesetzgeber bei der Begriffsbestimmung am deutschen Modell orientierte. Beispielsweise enthält der Begriff des Verwaltungsakts (Art. 4 Abs. 2) alle Begriffsmerkmale der Grundfigur des deutschen Verwaltungsrechts.[24] Daran anschließend werden die Grundsätze für das Verwaltungsverfahren und den Verwaltungsprozess festgelegt. Der Grundsatz der Rechtmäßigkeit (Art. 6), der Grundsatz der Verhältnismäßigkeit (Art. 9), die Offizialmaxime (oder Inquisitionsmaxime) für das gerichtliche Verfahren (Art. 15) sowie das Prinzip der angemessenen Fristen für das Verwaltungsprozessverfahren (Art. 16) sind nur einige bekannte Grundsätze

---

21 Allgemeines Verwaltungsgesetz der Niederlande vom 4.6.1992 (mit späteren Änderungen). Das Gesetz ist verfügbar unter: <https://wetten.overheid.nl/> (Stand: 20.8.2019).

22 Vgl. Art. 70 ff. GG.

23 Vgl. *Pudelka*, Gutachten zum APPK-Entwurf vom 27.5.2018.

24 Vgl. Art. 35 BVwVfG.

aus dem deutschen Verwaltungsrecht, die ihre Verankerung auch im kasachischen Gesetzentwurf gefunden haben. Die Beteiligten im Verwaltungsprozess werden ebenfalls im ersten Teil des APPK-Entwurfs bestimmt. Unter den aktiven Beteiligten im Verwaltungsprozess werden der Kläger, der Beklagte, Dritte, deren Interessen betroffen sind oder betroffen sein können, und die Staatsanwaltschaft genannt.[25]

Im zweiten und dritten Abschnitt ist das Verwaltungsverfahren geregelt. Der Gesetzgeber bestimmt zunächst nur die internen Verfahrensvorschriften (Aufgaben der Staatsorgane[26], interner Informationsaustausch[27] usw.), deren Hauptadressaten die Verwaltungsbehörden sind. Danach werden die allgemeinen Verfahrensgrundsätze (Beginn und Ablauf des Verfahrens[28], Verwaltungsakt[29] [Formen, Bestandskraft, Nichtigkeit usw.], vereinfachtes Verwaltungsverfahren[30] usw.) geregelt.

Im vierten Abschnitt wird schließlich die gesamte prozessuale Ordnung des Verwaltungsgerichtsverfahrens geregelt.[31] Nach Inkrafttreten des APPK sind die so genannten Sonderverwaltungsgerichte für alle öffentlich-rechtlichen Streitigkeiten zuständig. Gemäß dem Gesetzentwurf ist bisher ein *normales* dreistufiges Gerichtsverfahren vorgesehen. Nach dem Appellationsverfahren vor einem Bezirksgericht ist die Kassation vor einer Sonderkammer am Obersten Gericht der Republik Kasachstan möglich.

IV. Chancen und Grenzen

Viele postsowjetische Staaten der Eurasischen Region (Aserbaidschan, Armenien, Georgien, Kirgisistan, Turkmenistan sowie die Ukraine) haben sich für das „deutsche Modell“ der Verwaltungsjustiz entschieden. In den genannten Staaten wurden Schritte zur Reformierung des nationalen Rechtssystems durch das Inkrafttreten neuer Gesetze über das Verwaltungsverfahren bzw. den Verwaltungsprozess unternommen.[32] In den übrigen GUS-

25 Vgl. Art. 27–30 APPK.
26 Vgl. Art. 41 APPK.
27 Vgl. Art. 45 APPK.
28 Vgl. Art. 66 ff. APPK.
29 Vgl. Art. 78 ff. APPK.
30 Vgl. Art. 88 ff. APPK.
31 Vgl. Art. 102 ff. APPK.
32 Siehe die entsprechenden Gesetze bei Pudelka (Hrsg.), Gesetzessammlung der GIZ, 2. Aufl. (2016) und 3. Aufl. (2018).

Staaten[33], insbesondere in Russland und Kasachstan, wurde aus dem sowjetischen Erbe unter dem Verwaltungsrecht weiterhin nur sein besonderer Teil, das Gesetzbuch über administrative Rechtsverletzungen verstanden und unterrichtet, und der Verwaltungsprozess in einem Sonderkapitel in der ZPO geregelt. Sehr veraltet ist auch das System der Lehre des Verwaltungsrechts, das nun als Wahldisziplin für die Studierenden der kasachischen Universitäten angeboten wird. Doch im Unterschied zu Russland wurde die Notwendigkeit für Reformen im Bereich des öffentlichen Rechts von der kasachischen Staatselite erkannt. Aus diesem Grund sind mit dem APPK-Entwurf große Hoffnungen verbunden.

Nach den regionalen Erfahrungen hängen die Rezeptionschancen jedes (neuen) Rechtsinstituts nicht nur vom politischen Willen, sondern unmittelbar von der entsprechenden wissenschaftlichen Begleitung ab. Die Modernisierung bzw. Optimierung der rechtswissenschaftlichen Studiengänge an den kasachischen juristischen Universitäten soll die (Re-)Produktionskapazität der neuen Generation von Rechtswissenschaftler*innen bzw. zukünftigen Rechtsanwender*innen ermöglichen, die nach der falllösungsorientierten Methode unterrichtet werden sollen. Eine modernisierte juristische Ausbildung soll für ein neues Rechtsbewusstsein der Bürger*innen sowie der Beamt*innen im Land sorgen.[34]

Anders wäre es, wenn das rezeptierte Rechtsinstitut ohne entsprechende wissenschaftliche Begleitung an den Universitäten gesetzlich in Kraft träte, d.h. „von oben eingesetzt" werden würde. Dies betrifft insbesondere die Bereiche des öffentlichen Rechts. Aus den regionalen Erfahrungen sind anschauliche Beispiele dafür Aserbaidschan und Kirgisistan sowie als besonders schlechtes Beispiel Turkmenistan.

V. Fazit

Das Institut der Verwaltungsjustiz ist ein wesentlicher Bestandteil des modernen Rechtsstaats. Eine funktionierende Verwaltungsgerichtsbarkeit basiert auf Grundsätzen, die sich prinzipiell vom Zivilprozess unterscheiden oder ihm fremd sind, was wiederum einen wirksamen (ausgewogenen) Mechanismus

33 Die GUS ist die bisher einzige funktionierende regionale internationale Organisation, in der sich viele ehemalige Mitgliedstaaten der Sowjetunion zusammengeschlossen haben. Die GUS ist keine supranationale Organisation und funktioniert nur auf der Basis von Freiwilligkeit.

34 *Deppe*, Die Entwicklung des allgemeinen Verwaltungsrechts in der GUS, S. 267.

zur Überprüfung der Rechtmäßigkeit der Handlungen des Staates gegenüber seinen Bürger*innen schafft.

Die Einführung der Verwaltungsgerichtsbarkeit trägt neben der indirekten Wirkung – sowohl zur Stärkung der wirtschaftlichen (Investitions-)Attraktivität des Landes auf internationaler Ebene als auch zur Qualitätserhöhung der Arbeitsweise der Verwaltungsbehörden – zuallererst zur Stärkung der inneren Stabilität der Republik bei. Das Vertrauen der Bürger*innen in Entscheidungen der Exekutivbehörden (*pouvoir exécutif*) wird gestärkt, wenn diese von unabhängigen Gerichten überprüft werden können. Mit der Einführung und Weiterentwicklung des Instituts der Verwaltungsjustiz verlagert sich der Staat allmählich von der veralteten traditionellen Rolle des „Aufsehers" zu dem für ihn bestimmten effektiven, am Menschen orientierten Modell des „öffentlichen Dienstleisters".

Gleichzeitig ist es wichtig, sich bei der Entwicklung der gesetzlichen Grundlagen auf ein einheitliches gesetzliches Modell zu stützen, da die Übernahme von Regelungen aus verschiedenen gesetzlichen Modellen bzw. aus unterschiedlichen Rechtssystemen nach den internationalen Erfahrungen erfolglos bleibt.[35] Die Wirksamkeit des neuen Rechtsinstituts hängt unmittelbar von der gesamten Anwendung sämtlicher seiner Normen ab.

35 Ein gutes Beispiel hierfür ist das Gesetzbuch der Republik Usbekistan über das Verwaltungsverfahren.

Roman Melnyk (Kyïv/Nur-Sultan)

Individuelle Steuerberatung als Gegenstand der Anfechtung vor dem Verwaltungsgericht

I. Einführung

Die Fälle der Verwaltungsgerichtsbarkeit im Zusammenhang mit der Anfechtung individueller Steuerberatungen, die den Steuerzahlern von den Behörden des Staatlichen Finanzdiensts der Ukraine erteilt wurden, sind derzeit relativ zahlreich. Im Rahmen dieses Beitrags wird ein konkreter Fall analysiert, der vom Obersten Gericht der Ukraine in der Besetzung des Richterkollegiums des Kassationsgerichts für Verwaltungssachen[1] verhandelt und entschieden wurde. Abschließend werden eigene Schlussfolgerungen hierzu gezogen.

II. Individuelle Steuerberatung und ihre Untersuchung durch die Rechtslehre

Bei der Analyse des genannten Falls ist zunächst darauf hinzuweisen, dass das Oberste Gericht in der Besetzung des Richterkollegiums des Kassationsgerichts für Verwaltungssachen die Rechtssache nicht nach den eigentlich erhobenen Ansprüchen, sondern nur nach der Möglichkeit (Zulässigkeit) der Anfechtung einer Steuerberatung als eine Art der Entscheidung eines Trägers hoheitlicher Befugnisse nach den Vorschriften des Verwaltungsgerichtsgesetzbuchs der Ukraine[2] (im Folgenden auch: KAS) geprüft hat. Dementsprechend besteht die Aufgabe darin, einen eigenen Standpunkt zu diesem Problem zu formulieren.

---

1 Nach den Materialien der Verwaltungssache in der Rechtssache Nr. 813/2617/15, zugänglich unter: http://reyestr.court.gov.ua/Review/72367032.

2 Verwaltungsgerichtsgesetzbuch der Ukraine, Vidomosti Verchovnoï Rady Ukraïny 2005, Nr. 35–36, Nr. 37, Pos. 446 (mit späteren Änderungen und Ergänzungen).

Gemäß Art. 5 Pkt. 1 KAS ist jede Person berechtigt, sich in dem durch das Verwaltungsgerichtsgesetzbuch vorgesehenen Verfahren an das Verwaltungsgericht zu wenden, wenn sie sich durch eine Entscheidung, Handlung oder Unterlassung eines Hoheitsträgers in ihren Rechten, Freiheiten oder gesetzlichen Interessen verletzt sieht. Mit anderen Worten kann Gegenstand der Anfechtung eine *Entscheidung*, *Handlung* oder *Unterlassung* eines Hoheitsträgers sein. Die Kategorie „Entscheidung" ist ein allgemeiner Begriff, der sich (ausgehend vom Inhalt der Art. 4, 5, 19) auf normative Rechtsakte, Einzelakte oder Verwaltungsverträge, d.h. eine schriftliche bzw. anderweitig festgelegte (formalisierte) Willenserklärung eines Hoheitsträgers bezieht, die für eine bestimmte Person Rechtsfolgen hat oder haben kann, oder anders gesagt, ihre Rechte, Freiheiten oder gesetzlichen Interessen verletzen oder eine Gefahr für deren Verletzung darstellen kann. Dementsprechend kann eine Entscheidung nicht Gegenstand der Anfechtung nach den Vorschriften der Verwaltungsgerichtsbarkeit sein, wenn sie a) keine eigentliche Entscheidung im Sinne des Verwaltungsgerichtsgesetzbuchs der Ukraine ist, b) nicht von einem Hoheitsträger (sondern z.B. von einem Subjekt des Privatrechts) getroffen wurde, c) keine Rechtsfolgen für eine Privatperson hat, d.h. ihrer Natur nach (inhaltlich) keine Verletzung der Rechte, Freiheiten oder gesetzlichen Interessen einer Privatperson verursacht.

Nachfolgend wird die individuelle Steuerberatung anhand der oben genannten Merkmale untersucht.

Nach dem Verwaltungsgerichtsgesetzbuch der Ukraine gilt als Entscheidung: ein *normativer Rechtsakt*, d.h. ein Verwaltungsakt bzw. eine Entscheidung eines Hoheitsträgers, der bzw. die allgemeine Regeln zur Regulierung gleichartiger Beziehungen festlegt, ändert oder aussetzt (aufhebt) und auf eine langfristige und mehrfache Anwendung gerichtet ist; ein *Einzelakt*, d.h. ein Akt bzw. eine Entscheidung eines Hoheitsträgers, der bzw. die zur Ausübung hoheitlicher Verwaltungsaufgaben oder bei der Erbringung von Verwaltungsdienstleistungen erlassen bzw. getroffen wurde, der bzw. die Rechte oder Interessen einer oder mehrerer in diesem Akt aufgezählter Personen betrifft sowie dessen bzw. deren Wirkung sich durch seine (ihre) Vollziehung erschöpft bzw. eine bestimmte Frist hat; ein *Verwaltungsvertrag*, d.h. ein gemeinsamer Rechtsakt von Hoheitsträgern bzw. ein Rechtsakt unter Beteiligung eines Hoheitsträgers und einer anderen Person, der auf ihrem Willen beruht und die Form eines Vertrags, einer Vereinbarung, eines Protokolls, eines Memorandums oder Ähnliches hat, gegenseitige Rechte und Pflichten seiner Beteiligten im öffentlich-rechtlichen Bereich festlegt und aufgrund eines Gesetzes geschlossen wird: a) zur Abgrenzung der Kompetenzen oder zur Festlegung der Zusammenarbeit zwischen Hoheitsträgern; b) zur Delegation öffentlich-rechtlicher

Verwaltungsaufgaben; c) zur Umverteilung oder Zusammenlegung von Haushaltsmitteln in den vom Gesetz festgelegten Fällen; d) anstatt des Erlasses eines Einzelakts; e) zur Regelung der Erbringung von Verwaltungsdienstleistungen.

Gemäß Art. 14 Pkt. 1 Ziff. 172[1] des Steuergesetzbuchs der Ukraine[3] ist unter *individueller Steuerberatung* eine Erläuterung der Aufsichtsbehörde gegenüber dem Steuerzahler zur praktischen Anwendung einzelner Normen der Steuer- und sonstigen Gesetzgebung zu verstehen, deren Einhaltung diese Aufsichtsbehörde zu kontrollieren hat, und die in das einheitliche Register der individuellen Steuerberatungen eingetragen wird.

Eine Übertragung der Merkmale der individuellen Steuerberatung auf die Merkmale und Eigenschaften der oben genannten Entscheidungsarten lässt den Schluss zu, dass die individuelle Steuerberatung unter die Merkmale eines Einzelakts fällt, da sie a) von einem Hoheitsträger erteilt wird, nämlich von der Hauptverwaltung des Staatlichen Finanzdiensts im Gebiet L'viv, die gemäß der Verordnung des Ministerkabinetts der Ukraine „Über den Staatlichen Finanzdienst der Ukraine"[4] hoheitliche Verwaltungsaufgaben zur Umsetzung der staatlichen Steuerpolitik, der staatlichen Zollpolitik, der staatlichen Politik zur Verwaltung der einheitlichen Beiträge in die gesetzliche Sozialversicherung, der staatlichen Politik zur Bekämpfung von Rechtsverletzungen bei der Anwendung der Steuer- und Zollgesetzgebung sowie der Gesetzgebung betreffend die Zahlung des einheitlichen Beitrags ausübt; b) die Rechte eines konkreten Steuerzahlers (der Gesellschaft mit beschränkter Haftung „Agrakom Centr") betrifft; und c) sich die Wirkung der individuellen Steuerberatung durch einmalige Vollziehung (Umsetzung) erschöpft.

Es ist zu vermuten, dass das Richterkollegium des Kassationsgerichts für Verwaltungssachen, das die vorgenannte Verwaltungssache verhandelt hat, zu der gleichen Schlussfolgerung gekommen ist. In der Entscheidung wurde neben der Tatsache, dass die individuelle Steuerberatung als Einzelakt anerkannt wurde, auch festgestellt, dass die individuelle Steuerberatung eine *rechtliche Tatsache* ist, die Grundlage für die Befreiung eines Steuerzahlers von der Verantwortlichkeit ist, der nach den Erläuterungen dieser Beratung zur praktischen Anwendung einzelner Bestimmungen der Steuergesetzgebung gehandelt

---

3 Steuergesetzbuch der Ukraine, Vidomosti Verchovnoï Rady Ukraïny 2011, Nr. 13–14, Nr. 15–16, Nr. 17, Pos. 112.

4 Verordnung des Ministerkabinetts der Ukraine Nr. 236 vom 21.5.2014 „Über den Staatlichen Finanzdienst der Ukraine", Oficijnyj visnyk Ukraïny 2014, Nr. 55, Pos. 1507.

hat. Darüber hinaus hat das Richterkollegium auf die Bestimmung von Art. 53 Pkt. 2 des Steuergesetzbuchs der Ukraine hingewiesen, wonach der Steuerzahler eine Anordnung über die Genehmigung einer allgemeinen Steuerberatung oder eine ihm als rechtlicher Einzelakt schriftlich erteilte individuelle Steuerberatung *gerichtlich anfechten* kann, wenn diese nach Ansicht des Steuerzahlers den Normen oder dem Inhalt der betreffenden Steuer oder Gebühr widerspricht.

Aus der in der Gerichtsentscheidung zitierten Bestimmung lässt sich Folgendes feststellen:

1. Daraus, dass die individuelle Steuerberatung die Merkmale eines Einzelakts aufweist, folgt nicht automatisch die Möglichkeit, dass sie (ebenso wie ein anderer Einzelakt) nach den Vorschriften des Verwaltungsgerichtsgesetzbuchs der Ukraine angefochten werden kann. Dies hängt damit zusammen, dass ein Einzelakt (die individuelle Steuerberatung) konkrete Rechtsfolgen für eine Privatperson (den Adressaten) hat. Das ist das entscheidende Merkmal eines Einzelakts. Das Problem besteht darin, dass die Definition eines Einzelakts in Art. 4 KAS unvollständig ist. Sie wurde von den ukrainischen Verfassern des Verwaltungsgerichtsgesetzbuchs ohne Berücksichtigung der Erfahrungen europäischer, insbesondere deutscher Autoren und des deutschen Gesetzgebers formuliert.[5] Dies erfolgte vor dem Hintergrund dessen, dass die deutsche Verwaltungsgerichtsordnung die Grundlage für das ukrainische Verwaltungsgerichtsgesetzbuch bildete. Deswegen hätten die Ukrainer hier konsequent sein müssen und nicht nur die deutschen prozessualen Bestimmungen, sondern auch die entsprechenden doktrinären Bestimmungen „übernehmen" müssen, was (im Kontext des Einzelakts oder nach deutscher Terminologie des Verwaltungsakts) nicht der Fall war.

Der Verwaltungs- bzw. Einzelakt ist durch das gleichzeitige Vorliegen der *folgenden Merkmale* gekennzeichnet:

1) er wird von einem Träger der öffentlichen Verwaltung erteilt bzw. erlassen;
2) er ist auf die Umsetzung einer Bestimmung (von Bestimmungen) des Verwaltungsrechts gerichtet;
3) er hat Außenwirkung;

5 *Detterbeck*, Allgemeines Verwaltungsrecht mit Verwaltungsprozessrecht, 4. Aufl., München 2006, S. 140; Verwaltungsverfahrensgesetz: https://www.gesetze-im-internet.de/vwvfg/index.html.

4) er regelt einen konkreten Fall (eine konkrete Situation) im Bereich der öffentlichen Verwaltung;
5) Adressat ist eine individuell bestimmte Person oder ein Kreis von Personen, die genau bestimmt werden können;
6) er ruft Rechtsfolgen durch die Festlegung von Rechten und / oder Pflichten des Adressaten hervor.[6]

Analysiert man die individuelle Steuerberatung anhand dieser Merkmale, so lässt sich feststellen, dass das zweite und sechste Merkmal des Verwaltungsakts bei der individuellen Steuerberatung nicht erfüllt sind. Wenn eine Behörde des Staatlichen Finanzdiensts eine individuelle Steuerberatung erteilt, wendet sie keine Norm an, sondern erklärt dem Steuerzahler ihren Inhalt. Anders gesagt, geht es in diesem Fall nicht um eine Rechtsanwendung, sondern um die Auslegung einer Rechtsnorm.

In juristischen Wörterbüchern wird die *Rechtsanwendung* (Anwendung von Rechtsnormen) als eine organisatorisch-rechtliche Tätigkeit verstanden, die von den zuständigen staatlichen Behörden, den hierzu bevollmächtigten gesellschaftlichen Vereinigungen oder ihren Amtspersonen ausgeübt wird und deren Ergebnis die Festlegung von den Normen untergeordneten, formal verbindlichen individuellen Verhaltensregeln für einzelne Personen ist, in deren Rahmen ihre gegenseitigen Rechte und Pflichten zu gestalten sind.[7]

Im Gegensatz dazu bedeutet die *Auslegung* (von Rechtsnormen) eine willentliche geistige Tätigkeit, die darauf gerichtet ist, den in einer Rechtsnorm verwirklichten Willen des Gesetzgebers sowie die Ergebnisse dieser Tätigkeit zu verstehen und zu erläutern. Die Auslegung von Rechtsnormen beschränkt sich auf das richtige Verständnis des tatsächlichen Inhalts einer Rechtsnorm sowie auf ihre detaillierte und begründete Erläuterung für andere Rechtssubjekte. Die Auslegung einer Rechtsnorm ist: 1) die Tätigkeit einer Person, die Außenwirkung hat und darauf gerichtet ist, Dritten den Inhalt einer Rechtsnorm zu

---

6 *Мельник Р.С.*, Загальне адміністративне право в питаннях і відповідях: навчальний посібник (*R.S. Melnyk*, Allgemeines Verwaltungsrecht in Fragen und Antworten: Lehrmittel), Verlag Jurinkom Inter, Kyïv 2018, S. 222.

7 Популярна юридична енциклопедія / Кол. авт.: *В.К. Гіжевський, В.В. Головченко … В.С. Ковальський* (кер.) та ін. (Populärjuristische Enzyklopädie / Autorenkollektiv: *V.K. Hiževs'kyj, V.V. Holovčenko … V.S. Kovals'kyj* [Leiter] u.a.), Verlag Jurinkom Inter, Kyïv 2003, S. 148; Юридична енциклопедія. 2 Том. Д-Й. (Juristische Enzyklopädie, Band 2, D-J), Verlag „Ukraïns'ka encyklopedija imeni M.P. Bažana", Kyïv 1999, S. 528–529.

erläutern; 2) das Ergebnis des Prozesses der Erklärung einer Rechtsnorm, das nach außen als Erklärungsakt zum Ausdruck kommt.[8]

Auf diese Weise wird mehr als deutlich, dass es sich bei der individuellen schriftlichen Steuerberatung um die Auslegung einer Bestimmung des Steuerrechts handelt, die in einem offiziellen schriftlichen Verfahren von einem Hoheitsträger erteilt wird.

Was das sechste Merkmal eines Verwaltungsakts betrifft (Hervorrufung von Rechtsfolgen durch die Festlegung von Rechten und / oder Pflichten des Adressaten), trifft dies in Bezug auf eine individuelle Steuerberatung ebenfalls nicht zu, da sich die rechtliche Stellung des Steuerzahlers (betreffend die ihm gewährten Rechte und die ihm auferlegten Pflichten) nach Erteilung der Steuerberatung für ihn in keiner Weise ändert.

2. Kritisch ist auch die Schlussfolgerung der Richter anzusehen, wonach die individuelle Steuerberatung eine rechtliche Tatsache ist, was die Grundlage für die Befreiung eines Steuerzahlers von der Verantwortlichkeit ist, der nach den Erläuterungen der Steuerberatung zur praktischen Anwendung einzelner Bestimmungen der Steuergesetzgebung gehandelt hat, und der Grund für die Anerkennung der individuellen Steuerberatung als Einzelakt ist. Dass ein Steuerzahler juristisch nicht zur rechtlichen Verantwortlichkeit gezogen werden kann, wenn er aufgrund einer ihm erteilten individuellen Steuerberatung gehandelt hat, hat nur eine den Hoheitsträger betreffende Rechtswirkung, indem diese genau die Handlungen des Hoheitsträgers unterbindet, die im Zusammenhang mit der rechtlichen Verantwortlichkeit des Steuerzahlers stehen. Diese Regel schützt also den Einzelnen vor einem Hoheitsträger, der ihm eine zusätzliche Belastung auferlegt! Die Einführung dieser Regel ist der Anerkennung und Verankerung des *Grundsatzes des Vertrauensschutzes* im ukrainischen Recht zu verdanken.[9] Dieser Grundsatz ist darauf gerichtet, dass die Gesetzgebungs- und Rechtsanwendungstätigkeit nicht zu einer Art Falle für den Bürger wird; dass ein Individuum seine Tätigkeit ausüben kann, ohne befürchten zu müssen, dass es dem Risiko der Festlegung von Rechtsfolgen

---

8 Юридична енциклопедія. 6 Том. Т-Я (Juristische Enzyklopädie, Band 6, T-Ja), Verlag „Ukraïns'ka encyklopedija imeni M.P. Bažana", Kyïv 1999, S. 80–82.

9 *Завгородня В.М.*, Принцип захисту легітимних очікувань праві ЄС а перспективи його впровадження в Україні (*V.M. Zavhorodnja*, Der Grundsatz des Vertrauensschutzes des EU-Rechts und die Perspektiven für seine Umsetzung in der Ukraine), Правовий вісник Української академії банківської справи (Juristisches Mitteilungsblatt der Ukrainischen Akademie für Bankwesen) 2013, Nr. 2 (9), S. 25–30.

ausgesetzt wird, die es zum Zeitpunkt der Entscheidungsfindung und der Vornahme der Handlungen nicht vorhersehen konnte; dass ein Bürger, der seine Tätigkeit gemäß der geltenden Gesetzgebung ausübt, sicher sein kann, dass seine Tätigkeit auch in der Zukunft als rechtmäßig anerkannt wird.[10] Nach dem Vorstehenden lässt sich jedoch eine individuelle Steuerberatung nicht als Verwaltungsakt einstufen. Eine individuelle Steuerberatung könnte nur dann in einen Verwaltungsakt „verwandelt" werden, wenn der Steuerzahler für die Nichteinhaltung der in ihr enthaltenen Bestimmungen zur rechtlichen Verantwortlichkeit gezogen werden würde. Nach den Bestimmungen der derzeitigen Gesetzgebung hat die Nichteinhaltung der in einer Steuerberatung enthaltenen Aussagen (Empfehlungen) für den Steuerzahler jedoch absolut keinerlei Auswirkungen und keine Änderung seiner rechtlichen Stellung zur Folge, sondern bleibt ganz dem freien Ermessen der Privatperson überlassen.

3. Die Bezugnahme auf die Bestimmung von Art. 53 Pkt. 2 des Steuergesetzbuchs der Ukraine ist ein gewichtiges Argument für die Annahme dessen, dass eine individuelle Steuerberatung vor dem Verwaltungsgericht angefochten werden kann. Dagegen sind aber einige kritische Bemerkungen anzubringen, welche die Situation grundlegend verändern können. Eine Analyse der genannten Bestimmung zeigt, dass der Gesetzgeber nicht deutlich formuliert hat, dass eine individuelle Steuerberatung vor dem Verwaltungsgericht anzufechten ist. In der Vorschrift wird nur vom „Gericht" gesprochen, was die Beteiligten entsprechender Rechtsverhältnisse verpflichtet, selbständig das zuständige Gericht zu bestimmen, bei dem das entsprechende Begehren eingereicht werden kann. Und hier kann zur ersten Frage zurückgekehrt werden: Kann eine individuelle Steuerberatung vor dem Verwaltungsgericht angefochten werden? Die Frage kann mit „ja" beantwortet werden, jedoch nur unter der Bedingung, dass die individuelle Steuerberatung (Konsultation) unter das im Verwaltungsgerichtsgesetzbuch der Ukraine verankerte Merkmal der „Entscheidung" fällt. Es wurde jedoch bereits oben festgestellt, dass die individuelle Steuerberatung kein Einzelakt bzw. Verwaltungsakt ist und deswegen nicht vor einem Verwaltungsgericht angefochten werden kann.

10 *Залісне Яцик*, Розуміння принципу довіри державі і праву у Польщі у період трансформації державного ладу (*Zalisne Jazyk*, Das Verständnis des Grundsatzes des Vertrauens in Staat und Recht in Polen während der Transformation des Staatssystems), Прогалини в українському законодавстві (Lücken in der ukrainischen Gesetzgebung) 2013, Nr. 5, S. 31.

Zurückkommend auf Art. 53 Pkt. 2 des Steuergesetzbuchs der Ukraine ist nach hiesiger Ansicht zu betonen, dass der Gesetzgeber einen Fehler begangen hat, als er die Regelung formulierte. Der einzige Ausweg aus dieser Situation dürfte daher darin bestehen, das Steuergesetzbuch dahingehend zu ändern, dass die genannte Bestimmung komplett gestrichen wird, da sie der Logik des gerichtlichen Schutzes widerspricht, der nur im Fall einer Verletzung bzw. des Bestehens einer tatsächlichen Gefahr der Verletzung der Rechte, Freiheiten oder gesetzlichen Interessen einer Privatperson durch die Entscheidung, Handlung oder Unterlassung eines Hoheitsträgers zugänglich sein soll.

III. Schlussfolgerung

Abschließend ist in einer allgemeinen Schlussfolgerung darauf hinzuweisen, dass die individuelle Steuerberatung ein *erläuternder Rechtsakt* ist und deswegen nicht als Akt der Rechtsanwendung (als Einzel- oder Verwaltungsakt) angesehen werden kann. Da sie auch keine Verletzung der Rechte, Freiheiten oder gesetzlichen Interessen des Steuerzahlers zur Folge hat oder zur Folge haben kann, kann sie auch nicht Gegenstand der Anfechtung vor dem Verwaltungsgericht sein.

Andrij Školyk (L'viv)

Grenzen der gerichtlichen Kontrolle über Subjekte der öffentlichen Verwaltung

I. Einführung

Die gerichtliche Kontrolle der Verwaltung basiert in der Regel auf den Verfassungsbestimmungen des jeweiligen Staates. Art. 19 Abs. 4 des Grundgesetzes der Bundesrepublik Deutschland sieht unter anderem Folgendes vor: „Wird jemand durch die öffentliche Gewalt in seinen Rechten verletzt, so steht ihm der Rechtsweg offen. Soweit eine andere Zuständigkeit nicht begründet ist, ist der ordentliche Rechtsweg gegeben."[1] Art. 76 Abs. 1 der Verfassung der Republik Kasachstan besagt, dass „die gerichtliche Gewalt im Namen der Republik Kasachstan ausgeübt wird und dem Schutz der Rechte, Freiheiten und gesetzlichen Interessen der Bürger und Organisationen dient".[2] Auch in Art. 55 Abs. 1 der Verfassung der Ukraine ist eine Bestimmung verankert, wonach „jedem das Recht garantiert wird, Entscheidungen, Handlungen oder Unterlassungen der Behörden der Staatsgewalt, der Behörden der örtlichen Selbstverwaltung, ihrer Amtspersonen und Angestellten gerichtlich anzufechten".[3]

II. Problematik der Zuordnung der Befugnisse der Subjekte der öffentlichen Verwaltung

Nach diesen Verfassungsbestimmungen sowie nach dem Prinzip der Gewaltenteilung kontrollieren die Gerichte die anderen Gewalten, vor allem die

1 http://www.gesetze-im-internet.de/gg/index.html.
2 https://online.zakon.kz/document/?doc_id=1005029.
3 https://zakon.rada.gov.ua/laws/show/254%D0%BA/96-%D0%B2%D1%80.

Exekutive. Dazu wurde sowohl in Deutschland als auch in der Ukraine ein separates Untersystem der Verwaltungsgerichte innerhalb der gerichtlichen Gewalt geschaffen. Die Verwaltungsgerichte, die auf verschiedenen Ebenen organisatorisch getrennt sind, zielen auf die Kontrolle der Subjekte der öffentlichen Verwaltung ab, darunter:

- die Behörden der Exekutive;
- die Behörden der örtlichen Selbstverwaltung;
- andere Rechtssubjekte, die vom Staat zur Ausübung bestimmter Verwaltungsaufgaben bevollmächtigt worden sind.

Im Verwaltungsgerichtsgesetzbuch der Ukraine[4] wird ein anderer, etwas umfassenderer Begriff für die Bezeichnung der Hoheitsträger verwendet, die „Subjekte hoheitlicher Befugnisse". Keiner wird aber wohl leugnen, dass sich die meisten hoheitlichen Befugnisse auf die öffentliche Verwaltung beziehen.

Die Subjekte der öffentlichen Verwaltung üben die ihnen durch Gesetz zugewiesenen Aufgaben vor allem durch das Treffen von Entscheidungen (bzw. Verwaltungsakten im engeren Sinne) und die Vornahme tatsächlicher Handlungen aus. Dementsprechend muss sich die gerichtliche Kontrolle sowohl auf die Entscheidungen als auch auf die tatsächlichen Handlungen der Subjekte der öffentlichen Verwaltung erstrecken. Ebenso muss die gerichtliche Kontrolle Fälle umfassen, in denen das bevollmächtigte Subjekt der öffentlichen Verwaltung innerhalb einer bestimmten Frist keine rechtmäßige Entscheidung getroffen bzw. keine Handlung vorgenommen hat. In diesen Fällen wird von der Kontrolle über die Untätigkeit des Subjekts der öffentlichen Verwaltung gesprochen.

Die Entscheidungen sowie Handlungen, die einer verwaltungsgerichtlichen Kontrolle unterliegen, werden von den Subjekten der öffentlichen Verwaltung im Rahmen der ihnen vom Gesetzgeber erteilten Befugnisse getroffen bzw. vorgenommen. Daher ist es auch wichtig zu verstehen, wie die Befugnisse der durch die Gerichte kontrollierten Subjekte der öffentlichen Verwaltung geregelt werden.

So heißt es beispielsweise in Art. 19 Abs. 2 der Verfassung der Ukraine, dass „die Behörden der Staatsgewalt und die Behörden der örtlichen Selbstverwaltung sowie ihre Amtspersonen verpflichtet sind, nur auf der Grundlage und im Rahmen der Befugnisse sowie in der Weise zu handeln, die durch die Verfassung und die Gesetze der Ukraine vorgesehen sind".[5]

---

4 https://zakon.rada.gov.ua/laws/show/2747-15.
5 https://zakon.rada.gov.ua/laws/show/254%D0%BA/96-%D0%B2%D1%80.

So müssen die Befugnisse der Subjekte der öffentlichen Verwaltung zum Treffen von Entscheidungen (Verwaltungsakten) und zur Vornahme von Handlungen idealerweise gesetzlich festgelegt werden. Mit anderen Worten dürfen die Subjekte der öffentlichen Verwaltung sich selbst nicht mit hoheitlichen Befugnissen ausstatten. Allerdings kommen in einigen Staaten des postsowjetischen Raums solche Fälle immer noch vor. Insbesondere in der Ukraine werden die Zuständigkeiten vieler zentraler Exekutivbehörden und ihrer territorialen Unterabteilungen auf örtlicher Ebene durch von der Regierung bestätigte Verordnungen bestimmt.

Gleichzeitig sind die in den Rechtsvorschriften verankerten Befugnisse der Subjekte der öffentlichen Verwaltung, auf deren Grundlage Entscheidungen getroffen und Maßnahmen vorgenommen werden, objektiv nicht homogen genug in Bezug auf die Detailliertheit oder Dichte der rechtlichen Regelung.

Beispielsweise sind gemäß Art. 7 Pkt. 5 des Gesetzes der Ukraine „Über die Grundprinzipien der staatlichen Aufsicht (Kontrolle) im Bereich der Wirtschaftstätigkeit“[6] die Amtspersonen der staatlichen Aufsichts- bzw. Kontrollbehörde vor Beginn einer Maßnahme *verpflichtet*, dem Leiter des Wirtschaftssubjekts oder der von ihm bevollmächtigten Person … einen Ausweis (eine Entsendung) und einen Dienstausweis vorzulegen, der den Inhaber als Amtsperson der staatlichen Aufsichts- bzw. Kontrollbehörde bestätigt, und dem Wirtschaftssubjekt eine Kopie des Ausweises (der Entsendung) zu übergeben. Damit sind die Befugnisse, welche Handlungen ein staatlicher Inspektor vorzunehmen hat, konkret formuliert. Sie können als *rechtsverbindlich* bzw. *imperativ* bezeichnet werden.

Im gleichen Gesetz der Ukraine „Über die Grundprinzipien der staatlichen Aufsicht (Kontrolle) im Bereich der Wirtschaftstätigkeit“ findet sich jedoch auch eine Vorschrift mit einem anderen Grad an Detailliertheit der rechtlichen Regelung. Gemäß Art. 8 Pkt. 1 dieses Gesetzes „ist die staatliche Aufsichts- bzw. Kontrollbehörde … im Rahmen der staatlichen Aufsicht (Kontrolle) *berechtigt*, … eine Begutachtung der Fragen anzuordnen, die sich während der staatlichen Aufsicht (Kontrolle) ergeben haben.“

Diese Befugnisse können vom staatlichen Inspektor während einer Prüfung abhängig von der Zweckmäßigkeit einer bestimmten Art der Begutachtung ausgeübt oder auch nicht ausgeübt werden. Solche Befugnisse werden dementsprechend als *Ermessensbefugnisse* bezeichnet.

---

6 https://zakon.rada.gov.ua/laws/show/877-16.

Außerdem kommt es häufig vor, dass die Befugnisse der Subjekte der öffentlichen Verwaltung in den Gesetzen mit Hilfe *unbestimmter Rechtsbegriffe* formuliert sind. Solche Begriffe werden in der postsowjetischen Rechtstheorie auch als wertende Begriffe bezeichnet. Beispielsweise wird gemäß Art. 13 des Gesetzes der Ukraine „Über die Rechtsstellung von Ausländern und Staatenlosen“[7] „einem Ausländer oder Staatenlosen im Interesse der Gewährleistung der nationalen Sicherheit der Ukraine oder des Schutzes der öffentlichen Ordnung die Einreise in die Ukraine verweigert“. In diesem Beispiel ist die Formulierung „Interesse der nationalen Sicherheit der Ukraine oder des Schutzes der öffentlichen Ordnung“ ein unbestimmter bzw. wertender Rechtsbegriff, denn er wird in jedem konkreten Einzelfall vom zuständigen Subjekt der öffentlichen Verwaltung bestimmt. Diese Bestimmung wurde bereits angewendet, unter anderem Anfang März 2019, als dem österreichischen Journalisten *Christian Wehrschütz* die Einreise in die Ukraine verweigert wurde.[8]

Je nachdem, ob es um rechtsverbindliche (imperative), Ermessens- oder mit Hilfe von unbestimmten Rechtsbegriffen formulierte Befugnisse der Subjekte der öffentlichen Verwaltung geht, gibt es unterschiedliche Möglichkeiten und Grenzen der gerichtlichen Kontrolle.

Entscheidungen und Handlungen der Subjekte der öffentlichen Verwaltung, die auf der Grundlage rechtsverbindlicher Befugnisse getroffen bzw. vorgenommen werden, unterliegen ohne Diskussion einer vollständigen gerichtlichen Kontrolle.

Betreffend die anderen beiden Gruppen weisen die deutschen Rechtswissenschaftler *I. Richter* und *G. Schuppert* darauf hin, dass unbestimmte Rechtsbegriffe in der Regel einer vollständigen gerichtlichen Überprüfung nach den Umständen des Falls unterliegen. Im Gegensatz dazu unterliegen Ermessensentscheidungen nach § 114 der deutschen Verwaltungsgerichtsordnung nur einer beschränkten Überprüfung.[9] Diese Vorschrift des deutschen Gesetzes lautet wie folgt: „Soweit die Verwaltungsbehörde ermächtigt ist, nach ihrem Ermessen zu handeln, prüft das Gericht auch, ob der Verwaltungsakt oder

---

7 https://zakon.rada.gov.ua/laws/show/3773-17.

8 https://www.bmeia.gv.at/das-ministerium/presse/aussendungen/2019/03/johannes-peterlik-fordern-die-aufhebung-des-einreiseverbots-fuer-orf-korrespondent-christian-wehrschuetz/.

9 *Рихтер И., Шупперт Г.*, Судебная практика по административному праву: Учебное пособие / Пер. с нем. (*I. Richter / G. Schuppert*, Gerichtspraxis in Verwaltungssachen: Unterrichtsmaterialien, Übersetzung aus dem Deutschen), Verlag Jurist, Moskau 2000, S. 38.

die Ablehnung oder Unterlassung des Verwaltungsakts rechtswidrig ist, weil die gesetzlichen Grenzen des Ermessens überschritten sind oder von dem Ermessen in einer dem Zweck der Ermächtigung nicht entsprechenden Weise Gebrauch gemacht ist."[10]

In der Ukraine findet sich die Problematik der richtigen Anwendung des Verwaltungsermessens in vielen Entscheidungen des Verfassungsgerichts der Ukraine und der Verwaltungsgerichte. In der neuen Fassung des ukrainischen Verwaltungsgerichtsgesetzbuchs aus dem Jahr 2017 werden erstmals die Befugnisse des Verwaltungsgerichts bei der Prüfung von Entscheidungen und Handlungen der Subjekte der öffentlichen Verwaltung abgegrenzt, die auf der Grundlage eines Ermessens getroffen wurden. Wenn eine Entscheidung zugunsten des Klägers das Recht des Hoheitsträgers vorsieht, *nach eigenem Ermessen* zu handeln, verpflichtet das Gericht den Hoheitsträger nach Art. 245 Pkt. 4 Abs. 2 des Verwaltungsgerichtsgesetzbuchs der Ukraine, die Frage, wegen derer beim Gericht die Klage eingereicht wurde, unter Berücksichtigung der vom Gericht in der Entscheidung gegebenen rechtlichen Würdigung zu entscheiden.[11]

Aus dieser neuen Norm ergibt sich die nächste Frage betreffend die Gewaltenteilung zwischen der Exekutive und der Judikative: Welche Befugnisse haben die Gerichte bei der Kontrolle der Subjekte der öffentlichen Verwaltung?

Grundsätzlich dürfen die Gerichte nicht an die Stelle der öffentlichen Verwaltung treten. Anders formuliert dürfen die Gerichte, vor allem die Verwaltungsgerichte, ausgehend vom Prinzip der Gewaltenteilung nicht:

- Entscheidungen oder andere Maßnahmen anstelle der Subjekte der öffentlichen Verwaltung treffen;
- Entscheidungen der Subjekte der öffentlichen Verwaltung ändern oder sie umformulieren.

Man kann also sagen, dass die Entscheidungen der Verwaltungsgerichte hauptsächlich Kassationscharakter haben. Wird in der Sache beispielsweise der Klage stattgegeben, kann das Gericht nach Art. 245 Pkt. 2 des Verwaltungsgerichtsgesetzbuchs der Ukraine folgende Beschlüsse fassen:

---

10 Адміністративні процедури і адміністративне судочинство в Німеччині. Збірник матеріалів. Німецький фонд міжнародного правового співробітництва (Verwaltungsverfahren und Verwaltungsgerichtsbarkeit in Deutschland, Materialsammlung, Deutsche Stiftung für internationale rechtliche Zusammenarbeit), Kyïv 2006, S. 153.

11 https://zakon.rada.gov.ua/laws/show/2747-15.

1) eine Rechtsvorschrift oder einzelne ihrer Bestimmungen für rechtswidrig und ungültig erklären;
2) einen Einzelakt oder einzelne seiner Bestimmungen für rechtswidrig erklären und aufheben;
3) die Handlungen eines Hoheitsträgers für rechtswidrig erklären und ihn verpflichten, bestimmte Handlungen nicht vorzunehmen.

Andererseits kann das Gericht einen Akt der öffentlichen Verwaltung für rechtmäßig und gültig erklären, sodass die Entscheidung des Verwaltungsgerichts zur Folge haben kann, dass

- die angefochtenen Akte der öffentlichen Verwaltung in Kraft bleiben (wenn das Gericht ihre Rechtmäßigkeit feststellt) oder
- die Akte der öffentlichen Verwaltung vom Rechtsverkehr auszuschließen sind (wenn das Gericht ihre Rechtswidrigkeit feststellt).

Der Ausschluss von Verwaltungsakten aus dem Rechtsverkehr durch das Gericht führt in den meisten Fällen dazu, dass das Subjekt der öffentlichen Verwaltung unter Berücksichtigung der Entscheidung des Gerichts die Sache erneut prüft.

III. Befugnisse der Gerichte einiger EU-Staaten zur Kontrolle bestimmter Bereiche der öffentlichen Verwaltung

Trotz des Kassationscharakters der gerichtlichen Kontrolle gibt es in der Gesetzgebung einiger Staaten Ausnahmen, die mehr Befugnisse der Gerichte vorsehen, und zwar sogar die Befugnis, in einigen Fällen die Rechtssache in der Sache zu entscheiden. In § 113 Abs. 2 der deutschen Verwaltungsgerichtsordnung heißt es beispielsweise: „Begehrt der Kläger die Änderung eines Verwaltungsakts, der einen Geldbetrag festsetzt oder eine darauf bezogene Feststellung trifft, kann das Gericht den Betrag in anderer Höhe festsetzen oder die Feststellung durch eine andere ersetzen.“[12]

In einigen Mitgliedstaaten der Europäischen Union wurden den Gerichten noch mehr Befugnisse bei der Kontrolle bestimmter Bereiche der öffentlichen

12 Адміністративні процедури і адміністративне судочинство в Німеччині. Збірник матеріалів. Німецький фонд міжнародного правового співробітництва (Verwaltungsverfahren und Verwaltungsgerichtsbarkeit in Deutschland, Materialsammlung, Deutsche Stiftung für internationale rechtliche Zusammenarbeit), Kyïv 2006, S. 152.

Verwaltung eingeräumt. So sind zum Beispiel in Polen die ordentlichen Gerichte für die Überprüfung von Verwaltungssachen im Bereich der Sozialversorgung zuständig. Dabei sind die Gerichte nicht nur dazu befugt, die Entscheidungen der Subjekte der öffentlichen Verwaltung aufzuheben, sondern sie auch zu ändern oder eine neue Entscheidung in der Sache zu treffen. Diese Befugnisse der Gerichte sind unter anderem in Art. 477–14 § 2 des Zivilprozessgesetzbuchs der Republik Polen vorgesehen.[13]

Dass die Gerichte eine Rechtssache ausnahmsweise in der Sache anstatt des Subjekts der öffentlichen Verwaltung entscheiden können, kommt jedoch nicht in vielen Staaten in der Gesetzgebung vor. Im Allgemeinen haben die Gerichte nur kassatorische Befugnisse.

Nachfolgend wird versucht, anhand der Rechtsakte des *soft law* des Europarats die Grenzen der gerichtlichen Kontrolle über die Verwaltung festzulegen.

Nach Ziff. 9 der Empfehlung R (80)2 des Ministerkomitees an die Mitgliedstaaten zur Ermessensausübung durch die Verwaltungsbehörden „unterliegt ein Akt, der infolge eines Ermessens ergangen ist, der Kontrolle in Bezug auf seine Rechtmäßigkeit durch ein Gericht oder eine andere unabhängige Behörde".[14]

Demgegenüber formuliert Ziff. 1.a der Empfehlung Rec (2004)20 des Ministerkomitees an die Mitgliedstaaten über die gerichtliche Kontrolle von Verwaltungsakten folgende Regel: „Alle Verwaltungsakte unterliegen einer gerichtlichen Überprüfung". In einem erläuternden Kommentar zu diesem Punkt wird aber präzisiert: „Obwohl die Ermessensbefugnisse grundsätzlich keiner gerichtlichen Überprüfung unterliegen, darf das Gericht Verwaltungsakte, die das Ergebnis eines Ermessens sind, darauf überprüfen, ob die zuständige Verwaltungsbehörde die gesetzlichen Grenzen des Ermessens überschritten hat oder ob sie offensichtliche Fehler begangen hat."[15]

Daraus ergibt sich erneut die Frage, ob alle Entscheidungen und Handlungen der Subjekte der öffentlichen Verwaltung einer gerichtlichen Kontrolle unterliegen. Teilweise wurde die Frage bereits im Zusammenhang mit der Unterscheidung zwischen rechtsverbindlichen und Ermessensbefugnissen beantwortet. Hier ist nur daran zu erinnern, dass grundsätzlich jede Entscheidung oder Handlung eines Hoheitsträgers beim Verwaltungsgericht angefochten werden kann. Allerdings sind die Befugnisse des Gerichts in den Fällen

---

13 http://prawo.sejm.gov.pl/isap.nsf/DocDetails.xsp?id=WDU19640430296.

14 https://rm.coe.int/CoERMPublicCommonSearchServices/DisplayDCTMContent?-documentId=09000016804f22ae.

15 https://search.coe.int/cm/Pages/result_details.aspx?ObjectID=09000016805dba26.

beschränkt, in denen die Entscheidung oder Handlung aufgrund eines gesetzlichen Ermessens getroffen bzw. vorgenommen wurde.

Es ist jedoch zu beachten, dass generell nur *endgültige* Entscheidungen vor Gericht angefochten werden können (in vielen Ländern nach Eintritt der Bestandskraft und der Erschöpfung der verwaltungsrechtlichen Anfechtungsmöglichkeiten). Zwischenentscheidungen und Dokumente, die zwar endgültige Entscheidungen betreffen (Protokolle, Prüfungsakte), aber für sich keine Rechte und Pflichten einer Privatperson festlegen, unterliegen dementsprechend keiner gerichtlichen Kontrolle.

Darüber hinaus sind in der Gesetzgebung einiger Länder Beschränkungen der gerichtlichen Kontrolle für bestimmte Arten von Verwaltungsakten vorgesehen. Nach Ziff. 8:4 des Akts über das allgemeine Verwaltungsrecht des Königreichs der Niederlande unterliegen folgende Entscheidungen überhaupt keiner gerichtlichen Anfechtung:

- die in Ausnahmezuständen getroffen wurden (gemäß der Gesetzgebung über den Ausnahme- und Kriegszustand);
- die auf der Grundlage des Gesetzes zum Schutz der militärischen Interessen des Staates getroffen wurden;
- die die Bewertung der Kenntnisse oder Fähigkeiten eines Kandidaten (einer Kandidatin) oder eines Studenten (einer Studentin) enthalten, der (die) in diesem Zusammenhang examiniert wurde;
- die die technische Prüfung eines Fahrzeugs oder eines Messgeräts usw. enthalten.[16]

In den beiden zuletzt genannten Fällen lassen sich die vom niederländischen Gesetz festgelegten Beschränkungen dadurch rechtfertigen, dass dem Gericht in bestimmten engen Bereichen offensichtlich Fachkenntnisse fehlen, über die wiederum die zuständigen Subjekte der öffentlichen Verwaltung objektiv verfügen.

Die nächste Frage betrifft den Umfang der gerichtlichen Kontrolle über Entscheidungen und Handlungen der Subjekte der öffentlichen Verwaltung. Überprüft das Gericht die Übereinstimmung der Entscheidungen und Handlungen der Subjekte der öffentlichen Verwaltung nur mit dem *Gesetz* (Recht) oder auch mit allen *Tatsachen* des Falls?

16 https://www.acm.nl/sites/default/files/old_publication/publicaties/15446_dutch-general-administrative-law-act.pdf.

In Ziff. 4.e der Empfehlung Rec (2004)20 des Ministerkomitees an die Mitgliedstaaten über die gerichtliche Kontrolle von Verwaltungsakten heißt es, dass „das Gericht in der Lage sein soll, alle Rechts- und Sachfragen zu prüfen, die für den von den Parteien vorgelegten Fall relevant sind". Im Urteil des Europäischen Gerichtshofs für Menschenrechte vom 21. Juli 2011 im Fall „Sigma Radio Television Ltd. gegen Zypern" wurde darauf hingewiesen, dass das Gericht, das eine nach eigenem Ermessen getroffene Verwaltungsentscheidung beurteilt, so weit wie möglich so genannte einfache Tatsachen, d.h. solche, die keine besonderen Kenntnisse erfordern, prüfen muss.[17]

Der von den Gerichten zu überprüfende Verstoß gegen das *Gesetz* durch die Subjekte der öffentlichen Verwaltung kann ebenfalls unterschiedlich ausgelegt werden und ist näher zu erläutern. In Ziff. 1.c der Empfehlung Rec (2004)20 des Ministerkomitees an die Mitgliedstaaten über die gerichtliche Kontrolle von Verwaltungsakten heißt es wie folgt: „Das Gericht muss in der Lage sein können, jeden Verstoß gegen das Gesetz zu überprüfen, einschließlich der fehlenden Zuständigkeit bzw. der notwendigen Befugnisse, des Verstoßes gegen Verfahrensvorschriften und des Missbrauchs der Befugnisse."[18]

In einem Kommentar zu dieser Bestimmung findet sich folgende Erläuterung: „Ein Verstoß gegen das Gesetz kann in einer fehlenden Rechtsgrundlage, einer unmittelbaren Verletzung einer Rechtsnorm oder einem Rechtsfehler bestehen, indem zum Beispiel durch eine Verwaltungsbehörde die Grenzen der Anwendung einer Norm falsch bestimmt wurden. Die fehlende Zuständigkeit kann durch räumliche und zeitliche Fragen oder den Gegenstand der entsprechenden Entscheidung bedingt sein. Als Verstoß gegen Verfahrensvorschriften kommt eine fehlende obligatorische Konsultation in Betracht. Unter dem Machtmissbrauch sind vor allem Fälle zu verstehen, in denen eine Behörde die ihr durch Gesetz eingeräumte Macht für andere als die gesetzlich vorgesehenen Zwecke nutzt."[19]

Noch ein Aspekt, der anzusprechen ist, betrifft die Möglichkeit, nicht nur die Rechtmäßigkeit, sondern auch die *Zweckmäßigkeit* einer Entscheidung oder einer Handlung eines Subjekts der öffentlichen Verwaltung gerichtlich anzufechten.

Das Hauptkriterium der gerichtlichen Kontrolle über die Subjekte der öffentlichen Verwaltung ist die Einhaltung des Rechts (des Gesetzes). Es kann

---

17 http://hudoc.echr.coe.int/eng?i=001-105766/.

18 https://search.coe.int/cm/Pages/result_details.aspx?ObjectID=09000016805db3f4.

19 Ibid.

aber auch sein, dass eine Privatperson der Meinung ist, dass die zuständige Behörde im konkreten Fall eine unzweckmäßige Entscheidung getroffen hat. Beispielsweise wird einem Unternehmer die Erlaubnis zum Handel mit alkoholischen Getränken unmittelbar angrenzend an ein Territorium erteilt, in dem die Behörde der örtlichen Selbstverwaltung den Handel durch eine örtliche Rechtsvorschrift verboten hat.

In der Verwaltungswissenschaft ist anerkannt, dass die Zweckmäßigkeit einer Ermessensentscheidung nur in den Fällen gerichtlich überprüft werden kann, in denen der Zweck der Anwendung einer Norm in der Ermessensvorschrift festgelegt worden ist. Wie der polnische Professor *Jerzy Świątkiewicz* betont, können „die Frage der Zweckmäßigkeit und um so mehr die Politik der Verwaltung die Kennziffern für die Bewertung durch das Gericht nur in dem Umfang bestimmen, in dem sie in den Rechtsvorschriften wiedergegeben sind".[20] Die Zweckmäßigkeit einer Entscheidung der Subjekte der öffentlichen Verwaltung kann vom Gericht nur in den Fällen überprüft werden, in denen sie sich aus der Rechtsvorschrift ergibt.

Daneben sind für Entscheidungen und Handlungen der Subjekte der öffentlichen Verwaltung, insbesondere für Ermessensentscheidungen, in den allgemeinen Gesetzen (Gesetzbüchern) über das Verwaltungsverfahren zusätzliche Kriterien festgelegt, die auch als Grundsätze der Tätigkeit der Subjekte der öffentlichen Verwaltung oder als Grundsätze der guten Verwaltung (engl.: principles of good administration) bezeichnet werden können.

In der Ukraine gibt es derzeit zwar keinen allgemeinen Rechtsakt über das Verwaltungsverfahren, aber Art. 2 Pkt. 2 des Verwaltungsgerichtsgesetzbuchs der Ukraine enthält ein Verzeichnis der Grundsätze, anhand derer die Gerichte die Entscheidungen der Subjekte der öffentlichen Verwaltung neben der Gesetzmäßigkeit zu überprüfen haben. Hierzu gehören:

- zweckmäßige Ausübung der übertragenen Befugnisse;
- Begründetheit;
- Unparteilichkeit (Unvoreingenommenheit);
- Gewissenhaftigkeit;
- Vernünftigkeit;
- Gleichheit vor dem Gesetz und Verbot sämtlicher Formen der Diskriminierung;

---

20 *J. Świątkiewicz*, Przedmiotowy zakres sądowej kontroli legalności decyzji administracyjnych (Sachlicher Umfang der gerichtlichen Kontrolle der Rechtmäßigkeit von Verwaltungsentscheidungen), Państwo i Prawo (Staat und Recht) 1980, Nr. 3, S. 14.

- Verhältnismäßigkeit;
- Gewährleistung des Rechts auf Beteiligung an Entscheidungsprozessen;
- Rechtzeitigkeit, d.h. Vornahme von Entscheidungen innerhalb einer vernünftigen Frist.

Da diese Kriterien in einem Gesetz verankert sind, haben die Subjekte der öffentlichen Verwaltung insbesondere bei der Ausübung von Ermessen vorrangig auf deren Einhaltung zu achten, was durch die Verwaltungsgerichte zu überprüfen ist.

Andererseits enthalten einige der oben genannten Kriterien unbestimmte Rechtsbegriffe, welche die Verfasser des ukrainischen Gesetzentwurfs „Über das Verwaltungsverfahren" versucht haben, zu definieren. So wird beispielsweise vorgeschlagen, die Vernünftigkeit wie folgt zu definieren: „Eine Verwaltungsbehörde hat bei der Wahrnehmung einer Verwaltungsbefugnis und dem Erlass eines Verwaltungsakts im Einklang mit dem gesunden Menschenverstand, der Logik und den allgemein anerkannten Normen der Moral und Gerechtigkeit zu handeln."[21] In dieser Definition sind weitere unbestimmte Rechtsbegriffe enthalten, die in der Praxis objektiv unterschiedlich angewendet werden.

In der Empfehlung CM/Rec (2007)7 des Ministerkomitees an die Mitgliedstaaten über die gute Verwaltungspraxis[22] und die Gerichtspraxis sind auch andere Kriterien für die gerichtliche Kontrolle der Verwaltung enthalten. Vor allem ist der Grundsatz der Rechtssicherheit zu erwähnen.

IV. Schlussfolgerung

Abschließend ist festzuhalten, dass alle endgültigen (rechtsverbindlichen oder Ermessens-) Entscheidungen und Handlungen der Subjekte der öffentlichen Verwaltung vor Gericht angefochten werden können. Ausnahmen von dieser Regel gibt es nur in der Gesetzgebung weniger Staaten.

Die Gerichte können die Verwaltungsbehörden nicht ersetzen und an ihrer Stelle Entscheidungen treffen. Auch hier gibt es nur wenige Ausnahmen. Die Gerichte stellen fest, ob die Subjekte der öffentlichen Verwaltung

- gemäß dem Gesetz,
- im Rahmen des gesetzlich eingeräumten Ermessens, wenn ein solcher Ermessensspielraum vorgesehen ist,
- und gemäß den anderen gesetzlich festgelegten Kriterien gehandelt haben.

---

21 http://w1.c1.rada.gov.ua/pls/zweb2/webproc4_1?pf3511=65307.

22 https://wcd.coe.int/ViewDoc.jsp?id=1155877&Site.

Mychajlo Žernakov (Kyïv)

Beteiligung der Öffentlichkeit an der Richterauswahl: Vertrauen Sie denen, denen vertraut wird*

I. Einführung

Die „Revolution der Würde" und die nachfolgenden Ereignisse haben gezeigt, dass in der ukrainischen Gesellschaft ein hoher Bedarf an einer deutlichen Verbesserung der moralischen und ethischen Grundsätze der Tätigkeit der Richter sowie der Verfahren zur Auswahl von Kandidaten für das Richteramt besteht. Die Stellenausschreibung zum Obersten Gericht der Ukraine und der Verlauf der Eignungsprüfung für das Richteramt ließen erkennen, dass die derzeit tätigen Richter diesem Bedarf nicht nachkommen können. Es hat sich sogar herausgestellt, dass die „alte Generation" der Richter erheblichen Widerstand gegen alle Maßnahmen leistet, die den Standard der Integrität und der Berufsethik der Justiz erhöhen sollen.

II. Die Schaffung des Öffentlichen Integritätsrats

Die zwei wichtigsten Organe bei der Richterauswahl sind die Höhere Qualifikationskommission der Richter der Ukraine und der Höhere Justizrat, die hauptsächlich aus Richtern bestehen. Um das Vertrauen in das Justizsystem und die Richter zu erhöhen, wurde zum ersten Mal in der Geschichte der Ukraine auch

* Verfasst auf der Grundlage eines Kurzdossiers der Stiftung DEJURE: *Borys Malyšev/ Iryna Šyba*, Die Zusammenarbeit der Öffentlichkeit und der Staatsgewalt bei der Auswahl und Eignungsprüfung der Richter: Die Suche nach einem effektiven Modell, zugänglich unter: http://dejure.foundation/library/vzaemodia-gromadskosti-ta-vlady-u-dobori-ta-ociniuvanni-sudovoi-vlady.

die Öffentlichkeit an dem Auswahl- und Eignungsprüfungsverfahren beteiligt. Dies wurde im Gesetz „Über die Gerichtsorganisation und die Rechtsstellung der Richter" von 2016 verankert, welches die Schaffung eines Öffentlichen Integritätsrats vorsah.

Gemäß Art. 87 Pkt. 6 des Gesetzes „Über die Gerichtsorganisation und die Rechtsstellung der Richter" soll der Öffentliche Integritätsrat:

1. Informationen über einen Richter bzw. einen Kandidaten für das Richteramt sammeln, überprüfen und analysieren;
2. der Höheren Qualifikationskommission der Richter diese Informationen über einen Richter bzw. einen Kandidaten für das Richteramt zur Verfügung stellen;
3. sofern hinreichende Gründe dafür vorliegen, der Höheren Qualifikationskommission der Richter eine Bewertung zukommen lassen, dass ein Richter bzw. ein Kandidat für das Richteramt die Kriterien der Berufsethik und Integrität nicht erfüllt. Diese Bewertung ist der Akte des Richters bzw. des Kandidaten für das Richteramt beizufügen;
4. einen bevollmächtigten Vertreter zur Teilnahme an der Sitzung der Höheren Qualifikationskommission der Richter zur Eignungsprüfung eines Richters bzw. eines Kandidaten für das Richteramt entsenden.

Die unmittelbare Beteiligung des Öffentlichen Integritätsrats an Bewerbungsgesprächen ermöglichte es, einen Blick hinter die Kulissen zu werfen, wie die Richter neu errichteter Gerichte ausgewählt werden und wie ihre fachliche Eignung festgestellt wird.

Die Bewertungen des Öffentlichen Integritätsrats wurden allerdings von der Höheren Qualifikationskommission der Richter trotz offensichtlicher Tatsachen fehlender Integrität, die dort beschrieben wurden, in der überwiegenden Mehrzahl ignoriert. 30 von 120 Richtern, die in der „ersten Welle" der Ausschreibung freier Stellen zum Obersten Gericht der Ukraine ausgewählt wurden, erhielten vom Öffentlichen Integritätsrat eine negative Bewertung. In der „zweiten Welle" waren es 16 von 78 Richtern. Die Empfehlungen der Zivilgesellschaft zur Lösung dieser Probleme[1] wurden missachtet.

1 http://www.dejure.foundation/library/formuvannia-novogo-verkhovnogo-sudu-kliuchovi-uroky.

Daraufhin gab der Öffentliche Integritätsrat am 26. März 2018 bekannt, dass er an der Eignungsprüfung der Richter nicht mehr teilnehmen werde.[2] Als Gründe dafür nannte der Öffentliche Integritätsrat unter anderem:

- die Intransparenz der Verfahren der Höheren Qualifikationskommission der Richter bei der Auswahl und Eignungsprüfung der Richter;
- unrealisierbare Zeitpläne der Eignungsprüfung;
- Zweifel an der Integrität des Personals der Höheren Qualifikationskommission der Richter;
- dass die negative Bewertung des Öffentlichen Integritätsrats über die Integrität eines Richters allein aufgrund des Umstands ignoriert werden kann, dass die negativen Informationen nicht durch die Entscheidung einer zuständigen Behörde der Staatsgewalt bestätigt wurden.

Während des gesamten Prozesses der Auswahl und Eignungsprüfung von Richtern waren die ungleichen Machtverhältnisse zwischen der Höheren Qualifikationskommission und dem Öffentlichen Integritätsrat charakteristisch. So wurde der Öffentliche Integritätsrat grundsätzlich nur als Objekt im Prozess angesehen, da er keinen Einfluss auf das Verfahren und die Zeitpläne der Eignungsprüfung und der Stellenausschreibung zum Obersten Gericht hatte. Die Höhere Qualifikationskommission der Richter bestätigte diesen Umstand, indem sie in ihrer Geschäftsordnung die Pflichten der Mitglieder des Öffentlichen Integritätsrats festlegte, was aber über die Befugnisse der Kommission hinausging. Die Höhere Qualifikationskommission und der Öffentliche Integritätsrat sind zwar in ein Vermittlungsverfahren eingetreten, damit Letzterer wieder an der Eignungsprüfung der Richter teilnimmt. Dennoch betrachtet die Höhere Qualifikationskommission der Richter den Öffentlichen Integritätsrat weiterhin als ein rein beratendes Organ und nicht als einen gleichberechtigten Akteur, der die Interessen der Gesellschaft vertritt, was die Aussöhnung der Parteien und die Konsensfindung sehr erschwert.

---

2 Erklärung über die Beendigung der Beteiligung des Öffentlichen Integritätsrats am Prozess der Eignungsprüfung der Richter, zugänglich unter: https://grd.gov.ua/news/150/zaiava-pro-prypynennia-uchasti-hromadskoi-rady-dobrochesnosti-u-protsesi-kvalifi.

III. Entscheidung der Frage betreffend die Schaffung eines wirksamen Modells der Zusammenarbeit zwischen Öffentlichkeit und Staatsgewalt

Angesichts dieser negativen Entwicklungen in den Beziehungen zwischen der Kommission und dem Öffentlichen Integritätsrat ist es äußerst wichtig, sich mit der Frage der Schaffung eines wirksamen und tragfähigen Modells der Zusammenarbeit zwischen der Öffentlichkeit und der Staatsgewalt im Bereich der Auswahl und Eignungsprüfung der Richter zu befassen. Zu diesem Zweck sind folgende Aufgaben zu erfüllen:

- Stärkung des öffentlichen Vertrauens in die Gremien der Richterauswahl durch eine strikte öffentliche Kontrolle bei der Auswahl und Eignungsprüfung der Richter;
- Verankerung gesetzlicher Garantien der Beteiligung der Öffentlichkeit bei der Auswahl und Eignungsprüfung der Richter;
- Schaffung eines Mechanismus, mit dem die Vertreter der Öffentlichkeit einen wirksamen Einfluss auf die Entscheidungsfindung der Höheren Qualifikationskommission der Richter bei der Richterauswahl und der Eignungsprüfung nicht integrer Richter (Kandidaten für das Richteramt) ausüben können.

In der weltweiten Praxis ist die Beteiligung der Öffentlichkeit an der Auswahl der Mitglieder der staatlichen Auswahl- und Eignungsprüfungsorgane („Justizräte") oder die unmittelbare Vertretung der Öffentlichkeit in diesen Justizräten nicht üblich.

Michael Bobeck und *David Kosar* haben die Auswirkungen der Einführung der Justizräte in Mittel- und Osteuropa erforscht und kamen zu dem Schluss, dass Justizräte für Länder mit einer Übergangswirtschaft, in denen den Richtern die ethische Kultur fehlt, die Interessen der Justiz über ihre eigenen zu stellen, nicht geeignet seien. In vielen Ländern der Region hat die Einführung der Justizräte zweifelhafte, wenn nicht gar katastrophale Auswirkungen gezeigt.

Die Idee der Justizräte war nicht die beste, aber sie wurde in Mittel- und Osteuropa am aktivsten umgesetzt. Nachdem sie in mehreren Dokumenten des Europarats und der Europäischen Union, insbesondere in den Kopenhagener Kriterien, verankert wurde, war in dieser Region Europas eine andere Verwaltungsform als die Justizräte kaum mehr vorstellbar. Aus einer Reihe interner Gründe und den europäischen Tendenzen folgend begannen die postkommunistischen Länder, für sie völlig neue Institutionen zu schaffen, um die alten Probleme zu lösen. Der leichteste Weg schien es zu sein, alles zu zerstören und dann neu aufzubauen, anstatt die Transparenz der Verfahren zur Auswahl und Ernennung der Richter schrittweise zu erhöhen. Da neue Justizverwaltungssysteme undemokratisch und unter aktiver Beteiligung von Vertretern der Justiz aus sowjetischen Zeiten aufgebaut wurden, ist es nicht verwunderlich, dass die Justizreform in vielen mittel- und osteuropäischen Ländern die Unabhängigkeit der Richter nicht sichergestellt hat.

In Bezug darauf besagen entsprechende Studien, dass die Gewährung des Rechts auf unabhängige Justizverwaltung an posttotalitären Justizbehörden, ohne tatsächliche Änderungen am Justizsystem vorzunehmen, dazu führt, dass die Judikative formal „unabhängig" ist, ihre Richter aber unselbständig agieren. Das europäische Modell der Verwaltung der Justiz durch Justizräte basiert auf dem Grundsatz, dass als Richter nur erfahrene Fachleute fungieren, die das System kennen und daher in der Lage sind, es am besten zu verwalten.

Daraus lässt sich schlussfolgern, dass die Justizräte in der Ukraine nur dann effizient sein können, wenn sie sich aus Vertretern der Justiz und anderer Rechtsberufe zusammensetzen, deren Denkweise mit den europäischen Werten übereinstimmt. In erster Linie geht es um die Werte, die die Unabhängigkeit und Professionalität der Justiz sowie die Verpflichtung der Richter zum Schutz der Menschenrechte und der Demokratie sicherstellen.

Nur unter Einbeziehung der Öffentlichkeit und / oder der öffentlichen Kontrolle der Rechtspflege kann dafür gesorgt werden, dass die Justizräte nicht nur aus Personen mit der größten Erfahrung, sondern auch mit hohen moralischen Standards bestehen.

Ein Gegenbeispiel der Beteiligung der Öffentlichkeit stellt die Erfahrung[3] mit dem Höheren Antikorruptionsgericht dar. Allerdings ist hier das Wort „Öffentlichkeit" in Gänsefüßchen zu setzen. Der formal im Gesetz als Öffentlicher Internationaler Expertenrat bezeichnete Rat bestand aus sechs Richtern und Staatsanwälten aus Europa und Nordamerika, die von weltberühmten internationalen Organisationen entsandt wurden, die die Ukraine bei der Korruptionsbekämpfung unterstützen (EU, Europarat, OSZE und andere). Ein weiterer Unterschied bestand darin, dass der Öffentliche Internationale Expertenrat über eigene Befugnisse verfügte, die Teilnahme zweifelhafter Kandidaten an der Stellenausschreibung zu verhindern. Und dies hat er auch erfolgreich getan: Es wurden 42 Kandidaten zum Höheren Antikorruptionsgericht von internationalen Experten „ausgesiebt". Deshalb kann diese Auswahl bereits als historisch bezeichnet werden.

3 https://www.pravda.com.ua/columns/2019/02/3/7205590/.

IV. Schlussbemerkung

Diese Beispiele haben der Zivilgesellschaft, die traditionell an vorderster Front bei der Entwicklung und Förderung von Reformen steht, viel Verständnis für die weitere Entwicklung der Justizreform, insbesondere in der Justizverwaltung, entgegengebracht. Im vergangenen Jahr haben meine Kollegen und ich ein Manifest der Justizreform ausgearbeitet.[4] Auf dessen Grundlage haben 24 gesellschaftliche Organisationen die Agenda zur Justizreform für die Präsidentschaftskandidaten[5] zusammengestellt, in der vorschlagen wurde, den Vertretern der Öffentlichkeit und / oder internationalen Experten mehr Befugnisse zu übertragen.

Dies wird auch von der Mehrheit der ukrainischen Bevölkerung unterstützt. Bei der Befragung der Stiftung „Democratic Initiatives" wurde die Frage gestellt: „Wem würden Sie die Reinigung der Justiz anvertrauen?" 47 % der Befragten antworteten „Vertretern der Öffentlichkeit", 29 % „unabhängigen ausländischen Experten" und nur 8 % den Richtern selbst.[6] Dies ist eine klare Antwort darauf, an wen man sich für eine effektive Reinigung der Justiz wenden muss. Dem Öffentlichen Integritätsrat müssen nicht nur mehr Befugnisse eingeräumt werden, wie die US-Botschafterin *Marie Jovanovic* kürzlich erklärte.[7] Das erfolgreiche Beispiel der Beteiligung des Öffentlichen Integritätsrats bei der Auswahl der Richter kann nicht nur in der Ukraine auf die Personenauswahl in anderen Bereichen erweitert werden, sondern auch in anderen Ländern Europas und der Welt, in denen die gute Verwaltung im Justizbereich, aber nicht nur dort in eine Krise geraten ist.

---

4 http://dejure.foundation/about#manifest.

5 https://pravosuddia2019.org.ua.

6 https://dif.org.ua/article/reformi-v-ukraini-nedoroblene-i-nedovikonane.

7 https://ua.usembassy.gov/uk/remarks-by-ambassador-yovanovitch-on-the-occasion-of-the-5th-anniversary-of-the-ukraine-crisis-media-centers-founding/?fbclid=IwAR1Y4BTDIH9GSc6-DIhFUcpMFcpLwQjC-3MI_k19l0_4izLxPddrdZORoe8.

Anhang

Antje Himmelreich (Regensburg)

Verwaltungsverfahrens- und Verwaltungsprozessgesetzbuch der Republik Kasachstan vom 29. Juni 2020[1] (Auszüge)

Inhaltsübersicht

---

1 Gesetzbuch der Republik Kasachstan Nr. 350-VI vom 29.6.2020, Vedomosti Parlamenta Respubliki Kazachstan 2020, Nr. 13, Pos. 66.

Kapitel 10. Prüfung einer Verwaltungssache (Artikel 71–77)

Kapitel 11. Verwaltungsakt (Artikel 78–86)

Kapitel 12. Vereinfachtes Verwaltungsverfahren (Artikel 87–90)

Kapitel 13. Beschwerdeverfahren, Einreichung der Beschwerde (Artikel 91–96)

Kapitel 14. Prüfung der Beschwerde (Artikel 97–99)

Kapitel 15. Entscheidung über die Beschwerde (Artikel 100–101)

Abschnitt 4. Verwaltungsgerichtsverfahren

Kapitel 16. Gerichtliche Zuständigkeit (Artikel 102–109)

Kapitel 17. Allgemeine Grundlagen für die Gerichtsverhandlung in Verwaltungssachen (Artikel 110–122)

Kapitel 18. Prozessuale Zwangsmaßnahmen (Artikel 123–127)

Kapitel 19. Beweise und Beweisführung (Artikel 128–130)

Kapitel 20. Verwaltungsklage, deren Form, Inhalt und Arten (Artikel 131–136)

Kapitel 21. Handlungen des Gerichts bei einer eingegangenen Rechtssache und vorläufige Anhörung (Artikel 137–145)

Kapitel 22. Gerichtsverhandlung (Artikel 146–147)

Kapitel 23. Schriftliches Verfahren (Artikel 148–150)

Kapitel 24. Gerichtsentscheidung (Artikel 151–161)

Kapitel 25. Verfahren in Verwaltungssachen zum Schutz der Wahlrechte der Bürger und gesellschaftlichen Vereinigungen, die an Wahlen und einem republikanischen Referendum teilnehmen (Artikel 162–164)

Kapitel 26. Verfahren in Verwaltungssachen über die Anfechtung von Entscheidungen und Handlungen (Untätigkeit) örtlicher Vollzugsbehörden, die das Recht der Bürger auf Teilnahme an einem Strafgerichtsverfahren als Geschworener verletzen (Artikel 165–167)

Kapitel 27. Verfahren zur Überprüfung gerichtlicher Akte (Artikel 168–170)

Kapitel 28. Gerichtliche Kontrolle (Artikel 171–173)

Kapitel 29. Schlussbestimmungen (Artikel 174–175)

Abschnitt 1. Allgemeine Bestimmungen

Kapitel 1. Gesetzgebung der Republik Kasachstan über Verwaltungsverfahren und Gesetzgebung der Republik Kasachstan über das Verwaltungsgerichtsverfahren

Artikel 1. Gesetzgebung der Republik Kasachstan über Verwaltungsverfahren und Gesetzgebung der Republik Kasachstan über das Verwaltungsgerichtsverfahren

1. Die Gesetzgebung der Republik Kasachstan über Verwaltungsverfahren besteht aus diesem Gesetzbuch und anderen normativen Rechtsakten der Republik Kasachstan, die auf der Verfassung der Republik Kasachstan und den allgemein anerkannten Grundsätzen und Normen des Völkerrechts beruhen.

2. Die Besonderheiten der Durchführung der Verwaltungsverfahren werden durch die Gesetze der Republik Kasachstan festgelegt.

Dieses Gesetzbuch regelt die Beziehungen im Zusammenhang mit der Durchführung der Verwaltungsverfahren, soweit sie nicht durch die Gesetze der Republik Kasachstan geregelt sind.

3. Das Verfahren der Verwaltungsgerichtsbarkeit wird auf dem Territorium der Republik Kasachstan durch die Verfassungsgesetze der Republik Kasachstan, dieses Gesetzbuch und die auf der Verfassung der Republik Kasachstan beruhenden allgemein anerkannten Grundsätze und Normen des Völkerrechts bestimmt.

Im Verwaltungsgerichtsverfahren sind die Bestimmungen des Zivilprozessgesetzbuchs der Republik Kasachstan anzuwenden, sofern durch dieses Gesetzbuch kein anderes Verfahren vorgesehen ist.

Die Bestimmungen anderer Gesetze der Republik Kasachstan, die das Verwaltungsgerichtsverfahren regeln, sind in dieses Gesetzbuch aufzunehmen.

4. Die internationalen Verträge und andere Verpflichtungen der Republik Kasachstan sowie die normativen Beschlüsse des Verfassungsrats und des Obersten Gerichts der Republik Kasachstan sind Bestandteil des Verwaltungs- und des Verwaltungsprozessrechts.

Artikel 2. Anwendung vorrangiger Rechtsnormen im Verwaltungsgerichtsverfahren

1. Die Verfassung der Republik Kasachstan hat höchste Rechtskraft und gilt unmittelbar auf dem gesamten Territorium der Republik.

2. Im Fall eines Widerspruchs zwischen den Normen dieses Gesetzbuchs und einem Verfassungsgesetz der Republik Kasachstan gelten die Bestimmungen des Verfassungsgesetzes.

Im Fall eines Widerspruchs zwischen den Normen dieses Gesetzbuchs und anderen Gesetzen gelten die Bestimmungen dieses Gesetzbuchs.

3. Die von der Republik Kasachstan ratifizierten internationalen Verträge haben Vorrang vor diesem Gesetzbuch. Wenn ein von der Republik Kasachstan ratifizierter internationaler Vertrag andere Vorschriften vorsieht als die Gesetzgebung der Republik Kasachstan über das Verwaltungsgerichtsverfahren, sind die Vorschriften des internationalen Vertrags anzuwenden.

Artikel 3. Beziehungen, die durch dieses Gesetzbuch geregelt werden[2]

1. Dieses Gesetzbuch regelt die Beziehungen im Zusammenhang mit der Durchführung interner Verwaltungsverfahren der staatlichen Behörden und von Verwaltungsverfahren sowie das Verfahren der Verwaltungsgerichtsbarkeit.

2. Beteiligte der durch dieses Gesetzbuch geregelten Beziehungen sind staatliche Behörden, Verwaltungsbehörden, Amtspersonen sowie natürliche und juristische Personen.

3. […].

4. Die durch dieses Gesetzbuch festgelegten Verwaltungsverfahren gelten nicht für Beziehungen, die geregelt werden durch:

1) die Strafprozess- und die Zivilprozessgesetzgebung der Republik Kasachstan und die Gesetzgebung der Republik Kasachstan über Ordnungswidrigkeiten;

2) die Gesetzgebung der Republik Kasachstan über den Verfassungsrat, den Obersten Justizrat der Republik Kasachstan und den Menschenrechtsbeauftragten in der Republik Kasachstan;

3) die Haushaltsgesetzgebung der Republik Kasachstan in Bezug auf das Verfahren der Staats- und Haushaltsplanung;

4) das Gesetz der Republik Kasachstan „Über die Rechtsakte“ in Bezug auf das Verfahren zur Ausarbeitung, Vorlage, Erörterung, Inkraftsetzung und Veröffentlichung legislativer und anderer normativer Rechtsakte der Republik Kasachstan;

---

2 Artikel 3 in der Fassung des Gesetzes der Republik Kasachstan Nr. 91-VII vom 29.12.2021.

5) die Gesetzgebung der Republik Kasachstan über Wahlen und das republikanische Referendum;

6) die Gesetzgebung der Republik Kasachstan über die Auslandsaufklärung, die Spionageabwehr, die operative Fahndungstätigkeit sowie über die Gewährleistung der Sicherheit von geschützten Personen und Objekten und die Durchführung von Sicherheitsmaßnahmen;

7) die Gesetzgebung der Republik Kasachstan über das Notariat in Bezug auf die Vornahme notarieller Handlungen.

5. Mit Ausnahme der Kapitel 12, 13, 14 und 15 gelten die Vorschriften dieses Gesetzbuchs über Verwaltungsverfahren nicht für Beziehungen, die durch die Gesetzgebung der Republik Kasachstan über besondere staatliche Behörden geregelt werden.

6. Mit Ausnahme der Kapitel 1, 2, 12, 13, 14 und 15 gelten die Vorschriften dieses Gesetzbuchs über Verwaltungsverfahren nicht für Beziehungen im Zusammenhang mit dem Verfahren der Vornahme einer Verwaltungshandlung (Untätigkeit), die nicht mit dem Erlass eines Verwaltungsakts im Zusammenhang steht.

7. Nicht Gegenstand eines Verfahrens der Verwaltungsgerichtsbarkeit sind:

1) Rechtsakte, deren Überprüfung in die ausschließliche Zuständigkeit des Verfassungsrats der Republik Kasachstan fällt;

2) Rechtssachen, deren Verfahren durch die Strafprozess- oder die Zivilprozessgesetzgebung der Republik Kasachstan oder die Gesetzgebung der Republik Kasachstan über Ordnungswidrigkeiten vorgesehen ist.

Artikel 4. Grundlegende Begriffe, die in diesem Gesetzbuch verwendet werden[3]

1. Die in diesem Gesetzbuch enthaltenen Begriffe sind in der folgenden Bedeutung anzuwenden:

1) Ein Gesuch ist eine der Eingabeformen, die einen Antrag eines Beteiligten des Verwaltungsverfahrens auf Unterstützung bei der Wahrnehmung seiner Rechte, Freiheiten und berechtigten Interessen oder der Rechte, Freiheiten und berechtigten Interessen anderer Personen enthält;

3 Artikel 4 in der Fassung des Gesetzes der Republik Kasachstan Nr. 399-VI vom 2.1.2021.

2) Antragsteller ist eine Person, die bei einer Verwaltungsbehörde oder einer Amtsperson eine Eingabe zur Durchführung eines Verwaltungsverfahrens einreicht, sowie eine Person, in Bezug auf die ein Verwaltungsakt erlassen oder eine Verwaltungshandlung (Untätigkeit) vorgenommen wird (Adressat eines Verwaltungsakts);

3) Ein belastender Verwaltungsakt ist ein Akt, der die Wahrnehmung eines Rechts eines Beteiligten des Verwaltungsverfahrens ablehnt oder dieses Recht einschränkt oder aufhebt oder ihm eine Verpflichtung auferlegt oder seine Lage auf andere Weise verschlechtert;

4) Ein Verwaltungsakt ist eine Entscheidung einer Verwaltungsbehörde oder einer Amtsperson in öffentlich-rechtlichen Beziehungen, die die durch die Gesetze der Republik Kasachstan festgelegten Rechte und Pflichten einer bestimmten Person oder eines individuell bestimmten Personenkreises verwirklicht;

5) Eine Verwaltungshandlung (Untätigkeit) ist eine Handlung (Untätigkeit) einer Verwaltungsbehörde oder einer Amtsperson in öffentlich-rechtlichen Beziehungen, die kein Verwaltungsakt ist;

6) Das Verwaltungsermessen ist die Befugnis einer Verwaltungsbehörde oder einer Amtsperson, zu den Zwecken und innerhalb der Grenzen, die durch die Gesetzgebung der Republik Kasachstan festgelegt sind, eine der möglichen Entscheidungen auf der Grundlage der Beurteilung ihrer Rechtmäßigkeit zu treffen;

7) Eine Verwaltungsbehörde ist eine staatliche Behörde, eine Behörde der örtlichen Selbstverwaltung oder eine staatliche juristische Person sowie eine andere Organisation, die gemäß den Gesetzen der Republik Kasachstan befugt ist, einen Verwaltungsakt zu erlassen oder eine Verwaltungshandlung (Untätigkeit) vorzunehmen;

8) Das Verwaltungsverfahren ist die Tätigkeit einer Verwaltungsbehörde oder einer Amtsperson, auf der Grundlage einer Eingabe oder aus eigener Initiative eine Verwaltungssache zu prüfen und eine Entscheidung über sie zu treffen und zu vollziehen, sowie die Tätigkeit, die im vereinfachten Verwaltungsverfahren durchgeführt wird;

9) Eine Verwaltungsklage (Klage) ist eine vor Gericht eingereichte Forderung zum Schutz und zur Wiederherstellung verletzter oder angefochtener Rechte, Freiheiten oder berechtigter Interessen, die sich aus öffentlich-rechtlichen Beziehungen ergeben;

10) Unter einer Verwaltungssache sind Materialien zu verstehen, die den Verlauf und die Ergebnisse eines Verwaltungsverfahrens und / oder der Verhandlung einer öffentlich-rechtlichen Streitigkeit vor Gericht dokumentieren;

11) Unter einem Wettbewerbsumfeld sind Subjekte eines Markts zu verstehen, mit Ausnahme der Subjekte des quasistaatlichen Sektors;

12) Eine Videobotschaft ist ein individueller oder kollektiver Antrag (Beschwerde), der im Videoformat der Staatskorporation „Regierung für Bürger" an eine Verwaltungsbehörde oder Amtsperson gerichtet ist;

13) [...];

14) [...];

15) Beklagter ist eine Verwaltungsbehörde oder eine Amtsperson, gegen die eine Klage vor Gericht erhoben wird;

15–1) [...];

16) Eine Eingabe ist ein Gesuch (Beschwerde), das schriftlich (auf Papier und / oder elektronisch) oder mündlich sowie in Form einer Videokonferenzschaltung oder Videobotschaft an eine Verwaltungsbehörde oder eine Amtsperson gerichtet ist;

17) [...];

18) [...];

19) Die Prüfung einer Eingabe ist das Treffen einer Entscheidung durch eine Verwaltungsbehörde oder eine Amtsperson im Rahmen ihrer Zuständigkeit gemäß der Gesetzgebung der Republik Kasachstan;

20) [...];

21) Ein begünstigender Verwaltungsakt ist ein Akt, der ein Recht eines Beteiligten des Verwaltungsverfahrens verwirklicht oder eine ihm auferlegte Verpflichtung beendet sowie seine Lage auf andere Weise verbessert;

22) [...];

23) Eine Amtsperson ist eine Person, die gemäß den Gesetzen der Republik Kasachstan befugt ist, einen Verwaltungsakt zu erlassen oder eine Verwaltungshandlung (Untätigkeit) vorzunehmen;

24)–31) [...];

32) Eine Anfrage ist die Bitte eines Beteiligten eines Verwaltungsverfahrens, Informationen betreffend die interessierenden Fragen persönlicher oder gesellschaftlicher Art zur Verfügung zu stellen;

33) Kläger ist eine Person, die sich zum Schutz ihrer verletzten oder angefochtenen Rechte, Freiheiten oder berechtigten Interessen an ein Gericht wendet, oder eine Person, in deren Interessen eine Klage vom Staatsanwalt oder

einer anderen nach den Gesetzen der Republik Kasachstan dazu befugten Person eingereicht worden ist;

34) Der Vorsitzende ist ein Richter, der die kollegiale Verhandlung einer Verwaltungssache leitet oder eine Verwaltungssache allein verhandelt;

35)–37) [...];

38) Eine Beschwerde ist eine der Eingabeformen, die eine Forderung eines Beteiligten des Verwaltungsverfahrens zur Wiederherstellung oder zum Schutz seiner Rechte, Freiheiten oder berechtigten Interessen oder einer anderen Person enthält, die durch einen Verwaltungsakt oder eine Verwaltungshandlung (Untätigkeit) verletzt wurden;

39) [...].

2. Andere spezielle Begriffe werden in den Bedeutungen verwendet, die in den entsprechenden Artikeln dieses Gesetzbuchs sowie durch andere Gesetze der Republik Kasachstan bestimmt werden.

Kapitel 2. Aufgaben und Grundsätze der Verwaltungsverfahren und des Verwaltungsgerichtsverfahrens

Artikel 5. Aufgaben der Verwaltungsverfahren und des Verwaltungsgerichtsverfahrens

1. Zu den Aufgaben der Verwaltungsverfahren gehören:

die vollständige Verwirklichung öffentlicher Rechte, Freiheiten und Interessen natürlicher und juristischer Personen;

die Erzielung eines Gleichgewichts privater und öffentlicher Interessen in öffentlich-rechtlichen Beziehungen;

die Gewährleistung einer effizienten und transparenten staatlichen Verwaltung, darunter durch die Beteiligung von Personen beim Erlass von Verwaltungsentscheidungen;

die Stärkung der Gesetzmäßigkeit im öffentlich-rechtlichen Bereich.

2. Aufgabe des Verwaltungsgerichtsverfahrens ist eine gerechte, unparteiische und rechtzeitige Entscheidung von Verwaltungssachen, um verletzte oder angefochtene Rechte, Freiheiten oder berechtigte Interessen natürlicher Personen bzw. Rechte oder berechtigte Interessen juristischer Personen in öffentlich-rechtlichen Beziehungen wirksam zu schützen oder wiederherzustellen.

Artikel 6. Grundsätze der Verwaltungsverfahren und des Verwaltungsgerichtsverfahrens und deren Bedeutung

1. Verwaltungsverfahren und das Verwaltungsgerichtsverfahren werden nach den in diesem Kapitel niedergelegten Grundsätzen durchgeführt.

2. Die in diesem Kapitel festgelegten Grundsätze der Verwaltungsverfahren sind nicht abschließend und können die Anwendung anderer Rechtsgrundsätze nicht ausschließen.

3. Im Verwaltungsgerichtsverfahren sind die Grundsätze des Zivilgerichtsverfahrens anzuwenden, wenn dies nicht den in diesem Kapitel niedergelegten Grundsätzen widerspricht.

4. Eine Verletzung der Grundsätze der Verwaltungsverfahren und des Verwaltungsgerichtsverfahrens führt abhängig von der Art und der Erheblichkeit zur Erklärung der Verwaltungsakte bzw. der Verwaltungshandlungen (Untätigkeit) für rechtswidrig sowie zur Aufhebung der getroffenen gerichtlichen Akte.

Artikel 7. Grundsatz der Gesetzmäßigkeit

1. Die Verwaltungsbehörde oder die Amtsperson führt Verwaltungsverfahren im Rahmen ihrer Zuständigkeit und gemäß der Verfassung der Republik Kasachstan, diesem Gesetzbuch und anderen normativen Rechtsakten der Republik Kasachstan durch.

2. Das Gericht ist bei der Verhandlung und Entscheidung von Verwaltungssachen verpflichtet, die Anforderungen der Verfassung der Republik Kasachstan, der Verfassungsgesetze, dieses Gesetzbuchs, anderer normativer Rechtsakte und der anzuwendenden internationalen Verträge der Republik Kasachstan genau einzuhalten.

3. Die Gerichte dürfen keine Gesetze und anderen normativen Rechtsakte anwenden, die die durch die Verfassung der Republik Kasachstan verankerten Rechte und Freiheiten des Menschen und Bürgers verletzen. Stellt ein Gericht fest, dass ein anzuwendendes Gesetz oder ein anzuwendender anderer normativer Rechtsakt die durch die Verfassung verankerten Rechte und Freiheiten des Menschen und Bürgers verletzt, ist es verpflichtet, das Verfahren in der Verwaltungssache auszusetzen und sich an den Verfassungsrat der Republik Kasachstan mit dem Antrag zu wenden, diesen Akt für verfassungswidrig zu erklären. Mit Erhalt der Entscheidung des Verfassungsrats der Republik Kasachstan wird das Verfahren in der Sache wieder aufgenommen.

4. Entscheidungen der für Verwaltungssachen zuständigen Gerichte, die auf einem für verfassungswidrig erklärten Gesetz oder einem anderen für verfassungswidrig erklärten normativen Rechtsakt beruhen, sind aufzuheben.

5. Für den Fall, dass Rechtsnormen fehlen, die das streitige Rechtsverhältnis regeln, wendet das Gericht die Rechtsnormen an, die ähnliche Verhältnisse regeln, und bei Fehlen solcher Normen entscheidet es die Streitigkeit ausgehend von den allgemeinen Grundlagen und dem Sinn der Gesetzgebung der Republik Kasachstan.

Artikel 8. Grundsatz der Gerechtigkeit

1. Bei der Prüfung einer Verwaltungssache sind die Verwaltungsbehörde, die Amtsperson und das Gericht verpflichtet, unter Wahrung der Objektivität und Unparteilichkeit jedem der an der Verwaltungssache Beteiligten die gleichen Möglichkeiten und Bedingungen für die Wahrnehmung seiner Rechte auf eine umfassende und vollständige Untersuchung der Umstände der Verwaltungssache zu gewährleisten.

2. Wird durch Gesetz oder eine Vereinbarung der Streitparteien vorgesehen, dass die entsprechenden Fragen durch ein Gericht zu entscheiden sind, ist das Gericht verpflichtet, diese Fragen ausgehend von den Kriterien der Gerechtigkeit und Vernünftigkeit zu entscheiden.

Artikel 9. Schutz der Rechte, Freiheiten und berechtigten Interessen

1. Jeder ist berechtigt, sich zum Schutz seiner verletzten oder angefochtenen Rechte, Freiheiten oder berechtigten Interessen in dem durch dieses Gesetzbuch vorgesehenen Verfahren an eine Verwaltungsbehörde, eine Amtsperson oder ein Gericht zu wenden.

Der Verzicht auf das Recht, sich an eine Verwaltungsbehörde, eine Amtsperson oder ein Gericht zu wenden, ist unwirksam.

2. Im Rahmen ihrer Zuständigkeit sind staatliche Behörden sowie natürliche und juristische Personen berechtigt, in dem durch dieses Gesetzbuch festgelegten Verfahren vor Gericht Klage auf Schutz der verletzten oder angefochtenen berechtigten Interessen anderer Personen oder eines unbestimmten Personenkreises zu erheben.

Der Staatsanwalt ist berechtigt, in dem durch dieses Gesetzbuch festgelegten Verfahren vor Gericht Klage zu erheben, um die ihm auferlegten Pflichten zu erfüllen.

3. Wenn durch Gesetz ein vorgerichtliches Verfahren zur Streitbeilegung vorgesehen ist, kann eine Eingabe bei Gericht erst nach Einhaltung dieses Verfahrens eingereicht werden.

4. Niemandem kann sein gesetzlich für ihn vorgesehener Gerichtsstand ohne seine Zustimmung geändert werden.

5. Der Zwang zum Verzicht auf das Recht, sich an eine Verwaltungsbehörde, eine Amtsperson oder ein Gericht zu wenden, ist rechtswidrig und zieht die durch die Gesetze der Republik Kasachstan festgelegte Verantwortlichkeit nach sich.

Artikel 10. Verhältnismäßigkeit

1. Bei der Ausübung des Verwaltungsermessens gewährleistet die Verwaltungsbehörde oder die Amtsperson einen gerechten Ausgleich der Interessen der Beteiligten des Verwaltungsverfahrens und der Gesellschaft.

Der Verwaltungsakt oder die Verwaltungshandlung (Untätigkeit) muss verhältnismäßig, d.h. geeignet, erforderlich und angemessen sein.

2. Ein Verwaltungsakt oder eine Verwaltungshandlung (Untätigkeit) gilt als geeignet, wenn sie zur Erreichung eines durch die Gesetze der Republik Kasachstan festgelegten Zwecks vertretbar ist.

Ein Verwaltungsakt oder eine Verwaltungshandlung (Untätigkeit) gilt als erforderlich, wenn sie die Rechte, Freiheiten und berechtigten Interessen eines Beteiligten des Verwaltungsverfahrens im geringsten Maße einschränkt.

Ein Verwaltungsakt oder eine Verwaltungshandlung (Untätigkeit) gilt als angemessen, wenn der gesellschaftliche Nutzen, der sich aus den Beschränkungen der Rechte, Freiheiten und berechtigten Interessen eines Beteiligten des Verwaltungsverfahrens ergibt, größer ist als der durch diese Beschränkungen verursachte Schaden.

Artikel 11. Grenzen der Ausübung des Verwaltungsermessens

1. Die Verwaltungsbehörde und die Amtsperson sind verpflichtet, das Verwaltungsermessen in den durch die Gesetzgebung der Republik Kasachstan festgelegten Grenzen auszuüben.

2. Der Erlass eines Verwaltungsakts und / oder die Vornahme einer Verwaltungshandlung (Untätigkeit) in Ausübung des Verwaltungsermessens müssen dem Zweck dieser Befugnis entsprechen.

Artikel 12. Grundsatz des Vorrangs der Rechte

Sämtliche Zweifel, Widersprüche und Unklarheiten der Gesetzgebung der Republik Kasachstan über das Verwaltungsverfahren sind zugunsten der Beteiligten des Verwaltungsverfahrens auszulegen.

Artikel 13. Schutz des Rechts auf Vertrauen

1. Das Vertrauen eines Beteiligten des Verwaltungsverfahrens in die Tätigkeit einer Verwaltungsbehörde oder einer Amtsperson wird durch die Gesetze der Republik Kasachstan geschützt.
2. Ein Verwaltungsakt und eine Verwaltungshandlung (Untätigkeit) gelten solange als rechtmäßig und begründet, bis eine Verwaltungsbehörde, eine Amtsperson oder ein Gericht gemäß der Gesetzgebung der Republik Kasachstan nicht das Gegenteil feststellt.
3. Ein rechtswidriger Verwaltungsakt, der aufgrund eines Verschuldens der Verwaltungsbehörde oder der Amtsperson erlassen wurde, sowie eine rechtswidrige Verwaltungshandlung (Untätigkeit), die aufgrund eines Verschuldens der Verwaltungsbehörde oder der Amtsperson vorgenommen wurde, dürfen für einen Beteiligten des Verwaltungsverfahrens keine belastenden Folgen nach sich ziehen.
4. Das Recht auf Vertrauen kann nicht als Begründung für die Vornahme rechtswidriger Handlungen (Untätigkeit) dienen.

Artikel 14. Verbot des Missbrauchs formaler Anforderungen

Einer Verwaltungsbehörde oder einer Amtsperson ist es untersagt, die Ausübung des Rechts eines Beteiligten des Verwaltungsverfahrens zu verweigern oder dieses Recht zu beschränken oder zu beenden, sowie ihm eine Verpflichtung aufzuerlegen, um Anforderungen einzuhalten, die von der Gesetzgebung der Republik Kasachstan nicht festgelegt sind.

Artikel 15. Vermutung der Richtigkeit

1. Bei der Durchführung des Verwaltungsverfahrens gelten von einem Beteiligten des Verwaltungsverfahrens vorgelegte Materialien, Gegenstände, Dokumente und Angaben solange als richtig, bis die Verwaltungsbehörde oder Amtsperson nicht das Gegenteil feststellt.
2. Die Verwaltungsbehörde und die Amtsperson sind verpflichtet, selbständig die Echtheit der Materialien, Gegenstände, Dokumente und Angaben zu prüfen, wenn Zweifel an deren Echtheit bestehen.

Artikel 16. Aktive Rolle des Gerichts

1. Das Verwaltungsgerichtsverfahren ist auf der Grundlage einer aktiven Rolle des Gerichts durchzuführen.

2. Das Gericht untersucht alle tatsächlichen Umstände, die für die richtige Entscheidung der Verwaltungssache von Bedeutung sind, umfassend, vollständig und objektiv, ohne dabei durch die Erläuterungen, Gesuche und Anträge der Beteiligten des Verwaltungsprozesses und die von ihnen vorgelegten Argumente, Beweise oder sonstigen Materialien der Verwaltungssache beschränkt zu sein.

Der Richter ist berechtigt, seine vorläufige Rechtsauffassung zu den rechtlichen Gründen in Bezug auf die tatsächlichen und / oder rechtlichen Gesichtspunkte der Verwaltungssache zu äußern.

3. Das Gericht sammelt auf eigene Initiative oder auf begründeten Antrag der Beteiligten des Verwaltungsprozesses zusätzliche Materialien und Beweise und nimmt auch andere Handlungen vor, die auf die Lösung der Aufgaben des Verwaltungsgerichtsverfahrens gerichtet sind.

Artikel 17. Vernünftige Dauer des Verwaltungsgerichtsverfahrens

1. Das Verwaltungsgerichtsverfahren, einschließlich des Verfahrens bestimmter Prozesshandlungen, ist innerhalb einer vernünftigen Frist durchzuführen.

2. Die Prüfung und Entscheidung einzelner Kategorien von Verwaltungssachen erfolgt innerhalb der durch dieses Gesetzbuch festgelegten Fristen.

3. Bei der Bestimmung der vernünftigen Frist sind solche Umstände zu berücksichtigen wie die rechtlichen und tatsächlichen Schwierigkeiten der Verwaltungssache, das Verhalten der Beteiligten des Verwaltungsprozesses, das sich im Grad der Wahrnehmung der prozessualen Rechte und der Erfüllung der prozessualen Pflichten äußert, und ob die Handlungen des Gerichts im Hinblick auf eine zügige Verhandlung der Verwaltungssache prozessual ausreichend und wirksam sind.

Artikel 18. Verbindlichkeit gerichtlicher Akte[4]

1. Das Gericht der ersten Instanz erlässt in Verwaltungssachen gerichtliche Akte in Form von Entscheidungen und Beschlüssen.

---

4 Artikel 18 in der Fassung des Gesetzes der Republik Kasachstan Nr. 83-VII vom 20.12.2021.

Die Gerichte der Appellations- und der Kassationsinstanz erlassen in Verwaltungssachen gerichtliche Akte in Form von Urteilen und Beschlüssen.

2. Rechtskräftige gerichtliche Akte sowie Anordnungen, Forderungen, Anweisungen, Aufforderungen, Anfragen und andere Ersuchen der Gerichte und Richter bei der Ausübung der Rechtspflege sind für alle staatlichen Behörden und die Behörden der örtlichen Selbstverwaltung, juristische Personen, Amtspersonen und natürliche Personen verbindlich und unterliegen der Vollziehung auf dem gesamten Territorium der Republik Kasachstan.

Gerichtliche Akte, die auf einem Gesetz oder einem anderen normativen Rechtsakt beruhen, das bzw. der vom Verfassungsrat der Republik Kasachstan für verfassungswidrig erklärt wurde, sind nicht zu vollziehen.

3. Die Nichterfüllung gerichtlicher Akte ebenso wie von Forderungen des Gerichts hat die Anwendung der durch dieses Gesetzbuch vorgesehenen prozessualen Zwangsmaßnahmen und die gesetzlich vorgesehene Verantwortlichkeit zur Folge.

4. Die Verbindlichkeit eines gerichtlichen Akts nimmt interessierten Personen, die am Verwaltungsprozess nicht beteiligt waren, nicht die Möglichkeit, sich zum Schutz der verletzten oder angefochtenen Rechte, Freiheiten oder berechtigten Interessen an ein Gericht zu wenden.

5. Gerichtliche Akte werden den Parteien des Verwaltungsprozesses vom Gericht innerhalb von drei Arbeitstagen ab dem Tag der endgültigen Ausfertigung übermittelt.

Kapitel 3. Verwaltungsbehörde, Amtsperson und Beteiligte der Verwaltungsverfahren

Artikel 19. Rechtsfähigkeit und Handlungsfähigkeit im Verwaltungsverfahren

[…]

Artikel 20. Verwaltungsbehörde, Amtsperson

[…]

Artikel 21. Beteiligte des Verwaltungsverfahrens

1. Beteiligte eines Verwaltungsverfahrens sind der Antragsteller und eine interessierte Person.

2. […].

Artikel 22. Antragsteller

1. Eine Eingabe bei einer Verwaltungsbehörde oder einer Amtsperson kann von einer oder mehreren Personen (kollektive Eingabe) eingereicht werden.

[...]

2. Der Antragssteller ist berechtigt:

[...]

3. Ausländer, Staatenlose und ausländische juristische Personen haben die gleichen Rechte und Pflichten wie Bürger und juristische Personen der Republik Kasachstan, wenn durch die Verfassung, die Gesetze der Republik Kasachstan und die internationalen Verträge nichts anderes vorgesehen ist.

Artikel 23. Interessierte Person eines Verwaltungsverfahrens

1. Als interessierte Person gilt eine Person, deren Rechte, Freiheiten und berechtigten Interessen durch einen Verwaltungsakt oder eine Verwaltungshandlung (Untätigkeit) betroffen sind oder betroffen sein können.

2. Die interessierte Person genießt die von Artikel 22 dieses Gesetzbuchs vorgesehenen Rechte mit Ausnahme von Artikel 22 Absatz 2 Nummer 8 dieses Gesetzbuchs.

Kapitel 4. Gericht

Artikel 24. Zusammensetzung des Gerichts

1. Verwaltungssachen werden am Gericht der ersten Instanz von einem Einzelrichter verhandelt und entschieden, der im Namen des Gerichts handelt.

2. Aufgehoben durch Gesetz der Republik Kasachstan Nr. 20-VII vom 20. März 2021 (in Kraft getreten am 1. Juli 2021).

3. Die in Artikel 105 Absatz 1 dieses Gesetzbuchs vorgesehenen Verwaltungssachen werden vor dem Obersten Gericht der Republik Kasachstan von einem Einzelrichter nach den Vorschriften für das Gericht der ersten Instanz verhandelt und entschieden.

4. Verwaltungssachen vor dem Gericht der Appellationsinstanz werden in kollegialer Zusammensetzung von einer ungeraden Zahl von (mindestens drei) Richtern, von denen einer der Vorsitzende ist, verhandelt. Private Beschwerden gegen gerichtliche Beschlüsse werden von einem Einzelrichter verhandelt.

5. Verwaltungssachen vor dem Gericht der Kassationsinstanz werden in kollegialer Zusammensetzung von einer ungeraden Zahl von (mindestens drei) Richtern des Obersten Gerichts der Republik Kasachstan unter dem Vorsitz des Vorsitzenden des Gerichtskollegiums oder eines der Richter auf dessen Anweisung verhandelt.

6. Die Verhandlung von Verwaltungssachen zur Überprüfung von Urteilen des Gerichts der Kassationsinstanz erfolgt in kollegialer Zusammensetzung von einer ungeraden Zahl von (mindestens sieben) Richtern unter dem Vorsitz des Vorsitzenden des Obersten Gerichts der Republik Kasachstan oder eines der Richter auf dessen Anweisung.

7. Die Zusammensetzung des Gerichts zur Verhandlung einer Verwaltungssache formiert sich unter Berücksichtigung der Arbeitsbelastung und der Spezialisierung der Richter in einem Verfahren, durch das verhindert wird, dass Personen, die ein Interesse am Ausgang der Gerichtsverhandlung haben, Einfluss auf die Formierung des Gerichts nehmen, darunter unter Anwendung eines automatischen Informationssystems.

Artikel 25. Das Verfahren der Entscheidung von Fragen in kollegialer Zusammensetzung des Gerichts, abweichende Meinung

1. Alle Richter haben bei der Verhandlung und Entscheidung von Verwaltungssachen in kollegialer Zusammensetzung des Gerichts die gleichen Rechte. Sämtliche Fragen, die bei der Verhandlung und Entscheidung einer Verwaltungssache in kollegialer Zusammensetzung des Gerichts entstehen, werden von den Richtern mit der Mehrheit der Stimmen entschieden. Keiner der Richter darf sich der Abstimmung enthalten. Der Vorsitzende stimmt als letzter ab.

2. Ein Richter, der mit der Meinung der Mehrheit der Richter, die für die Annahme eines gerichtlichen Akts gestimmt haben, nicht einverstanden ist oder der für die Annahme eines gerichtlichen Akts gestimmt hat, aber bei der Abstimmung über irgendeine andere Frage oder über die Begründung des angenommenen gerichtlichen Akts in der Minderheit geblieben ist, ist verpflichtet, den gerichtlichen Akt zu unterzeichnen, und ist berechtigt, seine abweichende Meinung schriftlich zu erläutern.

3. Ein Richter hat seine abweichende Meinung innerhalb einer Frist von höchstens zehn Arbeitstagen ab dem Tag der Annahme der Entscheidung in der Verwaltungssache zu erläutern. Die abweichende Meinung des Richters wird den Materialien der Verwaltungssache beigefügt, jedoch bei der Verkündung der erlassenen Entscheidung in der Verwaltungssache nicht verlesen und auch nicht veröffentlicht.

Kapitel 5. Beteiligte des Verwaltungsprozesses

Artikel 26. Zusammensetzung der Beteiligten des Verwaltungsprozesses

1. Beteiligte des Verwaltungsprozesses sind der Kläger, der Beklagte, eine interessierte Person und der Staatsanwalt.

2. Die Vertretung im Verwaltungsgerichtsverfahren erfolgt nach den Vorschriften des Zivilprozessgesetzbuchs der Republik Kasachstan.

Artikel 27. Verwaltungsprozessuale Rechtsfähigkeit und verwaltungsprozessuale Handlungsfähigkeit

[…]

Artikel 28. Kläger

[…]

Artikel 29. Beklagter

1. […].

2. […].

3. Ein Wechsel des Beklagten ist bis zum Beginn der Verhandlung und Entscheidung der Verwaltungssache in der Sache zulässig. Ein Gericht, das feststellt, dass die Klage nicht gegen eine Person erhoben wurde, die aus der Klage verantwortlich ist, lädt den Kläger vor, erläutert die Folgen der Erhebung einer Klage gegen den falschen Beklagten und lässt mit Zustimmung des Klägers einen Wechsel des falschen Beklagten gegen den richtigen zu. Nach dem Wechsel des falschen Beklagten werden die vorläufige Anhörung und die Verhandlung der Verwaltungssache in der Gerichtssitzung von vorne durchgeführt. Die Dauer der Verhandlung einer Verwaltungssache wird ab dem Tag der Anberaumung der Verwaltungssache zur Verhandlung in der Gerichtssitzung berechnet.

4. Sofern der Kläger mit dem Wechsel des Beklagten gegen eine andere Person nicht einverstanden ist, kann das Gericht diese Person ohne Zustimmung des Klägers als zweiten Beklagten hinzuziehen.

5. […].

Artikel 30. Interessierte Person eines Verwaltungsprozesses

1. Als interessierte Person gilt eine Person, deren Rechte, Freiheiten und berechtigten Interessen durch einen gerichtlichen Akt betroffen sind oder betroffen sein können.

2. Interessierte Personen können bis zum Erlass eines gerichtlichen Akts, mit dem die Verhandlung und Entscheidung der Verwaltungssache vor dem Gericht der ersten Instanz beendet wird, auf eigene Initiative der Verwaltungssache auf der Seite des Klägers oder des Beklagten beitreten, wenn dieser gerichtliche Akt ihre Rechte, Pflichten und berechtigten Interessen beeinträchtigen kann. Interessierte Personen können auf Initiative des Gerichts oder auf Antrag der Beteiligten des Verwaltungsprozesses zur Beteiligung an der Verwaltungssache herangezogen werden.

3. Interessierte Personen haben die prozessualen Rechte und die prozessualen Pflichten eines Klägers oder Beklagten mit Ausnahme des Rechts, den Klagegrund oder den Klagegegenstand zu ändern, die Klage zurückzunehmen, die Klage anzuerkennen oder eine Vergleichs- oder Mediationsvereinbarung oder eine Vereinbarung über die Streitbeilegung im Wege des partizipierten Verfahrens zu schließen.

Artikel 31. Staatsanwalt

1. Die oberste Aufsicht über die Rechtmäßigkeit rechtskräftiger gerichtlicher Akte in Verwaltungssachen wird im Namen des Staates vom Generalstaatsanwalt der Republik Kasachstan sowohl unmittelbar als auch über die ihm unterstellten Staatsanwälte ausgeübt.

2. Zur Erfüllung der ihm durch Gesetz auferlegten Aufgaben tritt der Staatsanwalt einem Prozess bei, um eine Stellungnahme in Verwaltungssachen abzugeben, die sich aus Steuer-, Zoll- und Haushaltsbeziehungen oder aus Beziehungen auf dem Gebiet des Schutzes, der Wiederherstellung und der Erhaltung der Umwelt und der Nutzung und Reproduktion natürlicher Ressourcen bei der Ausübung einer wirtschaftlichen oder einer anderen Tätigkeit, die mit der Nutzung natürlicher Ressourcen und der Einwirkung auf die Umwelt im Zusammenhang steht, ergeben, sowie in Verwaltungssachen, die die Anfechtung von Handlungen (Untätigkeit) staatlicher Gerichtsvollzieher bei der Vollstreckung von Vollstreckungsdokumenten zur Eintreibung von Geldern vom Staat und zugunsten des Staates betreffen, zum Schutz der Wahlrechte von Bürgern und gesellschaftlichen Vereinigungen, die an Wahlen oder einem republikanischen Referendum teilnehmen, sowie auch dann, wenn ein Verwaltungsakt oder eine Verwaltungshandlung (Untätigkeit) die Rechte, Freiheiten und berechtigten Interessen von Personen, die diese aufgrund körperlicher, psychischer oder sonstiger Umstände nicht selbst schützen können, oder eines unbegrenzten Personenkreises einschränken kann, oder wenn die Notwendigkeit der Beteiligung des Staatsanwalts vom Gericht festgestellt wird.

Die genannten Befugnisse des Staatsanwalts werden durch die rechtzeitige Bekanntmachung sämtlicher zur Verhandlung anberaumter Verwaltungssachen durch das Gericht mittels Veröffentlichung der entsprechenden Informationen auf der Internetseite des Gerichts gewährleistet.

Das Nichterscheinen des Staatsanwalts, der über Zeit und Ort der Verhandlung der Verwaltungssache benachrichtigt wurde, stellt kein Hindernis für die gerichtliche Verhandlung der Verwaltungssache dar.

3. Der Staatsanwalt ist gemäß der Gesetzgebung der Republik Kasachstan berechtigt, sich mit einer Klage an ein Gericht zu wenden, um verletzte Rechte wiederherzustellen und die Interessen zu schützen:

1) von Personen, die diese aufgrund körperlicher, psychischer oder sonstiger Umstände nicht selbst schützen können;

2) von Personen, der Gesellschaft und des Staates, wenn dies zur Verhinderung irreversibler Folgen für das Leben und die Gesundheit der Menschen oder die Sicherheit der Republik Kasachstan erforderlich ist.

In den in Nummer 2 vorgesehenen Fällen dieses Absatzes kann die Klage vom Staatsanwalt unabhängig von einem Gesuch oder einer Klage der betreffenden Person bei Gericht eingereicht werden.

4. Wird die vom Staatsanwalt beantragte Forderung vom Kläger nicht unterstützt, so weist das Gericht die Klage zurück, wenn keine Rechte, Freiheiten oder berechtigten Interessen interessierter Personen betroffen sind.

5. Für den Fall, dass die Verwaltungsbehörde oder eine Amtsperson den Protest gegen einen nicht mit dem Gesetz übereinstimmenden Verwaltungsakt sowie gegen eine Verwaltungshandlung (Untätigkeit) ablehnt, wendet sich der Staatsanwalt mit einer Klage an das Gericht.

6. Ein Staatsanwalt, der Klage erhebt, hat alle prozessualen Rechte sowie sämtliche prozessualen Pflichten des Klägers mit Ausnahme des Rechts, eine Vergleichs- oder Mediationsvereinbarung oder eine Vereinbarung über die Streitbeilegung im Wege des partizipierten Verfahrens zu schließen. Der Verzicht des Staatsanwalts auf eine Klage, die zum Schutz der Interessen einer anderen Person erhoben wurde, entzieht dieser Person nicht das Recht, nach Entrichtung der staatlichen Gebühren gemäß den Anforderungen des Gesetzbuchs der Republik Kasachstan „Über Steuern und andere Pflichtzahlungen an den Haushalt" (Haushaltsgesetzbuch) eine Verhandlung der Verwaltungssache in der Sache zu verlangen.

7. Ein Staatsanwalt, der die Interessen der Behörden der Staatsanwaltschaft als Kläger oder Beklagter in einer Streitigkeit vertritt, die vor Gericht verhandelt wird, hat die prozessualen Rechte und Pflichten einer Partei. Der

Staatsanwalt gibt keine Stellungnahme in einer Verwaltungssache ab, wenn die Verwaltungssache auf der Grundlage seiner Klage eröffnet wurde.

Kapitel 6. Sonstige an einer Verwaltungssache Beteiligte

Artikel 32. Zeuge

[…]

Artikel 33. Gutachter

[…]

Artikel 34. Sachverständiger

[…]

Artikel 35. Dolmetscher

[…]

Abschnitt 2. Interne Verwaltungsverfahren der staatlichen Behörden

Kapitel 7. Allgemeine Bestimmungen der internen Verwaltungsverfahren der staatlichen Behörden

[…]

Kapitel 8. Übertragung von Aufgaben der zentralen und / oder der örtlichen Vollzugsbehörden im Wettbewerbsumfeld

[…]

Abschnitt 3. Verwaltungsverfahren

Kapitel 9. Eröffnung des Verwaltungsverfahrens

[…]

Kapitel 10. Prüfung einer Verwaltungssache

[…]

Kapitel 11. Verwaltungsakt

Artikel 78. Formen der Verwaltungsakte

1. Ein Verwaltungsakt wird in schriftlicher (auf Papier und / oder elektronischer) Form erlassen, wenn durch die Gesetze der Republik Kasachstan nichts anderes vorgesehen ist.

2. Ein Verwaltungsakt wird ausschließlich in schriftlicher (auf Papier und / oder elektronischer) Form erlassen, wenn das Verwaltungsverfahren auf der Grundlage einer Eingabe eröffnet wurde.

3. Ein Verwaltungsakt kann in mündlicher oder in einer anderen Form erlassen werden, wenn:

1) der Schutz der Rechte und Freiheiten der Bürger und juristischen Personen oder der gesellschaftlichen oder staatlichen Interessen es verlangt;

2) in anderen durch die Gesetze der Republik Kasachstan vorgesehenen Fällen.

4. Ein Verwaltungsakt, der mündlich oder in einer anderen Form erlassen wurde, ist auf Antrag eines Beteiligten des Verwaltungsverfahrens innerhalb eines Arbeitstages ab dem Tag der Antragstellung in schriftlicher (auf Papier und / oder elektronischer) Form auszufertigen.

Artikel 79. Allgemeine Anforderungen an einen Verwaltungsakt

1. Ein Verwaltungsakt muss rechtmäßig und begründet sein.

2. Ein Verwaltungsakt muss klar verständlich sein, eine einheitliche Anwendung gewährleisten und den Kreis der Personen, auf die er seine Wirkung erstreckt, abschließend bestimmen.

Artikel 80. Inhalt eines Verwaltungsakts, der in schriftlicher (auf Papier und / oder elektronischer) Form erlassen wurde

1. In einem Verwaltungsakt, der in schriftlicher (auf Papier und / oder elektronischer) Form erlassen wurde, sind anzugeben:

1) [...];

2) das Datum des Erlasses des Verwaltungsakts;

3) [...];

4) eine Beschreibung der Fragen, die mit dem Erlass des Verwaltungsakts entschieden wurden, und eine Begründung des Verwaltungsakts;

5) die Unterschrift der Amtsperson.

2. Eine Begründung eines Verwaltungsakts, der in schriftlicher (auf Papier und / oder elektronischer) Form erlassen wurden, wird in den Fällen nicht verlangt, in denen:

1) die Verwaltungsbehörde oder die Amtsperson einen begünstigenden Verwaltungsakt erlässt, der die Rechte, Freiheiten und berechtigten Interessen anderer Personen nicht betrifft;

2) [...];

3) [...].

3. [...].

4. [...].

Artikel 81. Bekanntgabe an einen Beteiligten des Verwaltungsverfahrens

[...]

Artikel 82. Berichtigung von Schreibfehlern und / oder arithmetischen Fehlern

[...]

Artikel 83. Inkrafttreten, Eintritt der Wirksamkeit und Aufhebung der Wirksamkeit eines Verwaltungsakts

1. Ein Verwaltungsakt tritt im Zeitpunkt des Erlasses in Kraft, wenn in ihm kein späterer Zeitpunkt genannt wird.

2. Ein Verwaltungsakt wird von dem Zeitpunkt an wirksam, zu dem er dem Beteiligten des Verwaltungsverfahrens in dem von Artikel 81 dieses Gesetzbuchs festgelegten Verfahren bekannt gegeben wird.

3. Ein Verwaltungsakt wird von dem Zeitpunkt an unwirksam, zu dem ein durch den Verwaltungsakt vorgesehenes Ereignis eintritt, seine Forderungen erfüllt sind, der Verwaltungsakt aufgehoben wurde oder die Geltungsdauer abgelaufen ist.

Artikel 84. Aufhebung eines rechtswidrigen Verwaltungsakts

[...]

Artikel 85. Aufhebung eines rechtmäßigen Verwaltungsakts

[...]

Artikel 86. Verfahren und Fristen der Erfüllung eines Verwaltungsakts

[...]

Kapitel 12. Vereinfachtes Verwaltungsverfahren

[...]

Kapitel 13. Beschwerdeverfahren, Einreichung der Beschwerde

Artikel 91. Beschwerdeverfahren

1. Der Beteiligte eines Verwaltungsverfahrens ist berechtigt, einen Verwaltungsakt oder eine Verwaltungshandlung (Untätigkeit), die nicht mit dem Erlass eines Verwaltungsakts im Zusammenhang steht, im (vorgerichtlichen) Verwaltungsverfahren anzufechten.

In den in diesem Gesetzbuch vorgesehenen Fällen ist der Beteiligte eines Verwaltungsverfahrens berechtigt, eine Verwaltungshandlung (Untätigkeit) im Zusammenhang mit dem Erlass eines Verwaltungsakts anzufechten.

2. Falls eine Verwaltungsbehörde oder eine Amtsperson innerhalb der in diesem Gesetzbuch festgelegten Frist keinen Verwaltungsakt erlassen oder keine Verwaltungshandlung vorgenommen hat, ist mit dem Datum des Fristablaufs davon auszugehen, dass die Verwaltungsbehörde bzw. die Amtsperson den Erlass eines Verwaltungsakts oder die Vornahme einer Verwaltungshandlung ablehnt.

3. Die Prüfung einer Beschwerde im (vorgerichtlichen) Verwaltungsverfahren wird von der übergeordneten Verwaltungsbehörde oder Amtsperson (im Folgenden: mit der Prüfung der Beschwerde befasste Behörde) vorgenommen.

[...]

4. Die Beschwerde ist bei der Verwaltungsbehörde oder der Amtsperson einzureichen, deren Verwaltungsakt oder Verwaltungshandlung (Untätigkeit) angefochten wird.

Die Verwaltungsbehörde oder die Amtsperson, deren Verwaltungsakt oder Verwaltungshandlung (Untätigkeit) angefochten wird, leitet die Beschwerde und die Verwaltungssache spätestens drei Arbeitstage ab dem Tag des Eingangs der Beschwerde an die mit der Prüfung der Beschwerde befasste Behörde weiter.

Die Verwaltungsbehörde oder die Amtsperson, deren Verwaltungsakt oder Verwaltungshandlung (Untätigkeit) angefochten wird, ist dabei berechtigt, die Beschwerde nicht an die mit der Prüfung der Beschwerde befasste Behörde weiterzuleiten, wenn sie innerhalb von drei Arbeitstagen einen begünstigenden Verwaltungsakt erlässt oder eine Verwaltungshandlung vornimmt, die den in der Beschwerde genannten Forderungen vollständig stattgibt.

5. Wenn durch Gesetz nichts anderes vorgesehen ist, ist die Anrufung eines Gerichts erst nach der Anfechtung im vorgerichtlichen Verfahren zulässig.

6. Falls eine übergeordnete Verwaltungsbehörde oder Amtsperson fehlt, kann ein Verwaltungsakt oder eine Verwaltungshandlung (Untätigkeit) vor Gericht angefochten werden, was dem Beteiligten des Verwaltungsverfahrens von der Verwaltungsbehörde, deren Verwaltungsakt oder Verwaltungshandlung (Untätigkeit) angefochten wird, beim Erlass der Entscheidung in der Verwaltungssache mitzuteilen ist.

7. Durch die Behörden der Staatsanwaltschaft werden Beschwerden aus den Gründen und in den Grenzen geprüft, die durch das Gesetz der Republik Kasachstan „Über die Staatsanwaltschaft" festgelegt werden.

Artikel 92. Frist für die Einreichung einer Beschwerde

1. Eine Beschwerde gegen einen Verwaltungsakt oder eine Verwaltungshandlung (Untätigkeit) ist spätestens drei Monate ab dem Tag, an dem der Beteiligte des Verwaltungsverfahrens Kenntnis vom Erlass des Verwaltungsakts oder der Vornahme der Verwaltungshandlung (Untätigkeit) erlangt hat, bei der Verwaltungsbehörde oder der Amtsperson einzureichen.

2. Falls die in Absatz 1 dieses Artikels festgelegte Frist aus triftigen Gründen versäumt wird, kann diese Frist auf Antrag des Beteiligten des Verwaltungsverfahrens von der Behörde, die mit der Prüfung der Beschwerde befasst ist, wiederhergestellt werden, wenn durch die Gesetze der Republik Kasachstan nichts anderes vorgesehen ist.

Um die für die Einreichung einer Beschwerde versäumte Frist wiederherzustellen, werden von der Behörde, die mit der Prüfung der Beschwerde befasst ist, Krankheit, Umstände höherer Gewalt und andere Gründe, die einer Person die Möglichkeit entziehen, eine Beschwerde einzureichen, als triftige Gründe anerkannt.

3. Die für die Beschwerde versäumte Frist ist kein Grund dafür, dass die Annahme der Beschwerde von der mit der Prüfung der Beschwerde befassten Behörde verweigert wird. Die Gründe für das Fristversäumnis werden bei der Prüfung der Beschwerde geklärt und können einer der Gründe für die Verweigerung der Stattgabe der Beschwerde sein.

Artikel 93. Form und Inhalt der Beschwerde

1. Eine Beschwerde wird in schriftlicher (auf Papier und / oder elektronischer) Form eingereicht.

2. […].

Artikel 94. Annahme, Registrierung, Rückgabe und Rücknahme der Beschwerde

1. Annahme, Registrierung, Rückgabe und Rücknahme der Beschwerde werden gemäß den Bestimmungen von Artikel 64 dieses Gesetzbuchs durchgeführt.

2. Nach der Registrierung der Beschwerde sind dem Beteiligten des Verwaltungsverfahrens seine Rechte und Pflichten bei der Prüfung der Beschwerde zu erläutern.

Artikel 95. Abweisung der Beschwerde ohne Prüfung

1. Die mit der Prüfung der Beschwerde befasste Behörde weist die Beschwerde ohne Prüfung ab, wenn:

1) eine Entscheidung der mit der Prüfung der Beschwerde befassten Behörde nach den Ergebnissen der Prüfung der Beschwerde in Bezug auf den Beteiligten des Verwaltungsverfahrens über denselben Gegenstand und aus denselben Gründen, die in der Beschwerde genannt sind, vorliegt;

2) ein rechtskräftiger gerichtlicher Akt, der in Bezug auf dieselbe Person, über denselben Gegenstand und aus denselben Gründen ergangen ist, vorliegt;

3) die Beschwerde von der Behörde, die mit der Prüfung der Beschwerde befasst ist, zurückgegeben wurde;

4) von der Behörde, die mit der Prüfung der Beschwerde befasst ist, eine Rücknahme der Beschwerde seitens des Antragstellers angenommen wurde.

2. Der Beteiligte des Verwaltungsverfahrens ist innerhalb von drei Arbeitstagen ab dem Tag, an dem die mit der Prüfung der Beschwerde befasste Behörde eine Entscheidung getroffen hat, von der Entscheidung über die Abweisung der Beschwerde ohne Prüfung zu benachrichtigen.

3. Nach Beseitigung der Umstände, die als Gründe für die Abweisung der Beschwerde ohne Prüfung gedient haben, ist der Beteiligte des Verwaltungsverfahrens berechtigt, die Beschwerde erneut einzureichen.

Artikel 96. Rechtsfolgen der Einreichung einer Beschwerde

Die Einreichung der Beschwerde setzt die Vollziehung des Verwaltungsakts oder der Verwaltungshandlung aus, mit Ausnahme:

1) der Notwendigkeit des Schutzes der Rechte der Bürger und juristischen Personen oder der gesellschaftlichen oder staatlichen Interessen;

2) eines Verwaltungsakts, der von der zuständigen Behörde zur Regulierung, Kontrolle und Aufsicht des Finanzmarkts und der Finanzorganisationen oder der Nationalbank der Republik Kasachstan im Rahmen ihrer Zuständigkeit

[...] erlassen wurde, sowie von Verwaltungsakten der staatlichen Audit- und Finanzkontrollbehörden im Zusammenhang mit der Aufdeckung von Tatsachen der unzweckmäßigen oder unbegründeten Verwendung von Haushaltsmitteln, bis eine entsprechende Entscheidung getroffen wird;

3) in anderen durch die Gesetze der Republik Kasachstan vorgesehenen Fällen.

Kapitel 14. Prüfung der Beschwerde

Artikel 97. Individuelle und kollegiale Prüfung einer Beschwerde

[...]

Artikel 98. Allgemeine Vorschriften für die Prüfung einer Beschwerde

1. Die Behörde, die mit der Prüfung der Beschwerde befasst ist, ist verpflichtet, Maßnahmen für eine umfassende, vollständige und objektive Untersuchung der tatsächlichen Umstände, die für eine richtige Prüfung der Beschwerde von Bedeutung sind, zu ergreifen.

2. Gegenstand und Grenzen der Untersuchung der tatsächlichen Umstände werden von der Behörde, die mit der Prüfung der Beschwerde befasst ist, bestimmt.

3. Die Behörde, die mit der Prüfung der Beschwerde befasst ist, hört die Amtsperson, deren Verwaltungsakt oder Verwaltungshandlung (Untätigkeit) angefochten wird, und den Beteiligten des Verwaltungsverfahrens gemäß Artikel 73 dieses Gesetzbuchs an.

4. Die Behörde, die mit der Prüfung der Beschwerde befasst ist, ist nicht an die Argumente der Verwaltungsbehörde oder der Amtsperson, deren Verwaltungsakt oder Verwaltungshandlung (Untätigkeit) angefochten wird, und des Beteiligten des Verwaltungsverfahrens sowie an die in der Beschwerde dargelegten Forderungen gebunden und prüft die Verwaltungssache in vollem Umfang.

5. Die Behörde, die mit der Prüfung der Beschwerde befasst ist, stellt die Möglichkeit der Bekanntmachung mit der Verwaltungssache gemäß Artikel 75 dieses Gesetzbuchs sicher.

6. Die Behandlung einer Beschwerde zum Nachteil des Antragstellers ist unzulässig.

Artikel 99. Frist für die Prüfung einer Beschwerde

Die Frist für die Prüfung einer Beschwerde beträgt 20 Arbeitstage ab dem Tag des Eingangs der Beschwerde.

Kapitel 15. Entscheidung über die Beschwerde

Artikel 100. Arten an Entscheidungen über das Ergebnis der Prüfung einer Beschwerde

1. Nach Prüfung der Beschwerde trifft die mit der Prüfung der Beschwerde befasste Behörde eine der folgenden Entscheidungen:

1) über die Aufhebung des Verwaltungsakts;

2) über die Aufhebung des Verwaltungsakts und den Erlass eines neuen Verwaltungsakts;

3) über die Vornahme der Verwaltungshandlung;

4) über die Abweisung der Beschwerde ohne Stattgabe;

5) über die Übermittlung der Verwaltungssache an die Verwaltungsbehörde oder die Amtsperson, deren Verwaltungsakt oder Verwaltungshandlung (Untätigkeit) angefochten wird, zur Durchführung des Verwaltungsverfahrens unter Angabe der begangenen Verstöße und von Vorschlägen zu deren Beseitigung;

6) über die Abweisung der Beschwerde ohne Prüfung.

2. Die mit der Prüfung der Beschwerde befasste Behörde trifft eine Entscheidung, die in Absatz 1 Nummer 1, 2 oder 3 dieses Artikels vorgesehen ist, wenn der Erlass des Verwaltungsakts oder die Vornahme der Verwaltungshandlung zur Zuständigkeit der Behörde gehört, die mit der Prüfung der Beschwerde befasst ist.

Falls der Erlass des entsprechenden Akts oder die Vornahme der Verwaltungshandlung nicht in die Zuständigkeit der Behörde gehört, die mit der Prüfung der Beschwerde befasst ist, übermittelt die mit der Prüfung der Beschwerde befasste Behörde die Beschwerde innerhalb einer Frist von höchstens fünf Arbeitstagen ab dem Tag der Entscheidung an die Verwaltungsbehörde oder die Amtsperson, deren Verwaltungsakt bzw. Verwaltungshandlung (Untätigkeit) angefochten wird, zur Durchführung des Verwaltungsverfahrens unter Angabe der begangenen Verstöße und von Vorschlägen zu deren Beseitigung.

3. Gründe für die in Absatz 1 Nummer 1, 2, 3 und 5 dieses Artikels vorgesehene Entscheidung sind:

die unrichtige Bestimmung und Ermittlung des Kreises der Umstände, die für die richtige Prüfung der Verwaltungssache von Bedeutung sind;

die Nichtübereinstimmung des Inhalts des Verwaltungsakts oder der Verwaltungshandlung (Untätigkeit) mit den Materialien der Verwaltungssache;

die Verletzung oder unrichtige Anwendung der Gesetzgebung der Republik Kasachstan.

4. Nach Beendigung der Prüfung der Beschwerde in der Sache wird eine schriftliche Entscheidung getroffen, die dem Beteiligten des Verwaltungsverfahrens übermittelt wird, eine Kopie der Entscheidung wird der Verwaltungsbehörde oder der Amtsperson übermittelt, deren Verwaltungsakt oder Verwaltungshandlung (Untätigkeit) angefochten wird.

Die Abweisung der Stattgabe der Beschwerde muss begründet werden.

Die Entscheidung der Behörde, die mit der Prüfung der Beschwerde befasst ist, ist verbindlich zu erfüllen.

5. Trifft die Behörde, die mit der Prüfung der Beschwerde befasst ist, innerhalb der durch dieses Gesetzbuch festgelegten Frist keine Entscheidung über das Ergebnis der Prüfung der Beschwerde, ist mit dem Datum des Fristablaufs davon auszugehen, dass die Behörde, die mit der Prüfung der Beschwerde befasst ist, die Stattgabe der Beschwerde abgewiesen hat.

6. Ist ein Beteiligter des Verwaltungsverfahrens mit der Entscheidung der Behörde, die mit der Prüfung der Beschwerde befasst ist, nicht einverstanden, ist er berechtigt, den Verwaltungsakt oder die Verwaltungshandlung (Untätigkeit) bei einer anderen Behörde, die die Beschwerde prüft, oder vor Gericht anzufechten.

Artikel 101. Inhalt der Entscheidung über das Ergebnis der Prüfung einer Beschwerde

1. In der Entscheidung über das Ergebnis der Prüfung der Beschwerde sind anzugeben:

1) das Datum der Entscheidung;

2) die Bezeichnung der mit der Prüfung der Beschwerde befassten Behörde;

3) […];

4) kurzgefasster Inhalt des angefochtenen Verwaltungsakts bzw. der angefochtenen Verwaltungshandlung (Untätigkeit);

5) das Wesentliche der Beschwerde;

6) die Begründung unter Verweis auf die Normen der Gesetzgebung der Republik Kasachstan, von denen sich die Behörde, die mit der Prüfung der Beschwerde befasst war, bei der Entscheidung über die Beschwerde leiten ließ.

2. In der Entscheidung können auch andere Angaben genannt werden, die durch die Gesetzgebung der Republik Kasachstan vorgesehen sind und /

oder die für die richtige Prüfung der Beschwerde von Bedeutung sind, und als Grundlage für die Entscheidung dienten.

Abschnitt 4. Verwaltungsgerichtsverfahren

Kapitel 16. Gerichtliche Zuständigkeit

Artikel 102. Zuständigkeit für Verwaltungssachen[5]

1. Die Verwaltungsgerichtsbarkeit wird von spezialisierten Kreis- und ihnen gleichgestellten Verwaltungsgerichten durchgeführt.

Auf Antrag des Klägers können Rechtssachen, die zur Zuständigkeit eines spezialisierten Kreis- oder eines ihm gleichgestellten Verwaltungsgerichts gehören, von einem Gericht am Wohnort des Klägers verhandelt werden, mit Ausnahme von Rechtssachen, für die spezialisierte Kreis- und ihnen gleichgestellte Verwaltungsgerichte zuständig sind, die sich in den Städten von republikanischer Bedeutung, der Hauptstadt oder den Gebietszentren befinden.

2. Die Gerichte der Verwaltungsgerichtsbarkeit sind für Streitigkeiten aus öffentlich-rechtlichen Beziehungen zuständig, die durch dieses Gesetzbuch vorgesehen sind.

3. Das spezialisierte kreisübergreifende Verwaltungsgericht der Stadt Nur-Sultan verhandelt Klagen der in Artikel 27 Absatz 1 und 2 des Zivilprozessgesetzbuchs der Republik Kasachstan genannten Investoren, durch die Verwaltungsakte oder Verwaltungshandlungen (Untätigkeit) von Verwaltungsbehörden und Amtspersonen angefochten werden.

Artikel 103. Zuständigkeit der Militärgerichte für Verwaltungssachen

Die Militärgerichte verhandeln Verwaltungssachen aufgrund von Klagen von Militärangehörigen der Streitkräfte der Republik Kasachstan, anderer Truppen und militärischer Formationen sowie von Bürgern, die eine militärische Ausbildung absolvieren, wenn es sich bei dem Beklagten um eine militärische Verwaltungsbehörde oder eine militärische Einheit handelt, mit Ausnahme der Fälle, für die andere spezialisierte Gerichte zuständig sind.

Wurde auf dem Territorium der entsprechenden territorialen Verwaltungseinheit kein Militärgericht errichtet, werden die zu seiner Zuständigkeit gehörenden Verwaltungssachen von den spezialisierten Kreis- und den ihnen

---

5 Artikel 102 in der Fassung des Gesetzes der Republik Kasachstan Nr. 20-VII vom 20.3.2021 (in Kraft gesetzt seit 1.7.2021).

gleichgestellten Verwaltungsgerichten in dem durch dieses Gesetzbuch festgelegten Verfahren verhandelt.

Artikel 104. Verwaltungssachen, für die das Gebietsgericht und die ihm gleichgestellten Gerichte zuständig sind

Gebiets- und ihnen gleichgestellte Gerichte verhandeln Verwaltungssachen im Appellationsverfahren.

Artikel 105. Zuständigkeit des Obersten Gerichts der Republik Kasachstan

1. Das Oberste Gericht der Republik Kasachstan verhandelt nach den Vorschriften des Gerichts der ersten Instanz Verwaltungssachen über die Anfechtung von Entscheidungen und Handlungen (Untätigkeit) der Zentralen Wahlkommission der Republik Kasachstan und von Entscheidungen und Handlungen (Untätigkeit) der Zentralen Referendumskommission.

2. Gerichtliche Akte in Verwaltungssachen im Kassationsverfahren werden vor dem Obersten Gericht der Republik Kasachstan verhandelt.

Artikel 106. Örtliche Zuständigkeit für Verwaltungssachen

1. Verwaltungssachen werden an dem Ort verhandelt, an dem der Verwaltungsakt erlassen wurde oder an dem der Beklagte seinen Sitz hat.

2. Ein Verwaltungsakt, der außerhalb der Republik Kasachstan erlassen wurde, unterliegt der Verhandlung vor dem spezialisierten kreisübergreifenden Verwaltungsgericht der Stadt Nur-Sultan.

3. Ein Verwaltungsakt, der in Form eines elektronischen Dokuments erlassen wurde, wird am Wohnsitz (Aufenthaltsort) des Klägers verhandelt.

4. Klagen gegen eine Verwaltungsbehörde, die sich aus der Tätigkeit ihrer territorialen Struktureinheit, Filiale oder Vertretung ergeben, werden bei dem Gericht am Sitz der territorialen Struktureinheit, Filiale oder Vertretung erhoben.

Artikel 107. Zuständigkeit aufgrund einer Verbindung von Rechtssachen und nach Wahl der Parteien

1. Eine Klage gegen mehrere Beklagte kann am Sitz eines der Beklagten erhoben werden. Zwischen mehreren Gerichten, die gemäß diesem Artikel für die Rechtssache zuständig sind, kann der Kläger wählen.

2. Die Parteien können die örtliche Zuständigkeit für die betreffende Verwaltungssache, einschließlich einer bei Gericht anhängigen Verwaltungssache, bis

zur Anberaumung der Verwaltungssache zur Verhandlung in einer Gerichtssitzung durch eine Vereinbarung untereinander ändern.

3. Der mit einem Verwaltungsakt oder einer Verwaltungshandlung (Untätigkeit) verbundene Anspruch auf Ersatz von Schäden, die vom Beklagten verursacht wurden, wird von den spezialisierten Kreis- und den ihnen gleichgestellten Verwaltungsgerichten verhandelt.

4. Der Anspruch auf Ersatz eines moralischen Schadens wird im Verfahren der Zivilgerichtsbarkeit verhandelt.

5. Mehrere Klageforderungen können vom Kläger in einer Klage verbunden werden, wenn sie gegen denselben Beklagten gerichtet sind, miteinander im Zusammenhang stehen und ihre Verhandlung in die Zuständigkeit eines Gerichts fällt.

6. Die Verbindung mehrerer Forderungen, die im Verfahren verschiedener Arten der Gerichtsbarkeit zu verhandeln sind, in einem Verfahren ist unzulässig, sofern durch dieses Gesetzbuch nichts anderes festgelegt ist. Forderungen, die nicht zu den öffentlich-rechtlichen Streitigkeiten gehören und nicht geteilt werden können, müssen dabei abgetrennt und an das entsprechende zuständige Kreis- bzw. Stadtgericht übermittelt werden.

Artikel 108. Verweisung einer Verwaltungssache von einem Gericht an ein anderes

1. Eine Verwaltungssache, die von einem Gericht unter Einhaltung der Zuständigkeitsvorschriften zum Verfahren angenommen und zur Verhandlung in einer Gerichtssitzung anberaumt wurde, muss von ihm in der Sache verhandelt werden, selbst dann, wenn für sie im Laufe ihrer Verhandlung ein anderes Gericht zuständig geworden ist.

2. Das Gericht verweist die Verwaltungssache zur Verhandlung an ein anderes Gericht, wenn:

1) sich bei der Verhandlung der Verwaltungssache vor dem betreffenden Gericht ergibt, dass sie unter Verstoß gegen die Zuständigkeitsvorschriften angenommen wurde;

2) nach Ablehnung eines oder mehrerer Richter oder aus anderen Gründen die Ersetzung von Richtern oder die Verhandlung der Verwaltungssache vor diesem Gericht unmöglich geworden ist;

3) die in Artikel 107 Absatz 2 dieses Gesetzbuchs vorgesehenen Gründe eingetreten sind.

3. Über die Verweisung einer Verwaltungssache an ein anderes Gericht oder über die Ablehnung der Verweisung an ein anderes Gericht ergeht ein

Beschluss des Gerichts, der angefochten werden kann. Die Verweisung einer Verwaltungssache an ein anderes Gericht erfolgt nach Ablauf der Anfechtungsfrist und im Fall einer Beschwerde, nach dem ein Beschluss des Gerichts über die Abweisung der Beschwerde ohne Stattgabe ergangen ist.

Falls beide Parteien mit der vom Gericht bestimmten Zuständigkeit einverstanden sind, wird die Verwaltungssache auf ihren schriftlichen Antrag unverzüglich nach Erlass des Beschlusses von einem Gericht an ein anderes verwiesen.

Artikel 109. Entscheidung von Streitigkeiten über die Zuständigkeit

1. Streitigkeiten über die Zuständigkeit zwischen den Gerichten werden vom übergeordneten Gericht entschieden, dessen Entscheidung endgültig ist und nicht überprüft werden kann.

2. Eine Streitigkeit zwischen den Gerichten der ersten Instanz, die sich in verschiedenen Gebieten oder Städten von republikanischer Bedeutung oder in der Hauptstadt befinden, wird vom Obersten Gericht der Republik Kasachstan auf Vorlage des entsprechenden Gebiets- oder des ihm gleichgestellten Gerichts entschieden.

Kapitel 17. Allgemeine Grundlagen für die Gerichtsverhandlung in Verwaltungssachen

Artikel 110. Unmittelbarkeit und Mündlichkeit der Gerichtsverhandlung

1. Die Gerichtsverhandlung in Verwaltungssachen wird vor den Gerichten mündlich durchgeführt, mit Ausnahme der Verfahren in Verwaltungssachen, die nach Kapitel 23 dieses Gesetzbuchs verhandelt werden.

Die Beweise in Verwaltungssachen unterliegen der unmittelbaren Untersuchung in der Gerichtsverhandlung. Das Gericht muss die Erläuterungen der Parteien und der anderen Beteiligten des Verwaltungsprozesses sowie die Aussagen der Zeugen und Gutachter anhören, die materiellen Beweise untersuchen, sich mit den schriftlichen Beweisen und anderen Dokumenten bekannt machen, Audioaufzeichnungen anhören und Videoaufzeichnungen, Film- und Fotomaterialien ansehen, sich mit den Materialien auf anderen Datenträgern bekannt machen sowie sonstige Handlungen zur Untersuchung der Beweise vornehmen.

In Ausnahmefällen, in denen es nicht möglich ist, die mündlichen Aussagen (Erklärungen) der Beteiligten des Verwaltungsprozesses unmittelbar anzuhören, ist das Gericht berechtigt, ihre während des Verwaltungsprozesses erhaltenen Aussagen (Erklärungen) zu verlesen.

2. Falls es bei der Untersuchung von Beweisen erforderlich ist, hört das Gericht die Auskunft und Erklärungen eines Sachverständigen an.

3. Die Erläuterungen der Parteien und der anderen Beteiligten des Verwaltungsprozesses, die Zeugenaussagen sowie die Gutachten der Gutachter und Sachverständigen können vom Gericht mittels Videokonferenzschaltung angehört werden.

4. Endgültige Entscheidungen in Verwaltungssachen dürfen nur mit den Beweisen begründet werden, die unmittelbar in der mündlichen Gerichtssitzung untersucht wurden, mit Ausnahme der Dokumente, die staatliche Geheimnisse oder sonstige gesetzlich geschützte Geheimnisse enthalten.

Artikel 111. Unveränderlichkeit der Zusammensetzung des Gerichts bei der Verhandlung einer Verwaltungssache

1. Eine Verwaltungssache muss vor ein und demselben Richter oder ein und derselben Zusammensetzung des Gerichts verhandelt werden.

2. Falls ein Richter nicht an einer Gerichtsverhandlung teilnehmen kann, wird er durch einen anderen Richter ersetzt und das Verfahren der Verwaltungssache beginnt von vorne.

Ein Richter oder mehrere Richter können ersetzt werden, im Fall:

1) einer beantragten und stattgegebenen Selbstablehnung oder einer Ablehnung eines Richters in dem durch das Zivilprozessgesetzbuch der Republik Kasachstan festgelegten Verfahren;

2) einer langen Abwesenheit eines Richters wegen Krankheit, Urlaubs, Studienaufenthalts oder Dienstreise;

3) der Beendigung oder Aussetzung der Befugnisse eines Richters aus den durch das Verfassungsgesetz der Republik Kasachstan „Über das Gerichtssystem und die Rechtsstellung der Richter in der Republik Kasachstan“ vorgesehenen Gründen.

3. In den Fällen, die keine Aufschiebung dulden, einschließlich der Verhandlung eines Antrags auf Klagesicherung und der Vertagung der Gerichtsverhandlung, stellt es keine Ersetzung eines Richters dar, wenn prozessuale Handlungen von einem anderen Richter vorgenommen werden.

Artikel 112. Teilnahme an der Gerichtsverhandlung

1. Die Gerichtsverhandlung findet unter obligatorischer Teilnahme des Beklagten statt, mit Ausnahme der in Absatz 2 dieses Artikels vorgesehenen Fälle.

Erscheint der Beklagte nicht, vertagt das Gericht die Verhandlung der Verwaltungssache.

Das Gericht ist berechtigt, gegen den Beklagten eine Geldbuße zu verhängen, und im Fall des wiederholten Nichterscheinens die Verwaltungssache in seiner Abwesenheit zu verhandeln.

2. Die Verhandlung einer Verwaltungssache in Abwesenheit des Beklagten ist zulässig, wenn dies eine vollständige, objektive und umfassende Untersuchung der Verwaltungssache nicht verhindert.

3. Das Gericht ist verpflichtet, dem Kläger die Möglichkeit der unmittelbaren Teilnahme an der Gerichtsverhandlung zu gewähren. Das Nichterscheinen des Letzteren aus nicht triftigen Gründen stellt kein Hindernis dar, die Verwaltungssache in seiner Abwesenheit zu verhandeln.

4. Interessierte Personen können auf Initiative des Gerichts oder auf Antrag eines Beteiligten des Verwaltungsprozesses zur Teilnahme an der Verwaltungssache herangezogen werden.

Artikel 113. Mitteilung (Benachrichtigung) im Verwaltungsprozess

1. Die Beteiligten des Verwaltungsprozesses werden spätestens am nächsten Arbeitstag ab dem Tag des Erlasses eines entsprechenden Beschlusses oder ab dem Tag der Anberaumung eines Datums für die Gerichtsverhandlung über die Zeit und den Ort der Verhandlung der Rechtssache oder die Vornahme bestimmter Prozesshandlungen benachrichtigt und durch Mitteilungen (Benachrichtigungen) vor Gericht geladen.

Die Mitteilung (Benachrichtigung) wird per Fernspruch oder Kurznachricht an eine Mobilfunknummer oder an eine E-Mail-Adresse, per Telegramm oder Einschreiben mit Mitteilung über dessen Aushändigung oder unter Verwendung anderer Kommunikationsmittel, die eine Fixierung der Benachrichtigung oder der Vorladung sicherstellen, gesendet.

Wenn eine Person an der in der Verwaltungssache angegebenen Adresse faktisch nicht wohnt, kann die Mitteilung (Benachrichtigung) an die juristische Adresse oder an ihren Arbeitsort gesendet werden. Eine an eine juristische Person adressierte Mitteilung (Benachrichtigung) wird an den Ort ihrer Registrierung und / oder ihres tatsächlichen Sitzes gesendet.

2. […].

3. Verweigert der Empfänger die Annahme der Mitteilung (Benachrichtigung), vermerkt der die Mitteilung Zustellende oder Aushändigende dies auf der Mitteilung (Benachrichtigung), die an das Gericht zurückgesendet wird. Das Gericht ist berechtigt, eine solche Mitteilung (Benachrichtigung) als ordnungsgemäß zugestellt zu betrachten.

4. […].

Artikel 114. Persönliches Erscheinen

1. Die Beteiligten des Verwaltungsprozesses sind verpflichtet, vor Gericht zu erscheinen.

Das Gericht kann das persönliche Erscheinen jeder Person, die an der Verwaltungssache beteiligt ist, vor Gericht anordnen.

2. Die Beteiligten des Verwaltungsprozesses sind berechtigt, schriftlich, einschließlich in Form eines elektronischen, mittels einer elektronischen digitalen Unterschrift beglaubigten Dokuments, das Gericht zu ersuchen, dass es die Verwaltungssache in ihrer Abwesenheit verhandelt und ihnen eine Kopie des gerichtlichen Akts übermittelt.

Artikel 115. Verhandlung einer Verwaltungssache in Abwesenheit von Personen, deren Erscheinen obligatorisch ist

1. Das Nichterscheinen von Personen, die an der Verwaltungssache beteiligt sind, stellt unter der Voraussetzung, dass sie ordnungsgemäß benachrichtigt wurden, kein Hindernis dar, die Gerichtssitzung durchzuführen.

Falls Personen, deren Teilnahme vom Gericht für obligatorisch erklärt wurde, nicht Erscheinen, ist das Gericht berechtigt, ihnen gegenüber prozessuale Zwangsmaßnahmen gemäß Kapitel 18 dieses Gesetzbuchs anzuwenden.

2. In den Fällen, in denen sich der Gegenstand und der Grund der Klage geändert haben oder neue Beteiligte der Verwaltungssache zum Verwaltungsprozess hinzugezogen wurden, ist eine Vertagung der Verhandlung der Verwaltungssache zulässig, wenn das Gericht der Ansicht ist, dass die Verwaltungssache infolge des Nichterscheinens irgendeines der Beteiligten des Verwaltungsprozesses oder ihrer Vertreter in der Gerichtssitzung nicht verhandelt werden kann.

Artikel 116. Grenzen der Gerichtsverhandlung in Verwaltungssachen

1. Bei der Bestimmung des Gegenstands der Klage ist das Gericht nicht an die Formulierung der Klageforderungen, den Text der Klage und die ihr beigefügten oder später vorgelegten Dokumente gebunden.

Das Gericht kann eine Partei bei der Formulierung und / oder der Änderung der Klageforderungen mit einer vorläufigen Erläuterung der Rechtsfolgen unterstützen.

Das Gericht ist nicht an den beantragten Klagegrund gebunden, ist aber nicht berechtigt, über den Gegenstand der Klageforderungen hinauszugehen.

2. Das Gericht ist verpflichtet, im Verlauf der Gerichtsverhandlung zu prüfen, ob die Grenzen des Verwaltungsermessens nicht überschritten worden sind und deren Angemessenheit (Verhältnismäßigkeit) zu dem durch die Gesetzgebung der Republik Kasachstan festgelegten Zweck des Erlasses des Verwaltungsakts.

Artikel 117. Allgemeine Vorschriften für das Verwaltungsgerichtsverfahren

Das Verwaltungsgerichtsverfahren besteht aus folgenden aufeinanderfolgenden Hauptstadien:

1) Registrierung der Klage bei Gericht;

2) Handlungen des Gerichts bei einer eingegangenen Verwaltungssache und vorläufige Anhörung;

3) Gerichtsverhandlung;

4) Erlass der Gerichtsentscheidung, ihre Verlesung und Erläuterung;

5) Vollziehung der Gerichtsentscheidung und gerichtliche Kontrolle.

Artikel 118. Gerichtsbeschluss

1. Ein gerichtlicher Akt, mit dem eine Verwaltungssache nicht in der Sache entschieden wird, ergeht in Form eines Beschlusses. Beschlüsse können vom Gericht sowohl in der Gerichtssitzung als auch außerhalb einer Gerichtssitzung erlassen werden.

2. In einfachen Angelegenheiten erlässt das Gericht einen Beschluss, der in das Protokoll aufgenommen wird, ohne den Sitzungssaal des Gerichts zu verlassen.

3. In einem Beschluss, der als eigenständiges Prozessdokument erlassen wird, sind anzugeben:

1) das Datum und der Ort des Beschlusses;

2) die Bezeichnung des Gerichts, das den Beschluss erlassen hat, die Zusammensetzung des Gerichts sowie der Familienname und die Initialen des Protokollführers der Gerichtssitzung;

3) die Beteiligten des Gerichtsprozesses und der Streitgegenstand;

4) die Angelegenheit, in Bezug auf die der Beschluss erlassen wurde;

5) die Gründe, aus denen das Gericht zu seiner Schlussfolgerung gelangt ist, und der Verweis auf die Gesetze der Republik Kasachstan, von denen sich das Gericht leiten ließ;

6) die prozessuale Entscheidung;

7) das Verfahren und die Frist für die Anfechtung des Beschlusses, wenn er angefochten werden kann.

4. Ein Beschluss, der im Sitzungssaal des Gerichts erlassen wird, muss die in Absatz 3 Nummer 4, 5 und 6 aufgezählten Angaben enthalten.

5. Wird ein Beschluss im Laufe einer mündlichen Anhörung erlassen, wird der Beschluss oder sein resolutiver Teil unverzüglich nach der Beschlussfassung verlesen. In endgültiger Form kann der Beschluss spätestens innerhalb einer Frist von fünf Arbeitstagen nach der Verlesung seines resolutiven Teils ausgefertigt werden.

Artikel 119. Präjudiz

1. Eine rechtskräftige Gerichtsentscheidung in einer Verwaltungssache ist für sämtliche Verwaltungsbehörden, Amtspersonen sowie natürliche und juristische Personen sowohl hinsichtlich der festgestellten Umstände als auch ihrer rechtlichen Würdigung in Bezug auf die Person, bezüglich derer sie ergangen ist, verbindlich. Diese Bestimmung hindert nicht die Überprüfung, Aufhebung oder Änderung der Gerichtsentscheidung und anderer gerichtlicher Akte im Appellations- und Kassationsverfahren.

2. Eine rechtskräftige Gerichtsentscheidung in einer Verwaltungssache ist für jedes Gericht und jede Behörde bei der Feststellung von Tatsachen, die Bedeutung für eine Rechtssache haben, und der tatsächlichen Angaben verbindlich, ohne Beweise festzustellen.

Artikel 120. Schlichtungsverfahren

1. Die Parteien können auf der Grundlage gegenseitiger Zugeständnisse eine Verwaltungssache im Wege des Abschlusses einer Vergleichs- oder Mediationsvereinbarung oder einer Vereinbarung über die Streitbeilegung im Wege des partizipierten Verfahrens in allen Stadien (Etappen) des Verwaltungsprozesses, bis sich das Gericht für den Erlass der Entscheidung zurückzieht, vollständig oder teilweise beenden.

Eine friedliche Streitbeilegung der Parteien ist zulässig, wenn der Beklagte über ein Verwaltungsermessen verfügt.

2. Die Streitbeilegung im Mediationsverfahren und im Wege des partizipierten Verfahrens vor Gericht wird gemäß diesem Gesetzbuch und der Gesetzgebung der Republik Kasachstan durchgeführt.

3. Eine Vergleichs- oder Mediationsvereinbarung oder eine Vereinbarung über die Streitbeilegung im Wege des partizipierten Verfahrens wird schriftlich geschlossen und ist von den Parteien oder ihren Vertretern zu unterzeichnen.

4. Eine Vergleichs- oder Mediationsvereinbarung oder eine Vereinbarung über die Streitbeilegung im Wege des partizipierten Verfahrens muss den Anforderungen an die Vollstreckbarkeit im Zwangsvollstreckungsverfahren entsprechen und die Bedingungen, zu denen die Parteien eine friedliche Streitbeilegung erzielt haben, sowie das Verfahren der Verteilung der Gerichtskosten, einschließlich der Ausgaben für die Vergütung der Dienstleistungen der Vertreter, enthalten.

5. Der Antrag der Parteien auf Bestätigung einer Vergleichs- oder Mediationsvereinbarung oder einer Vereinbarung über die Streitbeilegung im Wege des partizipierten Verfahrens wird vom Gericht in der Gerichtssitzung oder in einer vorläufigen Anhörung geprüft.

Nach den Ergebnissen der Prüfung des Antrags auf Bestätigung einer Vergleichs- oder Mediationsvereinbarung oder einer Vereinbarung über die Streitbeilegung im Wege des partizipierten Verfahrens erlässt das Gericht einen Beschluss über die Bestätigung dieser Vereinbarung oder über die Ablehnung.

6. Wird die Vergleichs- oder Mediationsvereinbarung oder die Vereinbarung über die Streitbeilegung im Wege des partizipierten Verfahrens vom Gericht bestätigt, erlässt es einen Beschluss, mit dem die Klage vollständig oder in dem entsprechenden Teil zurückgewiesen wird.

7. Eine Vergleichs- oder Mediationsvereinbarung oder eine Vereinbarung über die Streitbeilegung im Wege des partizipierten Verfahrens, die nicht freiwillig erfüllt wird, unterliegt der Zwangsvollstreckung auf der Grundlage eines Vollstreckungstitels, der vom Gericht auf Antrag einer Person, die die Vereinbarung geschlossen hat, ausgehändigt wird.

8. Das Gericht (der Richter) ergreift Maßnahmen zur friedlichen Streitbeilegung der Parteien und unterstützt sie bei der Beilegung der Streitigkeit in allen Stadien des Prozesses.

9. Eine Vergleichs- oder Mediationsvereinbarung oder eine Vereinbarung über die Streitbeilegung im Wege des partizipierten Verfahrens wird vom Gericht nicht bestätigt, wenn deren Bedingungen gegen das Gesetz verstoßen oder die Rechte, Freiheiten und berechtigten Interessen anderer Personen verletzen.

10. Haben die Parteien keine Vergleichs- oder Mediationsvereinbarung oder Vereinbarung über die Streitbeilegung im Wege des partizipierten Verfahrens erzielt oder wurden die Bedingungen der Vereinbarung nicht vom Gericht bestätigt, wird die Verwaltungssache im allgemeinen Verfahren verhandelt.

Artikel 121. Gerichtliches Mediationsverfahren

1. Für die Durchführung einer Mediation vor dem Gericht der ersten Instanz wird die Verwaltungssache an einen anderen Richter übergeben, der die Mediationsvereinbarung bestätigt.

Auf Antrag der Parteien kann der mit der Verwaltungssache befasste Richter die Mediation durchführen.

Für die Durchführung einer Mediation vor dem Gericht der Appellationsinstanz wird die Verwaltungssache in der Regel einem der Richter der kollegialen Zusammensetzung des Gerichts übergeben.

Vor dem Gericht der Kassationsinstanz müssen die Parteien gleichzeitig mit dem Antrag auf Beilegung der Streitigkeit (des Konflikts) mittels des Abschlusses einer Mediationsvereinbarung die genannte Vereinbarung vorlegen.

2. Der Richter, der die Mediation durchführt, setzt einen Tag für die Durchführung der Mediation fest und benachrichtigt die Parteien über die Zeit und den Ort für deren Durchführung.

Das Gericht ist berechtigt, andere Personen zur Mediation zu laden, wenn deren Teilnahme geeignet ist, die Streitigkeit (den Konflikt) beizulegen.

3. Ein Protokoll über die Durchführung der gerichtlichen Mediation wird nicht geführt.

Artikel 122. Gerichtskosten in Verwaltungssachen

1. Fragen betreffend die Verteilung der Gerichtskosten werden nach den Vorschriften des Zivilprozessgesetzbuchs der Republik Kasachstan behandelt.

2. Wird eine Klage aus den in Artikel 138 Absatz 2 Nummer 5, 6, 12, 13, 14 oder 15 dieses Gesetzbuchs vorgesehenen Gründen zurückgewiesen, werden die Gerichtskosten nicht erstattet.

Kapitel 18. Prozessuale Zwangsmaßnahmen

Artikel 123. Arten prozessualer Zwangsmaßnahmen

Zu den prozessualen Zwangsmaßnahmen gehören:

1) Verweis;

2) Entfernung aus dem Sitzungssaal des Gerichts;

3) Geldbuße.

Artikel 124. Gründe und Verfahren der Anwendung prozessualer Zwangsmaßnahmen

[…]

Artikel 125. Verweis

[…]

Artikel 126. Entfernung aus dem Sitzungssaal des Gerichts

[…]

Artikel 127. Geldbuße

[…]

Kapitel 19. Beweise und Beweisführung

Artikel 128. Verfahren und Besonderheiten der Regelung des Beweisrechts und des Beweisführungsprozesses

Mit Ausnahme der durch dieses Gesetzbuch festgelegten Besonderheiten werden das Verfahren der Regelung des Beweisrechts und der tatsächlichen Angaben, die nicht als Beweise zulässig sind, des Gegenstands der Beweisführung und der Beweismittel ebenso wie der Erhebung, Prüfung, Würdigung und Verwertung von Beweisen (Beweisführung) sowie andere Bestimmungen über Beweise und die Beweisführung durch die Normen des Zivilprozessgesetzbuchs der Republik Kasachstan bestimmt.

Artikel 129. Beweisführungspflicht

1. Der Kläger ist verpflichtet, sich gemäß seinen Möglichkeiten an der Beweiserhebung zu beteiligen. Unabhängig von der eingereichten Klageart ist der Kläger verpflichtet, den Zeitpunkt, zu dem er von der Verletzung seiner Rechte, Freiheiten und berechtigten Interessen Kenntnis erlangt hat, sowie die Höhe des erlittenen Schadens zu beweisen.

2. Die Beweislast trägt:

1) bei einer Anfechtungsklage der Beklagte, der einen belastenden Verwaltungsakt erlassen hat;

2) bei einer Verpflichtungsklage der Beklagte in Bezug auf die Tatsachen, die die Grundlage für die Ablehnung des beantragten Verwaltungsakts bildeten, und der Kläger in Bezug auf die Tatsachen, durch die der Erlass eines ihn begünstigenden Verwaltungsakts begründet wird.

Beruft sich der Beklagte auf das Vorliegen tatsächlicher Bedingungen, die den Erlass des vom Kläger gewünschten Verwaltungsakts in dem konkreten Fall ausschließen, liegt die Beweisführungspflicht für diese Bedingungen bei dem betreffenden Beklagten;

3) bei einer Klage auf Vornahme einer Handlung der Beklagte in Bezug auf die Tatsachen, die Grundlage für die Ablehnung der Vornahme der beantragten Handlung (Untätigkeit) waren, und der Kläger in Bezug auf die für ihn günstigen Tatsachen;

4) bei einer Feststellungsklage der Kläger in Bezug auf die Tatsachen, die das Bestehen oder das Fehlen irgendeines Rechtsverhältnisses bestätigen, und der Beklagte in Bezug auf die Tatsachen, die die Rechtmäßigkeit eines belastenden Verwaltungsakts, der keine Bestandskraft mehr hat, bestätigen sowie in Bezug auf irgendeine vorgenommene Handlung (Untätigkeit).

3. Der Beklagte kann sich nur auf die Gründe berufen, die im Verwaltungsakt erwähnt wurden.

4. Wenn nach der Prüfung aller Beweise irgendeine Tatsache unbewiesen bleibt, die den Ausgang der Verwaltungssache bedingt, trägt die Partei, die die Beweislast für diese Tatsache trägt, die negativen Folgen der Ergebnisse der Prüfung und Entscheidung der Verwaltungssache.

Artikel 130. Besonderheiten der Beweiserhebung

1. Das Gericht ist verpflichtet, bei der Beseitigung formaler Fehler, der Präzisierung unklarer Äußerungen, der Einreichung von Sachanträgen betreffend die Verwaltungssache, der Ergänzung unvollständiger tatsächlicher Angaben und der Vorlage sämtlicher schriftlicher Erläuterungen, die für eine vollständige Bestimmung und objektive Bewertung der Umstände der Verwaltungssache von Bedeutung sind, in allen Stadien des Prozesses Unterstützung zu leisten.

2. Wenn die von den Beteiligten des Verwaltungsprozesses vorgelegten Beweise nicht ausreichend sind, erhebt das Gericht sie aus eigener Initiative.

Die Beteiligten des Verwaltungsprozesses sind verpflichtet, dem Gericht bei der Ermittlung der tatsächlichen Umstände der Verwaltungssache und der Erhebung von Beweisen Unterstützung zu leisten.

Das Gericht ist nicht an die Anträge der Parteien über die Zulässigkeit von Beweisen gebunden, über die bei Erlass der endgültigen Entscheidung entschieden wird.

3. Die Beteiligten des Verwaltungsprozesses sind verpflichtet, die vom Gericht angeforderten Dokumente sowie die erforderlichen Angaben vorzulegen. Das Gericht kann diese Dokumente bis zu einer bestimmten Frist verlangen.

Die Beteiligten des Verwaltungsprozesses sind verpflichtet, den betreffenden Dokumenten die elektronischen Dokumente, Schriftstücke oder Auszüge daraus, auf die sie sich berufen, beizulegen.

4. Personen, die an einer Verwaltungssache beteiligt sind, sind nicht berechtigt, irgendeinen Beweis zu vernichten oder zu verheimlichen oder dessen Prüfung und Würdigung auf andere Art und Weise zu behindern, sodass die Beschaffung von Beweisen unmöglich oder schwierig wird. In diesen Fällen kann das Gericht die Beweislast unabhängig von den in Artikel 129 dieses Gesetzbuchs festgelegten Vorschriften der behindernden Partei auferlegen.

5. Das Gericht kann in den Fällen, in denen das Gericht nicht darüber benachrichtigt wird, dass ein Beweis nicht in der von ihm festgelegten Frist vorgelegt werden kann, sowie dann, wenn die Verpflichtung zur Vorlage der vom Gericht angeforderten Beweise aus Gründen, die vom Gericht nicht als triftig anerkannt wurden, nicht erfüllt wird, in dem von Artikel 127 dieses Gesetzbuchs festgelegten Verfahren eine Geldbuße verhängen.

6. Falls die Offenlegung des Inhalts der betreffenden Dokumente oder Akten eine Beeinträchtigung gesetzlich geschützter Interessen verursachen kann oder diese Angaben enthalten, die Staatsgeheimnisse oder ein anderes gesetzlich geschütztes Geheimnis bilden, erlässt das Gericht einen Beschluss über die Prüfung der betreffenden Dokumente oder Akten sowie der Angaben in einer nichtöffentlichen Sitzung des Gerichts.

Kapitel 20. Verwaltungsklage, deren Form, Inhalt und Arten

Artikel 131. Verwaltungsklage, deren Form und Inhalt

1. Vor einem Verwaltungsgericht wird eine Verwaltungssache auf der Grundlage einer Klage eröffnet.

Für die Zwecke dieses Gesetzbuchs werden als Klagen auch andere durch die Gesetze der Republik Kasachstan vorgesehenen Eingaben vor Gericht verstanden.

Zu den Klagen, die vor Gericht eingereicht werden, gehören:

1) Anfechtungsklage;

2) Verpflichtungsklage;

3) Klage auf Vornahme einer Handlung;

4) Feststellungsklage.

2. Eine Klage wird vor Gericht schriftlich oder in Form eines elektronischen Dokuments, das mittels einer elektronischen digitalen Unterschrift des Klägers und / oder seines Vertreters beglaubigt wurde, eingereicht.

In der Klage müssen angegeben werden:

1)–3) […];

4) der Inhalt der Klageforderungen (Klagegegenstand) und die Darlegung der Umstände, mit denen der Kläger seine Forderungen begründet (Klagegründe), die Art der Verletzung oder der drohenden Verletzung der Rechte, Freiheiten und berechtigten Interessen des Klägers. Falls die Klage gegen mehrere Beklagte eingereicht wird, ist der Inhalt der Klageforderungen in Bezug auf jeden der Beklagten anzugeben;

5) Angaben über die Einhaltung des vorgerichtlichen Rechtsbehelfsverfahrens gegen den Beklagten, wenn ein solches gesetzlich festgelegt ist;

6) ein Verzeichnis der Dokumente und der sonstigen beiliegenden Materialien (falls vorhanden).

3. In der Klage werden in der Regel ebenfalls genannt:

1) die begründete Auffassung des Klägers, dass seine Rechte, Freiheiten und berechtigten Interessen durch den Beklagten verletzt wurden, dass Hindernisse für deren Ausübung aufgestellt wurden oder ihm rechtswidrig irgendeine Verpflichtung auferlegt wurde;

2) falls erforderlich, ein schriftlicher Antrag auf Stundung, Ratenzahlung oder Befreiung von der Zahlung der staatlichen Gebühren, auf Bestellung eines Gerichtsgutachters, auf Herausgabe von Beweismitteln, auf Ladung von Zeugen, auf Klagesicherung und andere Anträge.

4. Zur Bestätigung der Umstände, durch die die Klageforderungen begründet werden, legt der Kläger die Beweise vor, und falls dies nicht möglich ist, gibt er unter Angabe der entsprechenden Gründe die Beweise an, die er nicht selbständig vorlegen kann.

5. […].

6. Falls ein Staatsanwalt in den Interessen eines Bürgers handelt, muss in der Klage eine Begründung der Gründe enthalten sein, aus denen es der Person nicht selbst möglich ist, Klage zu erheben.

7. […].

8. […].

Artikel 132. Anfechtungsklage

Wurden die Rechte, Freiheiten und berechtigten Interessen des Klägers durch einen belastenden Verwaltungsakt verletzt, ist er berechtigt, eine

Anfechtungsklage mit der Forderung zu erheben, den Verwaltungsakt vollständig oder in irgendeinem seiner Teile aufzuheben.

Artikel 133. Verpflichtungsklage

1. Durch eine Verpflichtungsklage kann der Kläger den Erlass eines begünstigenden Verwaltungsakts verlangen, dessen Erlass von der Verwaltungsbehörde oder der Amtsperson abgelehnt wurde oder der aufgrund der Untätigkeit der Verwaltungsbehörde oder der Amtsperson nicht erlassen wurde.

In diesen Fällen ist keine gesonderte Forderung auf Anfechtung der Ablehnung erforderlich.

2. Eine Verpflichtungsklage kann die Forderung enthalten, den Beklagten zu verpflichten, keinen belastenden Verwaltungsakt zu erlassen.

Artikel 134. Klage auf Vornahme einer Handlung

1. Durch eine Klage auf Vornahme einer Handlung kann der Kläger verlangen, bestimmte Handlungen, die nicht auf den Erlass eines Verwaltungsakts gerichtet sind, vorzunehmen oder diese Handlungen zu unterlassen.

2. Durch eine Klage auf Vornahme einer Handlung kann auch die Vorlage eines entsprechenden durch Gesetz vorgesehenen Dokuments verlangt werden, falls ein Verwaltungsakt infolgedessen als erlassen gilt, weil ein Verwaltungsakt über denselben Gegenstand nicht innerhalb der gesetzlich festgelegten Frist erlassen wurde.

Artikel 135. Feststellungsklage

1. Durch eine Feststellungsklage kann der Kläger die Feststellung des Bestehens oder Fehlens irgendeines Rechtsverhältnisses verlangen, wenn er keine Klage gemäß der Artikel 132, 133 und 134 dieses Gesetzbuchs einreichen kann.

2. Durch eine Feststellungsklage kann der Kläger zudem verlangen, dass ein belastender Verwaltungsakt, der keine Rechtskraft mehr hat, für rechtswidrig erklärt wird.

3. Eine Feststellungsklage kann eingereicht werden, falls der Kläger ein ausreichendes Interesse daran hat, die betreffenden Verhältnisse so schnell wie möglich festzustellen. Das Interesse des Klägers an der Feststellung der Rechtsverhältnisse kann rechtlicher, moralischer oder materieller Natur sein.

Artikel 136. Frist für die Einreichung der Klage

1. Anfechtungs- und Verpflichtungsklagen sind innerhalb eines Monats ab dem Tag der Aushändigung der Entscheidung der mit der Prüfung der

Beschwerde befassten Behörde anhand der Ergebnisse der Prüfung der Beschwerde bei Gericht einzureichen.

Falls durch das Gesetz kein vorgerichtliches Verfahren vorgesehen ist oder eine mit der Prüfung der Beschwerde befasste Behörde fehlt, ist die Klage innerhalb eines Monats ab dem Tag der Aushändigung des Verwaltungsakts oder ab dem Zeitpunkt, zu dem er in dem durch dieses Gesetzbuch und die Gesetzgebung der Republik Kasachstan festgelegten Verfahren bekannt gegeben wird, einzureichen.

2. Eine Klage auf Vornahme einer Handlung ist bei Gericht innerhalb eines Monats ab dem Tag zu erheben, an dem die Person von der Vornahme der Handlung Kenntnis erlangt hat, sowie ab dem die Frist abgelaufen ist, die durch die Gesetzgebung der Republik Kasachstan für die Vornahme der Handlung festgelegt ist.

3. Eine Feststellungsklage ist bei Gericht innerhalb von fünf Jahren ab dem Zeitpunkt der Entstehung des entsprechenden Rechtsverhältnisses zu erheben.

Ein Anspruch auf Erklärung eines belastenden Verwaltungsakts, der keine Rechtskraft mehr hat, für rechtswidrig kann innerhalb von drei Monaten ab dem Tag, an dem die Person von der Verletzung ihrer Rechte, Freiheiten und berechtigten Interessen durch den betreffenden Akt Kenntnis erlangt hat, beantragt werden.

4. Eine Klage gegen eine Handlung (Untätigkeit) eines Gerichtsvollziehers zur Vollstreckung eines Vollstreckungsdokuments ist innerhalb von zehn Arbeitstagen ab dem Tag der Vornahme der Handlung (der Ablehnung der Vornahme einer Handlung) oder ab dem Tag, an dem der Vollstreckungsgläubiger oder der Schuldner, der vom Gerichtsvollzieher nicht über die Zeit und den Ort der Vornahme der Handlung benachrichtigt wurde, davon Kenntnis erlangt hat, bei Gericht einzureichen.

5. Eine Person, die nicht am Verwaltungsverfahren beteiligt war und deren Rechte, Freiheiten und berechtigten Interessen durch den Verwaltungsakt betroffen sind, ist berechtigt, innerhalb eines Monats ab dem Tag, an dem die Person vom Erlass des Verwaltungsakts erfahren hat oder hätte erfahren können, spätestens jedoch innerhalb eines Jahres ab dem Tag des Erlasses des Verwaltungsakts Klage bei Gericht einzureichen.

6. Eine Person, die Beschwerde bei der mit deren Prüfung befassten Behörde eingereicht hat, ist berechtigt, sich innerhalb eines Monats ab dem Zeitpunkt der Aushändigung der Entscheidung über die Beschwerde oder nach Ablauf der Frist für die Prüfung der Beschwerde, wenn keine Entscheidung über die Beschwerde ergangen ist, mit einer Klage an das Gericht zu wenden.

7. Die aus einem triftigen Grund versäumte Frist für die Einreichung einer Klage kann vom Gericht nach den Vorschriften des Zivilprozessgesetzbuchs der Republik Kasachstan wiederhergestellt werden. Die Gründe für die Versäumung der Frist für die Einreichung der Klage bei Gericht und ihre Bedeutung für eine richtige Entscheidung der Verwaltungssache werden vom Gericht in der vorläufigen Anhörung geklärt.

8. Die Versäumung der Frist für die Einreichung der Klage bei Gericht ohne einen triftigen Grund sowie die Unmöglichkeit der Wiederherstellung der versäumten Frist für die Anrufung des Gerichts sind Gründe für die Zurückweisung der Klage.

Kapitel 21. Handlungen des Gerichts bei einer eingegangenen Rechtssache und vorläufige Anhörung

Artikel 137. Klageerhebung

Mit Klageerhebung wird eine Rechtssache zum Verfahren angenommen.[6]

Artikel 138. Handlungen des Gerichts (Richters) bei einer eingegangenen Rechtssache[7]

1. Vor Beginn einer Gerichtsverhandlung nimmt der Richter alle Handlungen und Anordnungen vor, die für die Entscheidung der Streitigkeit erforderlich sind, und zwar nach Möglichkeit im Rahmen einer einzigen Sitzung des Gerichts.

2. Das Gericht (der Richter) erlässt aus den folgenden Gründen einen Beschluss über die Zurückweisung der Klage:

1) vom Kläger wurde das gesetzlich für diese Kategorie von Rechtssachen festgelegte Verfahren zur vorgerichtlichen Streitbeilegung nicht eingehalten und die Möglichkeit, dieses Verfahren anzuwenden, ist noch nicht verloren;

2) die Klage entspricht nicht den Anforderungen von Artikel 131 Absatz 2 dieses Gesetzbuchs und es wird festgestellt, dass es unmöglich ist, die Mängel bis zur vorläufigen Anhörung zu beseitigen;

3) der Antrag wurde von einer geschäftsunfähigen Person eingereicht;

4) der Antrag wurde von einer Person unterzeichnet, die nicht zu dessen Unterzeichnung oder Erhebung befugt ist;

---

6 Anmerkung: Gemeint ist, dass eine Rechtssache mit Klageerhebung anhängig wird.

7 Artikel 138 in der Fassung des Gesetzes der Republik Kasachstan Nr. 83-VII vom 20.12.2021.

5) bei demselben oder einem anderen Gericht ist bereits eine Rechtssache aufgrund einer Streitigkeit zwischen denselben Parteien, über denselben Gegenstand und aus demselben Grund anhängig;

6) die eingereichte Klage wurde vom Kläger zurückgenommen;

7) trotz der Aufforderung des Gerichts ist der Kläger, der nicht um die Verhandlung der Rechtssache in seiner Abwesenheit ersucht hat, nach der zweiten Ladung nicht vor Gericht erschienen;

8) die Person, in deren Interessen die Rechtssache eröffnet wurde, hat die beantragte Forderung nicht unterstützt;

9) die Parteien haben eine Vergleichs- oder Mediationsvereinbarung oder eine Vereinbarung über die Beilegung der Streitigkeit im Wege des partizipierten Verfahrens geschlossen und diese wurde vom Gericht bestätigt;

10) die staatlichen Gebühren wurden in dem durch das Zivilprozessgesetzbuch der Republik Kasachstan festgelegten Verfahren nicht gezahlt oder nicht nachgezahlt;

11) die Rechtssache unterliegt nicht der Verhandlung im Verfahren der Verwaltungsgerichtsbarkeit;

12) es liegt eine rechtskräftige Gerichtsentscheidung, die aufgrund einer Streitigkeit zwischen denselben Parteien, zu demselben Gegenstand und aus demselben Grund ergangen ist, oder ein rechtskräftiger Gerichtsbeschluss über die Bestätigung einer Vergleichs- oder Mediationsvereinbarung oder einer Vereinbarung über die Beilegung der Streitigkeit im Wege des partizipierten Verfahrens vor;

13) das streitige Rechtsverhältnis lässt nach dem Tod eines Bürgers, der eine der Parteien der Rechtssache war, keine Rechtsnachfolge zu;

14) eine Organisation, die als Partei der Rechtssache auftrat, wurde mit der Beendigung ihrer Tätigkeit aufgelöst und es gibt keine Rechtsnachfolger;

15) vom Gericht wurde es abgelehnt, die versäumte Frist für die Klageerhebung wiederherzustellen;

16) zwischen den Parteien wurde entsprechend dem Gesetz eine Vereinbarung geschlossen, die betreffende Streitigkeit zur Entscheidung in einem Schiedsgerichtsverfahren zu übergeben, wenn durch Gesetz nichts anderes vorgesehen ist;

17) das betreffende Gericht ist für die Rechtssache nicht zuständig.

3. Die Rückgabe der Klage steht einer wiederholten Anrufung des Gerichts mit einer Klage gegen denselben Beklagten, über denselben Gegenstand und aus demselben Grund mit Ausnahme der Nummern 3, 5, 9, 11, 12, 13, 14, 15 und 17 des zweiten Absatzes dieses Artikels nicht entgegen.

4. Zur Vorbereitung der Verwaltungssache zur vorläufigen Anhörung hat der Richter:

1) den Kläger auf die behebbaren Mängel der Klage hinzuweisen und eine Frist für deren Korrektur festzulegen, die in der Regel zehn Arbeitstage ab dem Tag der Aushändigung dieser Aufforderung nicht überschreitet, mit einer Erläuterung der prozessualen Folgen für ihn, wenn er die Forderungen des Gerichts nicht erfüllt;

2) die für eine richtige und rechtzeitige Verhandlung und Entscheidung der Verwaltungssache erforderlichen Prozesshandlungen, die durch das Zivilprozessgesetzbuch der Republik Kasachstan vorgesehen sind, vorzunehmen.

5. Der Richter verpflichtet den Beklagten, innerhalb einer Frist von höchstens zehn Arbeitstagen eine schriftliche Erwiderung beizubringen, die gemäß den Anforderungen des Zivilprozessgesetzbuchs der Republik Kasachstan und (sofern vorhanden) der Verwaltungssache vorbereitet und ausgefertigt wurde.

Der Kläger wird im Stadium der vorläufigen Anhörung mit der Erwiderung bekannt gemacht.

Eine nicht in der vom Richter festgelegten Frist beigebrachte Erwiderung kann ein Grund für die Verhängung einer Geldbuße sein und hindert nicht die Verhandlung der Verwaltungssache in der Sache.

6. Der Richter führt die vorläufige Anhörung innerhalb einer vernünftigen Frist mit Ausnahme der Fälle durch, die durch dieses Gesetzbuch vorgesehen sind.

Artikel 139. Klagesicherung

1. Die Gründe und die Maßnahmen zur Klagesicherung, ihre Ersetzung und Aufhebung sowie das Verfahren der Klagesicherung werden durch die Vorschriften des Zivilprozessgesetzbuchs der Republik Kasachstan mit Ausnahme der durch diesen Artikel vorgesehenen Besonderheiten bestimmt.

2. Ein Antrag auf Klagesicherung, der gleichzeitig mit der Klage eingegangen ist, wird vom Richter innerhalb von fünf Arbeitstagen ab dem Tag des Eingangs der Klage geprüft.

Geht ein Antrag auf Klagesicherung nach Ablauf der genannten fünftägigen Frist ein, wird der Antrag spätestens am nächsten Arbeitstag nach dessen Eingang bei Gericht vom Richter entschieden.

Artikel 140. Aufhebung der aufschiebenden Wirkung eines Verwaltungsakts

Der Beklagte ist berechtigt, einen begründeten Antrag über die Notwendigkeit der sofortigen Einführung der Wirksamkeit eines angefochtenen Verwaltungsakts gemäß Artikel 96 dieses Gesetzbuchs zu stellen.

Ein solcher Antrag kann in jedem Stadium des Verwaltungsprozesses gestellt werden und wird vom Richter gemäß den Vorschriften über Maßnahmen zur Klagesicherung geprüft.

Das Gericht hebt auf begründeten Antrag der Beteiligten des Verwaltungsprozesses mit der Entscheidung über die Ablehnung einer Anfechtungsklage sowie zu jedem Zeitpunkt vor Eintritt der Rechtskraft der Entscheidung die Aussetzung der Wirksamkeit oder der Vollziehung eines angefochtenen Verwaltungsakts auf.

Artikel 141. Verfahren für die Vorlage von Dokumenten

1. Für die Vorlage von schriftlichen (auf Papier und / oder in elektronischer Form) Anträgen, Einwendungen und Erläuterungen sowie der mit ihnen im Zusammenhang stehenden Dokumente setzt der Richter den Parteien notwendige Fristen.

Die genannten Dokumente, die nach Ablauf der vom Gericht festgesetzten Frist bei Gericht eingehen, werden angenommen, wenn die Partei begründet hat, dass sie nicht innerhalb der vom Gericht festgelegten Frist vorgelegt werden konnten, und sie vor dem Erlass der Entscheidung durch das Gericht eingegangen sind.

2. Den Anträgen, Einwendungen und Erläuterungen müssen die vollständigen Originaldokumente oder im festgelegten Verfahren beglaubigte Kopien, auf die sie sich beziehen, oder Auszüge aus ihnen beigelegt werden.

3. Das Gericht stellt die Bekanntmachung der Parteien mit den eingegangenen Dokumenten sicher.

Artikel 142. Änderung und Rücknahme der Klage, Anerkennung der Klage

1. Mittels Einreichung eines schriftlichen Antrags ist der Kläger berechtigt, die Klage vollständig oder teilweise zurückzunehmen, und ist der Beklagte berechtigt, die Klage vollständig oder teilweise anzuerkennen, bis sich das Gericht für den Erlass der Entscheidung zurückzieht.

Bis sich das Gericht für den Erlass der Entscheidung zurückzieht, ist der Kläger berechtigt, mittels Einreichung eines schriftlichen Antrags den Grund und den Gegenstand der Klage zu ändern oder die Höhe der Klageforderung zu erhöhen oder zu verringern. Die Frist für die Verhandlung der Verwaltungssache ist ab dem Tag der Erhebung der ursprünglichen Forderung zu berechnen.

Das Gericht prüft bei einer Änderung des Klagegegenstands die in Artikel 138 Absätze 2 und 4 dieses Gesetzbuchs vorgesehenen Fragen und gewährt dem Beklagten Zeit für die Vorbereitung einer neuen schriftlichen Erwiderung.

Die Parteien sind berechtigt, solche Handlungen entweder aufgrund eigener Initiative oder aufgrund der Ergebnisse der Äußerung der vorläufigen Rechtsauffassung des Richters vorzunehmen.

Das Gericht ist nicht berechtigt, den Klagegegenstand aufgrund eigener Initiative zu ändern.

2. In dem Fall, dass ein Antrag des Klägers auf vollständige Rücknahme der Klage während der Sitzung des Gerichts oder der vorläufigen Anhörung eingeht, erläutert das Gericht die Folgen der Klagerücknahme. In anderen Fällen weist der Richter die Klage ohne Ladung der Beteiligten des Verwaltungsprozesses unter Rückerstattung der staatlichen Gebühren zurück.

3. Vor Anerkennung der Klage durch den Beklagten erläutert das Gericht den Parteien die prozessualen Folgen. Die Anerkennung der Klage durch den Beklagten befreit das Gericht von der Verpflichtung zur Prüfung der Beweise.

Im Fall einer teilweisen Anerkennung der Klage werden die Beweise nur in dem Teil geprüft, in dem die Klage vom Beklagten nicht anerkannt wurde, und wird über die Beweise bei der Entscheidung über die Streitigkeit in der Sache entschieden.

4. Das Gericht nimmt eine Änderung der Klage oder deren Rücknahme oder eine Anerkennung der Klage durch den Beklagten nicht an, wenn diese Handlungen dem Gesetz widersprechen oder die Rechte, Freiheiten oder berechtigten Interessen von irgendjemanden verletzen sowie bei der Überprüfung in der Appellation und der Kassation. In diesem Fall wird die Verhandlung der Verwaltungssache im allgemeinen Verfahren fortgesetzt.

Artikel 143. Vorläufige Anhörung[8]

1. In der vorläufigen Anhörung hat das Gericht:

1) die Frage der Zusammensetzung der Beteiligten des Verwaltungsprozesses zu entscheiden;

8 Artikel 143 in der Fassung des Gesetzes der Republik Kasachstan Nr. 83-VII vom 20.12.2021.

2) die Gründe für die Versäumung der Frist aufzuklären und die Frage der Wiederherstellung der versäumten Frist zu entscheiden. Im Fall der Ablehnung der Wiederherstellung der versäumten Frist, weist es die Klage zurück;

3) die Möglichkeit des Abschlusses einer Vergleichs- oder Mediationsvereinbarung oder einer Vereinbarung über die Streitbeilegung im Wege des partizipierten Verfahrens zu erörtern;

4) den Parteien die Möglichkeit zu erläutern, bei ihrer Zustimmung die Verwaltungssache im Wege des schriftlichen Verfahrens zu verhandeln;

5) Personen, die nicht an der Verwaltungssache beteiligt, zu verpflichten, dem Gericht notwendige Materialien und Dokumente vorzulegen;

6) sonstige Handlungen vorzunehmen, die auf die Entscheidung der Verwaltungssache gerichtet sind.

In Verwaltungssachen, in denen es um die Anfechtung von Entscheidungen, Gutachten und Anweisungen der zuständigen Behörde anhand der Ergebnisse der Prüfung der Durchführung staatlicher Aufträge sowie von Handlungen (Untätigkeit) der Gerichtsvollzieher geht, wird die vorläufige Anhörung nicht später als 20 Arbeitstage ab dem Tag der Erhebung der Klage vor Gericht durchgeführt.

Die vorläufige Anhörung von Verwaltungssachen aufgrund von Streitigkeiten, die von Artikel 102 Absatz 3 dieses Gesetzbuchs vorgesehen sind, darf nicht später als einen Monat ab dem Tag der Erhebung der Klage vor Gericht durchgeführt werden.

2. In der vorläufigen Anhörung wird die vollständige Aufklärung der tatsächlichen Angaben ohne deren Prüfung sichergestellt.

3. Aufgrund der Ergebnisse der vorläufigen Anhörung ist das Gericht berechtigt, eine wiederholte vorläufige Anhörung anzusetzen.

Artikel 144. Zugang zu den Materialien einer Verwaltungssache

Die Einstellung von Dokumenten und Materialien einer Verwaltungssache auf die elektronischen Server des Gerichts ist der Übermittlung der Dokumente an Personen, die an der Verwaltungssache beteiligt sind, gleichgestellt.

Die Bekanntmachung mit Dokumenten und Materialien einer Verwaltungssache in Form eines elektronischen Dokuments erfolgt vor den Gerichten in dem durch die Gesetzgebung der Republik Kasachstan festgelegten Verfahren.

Artikel 145. Anberaumung einer Gerichtsverhandlung

Hält der Richter die Verwaltungssache für vorbereitet, benachrichtigt er die Parteien und die anderen Beteiligten des Verwaltungsprozesses über den Ort und die Zeit der Verhandlung der Verwaltungssache.

Kapitel 22. Gerichtsverhandlung

Artikel 146. Fristen für die Gerichtsverhandlung

1. Eine Verwaltungssache wird innerhalb einer vernünftigen Frist, jedoch nicht später als drei Monate ab dem Tag der Klageerhebung verhandelt und entschieden.

In Verwaltungssachen von besonderer Schwierigkeit kann diese Frist durch einen begründeten Beschluss des Gerichts um einen vernünftigen Zeitraum, jedoch nicht um mehr als drei Monate verlängert werden.

Der Beschluss über die Verlängerung des Zeitraums der gerichtlichen Verhandlung kann nicht angefochten oder aufgrund eines Antrags des Staatsanwalts überprüft werden.

2. Verwaltungssachen über die Anfechtung von Entscheidungen, Gutachten und Anweisungen der zuständigen Behörde anhand der Ergebnisse der Prüfung der Durchführung staatlicher Aufträge und von Handlungen (Untätigkeit) des Gerichtsvollziehers werden innerhalb von zehn Arbeitstagen ab dem Tag der Anberaumung zur Verhandlung in einer Gerichtssitzung verhandelt und entschieden.

3. Die Aussetzung des Verfahrens in einer Verwaltungssache erfolgt nach den Vorschriften des Zivilprozessgesetzbuchs der Republik Kasachstan.

Artikel 147. Verfahren und Besonderheiten der Durchführung der Gerichtsverhandlung

1. Die Gerichtsverhandlung, einschließlich des Verfahrens zur Durchführung einer Gerichtssitzung, der Befugnisse des Vorsitzenden, des Verfahrens zur Ausfertigung von Protokollen, darunter eine kurzgefasste Fixierung der Sitzung des Gerichts, der Entscheidung von Anträgen durch das Gericht und der Prüfung der Beweise, wird nach den Vorschriften des Zivilprozessgesetzbuchs der Republik Kasachstan mit Ausnahme der durch diesen Artikel festgelegten Besonderheiten durchgeführt.

Das Kurzprotokoll muss mit einer textlichen Entschlüsselung der Tonbandaufzeichnung versehen werden, die durch eine automatische Texterkennung erstellt wurde.

2. Nach der gerichtlichen Debatte in der Verwaltungssache zieht sich das Gericht für den Erlass der Entscheidung zurück. Das Gericht verliest den resolutiven Teil der Entscheidung im Sitzungssaal des Gerichts. Nach der Verlesung des resolutiven Teils der Entscheidung des Gerichts erläutert der Vorsitzende die rechtlichen Gründe und Folgen der Entscheidung, das Verfahren und die Fristen für die Anfechtung der Entscheidung, gibt das Datum der Ausfertigung der Entscheidung in der endgültigen Form bekannt und teilt mit, wann die an der Verwaltungssache beteiligten Personen eine Kopie der Entscheidung erhalten können.

3. Falls die an der Verwaltungssache beteiligten Personen nicht erscheinen, wird die Entscheidung nicht in der Sitzung des Gerichts verlesen.

4. Wenn der resolutive Teil der Entscheidung nicht unmittelbar nach dem Schluss der Sitzung des Gerichts verlesen wird, ist der Vorsitzende verpflichtet, den im Sitzungssaal des Gerichts Anwesenden das Datum und die Uhrzeit der Verlesung bekannt zu geben.

5. Das in diesem Artikel vorgesehene Verfahren der Verlesung gilt auch für andere gerichtliche Akte, durch die ein Verfahren in der Sache beendet wird.

Kapitel 23. Schriftliches Verfahren

Artikel 148. Schriftliche Verhandlung

1. Mit Zustimmung der Parteien ist das Gericht berechtigt, die Verwaltungssache innerhalb einer vernünftigen Frist, jedoch nicht später als innerhalb von drei Monaten ab dem Tag der Klageerhebung in einer schriftlichen Verhandlung zu verhandeln.

In Verwaltungssachen von besonderer Schwierigkeit kann diese Frist durch einen begründeten Beschluss des Gerichts um einen vernünftigen Zeitraum, jedoch nicht um mehr als drei Monate verlängert werden.

Der Beschluss über die Verlängerung des Zeitraums der gerichtlichen Verhandlung kann nicht angefochten oder aufgrund eines Antrags des Staatsanwalts überprüft werden.

Das Gericht geht zur mündlichen Verhandlung über, wenn ein Antrag einer Partei über die Rücknahme einer früher geäußerten Zustimmung eingegangen ist.

Das Gericht ist berechtigt, auf eigene Initiative zur mündlichen Verhandlung überzugehen, wenn dies für eine richtige Entscheidung der Rechtssache erforderlich ist.

2. Im Verfahren der schriftlichen Verhandlung wird die Verwaltungssache ohne Durchführung einer mündlichen Verhandlung verhandelt.

3. Bei einer Verhandlung einer Verwaltungssache in diesem Verfahren werden vom Gericht die von den Parteien vorgelegten und die auf eigene Initiative angeforderten Beweise geprüft und wird darüber eine Entscheidung getroffen.

4. Bei der schriftlichen Verhandlung setzt das Gericht eine Frist, innerhalb derer zusätzliche Anträge und Dokumente beigebracht werden können.

Artikel 149. Besonderheiten der Prüfung der Beweise

1. Die Prüfung der Beweise sowie Gegenstand und Grenzen der Beweisführung werden durch die Normen des Zivilprozessgesetzbuchs der Republik Kasachstan unter Berücksichtigung des Charakters des schriftlichen Verfahrens und der durch diesen Artikel festgelegten Besonderheiten bestimmt.

2. Die Parteien des Verwaltungsprozesses sind berechtigt, die Erheblichkeit, Zulässigkeit und Glaubwürdigkeit schriftlicher Beweise anzufechten, mit Ausnahme der Personen, die diesen Beweis vorgelegt haben.

3. Das Gericht ist in der schriftlichen Verhandlung berechtigt, von der Einhaltung der im Zivilprozessgesetzbuch der Republik Kasachstan festgelegten Vorschriften für die Erhebung (Vorlage) und Prüfung der Beweise, die für das mündliche Verfahren vorgesehen sind, abzuweichen, wenn dies zu einer schnelleren Entscheidung der Verwaltungssache beiträgt.

Für die Vornahme einer bestimmten Prozesshandlung oder die Entscheidung einer Verfahrensfrage kann das Gericht eine mündliche Sitzung des Gerichts anberaumen.

Eine solche Sitzung des Gerichts wird nach den Vorschriften für eine mündliche Gerichtsverhandlung durchgeführt, soweit dies nach dem Wesen der schriftlichen Verhandlung zulässig ist.

Das Gericht kann dabei verlangen, dass die notwendigen Informationen und Beweise in schriftlicher Form vorgelegt werden.

Nach Durchführung einer notwendigen mündlichen Gerichtsverhandlung wird das schriftliche Verfahren ohne zusätzliche Beschlüsse fortgesetzt.

Artikel 150. Entscheidung in einer Verwaltungssache, die im Wege des schriftlichen Verfahrens verhandelt wurde

Eine Entscheidung in einer Verwaltungssache, die im Wege des schriftlichen Verfahrens verhandelt wurde, ergeht unter Berücksichtigung der Vorschriften, die in Kapitel 24 dieses Gesetzbuchs festgelegt sind und dem Wesen des schriftlichen Verfahrens entsprechen, und kann im Appellations- und Kassationsverfahren angefochten werden.

Kapitel 24. Gerichtsentscheidung

Artikel 151. Erlass einer Gerichtsentscheidung

1. Ein gerichtlicher Akt, durch den das Gericht eine Streitigkeit in der Sache entscheidet, wird in Form einer Entscheidung erlassen. Die Entscheidung kann in kurzgefasster Form erlassen werden.

2. Die Entscheidung wird nach der Verhandlung der Verwaltungssache erlassen und spätestens zehn Arbeitstage ab dem Tag des Schlusses der mündlichen Verhandlung ausgefertigt. In Ausnahmefällen wird die Entscheidung des Gerichts unter Berücksichtigung der Schwierigkeit einer Verwaltungssache spätestens einen Monat ab dem Tag des Schlusses der mündlichen Verhandlung ausgefertigt.

3. Als Datum des Erlasses der Entscheidung gilt:

bei einer mündlichen Verhandlung der Tag, an dem die Entscheidung in der Verwaltungssache verlesen wird;

bei einem schriftlichen Verfahren das Datum, das in der Gerichtsentscheidung angegeben ist.

Artikel 152. Inhalt der Entscheidung

1. Das Gericht erlässt die Entscheidung aufgrund seiner inneren Überzeugung, die auf den Ergebnissen einer unmittelbaren Prüfung der Umstände der Verwaltungssache gründet. Die Entscheidung wird im Namen der Republik Kasachstan erlassen.

2. Die Gerichtsentscheidung besteht aus einem einleitenden, beschreibenden, begründenden und resolutiven Teil.

3. Der Inhalt des einleitenden, begründenden und resolutiven Teils der Gerichtsentscheidung sowie das Verfahren zur Berichtigung offensichtlicher Schreib- und arithmetischer Fehler und zum Erlass einer zusätzlichen Entscheidung werden gemäß den Anforderungen des Zivilprozessgesetzbuchs der Republik Kasachstan mit Ausnahme der Frage betreffend die Erläuterung der Gerichtsentscheidung bestimmt.

Im resolutiven Teil der Entscheidung weist das Gericht auf den Eintritt der Rechtsfolgen einer Nichtvollziehung der Entscheidung unter Berücksichtigung der Anforderungen, die von Artikel 127 Absätze 9 und 10 dieses Gesetzbuchs festgelegt werden, und gemäß den Gesetzen der Republik Kasachstan hin.

4. Der Begründungsteil der Gerichtsentscheidung enthält:
1) die Umstände der Streitigkeit;
2) die Klageforderungen und ihre Begründungen;
3) die Beweise, auf die das Gericht seine Entscheidung gründet;
4) die Argumente, aufgrund derer das Gericht irgendwelche Beweise abgelehnt hat;
5) die Begründung, warum das Gericht nicht jedem einzelnen der Argumente der Beteiligten des Verwaltungsprozesses zugestimmt hat;
6) die Normen der Gesetzgebung der Republik Kasachstan;
7) die Schlussfolgerungen des Gerichts zu jeder der beantragten Forderungen.

Im Fall einer Anerkennung der Klage durch den Beklagten kann im Begründungsteil nur auf die Anerkennung der Klage und deren Annahme durch das Gericht hingewiesen werden.

Die Entscheidung des Gerichts wird schriftlich erlassen und vom Richter unterzeichnet.

Artikel 153. Kurzgefasste Entscheidung

1. Eine kurzgefasste Entscheidung besteht aus einem einleitenden, begründenden und resolutiven Teil.

Im Begründungsteil der Entscheidung können die Beweise aufgeführt werden, ohne ihren Inhalt offenzulegen.

2. Ist das Gericht mit den Argumenten des Klägers nicht einverstanden oder lehnt es einen ihm vorgelegten Beweis ab, ist das Gericht berechtigt, lediglich auf die Entscheidung über die Ergebnisse der vorgerichtlichen Prüfung der Beschwerde zu verweisen, wenn es die darin dargelegten Gründe für erschöpfend hält.

3. Auf Antrag der Parteien, jedoch spätestens zehn Arbeitstage ab dem Zeitpunkt der Aushändigung der kurzgefassten Entscheidung des Gerichts ist das Gericht verpflichtet, die Entscheidung auszufertigen. Der Text der vollständigen Entscheidung wird spätestens zehn Arbeitstage nach dem Zeitpunkt des Eingangs eines solchen Antrags ausgefertigt.

Artikel 154. Rechtmäßigkeit und Begründetheit einer Entscheidung

1. Eine Entscheidung des Gerichts muss rechtmäßig und begründet sein.

2. Eine Entscheidung des Gerichts wird als rechtmäßig anerkannt, wenn sie unter Einhaltung sämtlicher Anforderungen des Gesetzes und aufgrund des Gesetzes erlassen wurde.

3. Eine Entscheidung wird als begründet anerkannt, wenn sie auf der Grundlage einer umfassenden und objektiven Prüfung der dem Gericht in einer Gerichtssitzung vorgelegten Beweise erlassen wurde.

Artikel 155. Fragen, die vom Gericht bei Erlass der Entscheidung entschieden werden

1. Das Gericht würdigt bei Erlass der Entscheidung die Beweise und bestimmt, welche Umstände festgestellt sind, welcher Rechtsakt in der betreffenden Verwaltungssache anzuwenden ist und ob der Klage stattzugeben ist. Wenn in einer Verwaltungssache mehrere Forderungen erhoben worden sind, entscheidet das Gericht über sämtliche Forderungen.

2. Hat die Verwaltungsbehörde oder die Amtsperson ein Verwaltungsermessen ausgeübt, prüft das Gericht auch, ob die durch die Gesetzgebung der Republik Kasachstan festgelegten Grenzen nicht überschritten worden sind und ob die Ausübung des Verwaltungsermessens den Zwecken der betreffenden Befugnis entspricht.

3. Die Feststellung eines Verwaltungsakts oder eines Teils davon als rechtswidrig hat dessen Aufhebung sowie die Aufhebung sämtlicher sich aus dem Verwaltungsakt oder einem Teil davon ergebenden Rechtsfolgen zur Folge, wenn in der Gerichtsentscheidung nichts anderes angegeben ist.

4. Das Gericht lehnt die Stattgabe der Klage ab, wenn es bei ihrer Prüfung feststellt, dass die angefochtene Handlung (Untätigkeit) vorgenommen wurde und die Entscheidung gemäß den Zuständigkeiten und der Gesetzgebung der Republik Kasachstan erlassen wurde.

5. In der Entscheidung wird die Frist angegeben, innerhalb derer die Entscheidung des Gerichts zu vollziehen ist.

Artikel 156. Entscheidung über eine Anfechtungsklage

1. Ist eine Anfechtungsklage gegen einen belastenden Verwaltungsakt, der die Rechte, Freiheiten und berechtigten Interessen des Klägers betrifft, begründet und stellt das Gericht dessen Rechtswidrigkeit fest, hebt es ihn vollständig oder in irgendeinem Teil auf.

2. Falls die Rechtswidrigkeit eines belastenden Verwaltungsakts festgestellt wird, der zum Zeitpunkt der Entscheidung bereits vollzogen ist oder vollzogen wird, ist das Gericht berechtigt, den Beklagten zu zwingen, die Vollziehung aufzuheben, und die Vornahme von Handlungen zu verlangen, um die Ausgangslage des Klägers in der in der Entscheidung festgelegten Frist wiederherzustellen.

Artikel 157. Entscheidung über eine Verpflichtungsklage

1. Wenn das Nichterlassen eines Verwaltungsakts, welches das Ergebnis der Ablehnung des Erlasses eines Verwaltungsakts oder der Untätigkeit des Beklagten ist, dem Gesetz widerspricht oder die Ursache für die Verletzung der Rechte, Freiheiten und berechtigten Interessen des Klägers ist, legt das Gericht der Verwaltungsbehörde die Verpflichtung auf, den Verwaltungsakt zu erlassen.

Das Gericht ist berechtigt, dem Beklagten die Verpflichtung aufzuerlegen, einen belastenden Verwaltungsakt nicht zu erlassen.

2. Das Gericht kann in der Entscheidung den Inhalt und die Frist für den Erlass des Verwaltungsakts sowie andere Umstände bestimmen, die für die Verwaltungssache von erheblicher Bedeutung sind, mit Ausnahme der Entscheidung von Fragen der Zweckmäßigkeit. Eine solche Entscheidung des Gerichts ersetzt den Verwaltungsakt bis zu seinem Erlass.

Falls der Erlass einer konkreten Entscheidung über die Stattgabe der Forderungen des Klägers bei Vorliegen eines Verwaltungsermessens nicht möglich ist, legt das Gericht dem Beklagten die Verpflichtung auf, den entsprechenden Verwaltungsakt zugunsten des Klägers unter Berücksichtigung der Rechtsposition des Gerichts zu erlassen.

Artikel 158. Entscheidung über eine Klage auf Vornahme einer Handlung

1. Wird festgestellt, dass eine Klage auf Vornahme einer Handlung begründet und rechtmäßig ist, verpflichtet das Gericht den Beklagten, die konkreten Handlungen vorzunehmen und setzt eine Frist für deren Ausführung.

Fordert der Kläger gleichzeitig, die Rechtswidrigkeit einer konkreten vorgenommenen Handlung des Beklagten festzustellen, stellt das Gericht in der Entscheidung fest, dass die tatsächliche Handlung der Verwaltungsbehörde rechtswidrig war.

2. Wird festgestellt, dass eine Klage über das Verbot einer Handlung begründet und rechtmäßig ist, verbietet das Gericht dem Beklagten, die konkreten Handlungen in der Folge vorzunehmen.

Artikel 159. Entscheidung über eine Feststellungsklage

1. Wird einer Feststellungsklage stattgegeben, stellt das Gericht das Bestehen oder Fehlen eines Rechtsverhältnisses oder dessen Inhalt fest, wenn solche Forderungen als selbständige Forderungen beantragt wurden.

2. Das Gericht ist zudem berechtigt, einen belastenden Verwaltungsakt, der keine rechtliche Geltung mehr hat, für rechtswidrig zu erklären, wenn

die Feststellungsklage begründet und rechtmäßig ist und die Feststellung des betreffenden Umstands für die Wiederherstellung der verletzten Rechte des Klägers erforderlich ist.

3. Auf Forderung des Klägers ist das Gericht zudem berechtigt, einen belastenden Verwaltungsakt für rechtswidrig zu erklären, wenn er bereits aufgehoben wurde oder er auf andere Art und Weise, darunter auch in einem seiner Teile, außer Kraft getreten ist.

Artikel 160. Entscheidung über eine Schadensersatzforderung

1. Der Kläger ist berechtigt, gleichzeitig mit den in den Artikeln 132, 133, 134 und 135 dieses Gesetzbuchs genannten Klagen eine Forderung auf Ersatz der Schäden, die mit diesen Forderungen in einem ursächlichen Zusammenhang stehen, zu erheben.

2. Falls den entsprechenden Forderungen stattgegeben wird, bestimmt das Gericht in der Entscheidung die Höhe der verursachten Schäden.

Artikel 161. Eintritt der Rechtskraft einer Gerichtsentscheidung

Eine Entscheidung des Gerichts der ersten Instanz wird, wenn nicht deren sofortige Vollziehung beantragt wurde, mit Ablauf der Frist für die Appellationsbeschwerde rechtskräftig, sofern keine Appellationsbeschwerde und kein Appellationsantrag eingereicht wurden.

In den Fällen, in denen die Frist für die Appellationsbeschwerde oder die Erhebung eines Antrags versäumt und die Wiederherstellung der Frist vom Gericht abgelehnt wurde, wird die Entscheidung mit Ablauf der Frist für die Anfechtung des Ablehnungsbeschlusses rechtskräftig.

Kapitel 25. Verfahren in Verwaltungssachen zum Schutz der Wahlrechte der Bürger und gesellschaftlichen Vereinigungen, die an Wahlen und einem republikanischen Referendum teilnehmen

[...]

Kapitel 26. Verfahren in Verwaltungssachen über die Anfechtung von Entscheidungen und Handlungen (Untätigkeit) örtlicher Vollzugsbehörden, die das Recht der Bürger auf Teilnahme an einem Strafgerichtsverfahren als Geschworener verletzen

[...]

Kapitel 27. Verfahren zur Überprüfung gerichtlicher Akte

Artikel 168. Verfahren der Appellationsbeschwerde[9]

1. Das Verfahren der Appellationsbeschwerde und das Verfahren einer Verwaltungssache aufgrund einer Appellationsbeschwerde vor dem Gericht der Appellationsinstanz bestimmen sich nach den Vorschriften des Zivilprozessgesetzbuchs der Republik Kasachstan, wenn durch diesen Artikel nichts anderes festgelegt ist.

2. Nicht rechtskräftige Gerichtsentscheidungen können von den Beteiligten des Verwaltungsprozesses im Appellationsverfahren innerhalb von zwei Monaten ab dem Tag des Erlasses der Entscheidung in der endgültigen Form mittels Einreichung einer Appellationsbeschwerde angefochten werden. Ein Appellationsantrag des Staatsanwalts kann innerhalb von zwei Monaten ab dem Tag des Erlasses der Entscheidung in der endgültigen Form in den von Artikel 31 dieses Gesetzbuchs vorgesehenen Verwaltungssachen eingereicht werden.

3. Eine prozessuale Beschwerde und ein Antrag des Staatsanwalts gegen einen Beschluss des Gerichts der ersten Instanz werden innerhalb von zehn Arbeitstagen ab dem Tag der Ausfertigung des Beschlusses in der endgültigen Form eingereicht.

4. Eine Appellationsbeschwerde und ein Appellationsantrag des Staatsanwalts in Verwaltungssachen über die Anfechtung von Entscheidungen, Gutachten und Anweisungen der zuständigen Behörde anhand der Ergebnisse der Prüfung der Durchführung staatlicher Aufträge und von Handlungen (Untätigkeit) der Gerichtsvollzieher können innerhalb von zehn Arbeitstagen ab dem Tag des Erlasses der Entscheidung eingereicht werden.

Das Recht zur Erhebung eines Appellationsantrags steht dem Staatsanwalt zu, der an der Verhandlung der Verwaltungssache beteiligt war.

5. Der Generalstaatsanwalt der Republik Kasachstan und seine Stellvertreter, die Gebietsstaatsanwälte und die ihnen gleichgestellten Staatsanwälte und ihre Stellvertreter sowie die Staatsanwälte der Kreise und die ihnen gleichgestellten Staatsanwälte sind im Rahmen ihrer Zuständigkeit berechtigt, einen Appellationsantrag gegen eine Entscheidung unabhängig von der Beteiligung an der Verhandlung der Verwaltungssache zu erheben.

---

9 Artikel 168 in der Fassung des Gesetzes der Republik Kasachstan Nr. 20-VII vom 20.3.2021 (in Kraft getreten am 1.7.2021).

Nach Ablauf der Frist für die Appellationsbeschwerde oder die Erhebung eines Antrags wird die Entscheidung des Gerichts rechtskräftig, wenn keine Appellationsbeschwerde und kein Appellationsantrag eingereicht wurden.

6. Appellationsbeschwerden der Beteiligten des Verwaltungsprozesses und der Antrag des Staatsanwalts gegen gerichtliche Akte der Gerichte der ersten Instanz werden von den Gebiets- und diesen gleichgestellten Gerichten verhandelt.

7. Eine Appellationsbeschwerde und ein Antrag des Staatsanwalts gegen gerichtliche Akte, die in Verwaltungssachen erlassen wurden, die nach den Vorschriften des Artikels 102 Absatz 3 dieses Gesetzbuchs verhandelt wurden, werden vom Gericht der Stadt Nur-Sultan verhandelt.

8. Eine Verwaltungssache vor dem Gericht der Appellationsinstanz wird in einer vernünftigen Frist, jedoch nicht später als drei Monate ab dem Tag ihres Eingangs bei Gericht verhandelt und entschieden.

In Verwaltungssachen von besonderer Schwierigkeit kann diese Frist durch einen begründeten Beschluss des Gerichts um einen vernünftigen Zeitraum, jedoch nicht um mehr als drei Monate, verlängert werden.

Der Beschluss über die Verlängerung des Zeitraums der gerichtlichen Verhandlung kann nicht angefochten oder aufgrund eines Antrags des Staatsanwalts überprüft werden.

Die vorläufige Anhörung vor dem Gericht der Appellationsinstanz wird nach den Vorschriften des Kapitels 21 dieses Gesetzbuchs durchgeführt.

Eine Verwaltungssache über die Anfechtung von Entscheidungen, Gutachten und Anweisungen der zuständigen Behörde anhand der Ergebnisse der Prüfung der Durchführung staatlicher Aufträge und von Handlungen (Untätigkeit) der Gerichtsvollzieher wird innerhalb von zehn Arbeitstagen ab dem Tag ihres Eingangs bei Gericht verhandelt.

9. Auf begründeten Antrag eines Beteiligten des Verwaltungsprozesses ist das Gericht berechtigt, ihm eine zusätzliche Frist von höchstens einem Monat für die Begründung seiner Rechtsposition zu gewähren.

10. Das Urteil des Gerichts der Appellationsinstanz wird mit Ablauf der Frist für die Kassationsbeschwerde rechtskräftig.

Der Beschluss des Gerichts der Appellationsinstanz über eine prozessuale Beschwerde gegen einen Beschluss des Gerichts der ersten Instanz, der im Kassationsverfahren nicht überprüft werden kann, wird mit dem Tag der Verlesung rechtskräftig.

Sonstige Beschlüsse des Gerichts der Appellationsinstanz, die die Möglichkeit des Fortgangs der Verwaltungssache hindern, können im Kassationsverfahren angefochten werden.

Artikel 169. Verfahren der Kassationsbeschwerde[10]

1. Das Verfahren der Kassationsbeschwerde und das Verfahren vor dem Gericht der Kassationsinstanz bestimmen sich nach den Vorschriften des Zivilprozessgesetzbuchs der Republik Kasachstan, wenn durch diesen Artikel nichts anderes festgelegt ist.

2. Nicht rechtskräftige Gerichtsentscheidungen und Beschlüsse des Gerichts können von den Beteiligten des Verwaltungsprozesses innerhalb eines Monats ab dem Tag der Aushändigung des gerichtlichen Akts der Appellationsinstanz in der endgültigen Form im Kassationsverfahren mittels Einreichung einer Kassationsbeschwerde angefochten werden.

Der Kassationsantrag des Staatsanwalts kann innerhalb eines Monats ab dem Tag des Erlasses der Entscheidung in der endgültigen Form in den von Artikel 31 dieses Gesetzbuchs vorgesehenen Verwaltungssachen eingereicht werden.

Das Recht zur Erhebung eines Kassationsantrags steht den Gebietsstaatsanwälten und den ihnen gleichgestellten Staatsanwälten zu.

Der Generalstaatsanwalt der Republik Kasachstan und seine Stellvertreter sind im Rahmen ihrer Zuständigkeit berechtigt, einen Kassationsantrag gegen eine Entscheidung unabhängig von der Beteiligung an der Verhandlung der Verwaltungssache zu erheben.

Nach Ablauf der Frist für die Kassationsbeschwerde oder die Erhebung eines Antrags wird die Entscheidung des Gerichts rechtskräftig, wenn keine Kassationsbeschwerde und kein Kassationsantrag eingereicht wurden.

3. Rechtskräftige gerichtliche Akte, darunter auch in Verwaltungssachen, die im Verfahren einer friedlichen Streitbeilegung, Mediation oder Streitbeilegung im Wege des partizipierten Verfahrens beendet wurden, können aufgrund von Protesten des Generalstaatsanwalts der Republik Kasachstan, die sowohl aus eigener Initiative als auch aufgrund von Anträgen der in Absatz 2 dieses Artikels genannten Personen, die bei ihm in den von Artikel 31 dieses Gesetzbuchs vorgesehenen Verwaltungssachen eingereicht wurden, innerhalb von drei Monaten ab dem Tag des Eintritts der Rechtskraft überprüft werden.

10 Artikel 169 in der Fassung des Gesetzes der Republik Kasachstan Nr. 20-VII vom 20.3.2021 (in Kraft getreten am 1.7.2021).

Diese Frist gilt nicht für Fälle der Überprüfung von gerichtlichen Akten aus den in Absatz 6 dieses Artikels vorgesehenen Gründen.

4. Kassationsbeschwerden, Kassationsanträge und Proteste gegen gerichtliche Akte werden vom Gerichtskollegium für Verwaltungssachen des Obersten Gerichts der Republik Kasachstan verhandelt.

5. Eine Verwaltungssache vor dem Gericht der Kassationsinstanz wird in einer vernünftigen Frist, jedoch nicht später als sechs Monate ab dem Tag ihres Eingangs bei Gericht, verhandelt und entschieden.

Ein Antrag auf Überprüfung eines gerichtlichen Akts im Kassationsverfahren wird innerhalb von sechs Monaten ab dem Tag seines Eingangs, und falls die Verwaltungssache angefordert wird, innerhalb von sechs Monaten ab dem Tag des Eingangs der Verwaltungssache verhandelt.

Die vorläufige Anhörung vor dem Gericht der Kassationsinstanz wird nach den Vorschriften des Kapitels 21 dieses Gesetzbuchs durchgeführt.

6. Urteile der Kassationsinstanz in Verwaltungssachen können auf Antrag des Vorsitzenden des Obersten Gerichts der Republik Kasachstan und auf Protest des Generalstaatsanwalts der Republik Kasachstan überprüft werden.

Gründe für die Überprüfung in der Kassationsinstanz sind:

1) Fälle, in denen die Vollziehung des erlassenen Urteils zu schweren und irreversiblen Folgen für das Leben und die Gesundheit der Menschen oder für die Wirtschaft und Sicherheit der Republik Kasachstan führen kann;

2) Fälle, in denen das erlassene Urteil die Rechte, Freiheiten und berechtigten Interessen eines unbestimmten Personenkreises oder sonstige öffentliche Interessen verletzt;

3) Fälle, in denen das erlassene Urteil die Einheitlichkeit in der Auslegung und Anwendung der Rechtsnormen durch die Gerichte verletzt.

Artikel 170. Verfahren zur Überprüfung gerichtlicher Akte aufgrund neu entdeckter oder neuer Umstände

Das Verfahren aufgrund neu entdeckter oder neuer Umstände wird nach den Vorschriften des Zivilprozessgesetzbuchs der Republik Kasachstan durchgeführt.

Kapitel 28. Gerichtliche Kontrolle

Artikel 171. Anordnung einer Gerichtsentscheidung zur Vollziehung

1. Eine Gerichtsentscheidung wird vom Gericht innerhalb von drei Arbeitstagen nach Eintritt ihrer Rechtskraft dem Beklagten zur Vollziehung übermittelt.

2. Der Beklagte ist verpflichtet, eine Gerichtsentscheidung in einer Verwaltungssache innerhalb einer Monatsfrist ab dem Tag des Eintritts ihrer Rechtskraft zu vollziehen, worüber er das Gericht zu benachrichtigen hat.

3. Falls die Gerichtsentscheidung nicht in der darin festgesetzten Frist freiwillig vollzogen wird, verhängt das Gericht der ersten Instanz eine Geldbuße in der von Artikel 127 dieses Gesetzbuchs festgelegten Höhe.

4. Die Nichterfüllung einer Gerichtsentscheidung oder eines Beschlusses des Gerichts über die Verhängung einer Geldbuße zieht eine wiederholte Geldbuße in der von Artikel 127 Absatz 9 dieses Gesetzbuchs festgelegten Höhe im nichtstreitigen Verfahren nach sich.

Artikel 172. Zwangsvollstreckung einer Gerichtsentscheidung über die Eintreibung eines Geldbetrags

1. Eine Gerichtsentscheidung, die den Beklagten zur Zahlung eines Geldbetrags verpflichtet, die nicht freiwillig erfüllt wird, wird zwangsweise auf der Grundlage eines Vollstreckungstitels, der auf Antrag des Klägers ausgestellt wird, vollstreckt.

2. Der Inhalt und das Verfahren für die Ausstellung und Aushändigung eines Vollstreckungstitels sowie die Genehmigung der Beschlüsse des Gerichtsvollziehers bestimmen sich nach den Vorschriften des Zivilprozessgesetzbuchs der Republik Kasachstan unter Berücksichtigung der durch dieses Kapitel festgelegten Besonderheiten.

Artikel 173. Sofortige Vollziehung eines gerichtlichen Akts

1. Das Gericht ist berechtigt, auf begründeten Antrag der Beteiligten des Verwaltungsprozesses sowie auf eigene Initiative die sofortige Vollziehung der Gerichtsentscheidung anzuordnen, falls eine spätere Vollziehung den Rechten eines Beteiligten des Verwaltungsprozesses einen erheblichen Schaden zufügen würde oder schwieriger oder unmöglich werden würde.

Bei der Anordnung eines gerichtlichen Akts zur sofortigen Vollziehung berücksichtigt das Gericht auch die Rechte der anderen Beteiligten des Verwaltungsprozesses und die öffentlichen Interessen.

2. Das Gericht kann jederzeit auf der Grundlage eines Antrags eines Beteiligten des Verwaltungsprozesses die Vollziehung eines gerichtlichen Akts, für den die sofortige Vollziehung angeordnet wurde, aussetzen.

3. Gerichtliche Akte, für die die sofortige Vollziehung angeordnet wurde, werden nicht vollzogen, wenn sie durch einen nicht rechtskräftigen gerichtlichen Akt der übergeordneten Instanz aufgehoben oder geändert wurden.

Kapitel 29. Schlussbestimmungen

Artikel 174. Verantwortlichkeit für Verstöße gegen die Gesetzgebung der Republik Kasachstan über Verwaltungsverfahren und die Gesetzgebung der Republik Kasachstan über das Verwaltungsgerichtsverfahren

Die Verletzung der Gesetzgebung der Republik Kasachstan über Verwaltungsverfahren und der Gesetzgebung der Republik Kasachstan über das Verwaltungsgerichtsverfahren zieht die durch die Gesetze der Republik Kasachstan festgelegte Verantwortlichkeit nach sich.

Artikel 175. Verfahren der Inkraftsetzung dieses Gesetzbuchs

1. Dieses Gesetzbuch wird zum 1. Juli 2021 in Kraft gesetzt.

2. Die staatlichen Behörden haben bis zur Inkraftsetzung dieses Gesetzbuchs die erforderliche Arbeit vorzunehmen, um die normativen Rechtsakte, die die Verwaltungsverfahren regeln, in Übereinstimmung mit diesem Gesetzbuch zu bringen.

3. Mit Wirkung zum 1. Juli 2021 treten außer Kraft:

1) das Gesetz der Republik Kasachstan vom 27. November 2000 „Über die Verwaltungsverfahren" (Vedomosti Parlamenta Respubliki Kazachstan 2000, Nr. 20, Pos. 379; […][11]);

2) das Gesetz der Republik Kasachstan vom 12. Januar 2007 „Über das Verfahren der Prüfung von Eingaben natürlicher und juristischer Personen" (Vedomosti Parlamenta Respubliki Kazachstan 2007, Nr. 2, Pos. 17; […][12]).

4. Die Verhandlung von bei Gericht anhängigen Rechtssachen, die vor Inkraftsetzung dieses Gesetzbuchs zum Verfahren angenommen wurden, wird nach den Vorschriften der Prozessgesetzgebung der Republik Kasachstan durchgeführt, die bis zur Inkraftsetzung dieses Gesetzbuchs galt.

---

11 Anmerkung: Mit späteren Änderungen.

12 Anmerkung: Mit späteren Änderungen.

5. Ein Verwaltungsverfahren, das vor Inkraftsetzung dieses Gesetzbuchs eröffnet wurde, jedoch nach Inkraftsetzung dieses Gesetzbuchs noch nicht beendet ist, wird gemäß der Gesetzgebung der Republik Kasachstan durchgeführt, die bis zur Inkraftsetzung dieses Gesetzbuchs galt.

6. Ein Verwaltungsverfahren, das vor Inkraftsetzung dieses Gesetzbuchs eröffnet wurde, jedoch nach Inkraftsetzung dieses Gesetzbuchs noch nicht beendet ist, wird in dem noch nicht beendeten Teil gemäß diesem Gesetzbuch durchgeführt, wenn der Antragsteller dies in schriftlicher Form bei der entsprechenden Verwaltungsbehörde oder Amtsperson beantragt.

Präsident der Republik Kasachstan
K. Tokaev

Bearbeiter*innenverzeichnis

Himmelreich Antje
Wissenschaftliche Referentin für russisches, ukrainisches und das Recht der sonstigen GUS-Staaten, Institut für Ostrecht München, Regensburg
himmelreich@ostrecht.de

Kim Vitaliy
Dr., LL.M. (Göttingen), LL.B. (Staatliche Universität Qaraghandy), Promotion am Institut für Osteuropäisches Recht an der Christian-Albrechts-Universität zu Kiel, Sept. 2018 bis August 2019 Senior Lecturer an der M. Narikbayev KAZGUU-Universität, Leiter der Projektabteilung bei AHK Zentralasien, Almaty
kim.vitaly@ymail.com

Korioth Stefan
Prof. Dr., Inhaber des Lehrstuhls für Öffentliches Recht, insbesondere Kirchenrecht sowie Deutsches Staats- und Verwaltungsrecht, Ludwig-Maximilians-Universität München
korioth@jura.uni-muenchen.de

Manssen Gerrit
Prof. Dr., Inhaber des Lehrstuhls für Öffentliches Recht, insbesondere deutsches und europäisches Verwaltungsrecht, Universität Regensburg
gerrit.manssen@jura.uni-regensburg.de

Melnyk Roman
Prof. Dr. iur., Professor an der M. Narikbaev KAZGUU Universität, Leiter des Zentrums des deutschen Rechts, Nur-Sultan
r.melnik@ukr.net

Küpper Herbert
Prof. Dr. Dr. h.c., Geschäftsführer und wissenschaftlicher Referent für ungarisches und kosovarisches Recht, Institut für Ostrecht München, Regensburg
herbert.kuepper@ostrecht.de

Pasenjuk Oleksandr
Dr. jur., Professor des Lehrstuhls für Verwaltungsrecht und Verwaltungsprozess des Juristischen Instituts an der Nationalen Taras-Ševčenko-Universität Kyïv, erster Präsident des Obersten Verwaltungsgerichts der Ukraine (2004 bis 2011), Richter a.D. des Verfassungsgerichts der Ukraine, Verdienter Jurist der Ukraine
pasenuk@gmail.com

Reitemeier Christian
Dr., Leitender Ministerialrat im Ministerium der Justiz des Landes Nordrhein-Westfalen, stellvertretender Leiter der Abteilung für Zivilrecht, Öffentliches Recht und Internationale Beziehungen, Düsseldorf/Essen
reitemeier@gmx.de

Školyk Andrij
Dr. jur., Professor am Lehrstuhl für Verwaltungs- und Finanzrecht an der Nationalen Ivan-Franko-Universität L'viv
shkolyk@ukr.net

Uerpmann-Wittzack Robert
Prof. Dr., Inhaber des Lehrstuhls für Öffentliches Recht und Völkerrecht, Universität Regensburg
robert.uerpmann-wittzack@jura.uni-regensburg.de

Wünsch Dagmar
Vizepräsidentin des Oberverwaltungsgerichts und ständige Vertreterin des Verfassungsgerichtshofs Rheinland-Pfalz a.D.
michael.dagmar.wuensch@gmx.de

Žernakov Mychajlo
Dr. habil., LL.M. (Bologna), Leiter der Stiftung DEJURE, Koordinator des Öffentlichen Integritätsrats und ehemaliger Richter, Kyïv
mykhailo.zhernakov@gmail.com

Studien des Instituts für Ostrecht München

Begründet von Professor Dr. Reinhart Maurach
Herausgegeben von Professor Dr. Friedrich-Christian Schroeder,
Dr. h.c. (Breslau), Regensburg

Band 41 Manfred Gratzl: Die Reform der tschechischen Strafprozeßordnung nach 1989. Im Spannungsfeld von Rechtsstaatlichkeit, Verfahrensökonomie und Effizienz. 2002.

Band 42 Thomas Paintner: Die Insolvenz des Unternehmers in Polen. 2003.

Band 43 Niels von Redecker (Hrsg.): Deutsch-Estnische Rechtsfragen. 2003.

Band 44 Niels von Redecker: Die polnischen Vertreibungsdekrete und die offenen Vermögensfragen zwischen Deutschland und Polen. 2003. 2., durchgesehene Auflage 2004.

Band 45 Niels von Redecker: Das polnische Beamtenrecht. Entwicklung und Stand beim Beitritt Polens zur Europäischen Gemeinschaft. 2003.

Band 46 Cornelia Stefanie Wölk: Das Deliktsrecht Rußlands nach dem neuen Zivilgesetzbuch. 2003.

Band 47 Petr Bohata: Untersuchungshaft im deutschen und tschechischen Recht. 2003.

Band 48 Attila Széchényi: Das neue ungarische Strafprozessrecht im Spannungsverhältnis zwischen Rechtsstaatsprinzip, Verfahrensökonomie und Effizienz. 2003.

Band 49 Agnes Balawejder: Das polnische Telekommunikationsrecht. Umsetzungsbemühungen und -stand des telekommunikationsrechtlichen acquis communautaire im polnischen TK-Recht vor dem Unionsbeitritt Polens. 2004.

Band 50 Sven I. Oksaar / Niels von Redecker (Hrsg.): Deutsch-Estnische Rechtsvergleichung und Europa. 2004.

Band 51 Friedrich-Christian Schroeder (Hrsg.): Justizreform in Osteuropa. 2004.

Band 52 Herbert Küpper: Kollektive Rechte in der Wiedergutmachung von Systemunrecht. Teil I und Teil II. 2004.

Band 53 Sören Langner: Der GmbH-Geschäftsführer im tschechischen Recht. Organstellung und Anstellung im Rechtsvergleich. 2005.

Band 54 Herbert Küpper: Einführung in die Rechtsgeschichte Osteuropas. 2005.

Band 55 Anja Spitzweg: Das russische föderale Gesetz „Über Investmentfonds". 2007.

Band 56 Herbert Küpper: Die ungarische Verfassung nach zwei Jahrzehnten des Übergangs. Einführung mit Textübersetzung. 2007.

Band 57 Axel Boës: Die Gesellschaft mit beschränkter Haftung im russischen und deutschen Recht. 2007.

Band 58 Katrin Heinritz: „Defekte Demokratisierung" – ein Weg zur Diktatur? Turkmenistan und die Republik Sacha (Jakutien) in der Russischen Förderation nach dem Ende der Sowjetunion. 2007.

Band 59 Stefan Hülshörster: Recht im Umbruch. Die Transformation des Rechtssystems in der Ukraine unter ausländischer Beratung. 2008.

Band 60 Carsten Dewald-Werner: Versicherungsmarkt und Versicherungsaufsicht in der Russischen Föderation. 2008.

Band 61 Oleksiy Feliv: Die Hypothek im deutschen und ukrainischen Recht. Der systematische Vergleich des Hypothekenrechts in Deutschland und der Ukraine einschließlich der rechtstheoretischen Grundlagen und der Ausblicke für das gemeinsame Hypothekenrecht. 2009.

Band 62 Christoph Kurzböck: Die Abwicklung deutsch-tschechischer Erbfälle. 2010.

Band 63 Friedrich-Christian Schroeder / Herbert Küpper (Hrsg.): Die rechtliche Aufarbeitung der kommunistischen Vergangenheit in Osteuropa. 2010.

Band 64 Herbert Küpper / Wolfgang Brenn (Hrsg.): Rechtstransfer und internationale rechtliche Zusammenarbeit. Deutsche und japanische Erfahrungen bei der Kooperation mit Osteuropa und Zentralasien. 2010.

Band 65 Daniela Horner / Dragan Bataveljić: Grundeigentum und Registrierung von Liegenschaften in Serbien. Eigentumsschutz in der Praxis. 2010.

Band 66 Nail Mammadov: Die Straffreistellungsgründe im russischen und aserbaidschanischen Strafrecht im Vergleich zur deutschen Strafrechtsdogmatik. 2010.

Band 67 Matthias Farian: Dingliche Nutzungsrechte an fremden Grundstücken im russischen Recht. 2010.

Band 68 Manuchehr Kudratov: Die Straftatausschließungsgründe nach tadschikischem Strafrecht. Eine Analyse aus deutscher Perspektive. 2011.

Band 69 Michael Holland: Die Staatsanwaltschaft im russischen Strafprozess. 2012.

Band 70 Herbert Küpper: Ungarns Verfassung vom 25. April 2011. Einführung – Übersetzung – Materialien. 2012.

Band 71 Friedrich-Christian Schroeder / Manuchehr Kudratov (Hrsg.): Das strafprozessuale Vorverfahren in Zentralasien zwischen inquisitorischem und adversatorischem Modell. 2012.

Band 72 Tina de Vries (Hrsg.): Mediation als Verfahren konsensualer Streitbeilegung. Die deutsche, polnische und ukrainische Perspektive. 2012.

Band 73 Monika Lipińska: Die Sexualstraftaten im polnischen Strafkodex im Vergleich zum deutschen Strafgesetzbuch. 2013.

Band 74 Mirona Marisch: Das System der Arbeitnehmervertretung und des Sozialen Dialogs im rumänischen Recht im Vergleich zum deutschen Recht. 2013.

Band 75 Friedrich-Christian Schroeder / Manuchehr Kudratov (Hrsg.): Die strafprozessuale Hauptverhandlung zwischen inquisitorischem und adversatorischem Modell. Eine rechtsvergleichende Analyse am Beispiel des deutschen und des zentralasiatischen Strafprozessrechts. 2014.

Band 76 Evren Somer: Direct Democracy in the Baltic States. Institutions, Procedures and Practice in Estonia, Latvia and Lithuania. 2014.

Band 77 Florian Plagemann: Die russische Aktiengesellschaft. Darstellung aus Sicht des ausländischen Investors. 2014.

Band 78 Tatjana Seibel: Das russische Zwangsvollstreckungsrecht. Darstellung des Föderalen Gesetzes vom 02.10.2007 Nr. 229-FZ „Über das Vollstreckungsverfahren" unter Hervorhebung der Gemeinsamkeiten und Unterschiede zum deutschen Zwangsvollstreckungsrecht. 2015.

Band 79 Friedrich-Christian Schroeder / Tina de Vries (Hrsg.): Neue Tendenzen im Strafprozessrecht – Deutschland, Polen und die Ukraine. 2015.

Band 80 Herbert Küpper / Zoltán Csehi / Csaba Láng (Hrsg.): Vier Jahre ungarisches Grundgesetz. 2016.

Band 81 Friedrich-Christian Schroeder / Herbert Küpper (Hrsg.): Ist die Transformation gelungen? Eigentum und Eigentumsordnung im postsozialistischen Europa. 2017.

Band 82 Tina de Vries (Hrsg.): Die Förderung der Rule of Law durch außergerichtliche Streitbeilegung. 2018.

Band 83 Herbert Küpper / Attila Vincze (Hrsg.): Verfassungsgerichte und Obergerichte in Mitteleuropa. 2018.

Band 84 Herbert Küpper / Friedrich-Christian Schroeder (Hrsg.): Rule of Law und institutioneller Wandel: Vertragsstabilität und Vertragsdurchsetzung in Osteuropa. 2021.

Band 85 Antje Himmelreich / Herbert Küpper (Hrsg.): Rechtsstaat durch Verwaltungsgerichtsbarkeit: Deutschland, Ukraine, Kasachstan. 2022.

www.ingramcontent.com/pod-product-compliance
Ingram Content Group UK Ltd.
Pitfield, Milton Keynes, MK11 3LW, UK
UKHW021839290926
8980IPUK00005B/551

9 783631 814666